Beck-Wirtschaftsberater

Marktforschung mit einfachen Mitteln

dtv

Beck-Wirtschaftsberater

Marktforschung mit einfachen Mitteln

Daten und Informationen beschaffen,
auswerten und interpretieren

Von Klaus S. Kastin,
Marktforscher BVM

3., vollständig überarbeitete
und aktualisierte Auflage

Deutscher Taschenbuch Verlag

Im Internet

dtv.de

beck.de

Originalausgabe
Deutscher Taschenbuch Verlag GmbH & Co. KG,
Friedrichstraße 1 a, 80801 München
© 2008. Redaktionelle Verantwortung: Verlag C.H. Beck oHG
Druck und Bindung: Druckerei C.H. Beck, Nördlingen
(Adresse der Druckerei: Wilhelmstraße 9, 80801 München)
Satz: ottomedien, Darmstadt
Grafiküberarbeitung: Hoffmanns Text Office, München
Umschlaggestaltung: Agentur 42 (Fuhr & Partner), Mainz
ISBN 978-3-423-05846-9 (dtv)
ISBN 978-3-406-55405-6 (C.H. Beck)

Vorwort zur 3. Auflage

> So eine Arbeit wird eigentlich nie fertig,
> man muß sie für fertig erklären,
> wenn man nach Zeit und Umständen
> das möglichste getan hat
>
> *Johann Wolfgang von Goethe*

Dieses Taschenbuch soll für all diejenigen eine Arbeitshilfe sein, die beim Studium oder in der betrieblichen Praxis mit der Beschaffung, Auswertung und Interpretation von Daten und Informationen aus dem Markt zu tun haben und dabei nach Lösungen für ihre Arbeiten suchen.

Es soll Anstöße geben und Sie vor allem zum Selbermachen anregen. Es soll Ihnen zeigen, wie man auch mit bescheidenen Mitteln Befragungen oder andere Recherchen effizient durchführen kann, um etwas über den Markt, das Umfeld und die eigene Marktposition zu erfahren.

Dem Bedürfnis der praktischen Anwendung entsprechend ist das Buch in 3 Teile und in 15 Kapitel gegliedert:

In den Kapiteln 1 bis 9 stehen im Vordergrund Werkzeuge, Techniken, Informationsquellen und Hinweise, wie Sie am besten und wirtschaftlich vorgehen und Befragungen sowie Beobachtungen in eigener Regie durchführen können, nach dem Motto: Wie geht's? Viele Beispiele aus der betrieblichen Praxis ergänzen das Gelesene und verdeutlichen den Nutzwert.

In den Kapiteln 10 bis 15 finden Sie lösungsorientierte Anwendungen und spezielle Aufgabenstellungen, nach dem Motto: Wie mach ich's? Diese sollen Ihnen helfen, Ihre Marketingentscheidungen abzusichern sowie Ihre Chancen im Markt schneller zu nutzen und die Risiken frühzeitig zu erkennen. Jeder Abschnitt

- beginnt mit spezifischen Fragestellungen,
- enthält Checklisten, Übersichten und Fallbeispiele und
- endet jeweils mit einer Zusammenfassung und Praxistipps.

Seit der Erstauflage dieses Buches vor mehr als 10 Jahren hat sich in der Marktforschung einiges getan. Nicht nur, dass die Rechtschreibreform einige Unruhe in die deutsche Sprache gebracht hat und 2002 der Euro eingeführt wurde, sondern das sog. Informationszeitalter hat sich voll entfaltet. So haben Internet und elektronische Datenverarbeitung die Erfassung, Recherche, Aufbereitung und Auswertung sowie Präsentation von Daten und Informationen revolutioniert.

Hier einige Tatsachen: Recherchieren im Netz und in weltweiten Datenbanken ist heutzutage keine Besonderheit mehr. Online-Befragungen haben bei deutschen Markforschungsinstituten bereits einen Anteil von mehr als 20 % erreicht, mit weiter steigender Tendenz. Zur Jahrtausendwende waren es noch wenige Prozent. (In den USA betreffen heute bereits 40 % der Marktforschungsausgaben Studien, die auf Online-Interviews basieren). Begriffe wie CATI, CAPI, CASI, CAWI, CAMI, Web 2.0 gehören zum Alltag der Institute auf dem Gebiet der Marktforschung. Manuelle Techniken und Verfahren sowie die Zählungen mit Hilfe von Lochkarten und Hollerith-Maschinen gehören endgültig der Vergangenheit an.

Bereits mehr als $2/3$ der Verbraucher über 14 Jahre verfügen über einen Internet-Anschluss. In fast sämtlichen Firmen ist die Informationsrecherche über das Internet möglich, und die eigene Darstellung auf einer Homepage lässt die Wirtschaft transparenter erscheinen. 94 % der Unternehmen mit 10 und mehr Beschäftigten in der EU verfügen über einen Zugang zum Internet (Eurostat 2007).

Suchmaschinen, Vernetzungen, Links, Diskussionsforen, Weblogs haben die Menschen über große Entfernungen hinweg direkter zueinander gebracht. Auch Globalisierung und Internationalisierung haben bei der Marktforschung ihre Spuren hinterlassen. Sei es durch Zusammenschlüsse und Joint Ventures von Marktforschungsfirmen oder durch die verstärkte Sicht der Unternehmen auf internationale Märkte. Marktforschung muss, wenn sie erfolgreich sein will, nicht nur Datenlieferant sein, sondern muss zum einen durch Empfehlungen und aktive Mitarbeit den Planungs- und Entscheidungsprozess im Unternehmen unterstützen.

Zum anderen darf sie die neueren Verfahren mit Computerunterstützung wie Online-Befragungen und Web 2.0 (= Marktforschung

2.0) mit nutzergenerierten und interaktiven Inhalten sowie die neuesten Erkenntnisse der Hirnforschung nicht unbeachtet lassen.

War es nicht schon immer ein Menschheitstraum, auf einen Knopf zu drücken und alle Weisheiten und Informationen dieser Welt auf dem Bildschirm erscheinen zu lassen, um sie von dort ohne Medienbruch weiterverarbeiten zu können. Nun ganz so weit sind wir zwar noch nicht, aber wir sind der Verwirklichung dieser Idee einen wesentlichen Schritt näher gekommen. Diesen Trends will die dritte Auflage nachspüren.

Bei dieser sowie bei den vorangegangenen Auflagen hat Herr Dipl.-Volkswirt Hermann Schenk stets diese Arbeit durch Ratschläge, Hinweise und Ergänzungen tatkräftig unterstützt. Ihm gebührt ein herzliches Dankeschön.

Auch der Kontakt zum und der Dialog mit dem Autor ist nicht nur durch die frühere Fax-Nr. (089-673 18 51), sondern weitgehend durch das Internet (kmnkastin@aol.com)möglich und geprägt.

München, im Juni 2008   *Klaus S. Kastin*

Inhaltsübersicht

Inhaltsverzeichnis

I. Erhebungsmethoden und praktische Anwendungstechniken

1. Marktinformationen: Grundlage jeder Marketingentscheidung

> Wer zu spät kommt, den bestraft das Leben
> *Michail Gorbatschow*

Schnellere und bessere Informationen sind im täglichen Leben wünschenswert. In der Wirtschaft sind sie Voraussetzung für Wettbewerbsfähigkeit und zukunftsgerichtete Kundenorientierung. Wer sich vorab gut informiert, kann bessere Entscheidungen treffen. Hier erhält der berühmte Spruch in einer etwas abgewandelten Form seine volle Bedeutung: Wer zu spät auf den Markt kommt, wird durch ein schlechtes Ergebnis bestraft. Internationale Unternehmensberater haben dies beispielsweise in der High-Tech-Branche nachgewiesen:

- Kommt ein neues Produkt des High-Tech-Bereichs durch überzogene Entwicklungs- und Markteinführungszeiten zu spät auf den Markt, verschlechtert sich das Ergebnis – kumuliert über einen Lebenszyklus von fünf Jahren – um ca. 30 %.
- Werden hingegen die Entwicklungskosten um 50 % angehoben, d. h. mehr oder bessere Entwickler und Methoden für ein Projekt eingesetzt, wird das Ergebnis lediglich um 5 % beeinträchtigt.

Durch eine rechtzeitige und gründliche Information über den Markt lassen sich demnach Geschäftsrisiken reduzieren und fundiertere Entscheidungen treffen. Information wird heutzutage oft als vierter Produktionsfaktor gewertet, sie übernimmt damit – neben den drei klassischen Produktionsfaktoren Boden, Kapital und Arbeit – eine zentrale Rolle. Marktinformationen können dem Unternehmen und seinen Mitarbeitern in vielfältiger Form Nutzen bringen:

- als Zeitvorsprung durch schnelle Verarbeitung der erhaltenen Informationen und entsprechendes Handeln bei immer kürzer werdenden Produktlebenszyklen; denn: Nicht die Großen fressen die Kleinen, sondern die Schnellen die Langsamen.
- als Innovationsantrieb durch gezieltes Beobachten der Technologieentwicklung und Patentrecherchen sowie durch konsequentes Auswerten der sich bietenden Marktnischen, Umweltveränderungen und Kundenanregungen
- als Wettbewerbsvorteil durch bewusstes Abheben des eigenen unternehmerischen Erscheinungsbildes und durch Differenzierung der Produkte in Gestaltung und Eigenschaften gegenüber den Mitbewerbern
- als Kundenvorteil durch gezielte Kundenorientierung nach dem Motto: „Wir machen Sie bei Ihren Kunden wettbewerbsfähiger"
- als Motivation der Mitarbeiter zu „Mitunternehmern" durch Beteiligung an marktorientierten Entscheidungen.

Man sollte dabei aber nicht in Euphorie verfallen und die Marktforschung als Wunderdroge ansehen, die alle Probleme automatisch löst. Trotz der vielen Möglichkeiten, die die Marktaufklärung bietet, dürfen die Grenzen ihrer Aussagefähigkeit nicht übersehen werden. Unternehmerische Risikobereitschaft und unternehmerisches Fingerspitzengefühl können und dürfen nicht durch blinde Datenhörigkeit und pure computergestützte Informationsmechanismen außer Kraft gesetzt werden.

Marktforschung
- ist kein Allheilmittel und Alibi für schlechtes Management, sondern liefert Informationen aus dem Markt, die zu verdichteten und aussagefähigen Erkenntnissen führen sollen. Sie hilft damit Entscheidungen fundierter – aber nicht frei von Risiko – zu gestalten
- ist eine unternehmerische strategische Führungsaufgabe und ist keineswegs nur als Datenlieferant anzusehen
- ist eine Investition in den Markt und damit eine Investition für künftigen Geschäftserfolg
- führt zu marktgerechterem Verhalten und rechtzeitiger Anpassung an Marktveränderungen
- hilft Ihre Kunden und Mitbewerber besser kennen und verstehen zu lernen

• ist ein wesentlicher Erfolgsfaktor, um Wettbewerbsvorteile zu erreichen und abzusichern.

1.1 Entscheidungen im Marketing: Wie die Marktforschung in den Entscheidungsprozess eingebunden ist

• Was bedeutet Marktforschung?
• Wie ist sie in diesen Entscheidungsprozess eingebunden?
• Wie läuft generell der Entscheidungsprozess im Marketing ab?

Den Planungsprozess bis hin zur Entscheidung kann man in vier Schritte gliedern:

1. Schritt: Die Einbettung des Unternehmens in die Märkte verstehen lernen.

Jedes Unternehmen betätigt sich innerhalb eines bestimmten Umfeldes und gehört einer Branche an, deren Spielregeln zu beachten oder zu verändern sind. Gleichzeitig steht es im Spannungsfeld von zwei Marktgebilden:

• dem Beschaffungsmarkt, auf dem Arbeitskräfte, Dienstleistungen, Material und Finanzmittel nachgefragt und eingekauft werden, und
• dem Absatzmarkt, auf dem Produkte und Dienstleistungen angeboten und verkauft werden.

Die folgenden Ausführungen beziehen sich jedoch nur auf das Geschehen auf den Absatzmärkten. Definiert man Marketing als marktorientierte Unternehmensführung, so wird deutlich, dass der Marktforschung eine zentrale Bedeutung zukommt. Das heißt: Jede marktrelevante Entscheidung setzt voraus,

• Informationen *aus dem Markt* über Verhalten, Einstellungen usw. der Marktpartner einzuholen und erst dann
• Aktionen *in den Markt* zu starten, die man in vier Entscheidungsfelder, in die vier klassischen strategischen Marketinginstrumente aufteilen kann:
  – Produkt- und Sortimentspolitik
  – Preis- und Konditionenpolitik
  – Distributionspolitik und Marketinglogistik

– Kommunikationspolitik mit Absatzwerbung, Verkaufsförderung und Öffentlichkeitsarbeit (public relations)

Die Informationen *aus dem Markt* – oft auch als analytische Marketinginstrumente umschrieben – sind Gegenstand der Marktforschung. Sie ist im IHK/ESOMAR Internationaler Kodex für die Praxis der Markt- und Sozialforschung wie folgt definiert:

> „**Marktforschung** ist ein Schlüsselelement innerhalb des Gesamtbereichs der Marketinginformationen. Sie stellt die Verbindung zwischen Verbrauchern, Kunden und Öffentlichkeit einerseits und Anbietern andererseits durch Informationen her, mit deren Hilfe Chancen und Probleme am Markt ermittelt und klar umrissen werden, Marketingmaßnahmen erstellt, verfeinert und ausgewertet werden, sowie das Verständnis des Marketing als Prozess und der Methoden und Verfahren zur effektiveren Gestaltung bestimmter Marketingaktivitäten verbessert wird.
>
> Mit Hilfe der Marktforschung werden die Informationen genau festgelegt, die benötigt werden, um diese Fragen anzugehen, werden die Methoden der Informationsgewinnung gestaltet, wird der Datenerhebungsprozess geleitet und umgesetzt, werden die Ergebnisse analysiert sowie die Befunde und die Möglichkeiten ihrer Anwendung mitgeteilt.
>
> Zur Marktforschung gehören Tätigkeiten wie quantitative Umfragen, qualitative Forschung, Medien- und Werbeforschung, Business-to-business Research und Industrieforschung, bei Minderheiten und speziellen Gruppen durchgeführte Forschung, Meinungsumfragen sowie die als Desk Research bezeichneten Forschungsarten."

Oder kurz: das Beschaffen und Verarbeiten von Marktinformationen. Und da es sich gleichzeitig um Forschung für das Marketing handelt, wird auch der Begriff Marketingforschung verwendet. Viele Unternehmen betreiben Marktforschung, ohne es zu wissen,
• wenn sie sich bei ihren Kunden und Lieferanten informieren,
• sich auf Messen umsehen oder
• Fachzeitschriften und die Wirtschaftspresse lesen,
kurzum sich Informationen über ihr Umfeld besorgen und Nutzen für ihre Entscheidungen daraus ziehen. Natürlich fehlt dieser Markt-Beobachtung häufig das systematische Vorgehen und damit ein Bestandteil des Begriffs Marktforschung. Doch in der betrieblichen Anwendung entscheidet allein die richtige Umsetzung der gewonnenen Erkenntnisse, auch wenn man sie nicht unbedingt

Die vier Schritte zur Entscheidung:
Innovationsprozess im Marketing

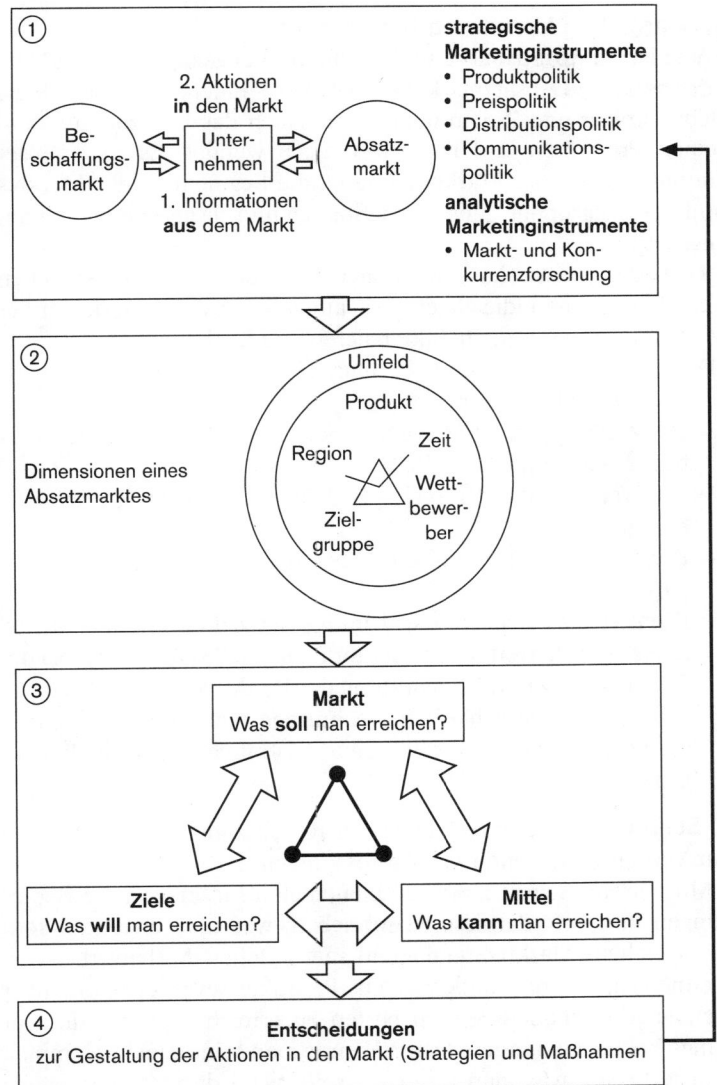

systematisch gewonnen hat oder die Informationen unvollständig sind.

2. Schritt: Den Markt nach Teilbereichen analysieren.

Was ist ein Absatzmarkt, und wodurch ist er gekennzeichnet? Der oder besser die Absatzmärkte eines Unternehmens umfassen all die Bedarfsträger und Zielgruppen, an die sich das Unternehmen mit seinen Produkten und Dienstleistungen wendet. Es ist eine der Hauptaufgaben der Marktforschung, die Segmente eines Marktes und der Zielgruppen genau zu definieren und sie gegeneinander abzugrenzen.

Den Absatzmarkt kann man nach folgenden sechs Teilbereichen und Dimensionen, die gleichzeitig auch die Anwendungsfelder der Marktforschung sind, charakterisieren und analysieren.

(1) Das Produkt (Technologie, Qualität, Kosten, Preise, Produktnutzen, Bedarfsvolumina)

(2) Die Zielgruppen (effektive und potenzielle Kunden, Meinungsträger, Segmente, Verhalten)

(3) Die Wettbewerber (Branche, Bedeutung, Ziele, Strategien, Verhalten)

(4) Die Regionen (geografische Abgrenzung: national/international)

(5) Die Zeit (als Dimension für künftige Entwicklungen und Wachstum sowie als Wettbewerbsfaktor für schnelles Reagieren bei der Bereitstellung und Vermarktung der Produkte)

(6) Das Umfeld (wirtschaftliche, technische/technologische, ökologische, politische, gesetzliche, administrative Rahmenbedingungen)

3. Schritt: Ziele festlegen unter den Randbedingungen Markt und zur Verfügung stehende Mittel (Ressourcen).

Mit dem im Schritt zwei durchleuchteten Markt sind die Bedingungen und Erfordernisse umschrieben, was man erreichen *soll*, mit welchem Marktvolumen und mit welchen Mitbewerbern zu rechnen ist, welche Kunden welche Produkte bevorzugen und über welche Absatzkanäle sie am besten zu erreichen sind – um nur einige Fakten zu nennen. Damit könnte man seine Ziele bestimmen und festlegen, was man erreichen *will*, wäre da nicht die zweite wichtige Randbedingung: die Mittel und Ressourcen im eigenen Unternehmen, die Ziele begrenzen und letztendlich aussagen, was man erreichen *kann*. Diese Unternehmensressourcen sind die Mitarbeiter, das Know-how, die Erfahrungen und Fähigkeiten sowie die Kapazitäten und die zur Verfügung stehenden finanziellen Mittel.

Knappe oder fehlende Ressourcen können aber auch durch partnerschaftliche Beziehungen wie Kooperationen oder Beteiligungen erweitert und ergänzt werden.

4. Schritt: Entscheidungen ableiten, mit denen Aktionen (Strategien und Maßnahmen) im Marketing gestaltet werden.

Jede Entscheidung ist nur so gut wie ihre Vorbereitung und der feste Wille, sie auch konsequent umzusetzen.

Erst aus dem Dreiklang – Markt – Ziele – Mittel entsteht die Basis für zielgerichtete Entscheidungen im Marketing. Diese Entscheidungen beziehen sich auf die im Schritt eins erwähnten strategischen Marketinginstrumente. Dabei werden die grundsätzliche Vorgehensweise (Strategien) sowie die einzelnen Durchführungsschritte (Maßnahmen) nach einem Zeitplan (Meilensteine) und den Verantwortlichen samt Budget festgelegt. Strategien und Maßnahmen müssen einfach und gut kommunizierbar sein sowie auf eindeutig formulierten und auch erreichbaren Zielvorstellungen beruhen. Erst dann können sie echte Leitlinien und Motivation für die Mitarbeiter sein. Mit diesen vier Schritten ist eigentlich der Planungs- und Entscheidungsprozess abgeschlossen. Doch die wichtige Arbeit der Umsetzung der festgelegten und geplanten Maßnahmen beginnt jetzt und mündet in den

5. Schritt: Durchführung der beschlossenen Maßnahmen.

Bei der praktischen Handhabung der einzelnen Maßnahmen muss den betreffenden Mitarbeitern soviel Entscheidungsspielraum gegeben werden, dass eine flexible Anpassung an Veränderungen möglich ist. In einem weiteren und letzten Schritt wird geprüft, wie erfolgreich die Maßnahmen waren.

6. Schritt: Kontrolle der durchgeführten Maßnahmen.

Spätestens hier wird deutlich, wie wichtig es ist, Ziele gesetzt zu haben. Ohne Zielvorgabe haben wir keine Maßgröße und Messlat-

1. Marktinformationen

te, um unsere Leistungen beurteilen zu können. Jede Kontrolle hat also zur Aufgabe:

- den Ist- bzw. Erfolgszustand nach den durchgeführten Maßnahmen festzustellen,
- das Ergebnis an der Zielvorgabe (Plan) zu messen und Abweichungen zu ermitteln sowie
- Abweichungen zu erklären und zu begründen.

Die **Marktforschung** nimmt bei den Entscheidungen im Marketingprozess, insbesondere bei der Ist-Analyse, der Vorbereitung und Kontrolle der Marketingmaßnahmen, einen hohen Stellenwert ein und ist aus einem Marketingunternehmen nicht mehr wegzudenken.

Übung zur Beschreibung Ihres Marktes: Versuchen Sie nun – anhand der in Schritt 2 aufgezeigten Kennzeichen eines Absatzmarktes – Ihren eigenen Markt, bezogen auf eine typische Produktgruppe, zu beschreiben.

Beschreibung des Absatzmarktes für Produktgruppe: ...

Vielleicht haben Sie sich dabei leicht getan, vielleicht haben Sie aber auch gemerkt, wo Lücken sind und wo Informations- und Handlungsbedarf besteht.

1.2 Grundsätze der Datenbeschaffung: Ohne zielgerichtete Vorbereitung geht es nicht

---

- Was ist bei der Datenbeschaffung grundsätzlich zu beachten?
- Wie kommt man mit Prinzipien und formalen Hilfsmitteln schneller ans Ziel?
- Wo liegen Stolpersteine und Grenzen der Aussagefähigkeit?

Grundsätze: Daten und Informationen über das Marktgeschehen muss man systematisch suchen, sammeln und bearbeiten. Bei diesem Vorgang ist es nützlich, sich einiger Grundsätze zu bedienen, die den Einstieg und das Vorgehen erleichtern sollen und Fehler vermeiden helfen. In der folgenden Checkliste finden Sie zehn grundlegende Fragen zur Beschaffung und Verarbeitung von Informationen.

- Am Anfang steht immer die kurze Beschreibung des die Marktuntersuchung auslösenden Ereignisses (Frage 1), z. B. Umsatz geht zurück, die neue Kollektion kommt nicht an, ein neues Produkt soll in den Markt eingeführt werden, Ihre Bank verlangt für ein Investitionsvorhaben eine Abschätzung der Marktchancen, ein neuer Konkurrent taucht auf usw.
- Die genaue Aufgabenstellung wird fixiert, und das zu untersuchende Problem wird in Bezug auf Produkte, Zielgruppe, Region, Zeithorizont eingegrenzt (Frage 2), z. B. die Absatzmöglichkeiten für Büromaschinen über den Fachhandel in Italien in den nächsten fünf Jahren. Aus eigener Erfahrung weiß ich, dass gerade hier viel gesündigt wird. Vor allem wenn die Aufgabe zu Beginn nicht schriftlich festgehalten wurde und man nach Vorliegen der Ergebnisse feststellt, dass man eigentlich am Thema vorbei geforscht hat (*Grundsatz der Schriftlichkeit*).
- Welche Informationen im Einzelnen benötigt werden (Frage 3), kann man am besten in einer gemeinsamen Besprechung mit den Beteiligten im Unternehmen klären. Ebenso die Frage nach der Wichtigkeit und Dringlichkeit (*Priorität*) der Informationen (Frage 4). Denn meistens haben einige wenige Informationen – gründlich recherchiert – mehr Wert als zu viele Daten.

**Checkliste: Systematik der Datenbeschaffung und -auswertung:
Zehn grundlegende Fragen**

(1) Wie ist die Ausgangslage?	**Situation**
(2) Welche Ziele sollen anvisiert werden?	**Zielsetzung**
(3) Welche Informationen aus dem Unternehmen und aus dem Markt werden benötigt?	**Inhalt/Nutzen**
(4) Welche davon sind dringend erforderlich (Kerninfo), welche interessieren am Rand (Randinfo)? A,B,C-Informationen	**Priorität/ Wertigkeit**
(5) Woher und wie kann man diese Daten bekommen? (Verfügbarkeit)	**Methoden/ Infoquellen**
(6) Was kosten diese Informationen? Welches Budget steht zur Verfügung?	**Kosten**
(7) Wer ist im Unternehmen für die Beschaffung der Daten verantwortlich?	**Verantwortung**
(8) Bis wann müssen die Daten vorliegen, um rechtzeitig Entscheidungen treffen zu können?	**Termine**
(9) Wie sind die vorhandenen Daten und Informationen auszuwerten, darzustellen und zu präsentieren? (mündlich/schriftlich)	**Auswertung/ Präsentation**
(10) Welche Schlussfolgerungen können daraus abgeleitet werden?	**Entscheidungen**

- Welche Quellen vorhanden und welche Methoden anzuwenden sind (Frage 5) ist in diesem Stadium der Vorbereitung häufig noch nicht endgültig zu lösen. Allerdings können hier bisherige Erfahrungen und Annahmen einfließen. Das gleiche gilt auch für die Kosten des Dateneinkaufs (Frage 6). Die Kostenfrage kann vorläufig auch so beantwortet werden, dass man ein Budget festlegt, das man dafür auszugeben bereit ist.
- Sehr wichtig ist, wer für die Beschaffung im Unternehmen verantwortlich zeichnet (Frage 7) und bis wann die Daten unbedingt für die anstehende Entscheidung verfügbar sein müssen (Frage 8).
- Es ist ratsam, gerade im mittelständischen Unternehmen, wo es in der Regel keinen hauptberuflichen Marktforscher gibt und das laufende Geschäft nicht sonderlich behindert werden darf, diese Aufgaben auf mehrere Schultern zu verteilen.

Arbeitsbogen: Marktinformationsübersicht

Ausgangslage:

Zielsetzung/Aufgabenstellung:
(Abgrenzung: Produkt, Zielgruppe, Region, Zeithorizont)

Priori-tät	Was? Info-Art	Woher? Quelle/ Methode	Wie viel? Kosten	Wer? verant-wortlich	Bis wann? Termin	Erle-digt

- Wie die Informationen auszuwerten und die Ergebnisse zu präsentieren sind (Frage 9), sollte auch bereits in dieser Phase der Vorbereitung angesprochen werden.
- Jede Untersuchung sollte schließlich dazu führen, dass Schlussfolgerungen gezogen und Empfehlungen ausgesprochen werden (Frage 10), um anstehende Entscheidungen zu untermauern und rational zu begründen.

Als formales Hilfsmittel zur Klärung dieser Fragen kann der Arbeitsbogen „Marktinformationsübersicht", Seite 11, verwendet werden.

Prinzipien: In meiner praktischen Arbeit haben sich drei Prinzipien herauskristallisiert, die mir wesentlich geholfen haben, Informationsprobleme zielführend zu lösen.

- Das **Prinzip der konzentrischen Kreise** ist in der Abb. auf Seite 12 am Beispiel Auslandsgeschäft ausführlich dargestellt. Dieses Prinzip bedeutet, dass man sich bei der Datenbeschaffung zunächst

Informationsbeschaffung nach dem Prinzip der konzentrischen Kreise, dargestellt am Beispiel Regionalforschung Ausland
(Quelle: Bayerische Vereinsbank, Auslandskolleg)

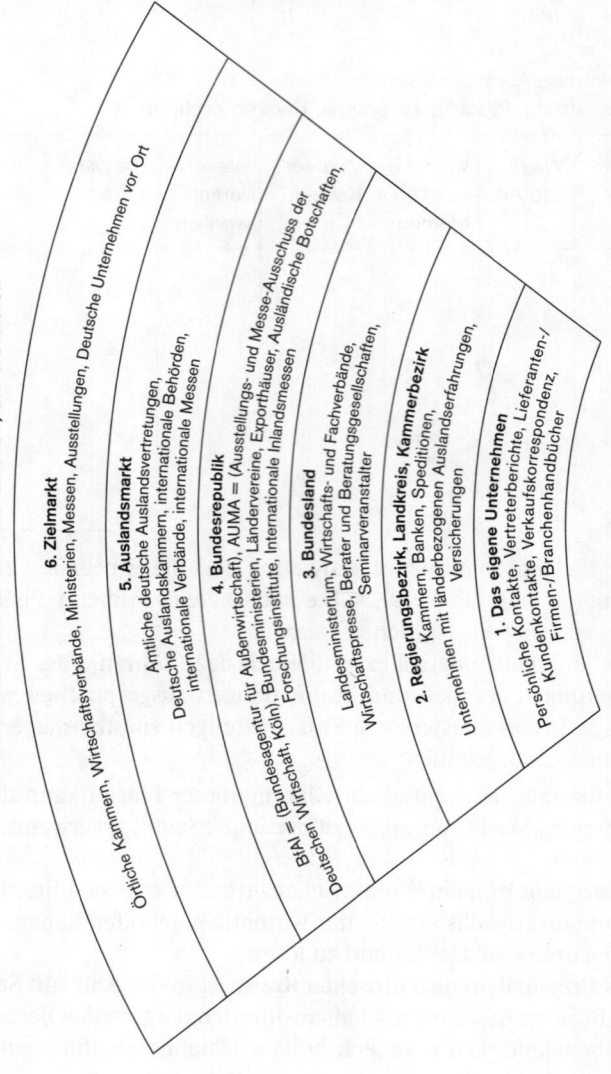

Informationskreise und die Quellen, die sie bieten

6. Zielmarkt
Örtliche Kammern, Wirtschaftsverbände, Ministerien, Messen, Ausstellungen, Deutsche Unternehmen vor Ort

5. Auslandsmarkt
Amtliche deutsche Auslandsvertretungen, Deutsche Auslandskammern, internationale Behörden, internationale Verbände, internationale Messen

4. Bundesrepublik
BfAI = (Bundesstelle für Außenwirtschaft), AUMA = (Ausstellungs- und Messe-Ausschuss der Deutschen Wirtschaft, Köln), Bundesministerien, Ländervereine, Exporthäuser, Ausländische Botschaften, Forschungsinstitute, Internationale Inlandsmessen

3. Bundesland
Landesministerium, Wirtschafts- und Fachverbände, Wirtschaftspresse, Berater und Beratungsgesellschaften, Seminarveranstalter

2. Regierungsbezirk, Landkreis, Kammerbezirk
Kammern, Banken, Speditionen, Unternehmen mit länderbezogenen Auslandserfahrungen, Versicherungen

1. Das eigene Unternehmen
Persönliche Kontakte, Vertreterberichte, Lieferanten-/Kundenkontakte, Verkaufskorrespondenz, Firmen-/Branchenhandbücher

einmal der Quellen bedient, die – rein geografisch gesehen – am nächsten liegen, und dann sukzessive voranschreitet. Natürlich hängt dieser Prozess auch von der jeweiligen Erfahrungsstufe im Unternehmen ab und muss nicht zwangsläufig in der vorgeschlagenen Reihenfolge ablaufen. Z. B. kann es bei bereits langjähriger Präsenz auf einem Markt durchaus sinnvoll sein, sofort im Zielmarkt zu recherchieren (Stufe 6).

• Das **Schneeballsystem**. Dieses Verfahren haben Sie in der Praxis bestimmt schon öfter ausprobiert. Man geht davon aus, dass man eine oder mehrere Kontaktpersonen aus Kollegen-, Kunden-, Lieferanten- oder Verbandskreisen kennt. Dabei gibt es grundsätzlich drei Möglichkeiten:
– die Kontaktperson hat Informationen, die sie uns weitergibt,
– die Kontaktperson weiß selbst nichts zum Thema zu sagen, hat aber weitere Informationsadressen und
– die Kontaktperson kann uns nicht weiterhelfen.
Grafisch kann man diesen Sachverhalt etwa wie auf Seite 14 veranschaulichen.

• Das **Konzentrationsprinzip** ist das dritte Prinzip und besagt, dass man sich auf wirklich wichtige Informationen und Handlungen beschränken sollte. Dabei hilft die Erkenntnis, dass viele Erscheinungen und Strukturen in der Wirtschaft die Tendenz haben, in einem bestimmten Verdichtungs- und Konzentrationsverhältnis aufzutreten.

Der italienische Philosoph und Ökonom *Pareto* hat dies erkannt und in der 20/80-Regel – dem Pareto-Zeitprinzip – festgehalten. Auf die Marktforschung bezogen heißt das: In 20 % der veranschlagten Zeit haben Sie in der Regel bereits 80 % der erforderlichen Informationen verfügbar. Die restlichen 20 % der Informationen sind dann nur mit einem erheblichen Zeitaufwand zu recherchieren. Gute Dienste leistet die ABC-Analyse, wobei die Informationen nach Prioritäten unterschieden werden, und zwar nach
– A-Informationen, die beschafft werden müssen,
– B-Informationen, die bereitgestellt werden sollten und
– C-Informationen, die berücksichtigt werden, falls sie ohne großen Aufwand mit erhoben werden können.

Informationsbeschaffung nach dem Schneeballsystem

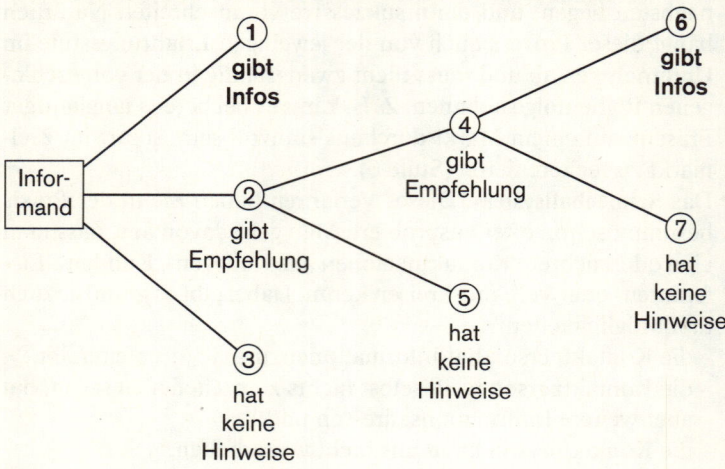

①　bis　⑦　= Kontaktpersonen

Das unter der Bezeichnung *Eisenhower-Prinzip* bekannte Verfahren der Selektion von Aufgaben nach Dringlichkeit und Bedeutung für das Unternehmen kann bei diesem Vorgehen nützlich sein. Nur dringliche und wichtige Dinge sollten zuerst in Angriff genommen werden, z. B. die A-Informationen.
Folgen Sie diesem Konzentrationsprinzip, so reduzieren Sie Ihren Informationsbedarf und damit den Kosten- und Zeitaufwand auf das Wesentliche.

Die Beschäftigung mit der Marktforschung zeigt viele Wege auf, wie man Märkte analysieren und beurteilen kann. Man darf sie aber nicht überschätzen und muss die **Grenzen der Aussagefähigkeit** sehen, damit man keine falschen Schlüsse zieht und am Problem vorbei entscheidet. Denn nur wer die Grenzen kennt kann die Möglichkeiten besser nutzen. Fälle im Grenzbereich der Marktforschung, über die man bei Unkenntnis stolpern kann, sind:

(1) Die Marktforschung kann schwerlich die langfristigen Marktmöglichkeiten und Reaktionen der Mitbewerber und Kunden voraussagen.

(2) Man verlässt sich zu sehr auf *eine* Informationsquelle, man überbewertet Einzelmeinungen und -ereignisse, die aus dem Tagesgeschehen stammen.

(3) Man schielt zu sehr nach dem großen Marktvolumen und dessen Wachstum, wo man doch nur eine Nische, ein Segment bedient.

(4) Man überbetont Zahlen, statt sich mit den qualitativen Aussagen auseinanderzusetzen.

(5) Marktforschung kann bei Innovationen nur bedingt helfen. Sie bringt nur Resultate, wenn der Nutzen schon bekannt und akzeptiert ist. Die Japaner haben erkannt, dass im Bereich der Information und Kommunikation nicht so sehr die Wirtschaftlichkeit eines Produktes im Vergleich mit anderen entscheidet, sondern die neue Problemlösung. Beispiele sind Digitale Geräte der Fotografie und Unterhaltungselektronik.

(6) Sie kann nur begrenzt bei der optimalen Preisgestaltung und beim optimalen Werbeeinsatz beraten.

Für die Gewinnung und Verarbeitung von Informationen gilt grundsätzlich:

- Stellen Sie sich selbst Fragen und fixieren Sie diese auch schriftlich, beschreiben Sie, was Sie wissen wollen.
- Bedienen Sie sich dabei der aufgezeigten Prinzipien.
- Erkennen Sie die möglichen Grenzen der Aussagefähigkeit.
- Erheben Sie Informationen so kostengünstig wie möglich und nur so genau wie nötig, behalten Sie dabei immer das Ziel und die Entscheidung im Auge.
- Führen Sie Marktforschungsaufgaben gerade im mittelständischen Unternehmen als Teamarbeit mit Aufgabenteilung durch, denn oft müssen ja die Marktrecherchen neben der Tagesarbeit erledigt werden, wenn kein hauptamtlicher Marktforscher zur Verfügung steht (schätzungsweise in $4/5$ der mittelständischen Unternehmen).
- Legen Sie fest, wer die einzelnen Aufgaben zu erledigen hat, und bestimmen Sie einen Gesamtverantwortlichen.
- Formulieren Sie Thesen zu den anstehenden Fragen und überprüfen Sie diese durch die Marktforschung. Entweder Sie liegen richtig oder müssen Ihre Meinung revidieren.
- Lassen Sie bei der Beurteilung der Informationen nie den gesunden Menschenverstand außer Acht.

Marktforschung als Instrument im Marketing muss Freiräume für unternehmerische Entscheidungen schaffen und die Möglichkeit offenlassen, sich mit innovativen und schöpferischen Ideen – ohne hierarchische Grenzen – zu beschäftigen.

2. Übersicht über die Methoden der Informations-beschaffung: Wie man an Informationen kommt

Methoden und Techniken sollen für den Praktiker
Arbeitshilfen sein, ihn aber nicht verwirren

- Wie kommt man am schnellsten und am preisgünstigsten an Informationen heran?
- Welche Informationsquellen stehen zur Verfügung?
- Welche Methoden gibt es, und wie können sie effizient angewandt werden?

Die Beschaffung von Informationen ist der eigentliche Engpass in der Marktforschung. Sie ist der aufwendigere Teil im Vergleich zur Verarbeitung (Aufbereitung, Auswertung und Interpretation) von Daten und Informationen. Folgt man der Kalkulation in Marktforschungsunternehmen, so machen die Kosten der Datenbeschaffung etwa 60–75 % des Gesamtpreises einer Marktstudie aus. Diese Phase der Marktforschung beginnt in der Regel dort, wo man die Daten am kostengünstigsten vermutet

- in der eigenen Firma, bei den eigenen Mitarbeitern (vgl. auch das Prinzip der konzentrischen Kreise)
- und aus bereits verfügbaren und veröffentlichten bzw. in manchen Fällen auch nicht veröffentlichten Quellen.
- Erst wenn diese Quellen nicht ausreichen, das Informationsproblem zu lösen, wird man zu der teureren, aber intensiveren und aktuellsten Form übergehen – der direkten Ansprache und Befragung von externen Partnern.

Damit ergeben sich für die Sammlung von Informationen zwei ganz unterschiedliche Methoden- und Verfahrensgruppen:
(1) Die **Primärforschung** ist der Teil der Marktforschung, bei dem Daten und Informationen originär, sozusagen aus erster Hand, im Markt erhoben werden. Aus den USA stammt die eigentlich ganz treffende und bildhafte Bezeichnung „Field Research =

Übersicht über die Methoden der Marktforschung

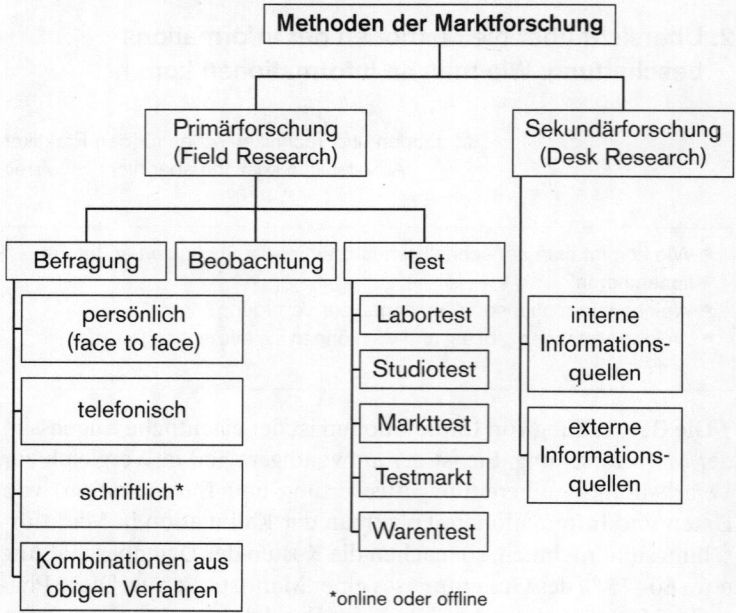

Sonderformen der Primärforschung

- Beteiligungsuntersuchungen (vorwiegend quantitativ)

- Exklusivuntersuchungen (vorwiegend qualitativ)

| Gruppendiskussionen | | Explorationen |

Feldforschung". Die einzelnen Verfahren und Techniken werden in Kapitel 3 genauer beschrieben, wobei auf diejenigen besonderer Wert gelegt wird, die vom Leser auch selbst angewandt bzw. eingesetzt werden können.

(2) Die **Sekundärforschung** bezeichnet den Teil der Marktforschung, bei dem Daten und Informationen bereits vorhanden sind – sei es im Unternehmen selbst oder aus Veröffentlichungen –, also nicht mehr originär gewonnen werden müssen. Sie stehen sozusagen aus zweiter Hand zur Auswertung und Interpretation bereit. Illustrativer, aber ungenauer ist der englische Begriff „Desk Research = Forschung vom Schreibtisch aus". Um in der Sekundärforschung erfolgreich zu sein, muss man insbesondere darüber Bescheid wissen, welche Informationsquellen zur Verfügung stehen und wie man am besten an sie herankommt. In Kapitel 4 erfahren Sie dazu Näheres.

Die Entscheidung bei der Informationsbeschaffung heißt nicht: **Primär- oder Sekundärforschung,** sondern man wird in der Regel zunächst mit der Sichtung von naheliegenden, vorhandenen Daten beginnen (Sekundärforschung) und erst dann – falls noch erforderlich – Informationen direkt aus dem Markt holen (Primärforschung).

3. Primärforschung: Informationen aus dem „Feld"

Die beste Antwort der erhält,
der seine Frage richtig stellt

Eugen Roth

- Welche Möglichkeiten der Datengewinnung in der Primärforschung gibt es, und welche sind insbesondere für die Eigenanwendung im Betrieb geeignet?
- Was ist bei der Gestaltung von Primärerhebungen zu beachten, was ist unbedingt notwendig, was kann evtl. weggelassen werden?
- Welche Erfahrungen aus der Praxis können helfen, diese Werkzeuge besser zu nutzen und Fehler bei der Vorgehensweise zu vermeiden?

Die Primärforschung geht an den Ursprung, an die Quelle der Entstehung von Fakten und Meinungen. Die Informationsträger – die Informanten – können dabei sämtliche Personen sein, die irgendwie mit unserem Geschäftsumfeld zu tun haben, also in erster Linie Mitarbeiter, Kunden, Interessenten, Händler, Endverbraucher, Lieferanten, Mitbewerber, Meinungsbildner usw. Die Kommunikation kommt dadurch zustande, dass man diese Personen

- befragt,
- beobachtet oder
- mit ihnen Tests durchführt.

Der große Vorteil der Primärforschung im Vergleich zur Sekundärforschung liegt darin, dass sie

- auf eine ganz bestimmte Zielsetzung ausgerichtet werden kann,
- detaillierte und umfangreiche Informationen liefert und diese
- auf dem aktuellsten Stand anbietet.

Natürlich muss dieser Informationsstand durch höhere Kosten erkauft werden. Jedoch sollte das stets in der Relation zu dem zu lösenden Problem und dem evtl. einzugehenden Risiko beurteilt werden. Außerdem bieten sich auch Möglichkeiten, die Kostenlast aufzuteilen – siehe hierzu Kapitel 3.1 und Kapitel 7.2.

Die **Primärforschung** hilft, mit detaillierten und aktuellen Informationen aus dem Feld Entscheidungen abzusichern und flexibler zu gestalten.

3.1 Erhebungsarten in der Primärforschung

Die Erhebungsarten unterscheiden sich nach der Art der Beteiligung der Informanten (aktiv oder passiv, Befragung/Test – Beobachtung) sowie nach der Art der Kommunikation (persönliche, telefonische, schriftliche Befragung).

Befragung

---

* Welche Befragungsarten gibt es?
* Wo liegen die Vor- und Nachteile der unterschiedlichen Kommunikation?
* Wie können Befragungen in der betrieblichen Praxis sinnvoll genutzt und selbst angewandt werden?

Die Befragung ist eine primärstatistische Erhebungsform, bei der Auskunftspersonen durch Fragen mit Hilfe von Bildvorlagen oder Produkten veranlasst werden, sich verbal zum Untersuchungsgegenstand zu äußern.

Die **Methoden der Befragung** können unterschieden werden nach
* der Kommunikationsart (persönlich/telefonisch/schriftlich)
* dem Auswahlverfahren (Quoten-/Zufallsauswahlverfahren
* dem Stichprobenumfang (Einzel-/Gruppengespräch/kleine/große Stichprobe)
* dem Standardisierungsgrad (standardisiert/teil-/nicht standardisiert)
* der Art der Fragestellung (offen/geschlossen)
* dem Befragtenkreis (Verbraucher/Absatzmittler/Weiterverarbeiter/Endverwender/Experten)
* der Befragungsfrequenz (ad hoc-einmalig/mehrmalig-Panel)
* dem Untersuchungsgegenstand (Image/Zufriedenheit/neue Produkte)
* der statistischen Relevanz/Repräsentativität (quantitativ/qualitativ)
* der technischen Ausstattung bei der Erhebung (ohne/mit Computerunterstützung)

Die Befragung ist die klassische und wohl die gebräuchlichste Form der primären Datengewinnung. Dabei geht es darum,

- Meinungen und Fakten, z. B. über unsere Produkte, das Unternehmen usw., zu hinterfragen,
- kausale Zusammenhänge und Motive, z. B. zum Kauf oder Nicht-Kauf, zu erkennen sowie
- Beweggründe verstehen zu lernen, z. B. warum bestimmte Produktmerkmale nicht ankommen oder bestimmte Einstellungen vorherrschen.

Die erfolgreiche Befragung setzt jedoch beim Befragten voraus, dass er

- auskunftsbereit ist und nicht verweigert,
- wahrheitsgemäße Aussagen macht (bewusst oder unbewusst),
- überhaupt etwas zum Thema sagen kann (Unwissen, Vergessen, Unbewusstes), oder
- etwas sagen will (Tabu- oder Intimfragen).

Studien (*Forsa*-Institut u. a.) haben gezeigt, dass die Auskunftsbereitschaft in der Bevölkerung recht hoch ist. Echte Verweigerungen dürften schätzungsweise nur bei etwa 15 % der angesprochenen Personen liegen. Noch geringer ist die Verweigerung im gewerblichen Bereich. Hier kann ich aus eigener Erfahrung berichten, dass nur etwa 5 bis 10 % bei persönlichen oder telefonischen Befragungen ein Gespräch ablehnten.

Bei heiklen Themenbereichen, wie Fragen nach dem Einkommen oder Vermögen bzw. aus der Intimsphäre kann es schon vorkommen, dass Angaben hierzu etwas spärlicher ausfallen. Man kann sich helfen mit sog. „Umwegfragen" oder indirekten Fragen (z. B. nach Einkommensklassen und der Zuordnung „höher oder niedriger" usw. oder projektive Fragen, bei denen die Situation auf andere Personen übertragen – projiziert – wird), aber auch mit eigenen beobachteten Einschätzungen. Außerdem ist eine deutliche Tendenz erkennbar, dass ältere Menschen eher verweigern als jüngere.

Studien zufolge ist jeder vierte Bundesbürger schon einmal befragt worden. Etwa 90 % der Befragten würden sich wieder befragen lassen wollen, was ein deutlicher Beweis für die positive Einstellung der Bürger ist, neuerdings jedoch mit Einschränkungen (s. S. 41).

Was bei der Befragung besonders wichtig ist, sind die Eigenschaften der Interviewer. Ihnen wird in einer GfK-Studie *(Gesellschaft für Konsumforschung)* ein gutes Zeugnis ausgestellt. Sie sind nach Meinung der Befragten kontaktfreudig (69 %), freundlich (68 %), wortgewandt (52 %), haben ein gepflegtes Erscheinungsbild (50 %) und gute Manieren (48 %), sind manchmal aber auch hartnäckig (30 %) und aufdringlich (19 %).

Ein oft gehörter Einwand ist die Beeinflussung durch den Interviewer im Befragungsgespräch (Interviewer Bias). Diesem Störfaktor kann man zum einen durch einen gut strukturierten Fragebogen begegnen – zum anderen dadurch, dass man die Gespräche auf mehrere Schultern (Interviewer) verteilt.

Die direkte Befragung ist auch für mittelständische Unternehmen ein durchaus erfolgversprechendes, erschwingliches und selbst anwendbares Instrument der Marktforschung, wenn man einen pragmatischen Ansatz findet. Dieser könnte z. B. darin bestehen, dass man

• zwar weniger repräsentative, aber wichtige Einzelgespräche mit Branchen- oder Technologieexperten, mit Kunden und anderen Geschäftspartnern systematisch nutzt, um Informationen zu sammeln,

• kleinere Stichproben in der Größenordnung 20–50 Gespräche ansetzt,

• eigene Mitarbeiter, z. B. im Außendienst, dazu motiviert, Augen und Ohren offen zu halten – vielleicht mit einer kleinen Frage- und Checkliste als Gedächtnisstütze in der Tasche –, um Informationen bei Kundenbesuchen festzuhalten.

Die Ergebnisse sind natürlich nicht statistisch abgesichert und zur Hochrechnung auf die Gesamtheit geeignet. Sie liefern aber durchaus brauchbare qualitative Aussagen und Argumente für unternehmerische Entscheidungen. Die Befragungsarten, d. h. die Art und Weise, wie und wo die Kommunikation zustande kommt, sind:

• *persönlich* (mündlich) von Angesicht zu Angesicht (face to face), und zwar

  – auf der Straße, z. B. vor Geschäften, auf Plätzen, vor dem Messegelände usw.

- im Ladengeschäft oder im Einkaufszentrum (sog. Mall Intercepts)
- auf und vor dem Messestand
- im Studio
- zu Hause
- im Betrieb
- *telefonisch* (fernmündlich), entweder zu Hause oder im Betrieb.
- *schriftlich* offline durch Zusenden per Post/Fax, Verteilen, Auslegen und Zurücksenden oder Ausfüllen vor Ort, z. B. im Ladengeschäft, auf der Messe usw., oder online übers Internet sowie
- *Kombinationen* aus obigen Verfahren, z. B.
  - persönlich/schriftlich: Fragebogen wird persönlich übergeben oder zugeschickt und dann wieder persönlich abgeholt oder zurückgeschickt, oder eine persönliche Befragung wird schriftlich angekündigt.
  - schriftlich/telefonisch: Fragebogen wird offline oder online zugeschickt, und dann wird telefonisch nachgefasst, oder ein Telefoninterview wird schriftlich angekündigt.
  - telefonisch/persönlich oder schriftlich: Das Interview wird telefonisch vorbereitet, der zuständige Betrieb und Ansprechpartner selektiert und der persönliche Besuch oder die schriftliche Befragung angekündigt.

Die Kombination von Befragungsarten hat den Zweck, Ausfälle zu reduzieren, nicht zuständige Partner auszusondern und letzten Endes Kosten zu sparen.

Die persönliche Befragung (face to face):

Sie ist in Deutschland in den letzten Jahren stark zurückgegangen, sieht man von den – durchaus ergiebigen – Einzelgesprächen, kleineren Stichproben und qualitativen Interviews einmal ab. Folgt man den Zahlen, die vom ADM Arbeitskreis Deutscher Markt- und Sozialforschungsinstitute genannt werden (siehe ADM-Jahresbericht 2006, Seite 16), so ist der Anteil der von den Instituten durchgeführten persönlichen Interviews von 65 % (1990) auf 25 % (2006) geschrumpft, und zwar zugunsten von Telefon- (2006: 46 %) und Online-Interviews (2006: 21 %). Die Gründe für die zurückgehenden Anteile bei persönlichen Interviews sind – trotz der eindeutigen

Vorteile – die hohen Kosten für Interviewer und Reisen und damit der große Zeitaufwand. Die Institute versuchen durch Computerunterstützung mithilfe von Laptops/Pentops die Kostennachteile zu reduzieren (zurzeit wird fast die Hälfte der Interviews auf diese Weise durchgeführt).

Eine kurze Charakterisierung und die folgende Checkliste sollen Ihnen helfen, die richtige Anwendung zu finden.

Für die Dauer eines persönlichen Interviews im Haus (In-house-Befragungen) müssen etwa 30 Minuten oder mehr angesetzt werden. Straßenbefragungen (Out-door-Befragungen) hingegen sollten 5 Minuten nicht wesentlich übersteigen. Bei interessantem Gesprächsstoff kann es allerdings passieren, dass der Befragte von sich aus überzieht – auch damit müssen Sie bei Ihrer Zeitplanung rechnen.

Praxisbeispiel für eine erprobte Eigenanwendung: Eine Firma, die Zusatzheizungen für LKW herstellt, interessierte sich für den Einsatz dieser Geräte und die Meinungen der LKW-Fahrer zu Firma und Produkt.

Vorgehen: Auf großen LKW-Parkplätzen an Autobahnen und sogenannten Autohöfen in der kälteren Jahreszeit befragten Studenten ca. 300 LKW-Fahrer persönlich. Hauptfragen dabei waren: generelle Anwendungsmöglichkeiten, Benutzungsdauer bei welchen Außentemperaturen, Stärken und Schwächen der bekannten Fabrikate usw.

Checkliste: Zur Überprüfung der Eigenanwendung von persönlichen Interviews (face to face)

- Interviewer/Mitarbeiter sind vorhanden, die sich
  rasch in das Themengebiet einarbeiten können
  oder sich auf dem Gebiet bereits auskennen. . . . . . . ☐ trifft zu
- Erfahrungen in der Gestaltung von Fragebogen liegen
  vor bzw. können angeeignet werden. . . . . ☐ trifft zu
- Die persönliche Befragung bietet die Möglichkeit,
  die Befragung dem Gesprächsverlauf anzupassen
  und spontane Äußerungen festzuhalten. . . . . ☐ wichtig
- Sie gestattet es, Unklarheiten und Missverständnisse
  vor Ort durch Rückfragen zu beseitigen . . . . ☐ wichtig
- Sie ist am besten geeignet für Expertengespräche und
  intensivere Gespräche mit „Tiefgang". . . . . ☐ wichtig
- Sie dient als Vorbereitung und Vortest für eine
  größere Befragung. ☐ trifft zu

- Der Gesprächspartner erwartet keine andere Form . . . . ☐ trifft zu
- Sie eignet sich hervorragend zur Vorlage von
  Texten, Bildern und Gegenständen. . . . . ☐ wichtig
- Sie ist am besten geeignet für unstrukturierte
  Interviews – nur anhand eines Gesprächsleitfadens. . . . . ☐ wichtig
- Die Stichprobe ist überschaubar und für die eigene
  Durchführung handhabbar (Adressen vorhanden
  bzw. leicht zu beschaffen). . . . . ☐ trifft zu
- Die Kosten einer Eigenanwendung sind kalkulierbar
  und erschwinglich (Zeit, Reisekosten usw.). . . . . ☐ trifft zu

Wenn Sie die Aussagen zum überwiegenden Teil angekreuzt haben, dürfte einer persönlichen Befragung und der Durchführung in Eigenregie nichts mehr im Wege stehen.

Fazit: Bestätigung der bisherigen Marketingpolitik, Abstellung von Schwächen und eine noch stärkere Betonung der Stärken in der Werbeargumentation.

Zusammenfassung zur persönlichen Befragung
+ umfangreiche und detaillierte Informationen möglich
+ Nachfragen/Erklärungen sofort möglich,
+ Ausräumen von Missverständnissen
+ gute Verwendung von Vorlagen bzw. Produkten
+ durch den Einsatz von Laptops/Pentops (bei Instituten bereits fast die Hälfte der Interviews) gibt es noch weitere technisch-elektronische Vorteile
+ gut geeignet für Intensivinterviews und Expertengespräche
+ flexible Befragungsweise
− Interviewereinfluss (Bias)
− zeit- und kostenintensiv

Die telefonische Befragung: Telefoninterviews sind mittlerweile die gängigste und in den Instituten am meisten angewandte Kommunikationsart für Befragungen. Betrachtet man die Entwicklung in den letzten 15 Jahren, so ist deren Anteil von 22 % (1990) auf 46 % (2006) angestiegen (siehe ADM Jahresbericht 2006). Allerdings hatten die telefonischen Interviews bereits 2000 einen beachtlichen Umfang von etwa 40 % der quantitativen Interviews, heutzutage jedoch überwiegend mit Computerunterstützung. Die

Befragung übers Telefon hat viele Gemeinsamkeiten mit dem persönlichen Interview. Darüber hinaus ist sie jedoch sehr rasch („Blitzumfrage") und noch besser mit eigenen Mitarbeitern durchzuführen. Es entfallen Wegezeiten und Reisekosten. Die Telefonkosten sind kalkulierbar und können über die Anzahl der Gespräche und die Dauer des Interviews in Grenzen gehalten werden. Telefonische Kontakte ermöglichen es auch, sicherer und schneller an den richtigen Gesprächspartner – vor allem in Großbetrieben – heranzukommen.

Die heutige Telefondichte gewährleistet auch eine ziemlich gesicherte repräsentative und zufallsgesteuerte Auswahl der Gesprächspartner. Die Akzeptanz im gewerblichen Bereich ist durchaus gegeben, und es gibt nur wenige echte Verweigerungen. Andererseits gibt es aber auch Zielgruppen, die telefonisch nur schwer zu befragen sind, wie z. B. Ärzte. Hier werden Sie mit einer schriftlichen Befragung eher Erfolg haben. Im privaten Bereich muss mit Einschränkungen gerechnet werden (Verweigerungsquote 10–15 %), z. B. wegen der Anonymität des Anrufers, („man weiß ja nicht, wer wirklich dran ist"). Allerdings kann die Anonymität des Anrufers im Gegenteil dazu führen, dass der Befragte offener und ehrlicher Auskunft gibt.

Außerdem können übers Telefon sehr gut Themen und Partner getestet und vorselektiert werden – z. B. durch die entscheidende Frage, ob überhaupt ein entsprechender Bedarf für unser Produkt oder unsere Dienstleistung vorliegt –, um bei späteren Akquisitionen gezielter und damit kostensparender vorgehen zu können.

Im Vergleich zur schriftlichen und persönlichen In-house-Befragung

- sollte der Fragebogen kürzer sein,
- müssen die Fragen kurz und prägnant sein, und es
- muss auf Vorlagen verzichtet werden (Abhilfe s. Checkliste).

Checkliste: Zur Überprüfung der Eigenanwendung von Telefonbefragungen

- Der anzusprechende Personenkreis verfügt über
  einen Telefonanschluss . . . . ☐ vorhanden
- Es kommt auf eine rasche Durchführung an,
  da dringende Entscheidungen anstehen . . . . ☐ trifft zu
- Der Fragenumfang ist begrenzt bzw. begrenzbar
  (Zeitbegrenzung am Telefon) . . . . ☐ trifft zu
- Visuelle Text- oder Bildvorlagen sind nicht unbedingt
  erforderlich (Abhilfe: per Fax/E-Mail zusenden) . . . . . ☐ trifft zu
- Mitarbeiter mit „Telefonstimme" sind vorhanden,
  können angelernt bzw. besorgt werden . . . . ☐ trifft zu
- Die Kosten sind kalkulierbar und überschreiten
  nicht das gesetzte Limit . . . . ☐ trifft zu
- Die Auswahl der zu Befragenden ist anhand von
  vorhandenen Unterlagen – Telefon-, Adressbücher,
  Kunden-, Interessentendatei – möglich . . . . ☐ trifft zu
- Es handelt sich um einen Vortest oder um eine
  allgemeine Kurzorientierung (wofür die Telefon-
  befragung besonders gut geeignet ist). . . . . ☐ trifft zu

Die Anzahl der angekreuzten Aussagen entscheidet,
ob Sie eine Telefonumfrage starten sollten.

Auch hier soll Ihnen obige Checkliste helfen, die Eigenanwendung zu überprüfen.

Da beim Telefoninterview keine visuelle Gegenüberstellung (face to face) erfolgt, gewinnt die Stimme – Ausdrucksweise, Klarheit, Klangfarbe, Tonfall, Sympathie – einen entscheidenden Einfluss auf den Erfolg. Übrigens haben sich Stimmen von Damen über 30 Jahre besonders gut bewährt.

Die Dauer des Telefoninterviews sollte möglichst 10–15 Minuten – bei etwa 20 Fragen – nicht übersteigen. Bei geplanten längeren Gesprächen sowie teilweise im gewerblichen Bereich ist es ratsam, sich telefonisch oder schriftlich anzumelden, um die für den Gesprächspartner passende Zeit zu erfahren.

Die Frage nach der günstigsten Tageszeit für eine Telefonumfrage lässt sich nicht eindeutig beantworten. Hier einige Erfahrungen:

- Bevölkerung: zwischen Arbeitsende und Tagesschau
- Betrieb: hängt stark von der Branche ab. Im allgemeinen sind

günstige Zeiten am Vormittag zwischen 10.00 und 12.00 Uhr und nachmittags zwischen 14.00 Uhr und Büroschluss. Bei Führungskräften sind auch Zeiten nach 17.00 Uhr noch recht günstig.

Mittlerweile wird die telefonische Befragung – in Instituten vielfach schon mit Computerunterstützung – für fast alle Fragestellungen eingesetzt. Trotzdem ist sie bei folgenden Anlässen besonders gut geeignet.

Typische Anwendungsbeispiele für telefonische Befragungen

- Blitzumfrage zu aktuellen Themen,
  z. B. gerade anlaufende oder abgeschlossene Werbemaßnahme (Post-Test); eine geplante Werbemaßnahme wird in ihren Alternativen getestet (Pre-Test); Neueröffnung eines Geschäftes usw.
- Reaktionen der Verwender zu einer gerade durchgeführten Produktverbesserung
- Bedarfsermittlungen allgemein bei einer bestimmten Zielgruppe
- Voranfrage, ob ein Betrieb überhaupt als Bedarfsträger und damit als Adressat für eine Umfrage infrage kommt (Vorselektion)
- Nachbefragung zu einer durchgeführten schriftlichen Umfrage (Klärung oder Ergänzung)
- Anmahnung von noch nicht zurückgesandten Fragebogen bei einer schriftlichen Umfrage (Nachfassaktion)
- Befragung von sonst nur schlecht zu erreichenden Personen
- Kurzorientierung über einzelne wenige Fragen

Vier Praxisbeispiele sollen zeigen, wie Blitzumfragen angewandt werden können:

(1) In einem Unternehmen der Kfz-Zubehörbranche war man sich für die Ersatzbedarfsplanung nicht einig, nach welcher Zeit/Fahrleistung ein Schalldämpfer ersetzt werden muss. Einige wenige Telefonate mit Kfz-Werkstätten brachten eindeutig Klarheit.

(2) Ein Autohändler storniert alle Anzeigen und setzt auf seine neue Kundenzeitschrift, die gratis verteilt wird. Er will sofort wissen, wie das neue Medium ankommt. Innerhalb einer Woche ist es klar: Die Kundenzeitschrift wird überhaupt nicht wahrgenommen, Anzeigen bringen mehr Werbeerfolg.

(3) Ein Bäckermeister im Ruhrgebiet mit vier Filialen wird durch einen Billig-Filialisten gestört. Der Bäcker will nun für seine Werbung wissen,

wo seine Stärken liegen. Er beauftragt ein Institut mit einer telefonischen Befragung. Ergebnis: Preisgefüge und Personal sind in Ord-
nung. Mängel: beim Sortiment, nicht zu jeder Tageszeit ist jeder Artikel vorrätig. Außerdem hält er sich mit seinen eigentlichen Stärken in
der Werbung zurück, wie z. B. Herstellung, Haltbarkeit, Frische und
Inhaltsstoffe, worüber seine Kunden mehr wissen wollen. Kosten: bei
600 Interviews ca. 10.000 €. Anmerkung des Autors: weniger Interviews hätten wahrscheinlich ähnliche Ergebnisse erbracht.

(4) Ein Hersteller von digitalen Druckereigeräten wollte für seine Marketingkonzeption etwas über Kaufabsichten und Kaufverhalten von
Druckereien erfahren. Eine telefonische Befragung von etwa 50
Druckereien durch eigene Mitarbeiter konnte in kürzester Zeit klären,
welche Produkte bei anstehenden Investitionen bevorzugt werden
und wie sich die Druckereien bei ihren Einkäufen verhalten.

Praktische Hinweise für Telefoninterviews

Für die praktische Durchführung telefonischer Interviews kann
zusammenfassend etwa von folgendem Zeit- und Kostenraster ausgegangen werden:

• Die günstigsten Telefonzeiten (siehe Seite 28/29)
• Die besten Interviewerinnen: Damen über 30
• Bei größeren Telefonaktionen sollte eine Mitarbeiterin nicht län-
ger als 3–4 Stunden pro Tag telefonieren
• Dabei können – je nach Dauer des Gesprächs – 4–8 Interviews
pro Stunde durchgeführt werden, das erfordert etwa 6–12 Anrufe
• Der Fragebogen muss gut vorbereitet sein, und die Interviewerin-
nen müssen gut eingewiesen werden
• Bitte beachten Sie, dass bei Telefoninterviews grundsätzlich keine
Akquisitionsgespräche geführt werden dürfen
• Kosten
  (a) für die Interviews

$$\frac{\text{Anzahl Adressen}}{\text{Anzahl Interviews/Std}} = \text{Anzahl Interviewstunden}$$

z. B. $\frac{100 \text{ Adressen}}{4 \text{ Interviews/Std}} = 25 \text{ Stunden}$

  (b) für Telefongebühren
Bei den auch in Unternehmen möglichen Flatrates fallen kaum
bzw. keine Extra-Telefongebühren an.

Zusammenfassung zur telefonischen Befragung
+ derzeit die häufigste Kommunikationsform in den Instituten (45 % der Interviews)
+ kosten-/zeitgünstig, da Wegezeiten und Reisekosten wegfallen
+ im gewerblichen Bereich gut anwendbar, wenn man einige Regeln beachtet
+ erlaubt eine rasche, unmittelbare Durchführung, z. B. kurz nach einer Aktion
+ gut geeignet für eine Selbstanwendung
+ man kommt meist direkt an den richtigen Interviewpartner
+ im gewerblichen Bereich nur geringe Verweigerungsquote
+ „Telefonstimme" entscheidet über den Erfolg
− im privaten Bereich mit Einschränkungen (Anonymität des Anrufers)
− keine visuellen Vorlagen möglich
− limitierter Fragenumfang/Zeitbegrenzung am Telefon

Die schriftliche Befragung: Mit der Einführung und Durchdringung des Internets ist es erforderlich geworden, die schriftliche Befragung in einen sog. traditionellen Offline-Bereich mit „Papier und Bleistift" (PAPI = paper and pencil interview) und einen Online-Bereich mit der Befragung übers Internet zu unterscheiden (siehe auch Primärforschung mit Computerunterstützung, Seite 82).

Die traditionelle schriftliche Offline Befragung ist in den Instituten stark zurückgegangen und lag 2006 nur noch bei 8 % der quantitativen Interviews. Nimmt man allerdings die mittlerweile stark ansteigenden Online Befragungen mit einem aktuellen Anteil von 21 % (2006) hinzu, so ergibt sich ein bedeutender Anteil von 29 % für schriftliche Befragungen. Es ist zu vermuten, dass die Online Interviews − sowohl im gewerblichen als auch im privaten Bereich − in den nächsten Jahren noch zulegen werden.

Sie ist für die Anwendung in Eigenregie besonders gut geeignet, braucht man doch keine Interviewer und damit auch keine „Feldorganisation". Mit ihren vielen Erscheinungsformen bei der Streuung der Fragebogen bietet sie genügend Einsatzmöglichkeiten. Um Streuverluste zu reduzieren und den Rücklauf zu verbessern, kann die schriftliche Umfrage auch kombiniert werden mit einer telefonischen Voranfrage, ob der betreffende Betrieb bzw. welche Person zuständig ist und als Informant infrage kommt. Oder es erfolgt eine Auswahl aus einer bereits vorselektierten Gruppe, z. B. ob beim Käufer/Besitzer ein nachweisbares Interesse am Produkt vorhanden ist. Der Fragebogen darf dabei auch schon mal etwas länger sein, muss aber auf jeden Fall mit verständlichen Fragestellungen klar aufgebaut sein, da keine Rückfragen gestellt werden können. Die folgende Checkliste soll Ihnen den Einsatz erleichtern.

Checkliste: Zur Überprüfung der Anwendung einer schriftlichen Befragung

- Die Kosten müssen bei Offline-Befragungen auf der Basis der Aussendung – und nicht anhand des Rücklaufs – kalkuliert werden. Sie sind berechenbar (z. B. Porto, evtl. Rückporto, Motivationsgeschenk usw.) und übersteigen nicht das angesetzte Budget. . . . . ☐ trifft zu
- Der Fragebogen ist klar und verständlich aufzubauen, enthält keine schwierigen Sachverhalte und macht keine Rückfragen erforderlich. . . . . ☐ trifft zu
- Die Beantwortung der Fragen in der vorgegebenen Reihenfolge ist nicht so entscheidend. . . . . ☐ trifft zu
- Die Repräsentanz und die Zusammensetzung der Stichprobe – statistische Merkmale, ausfüllende Person – sind für das Ergebnis nicht so entscheidend. . . . ☐ trifft zu
- Mit einer begrenzten Rücklaufquote wird gerechnet, wichtig ist auf jeden Fall eine auswertbare „statistische Masse". . . . . ☐ trifft zu
- Die Zeit – wann die ausgefüllten Fragebogen vorliegen – spielt nicht die entscheidende Rolle. . . . . ☐ trifft zu
- Das Adressenmaterial ist aktuell (z. B. Telefonverzeichnisse) bzw. ausreichend vorhanden – auch nach statistischen Merkmalen oder sonstwie selektierbar, um die Erfolgswahrscheinlichkeit zu erhöhen. . . . . ☐ trifft zu
- Es kommt nicht so sehr auf spontane Äußerungen der Befragten an als vielmehr auf überlegte Antworten. Evtl. sind sogar Meinungen einer Gruppe (Haushalt, Betrieb) erwünscht. ☐ trifft zu
- Bei Online-Befragungen: Ist die gewünschte Zielgruppe auch über Internet/E-Mail erreichbar? . . . . ☐ trifft zu

Treffen die meisten dieser Statements zu, so sollten Sie sich für eine schriftliche Befragung entscheiden.

Praxisbeispiel (1): Ein Unternehmen der Papierindustrie wollte bei einer seiner Kundengruppen – den Buchdruckereien – etwas über neue bzw. verbesserte Produkte erfahren. Für die – bei 260 Kundenadressen angesetzte – schriftliche Befragung wurden ein Anschreiben und ein Fragebogen (auf der Rückseite) konzipiert und zusammen mit Produktmustern verschickt. Der Rücklauf lag immerhin bei 121 Fragebogen = 47 % nach 6–8 Wochen und einer telefonischen Nachfassaktion. Ergebnis: Eindeutige Präferenz für eine der vorgestellten Produktverbesserungen.

Praxisbeispiel (2): Ein mittelständisches Unternehmen, das Spezialmiederwaren für Schwangere herstellt, benötigte Informationen über Produktverbesserungen und Erfahrungen der Frauen während der Schwangerschaft.

Vorgehen: Die Adressen für eine schriftliche Umfrage wurden gewonnen aus dem Rücklauf von Coupons einer Anzeige in einer Fachzeitschrift. Über diesen Coupon konnte eine Informationsbroschüre über Probleme in der Schwangerschaft angefordert werden. Eine wichtige Frage auf diesem Coupon war die Angabe des Schwangerschaftsmonats, um daraus in etwa den Entbindungstermin zu ermitteln. Denn kurz nach der Entbindung wurden diese Frauen angeschrieben und anhand eines vierseitigen DIN-A5-Fragebogens (mit frankiertem Rückkuvert) um Informationen aus der eigenen Schwangerschaft gebeten. Diese persönlichen Erfahrungen sollten dann wieder für andere Kundinnen nutzbar gemacht werden. Der stolze Rücklauf von 65 % war mit Sicherheit auf die gezielte Adressenauswahl und das vorliegende Spezialinteresse zurückzuführen.

Die **Streuung** des Fragebogens bei der schriftlichen Umfrage ist sehr variabel und kann auf folgende Weise erfolgen:
- durch **Briefpost**. Bei dieser Form sind Umfang und Fragestellung – im Vergleich zu den anderen Streumöglichkeiten – am wenigsten eingeschränkt. Sie ist für sämtliche Produkte und Dienstleistungen geeignet.
- durch **Zusendung** und Rücksendung **per Fax**, allerdings nur mit begrenztem Umfang
- im „**Huckepack-Versand**": Dies ist z. B. möglich, wenn man sich an eine bereits vorgesehene eigene oder fremde Direct-mailing-Aussendung „anhängen" möchte (Verband, Institut usw.). Beispiele sind Einladungen zu Messen, Kongressen oder sonstigen Veranstaltungen. Man spart dabei vor allem Portokosten und

stößt mitunter auf eine größere Antwortbereitschaft bei den Adressaten.

Praxisbeispiel: Ein Unternehmen der Elektroindustrie hat – um den Einsatz von Bürotechnologien bei Rechtsanwälten zu analysieren – zusammen mit einer Kongresseinladung des Veranstalters an 35 000 Empfänger Fragebogen verschickt, verbunden mit einer Verlosung von Firmenprodukten. Als auswertbare Masse kamen immerhin 2100 Fragebogen (= 6 %) zurück, die interessante Ergebnisse lieferten. Gesamtkosten ca. 8000 €.

• als **Produktbeilage** mit begrenztem Fragenumfang – vor allem bei Gebrauchsgütern – unmittelbar in der Produktverpackung oder als Beilage zur Gebrauchsanleitung oder zu den Serviceunterlagen: Diese Form der schriftlichen Umfrage eignet sich insbesondere für Produkte, die über Absatzmittler zum Endverwender gelangen, und gibt vor allem Aufschluss über folgende Fragenkomplexe:
  – Käuferstruktur (statistische Merkmale)
  – kaufentscheidende Faktoren, warum gekauft, zu welchem Anlass?
  – wo gekauft? Einkaufsquelle!
  – wie auf das Produkt aufmerksam geworden (Medienkontrolle)
  – Kundenzufriedenheit usw.

Außerdem können die so gewonnenen Adressen für weitere Aktionen verwendet werden, z. B.
  – für erneute Befragung bei den Produktverwendern über Zufriedenheit, Erfahrungen, Stärken und Schwächen sowie Anregungen für Produktverbesserungen,
  – für Werbesendungen.

Praxisbeispiel: Ein Unternehmen der Unterhaltungsindustrie hat bei durchschnittlich 120 000–130 000 verkauften Produkten (CD, DVD) pro Titel einen Rücklauf von 4000–5000 ausgefüllten Produktbeilagen – das sind immerhin etwa 3–4 % – ohne Nachfassen, jedoch verbunden mit einer Verlosung eigener Produkte. Die Daten lieferten interessante Ergebnisse vor allem über die Käuferstruktur, die Bevorzugung von Werbemedien sowie Produktanregungen. Außerdem konnten aus diesen Adressen weitere Stichproben für andere Marktforschungsanwendungen und Produkttests gezogen werden. Kosten in Eigenanwendung: ca. 3000,– €.

Insgesamt ist dieses Verfahren der Produktbeilage ein viel zu wenig genutztes Instrument der Datenbeschaffung, liefert es doch Ergebnisse auf relativ unkomplizierte Weise. Manche Firmen nutzen diese Möglichkeit über eine sog. Garantieanmeldung oder -registrierkarte, die sie ihren Produkten beilegen. Jedoch besteht hierzu keine Verpflichtung seitens des Käufers, um sich seine Garantie zu sichern.

- durch **Auslegen/Verteilen im Geschäft**, Betrieb oder Messestand usw.: Wenn möglich sollte der zu Befragende veranlasst werden, den Fragebogen noch vor Ort auszufüllen. Gerne wird dieses Verfahren in Dienstleistungsunternehmen – Hotels, Gaststätten, bei kulturellen Veranstaltungen – angewandt.

Praxisbeispiel: Eine Reinigungsfirma mit vier Beschäftigten wollte auf einen Teil ihrer Dienstleistungen (z. B. das Bügeln nach der Reinigung) verzichten, wusste aber nicht, ob dies bei der Kundschaft ankommt. Die dabei freiwerdende Mitarbeiterin sollte verstärkt im Verkauf eingesetzt werden. Die Firma entschloss sich, einen Fragebogen (2 Seiten) zu gestalten und diesen im Geschäft auszulegen. Damit konnten gleichzeitig auch andere Fragen über die Kundenzufriedenheit gestellt werden. Die Kunden wurden gebeten, den Fragebogen im Geschäft auszufüllen. Jeder bekam eine kleine Aufmerksamkeit (Wert 2,– €) und nahm außerdem an einer Verlosung von Reinigungsgutscheinen teil. Die Befragung wurde voll akzeptiert. Jedoch wollten $2/3$ der Kunden nicht auf die zur Diskussion stehende Dienstleistung verzichten. Auf diese Weise wurde der Abwanderung von Kunden vorgebeugt. Kosten: ca. 500,– €.

- als **Beilage** zu Prospekten, Katalogen, in Zeitschriften und anderen Werbeträgern: Hierbei werden nicht nur Kunden, sondern auch an der Werbung und am Produkt Interessierte angesprochen. Als „Vehikel" gut geeignet sind auch eigene Haus- oder Kundenzeitschriften.
- als **„elektronischer" Fragebogen** auf einem Bildschirm mit Eingabe über Tastatur oder Berühren des Bildschirms (touch screen), z. B. anlässlich einer Befragung von Messebesuchern oder direkt online übers Internet.

Die **Zeit für das Ausfüllen** eines Fragebogens sollte 20 bis 30 Minuten nicht übersteigen, jede kürzere Zeit ist von Vorteil. Sie wird natürlich in erster Linie vom Aufbau und Umfang des Fragebogens bestimmt, ist aber auch abhängig von der Auffassungsgabe und der Schnelligkeit des Ausfüllenden. Außerdem muss auch Zeit zum Überlegen und evtl. Nachschauen in Unterlagen (z. B. Kaufdatum, Besitz von Produkten usw.) berücksichtigt werden.

Ein spezifisches Problem bei der schriftlichen Befragung ist die **Rücksendung** von ausgefüllten Fragebogen. Natürlich wünscht man sich eine recht hohe Zahl von eingehenden Fragebogen mit repräsentativer Zusammensetzung. Für die praktische Arbeit ist es jedoch nicht immer erforderlich, eine – der Grundgesamtheit entsprechende – repräsentative Stichprobe zu erhalten. Oft genügt auch schon eine auswertbare statistische Masse von Fragebogen, die – je nach Themenstellung und gewünschter Untergliederung der Ergebnisse nach statistischen Merkmalsgruppen – unterschiedlich groß sein kann. Mindestens 100 sollten es jedoch schon sein.

Zur Verbesserung der Antwortquoten gibt es eine Reihe empirischer Untersuchungen, die besagen, wie der Erfolg einer schriftlichen Umfrage erhöht werden kann. Einige Besonderheiten bei Online-Befragungen finden Sie unter Primärforschung mit Computerunterstützung. Zusammenfassend sind es die folgenden acht Erfolgsfaktoren.

Erfolgsfaktoren für eine Verbesserung der Rücklaufquote bei schriftlichen Befragungen

(1) Die Vorselektion der anzuschreibenden Betriebe/Personen: Hier kommt es darauf an, die Gruppen herauszufiltern, die mit größerer Wahrscheinlichkeit an einer Umfrage teilnehmen werden und die vor allem dem Untersuchungsziel am besten entsprechen.

Beispiele:

• Kunden garantieren drei- bis vierfach höheren Rücklauf gegenüber einer unselektierten Gruppe

Praxisfälle: (a) Ein Verlag mit Direktvertrieb hat aus 10 000 Kundenadressen zufallsgesteuert 2700 ausgewählt und zu einem neuen Verlagsprodukt befragt. Rücklauf: mehr als 30 % (ohne Nachfassen aber mit Buchgeschenk nach Rücksendung). Hier machte sich eindeutig die qualifizierte Leserschaft mit stärkerer Bindung zum Verlag bemerkbar. **(b)** Rücklauf bei BMW-Besitzern 50–60 % von etwa 2000 Aussendungen.

- Interessenten, vor allem Gruppen mit Spezialinteressen, Hobbys, Freizeitbeschäftigungen, Leser von Specialinterest-Zeitschriften
- Selektion aufgrund einer telefonischen Voranfrage, ob Bedarf für das Produkt und Bereitschaft für die Befragung besteht
- Zielgruppen, die ihr Interesse an unseren Produkten durch Anforderung von Werbe- und Prospektmaterial bereits bekundet haben, oder Messebesucher usw.
- Einsender von Fragebogen aus Produktbeilagen
- Einsender von sog. Garantieanmeldekarten

Praxisfall: Ein Hersteller von Schlauchbooten erzielte bei Einbeziehung dieser Zielgruppe einen Fragebogenrücklauf von 75 %.

Allein diese Vorselektionen können die Antwortquoten auf mehr als 30–40 % steigern.

(2) Vorankündigung der schriftlichen Befragung, und zwar telefonisch oder per E-Mail, um die Bereitschaft festzustellen. Ob solche Vorkontakte die Rücklaufrate tatsächlich erhöhen wird in Studien unterschiedlich bewertet. Sie Skala reicht von positiv bis unerheblich.

(3) Gestaltung und Umfang des Fragebogens. Bewährt haben sich vor allem

- begrenzter Umfang, 2–4 Seiten, mehr Seiten als Ausnahme.
- eine kleinere Schrift, um mehr Fragen aufs Papier zu bringen. Sie muss aber gut lesbar bleiben.
- farbiges Papier oder Farbdruck auf weißem Papier – auf dem Schreibtisch optisch auffallend
- übersichtliches Layout
- klare und allseits verständliche Sprache bei der Fragestellung und den Antwortvorgaben
- erleichtertes Ausfüllen durch Ankreuzen, d. h. vorwiegend geschlossene Fragen mit Antwortvorgaben – nur in Ausnahmefällen offene Fragen ohne Antwortvorgabe verwenden
- nur bei Beteiligungsuntersuchungen möglich: mehrere Befra-

gungsthemen von unterschiedlichen Auftraggebern machen die Beantwortung interessanter und unterhaltsam.

Gestaltung und Umfang des Fragebogens können die Responseraten um etwa 10–20 % anheben.

(4) Gestaltung des Begleitschreibens. Das unbedingt notwendige Anschreiben sollte auf jeden Fall
- den Leser neugierig machen und Interesse wecken sowie
- ihm den Sinn und Zweck der Befragung aufzeigen und den Nutzen für ihn klar herausstellen: „Sie können damit helfen, unsere Produkte zu verbessern", „Ihre Zufriedenheit ist unser Maßstab"

Außerdem muss das Begleitschreiben – ähnlich wie bei einem Werbebrief – folgende Merkmale aufweisen:
- klare und verständliche Sprache, keine Fremdwörter!
- Der Text sollte klar gegliedert sein und ein angenehmes ruhiges Schriftbild vermitteln.
- Der Lesevorgang folgt normalerweise einem S-Kurvenverlauf, der beim Absender und dem Datum rechts oben beginnt (wer will was von mir?), über die Anrede zum eigentlichen Texthöhepunkt führt (worum geht es?, was hat der Empfänger/habe ich davon?) und mit PS-Zeilen (max. 4) mit Hinweis auf die „Belohnung" endet. Die Identifikation durch Absender und Anschrift sind wichtige Zeichen für die Seriosität des Schreibens. Hinweise auf das Präsent oder die Verlosung sowie Dankesworte dürfen auf keinen Fall fehlen.
- Papierqualität und Farbe wie beim Fragebogen oder besser noch davon abhebend
- Die Ausstattung der Sendung mit Freiumschlag für die Rücksendung (moralische Verpflichtung!).

(5) Anreize durch Belohnung. Eine Belohnung führt definitiv und merklich zu einer Steigerung des Rücklaufs zwischen 30–50 %. Unter den aufgeführten Erfolgsfaktoren sind Incentives – neben der Vorselektion – am ergiebigsten.

Mehrere Möglichkeiten stehen zur Auswahl:
- Kleinpräsent für alle, die den Fragebogen erhalten, zusammen mit der Erstsendung. Selbst kleine Geschenke, z. B. produktbezogene

Geschenke, Kugelschreiber, Taschenkalender usw., zeigen große Wirkung.

- Honorierung des zurückgesandten Fragebogens mit einem etwas hochwertigeren Geschenk
- im gewerblichen Bereich interessant: „Feedback" anbieten; der Befragte erhält nach der Auswertung eine Zusammenfassung der wichtigsten Ergebnisse, und der Befragte sieht seine Meinung im Umfeld der anderen Meinungen. Damit ist gleichzeitig im nachhinein auch eine werbliche Beeinflussung möglich. Im privaten Bereich führt dies zu keiner nennenswerten Steigerung des Rücklaufs. Dies gilt sinngemäß auch für die anderen Befragungsarten.
- Teilnahme an einer Verlosung nach Rücksendung: Der „Lotto-Effekt" kann manche echt begeistern. Es muss nicht immer eine Urlaubsreise sein, auch Sachgeschenke, wenn möglich aus dem eigenen Produktbereich, Fachzeitschriftenabonnements oder Ähnliches kommen gut an.

(6) Nachfassaktionen. Folgende Erfahrungen von einem Spezialinstitut für schriftliche Umfragen liegen vor:

(a) im Privatbereich:

	Rücklaufquote Durchschnitt eines Jahres
Erstaussendung mit Begleitschreiben und Fragebogen	ca. 30 %
Erinnerung mit farbiger Postkarte	15–20 %
Zweitaussendung mit Begleitschreiben und Fragebogen	ca. 10 %
zusammen	55–60 %

Erinnerung und Zweitaussendung erfolgen jeweils im Wochenabstand, abhängig vom Funktionieren der Postzustellung. Nach spätestens 3–4 Wochen ist die Datenerhebung abgeschlossen. Für den Erfolg entscheidend sind die zwei Nachfasswellen.

(b) im gewerblichen Bereich: Mit der gleichen Methode wie oben kann ein Rücklauf von etwa 40 % erzielt werden.

Telefonisches Nachfassen bringt übrigens ebenfalls eine merkliche Response-Verbesserung. Sehr erfolgreich, z. B. bei Führungskräften in der Wirtschaft, ist das Nachhaken bei der Sekretärin.

Der Rücklauf wird anhand einer Codierung des Fragebogens kontrolliert.

In der Regel wird – wie Studien hierzu belegen – ein zweimaliges Nachfassen als ausreichend angesehen.

(7) Timing der Befragung. Gemeint ist der Eingang des Fragebogens beim Empfänger:

- im Privatbereich ist der Freitag günstig – rechtzeitige und auf das Verhalten der Postzustellung abgestimmte Posteinlieferung ist wichtig
- im gewerblichen Bereich ist eher der Wochenanfang für den Posteingang beim Empfänger entscheidend.
- Bei Online-Befragungen hängt dies stark von der zeitlichen Internetnutzung ab

(8) Thematik der Befragung. Ziemlich eindeutig dürfte sich der Rücklauf erhöhen, wenn das Thema für die zu befragende Zielgruppe relevant, aktuell und interessant ist.

Die Wirkung der einzelnen Faktoren bei Ihren speziellen Befragungsproblemen und Ihrer Zielgruppe können Sie am besten bei Ihrer nächsten Aktion selbst testen. Sie splitten Ihre Befragung in etwa gleich große und vergleichbare Gruppen und versehen die Befragung mit unterschiedlichen Ausprägungen. Die wichtigsten Verstärkungsmaßnahmen sind: die Vorselektion (1), Anreize (5), das Nachfassen (6) sowie das Befragungsthema (8).

Zusammenfassung zur schriftlichen Offline-/Online-Befragung

+ kostengünstig (jedoch bei Offline-Befragungen Portokosten)
+ gut geeignet für eine Selbstanwendung
+ online tauglich, aktuelle Durchführung möglich
+ bessere Erreichbarkeit von nur schwer anzutreffenden Befragten
+/– kein Interviewereinfluss, aber Einfluss von Dritten möglich
–/+ Reihenfolge der Beantwortung der Fragen ist nicht gesichert, keine spontanen Antworten, bei Online-Befragungen Abhilfe durch Fortgangskontrolle möglich
– bei Verständnisproblemen keine Nachfragemöglichkeit
– begrenzter Fragenumfang, oberflächlicher
– Rücklaufquote problematisch (Gefährdung der Repräsentativität)

Zusammenfassend zur Befragung allgemein möchte ich noch auf Folgendes hinweisen:

- **Erfahrungen mit der Eigenanwendung** von Befragungen: In vielen Seminarveranstaltungen zum Thema Marktforschung habe ich feststellen können, dass mittelständische Unternehmen aller Branchen noch relativ wenig Erfahrung mit der Eigenanwendung haben. Nur etwa 20–30 % dieser Betriebe haben Befragungen in Eigenregie durchgeführt. Dabei überwogen die schriftlichen Erhebungen vor den telefonischen und persönlichen. In der Mehrzahl haben die Teilnehmer positive Erfahrungen gemacht und wollen dieses Instrument auch weiter nutzen. Wenn schlechte Erfahrungen gemacht wurden, konnten sie in erster Linie auf die ungenügenden Kenntnisse der Regeln und Techniken zurückgeführt werden. Die Einschaltung von Marktforschungsinstituten zur Durchführung von Befragungen ist im Mittelstand noch gering. Bestimmt spielen dabei die Kosten und der ungewohnte Umgang mit Instituten eine entscheidende Rolle. Bei jeder eigenen Befragung sei Ihnen der Rat gegeben, Datenerhebung und Akquisition streng voneinander zu trennen. Sie geraten sonst leicht in den Geruch der schwarzen Schafe, die versuchen, über die Marktforschung einen Türöffner für den Verkauf zu finden.
- **Anonymität der Befragten:** Natürlich sind Ihnen bei der Eigenanwendung Firma und Gesprächspartner bekannt. Von Anonymität kann also keine Rede sein. Sie sollten aber auch wissen, dass die Institute diese Informationen nicht geben können. Der internationale Kodex für die Praxis der Markt- und Sozialforschung gewährleistet diese Anonymität, es sei denn der Befragte erlaubt ausdrücklich die Weitergabe der Daten zu seiner Identifizierung. Der manchmal von Auftraggebern geäußerten Bitte nach Bekanntgabe der Adressen kann deshalb nicht entsprochen werden.
- **Computereinsatz bei der Datenerhebung:** Die Computer haben auch bei der Marktforschung nicht halt gemacht. Sie haben – bei den Instituten – in vielfältiger Form bei der Datenerhebung Eingang gefunden. Weitere Details hierzu Seite 82 f.

Entwicklungen und Trends in der Umfrageforschung: Umfrageforschung wird von den Instituten durchaus auch kritisch gesehen. So haben die Fachleute bei den Primärerhebungen zu kämpfen mit sinkenden Ausschöpfungsquoten bzw. zunehmenden Verweigerungen. Auf diesen Tatbestand wies vor allem ein Referat von der GfK auf der ersten Marktforschungsmesse 2006 in München hin. Als Gründe hierfür wurden genannt:

Zu lange Interviews mit uninteressanten langweiligen Themen, die fragliche Anonymität und der Verdacht, dahinter verstecke sich ein Verkaufsgespräch für Produkte oder Dienstleistungen.

Aus diesen und weiteren Tatsachen lassen sich drei „Stolpersteine" formulieren:

• mögliche gesetzliche/gerichtliche Restriktionen (Problem der Gleichsetzung von Telefonmarketing mit Marktforschung)
• zurückgehende Erreichbarkeit im Zeitalter zunehmender beruflicher und privater Mobilität sowie zurückgehender Ausstattung mit Festnetzanschluss
• mangelnde Kooperationsbereitschaft, die jedoch stark von den soziodemografischen Merkmalen der Befragten abhängt.

Was ist zu tun, was sind die wichtigsten Motivatoren für eine Teilnahme an Umfragen?

• interessante / spannende und abwechslungsreiche Themen
• eine Umfrage , die guten Zwecken dient
• das Gefühl, dass man an wichtigen Entscheidungen mitwirkt
• eine Erklärung, wofür und für wen die Umfrage durchgeführt wird
• ein bekanntes Institut oder eine bekannte Person
• ein anschaulich gestalteter Fragebogen.

Von den Befragten als interessant eingestufte Themen sind vor allem Umfragen über die Kundenzufriedenheit, Medizin und Gesundheit, Urlaub und Reisen, Mediennutzung (jeweils mehr als 60 % der Nennungen), persönliches Einkaufsverhalten, persönliche Werte und Eigenschaften, Auto und Verkehr sowie Politik, Gesellschaft und Wirtschaft (jeweils mehr als 50 % der Nennungen).

Daraus lassen sich folgende Empfehlungen ableiten:

• kürzen Sie Fragebogen auf das wirklich Wichtige
• wenn der Fragebogen immer noch zu lang ist, splitten Sie den Fragebogen
• behandeln Sie den Befragten als Partner und erklären Sie den Zweck und den Nutzen der Umfrage
• gestalten Sie den Fragebogen mit verständlichen Fragen

- testen Sie auf jeden Fall den Fragebogen und wählen Sie die Erhebungszeit nicht zu knapp
- schulen und motivieren Sie die Interviewer
- schaffen Sie eine Vertrauensbasis durch strikte Einhaltung des Datenschutzes.

Im Internet finden Sie unter adm-ev.de, Forschungsprojekte, eine wissenschaftliche Untersuchung zur Effizienz von Umfragen (Metaanalyse zum Ausschöpfungsgrad) sowie in den Veröffentlichungen der ZUMA (Zentrum für Umfragen, Methoden und Analysen; www.gesis.org/zuma).

Ebenfalls auf der Marktforschungsmesse 2006 in München wurde über eine Studie (Praxisrelevanz der Marktforschung 2006 von best research bei 337 Interviews) referiert, die den Stellenwert der Marktforschung und die Praxisrelevanz in führenden Unternehmen mit Marktforschungsaktivitäten untersucht:

- Demnach wird der Stellenwert der Marktforschung von den Marktforschern selbst (66 %) sowie von den Marketingentscheidern mit etwas höherem Anteil (75 %) als sehr hoch bzw. hoch eingeschätzt. Dies wird sich auch in Zukunft nicht ändern, wofür auch die eher positive Entwicklungstendenz bei den Marketingbudgets spricht.
- Da erst etwa 25 % der beeinflussbaren Entscheidungen auch tatsächlich durch Marktforschung beeinflusst werden, ließe sich der Markterfolg der übrigen 75 % der Entscheidungen noch steigern, wenn das Informationspotenzial noch besser ausgenützt würde. Dazu ist Aufklärungsarbeit in den Unternehmen erforderlich.
- Um den Stellenwert der Marktforschung zu verbessern fehlen oft die Ressourcen (Geld, Zeit und Personal), oder es bestehen zwischen den Marktforschern und den Fachbereichen zu große Distanzen.
- Ansatzpunkte zur besseren Akzeptanz der Marktforschung sehen die Befragten vor allem in der klaren und einfachen Darstellung der Forschungsergebnisse und der Transformation in umsetzbare Empfehlungen sowie in einer intensiveren Kommunikation zwischen der Marktforschung und dem Management.

Zusammenfassung zur Befragung

Die **Befragung** ist das wichtigste Instrument der originären Datenbeschaffung. Sie ist gut in Eigenregie durchführbar, wenn man einige Regeln und Tipps beachtet und umsetzt.

- Gehen Sie vor allem pragmatisch, Ihrem Informationsbedarf entsprechend, und nicht methodenfixiert vor.
- Konzentrieren Sie sich bei den zu befragenden Partnern auf typische meinungsbildende Gruppen, wie z. B. Kunden und andere Geschäftspartner, die als Trendsetter bekannt sind, oder Experten und Branchenkenner in den Fachmedien, der Wissenschaft und Technik.
- Das können Einzelgespräche sein oder Gespräche bis zu einer Zahl, die Sie selbst noch handhaben können.
- Wählen Sie die Kommunikationsart (persönlich/telefonisch/schriftlich) aus, die für ihre Belange sinnvoll, machbar und erschwinglich ist und bei Ihren Partnern am ehesten akzeptiert wird. Beim persönlichen Interview können Sie am intensivsten fragen, bei der telefonischen Befragung sowie meistens auch bei der schriftlichen Online-Befragung liegen die Ergebnisse schnell vor. Bei der schriftlichen Offline-Umfrage dauert es etwas länger, dafür haben Sie eine größere Zahl von Fragebogen zur Auswertung. Außerdem können Sie unter vielen Einsatzmöglichkeiten wählen.
- Haben Sie keine Bedenken bei der Auswahl der Fragen. Sie können alles fragen, was der Gesprächspartner wissen könnte, aber beschränken Sie sich auf wesentliche Fragestellungen.
- Legen Sie auch viel Wert auf qualitative Aussagen, die Sie bei kleinen, nicht repräsentativen Stichproben jedoch nicht ohne weiteres hochrechnen sollten.
- Setzen Sie bei der Durchführung von Befragungen Mitarbeiter ein, die von Natur aus Kundenkontakte haben, z. B. im Außendienst, oder Mitarbeiter im Innendienst, die sich bei einer solchen Aufgabe bewähren können, z. B. Mitarbeiterinnen für Telefoninterviews. Auch der Einsatz zeitlich befristeter Mitarbeiter, z. B. Praktikanten der Fachhochschulen, Werkstudenten in höheren Semestern und Diplomanden, ist sehr gut geeignet. Sie sind froh, wenn sie eine handfeste, empirische und genau abgrenzbare Aufgabenstellung bekommen. (Vielleicht gewinnen Sie dadurch auch Nachwuchskräfte für Ihr Unternehmen).
- Denken Sie auch daran, dass Sie Teilaufgaben einer Umfrage, wie z. B. die Interviews, die Feldarbeit, an sogenannte Feldorganisationen vergeben können. (In Deutschland gibt es derzeit ca. 60 solcher Organisationen)
- Schriftliche Befragungen sind dank Internet in Form der Online-Befragungen facettenreicher geworden, vor allem was den Zugang zu den Befrag-

ten angeht. Dieser Zugang kann erfolgen ungezielt über Banner/Link, Pop up-Fenster, Website-Besucher oder gezielt über E-Mail (siehe Seite 87).

Beobachtung

> • Wann sind Beobachtungen angebracht, und welchen praktischen Nutzen haben sie für den betrieblichen Alltag?
> • Welche Anwendungsbereiche gibt es?
> • Wie führt man Beobachtungen durch?

Grundlagen: Die zweite – nicht so oft angewandte – Erhebungsart in der Primärforschung ist die Beobachtung. Als Methode der Primärerhebung dient sie der visuellen und instrumentellen Datenerfassung. Sie ist nicht zu verwechseln mit dem landläufigen Begriff der Marktbeobachtung, unter der man ganz allgemein die laufende Analyse und Untersuchung von Märkten versteht. Bei der Beobachtung im methodischen Sinn handelt es sich um ein Verfahren, das systematisch durch Wahrnehmung

- Verhaltensweisen von Personen (Kauf von Produkten, Betreten eines Geschäftes/Messestandes, Körpersprache u. Ä.) sowie
- objektbezogene Sachverhalte (Standortbesichtigung, vorhandene Produkte, Werbemittel usw.)

durch Worte unbeeinflusst feststellt und festhält. Man kann beobachten

- visuell durch persönlichen Augenschein, sinnliche Wahrnehmung und nachträgliche schriftliche Aufzeichnung sowie
- apparativ mit Hilfe technischer Geräte zur Bild- und Tonaufzeichnung (Audio-, Film- oder Videogeräte; Augenkamera zur Blickregistrierung) sowie zur Messung physiologischer Vorgänge (Messung des Hautwiderstandes, von Hirnströmen usw.), z. B. im Studio, vor Ort und bei Gruppendiskussionen.

Fragen und Antworten, die direkten Auskünfte von Personen, entfallen, obwohl zur Beobachtung auch verbale Äußerungen der beobachteten Person zählen können, allerdings ohne vorausgegangene Fragestellung. Das schließt jedoch nicht aus, dass die Methode der Beobachtung mit anschließender Befragung kombiniert sein kann. Andererseits können Befragungen auch gekoppelt sein mit der Feststellung beobachtbarer Verhaltensweisen und Tatbestände, wie z. B. statistische Merkmale: Geschlecht, Ortsgröße, Bundesland, Lage des Geschäftes/Betriebes usw.

Praktische Einsatzfelder der Beobachtung: Die Beobachtung wird weitaus weniger genutzt als die Befragung. Es lassen sich durch Befragen einfach mehr Sachverhalte feststellen als durch reines Beobachten. Trotzdem bieten sich gerade für den praktischen Einsatz in den Unternehmen einige reizvolle und einfache Anwendungen. Außerdem gibt es Dinge, die besser beobachtet als befragt werden können. Hierzu gehören u. a.:

- Beurteilung eines Ladengeschäftes (Lage, Verkaufsfläche, Ausstattung)
- Zählung von Besuchern auf dem Messestand bzw. der potenziellen Käufer in einem Ladengeschäft
- Verhalten von Verkäufern im Beratungs- und Verkaufsgespräch
- Werbeverhalten der Konkurrenz in den Medien usw.

Nach dem Ort des zu beobachtenden Geschehens kann man folgende Anwendungen unterscheiden, die Ihnen gleichzeitig als Checkliste für die Eigennutzung dienen können (siehe Checkliste Einsatzfelder auf den folgenden Seiten). Wenn Sie diese Checkliste eingehend durchforstet haben, stoßen Sie mit Sicherheit auf den einen oder anderen Fall, der Ihnen helfen kann, die Beobachtung als Instrument der Marktforschung sinnvoll einzusetzen. Am Beispiel Testkauf soll gezeigt werden, welche Fragestellungen durch die Beobachtung ermittelt werden können.

Beim Testkauf stellt sich oft heraus, ob das Personal erfolgreich arbeitet und seine Beratungs- und Serviceaufgaben richtig erfüllt, ob Schwachstellen im Leistungsangebot oder im Betriebsablauf vorhanden sind. Sie schaffen sich damit eine wertvolle Informationsbasis für Leistungsbelohnung und Leistungssteigerungen in Ihrem Unternehmen. Ihre Mitarbeiter sollten aber auf jeden Fall über dieses Kontrollsystem informiert sein.

Der Testkauf ist methodisch gesehen eine spezielle, verdeckt teilnehmende Beobachtung und wird auch als „Mystery-Shopping" (mystery = Geheimnis) bezeichnet. Dabei nimmt der Mystery Shopper die reale Rolle eines potenziellen Kunden ein und testet die Beratungs- und Verkaufsqualität des Personals, ohne dass der Mitarbeiter im Einzelfall den Testkäufer als solchen erkennt, obwohl er generell über die Durchführung von Testkäufen informiert sein sollte.

Praxisbeispiele zu Testkäufen:

(1) Die Beratungsqualität bei Computervertriebsfirmen sollte getestet werden. Zu diesem Zweck schickte der Deutsche Fachverlag, Frankfurt, einen Studenten als Testkäufer auf die Suche nach einer vorgegebenen PC-Lösung für ein integriertes Warenwirtschaftssystem im Textilfachhandel. 76 Firmen – Systemhäuser, Computershops und Fachhändler – wurden besucht und ihre Beratung nach einer Notenskala von 1–6 bewertet. Das überraschende Ergebnis: In vielen Fällen erwiesen sich die Werbesprüche von „qualifizierter Beratung" tatsächlich als nichtssagend. Nur 47 % der Firmen erhielten die Note gut bis sehr gut, bei 31 % war die Beratung befriedigend bis ausreichend und 22 % schnitten mit schlecht bis sehr schlecht ab.

(2) Ein Restaurantpächter von Selbstbedienungs-Rasthäusern an Autobahnen wollte die Qualität seiner Betriebe überprüfen. Er setzte dazu aus seinem Verwandten- und Bekanntenkreis „Vertrauensgäste" ein, die in verschiedenen Abständen die Restaurants besuchten und darüber einen Testbericht erstellten. Die Mitarbeiter haben dieses Verfahren der anonymen Stichproben akzeptiert.

Typische Daten und Beobachtungsfelder bei einem Testkauf

- Wer hat beobachtet?
- Wann erfolgte der Besuch? (Datum, Wochentag, Tageszeit)
- Äußeres Erscheinungsbild des Geschäftes/Verkaufs- oder Ausstellungsraumes (Ort, Lage, Ausstattung, Größe, Atmosphäre usw.)
- Anzahl der Kunden im Raum/Anzahl der Verkäufer im Raum
- Wartezeit, bis es zu einem Verkaufsgespräch kam
- Charakterisierung des Verkäufers (Geschlecht, Alter, Name)
- Reaktion auf einen geäußerten Kaufwunsch ohne Nennung der Produktmarke
  - Welches Produkt wurde empfohlen? welche noch?
  - Mit welchen Argumenten (Preis, Nutzen usw.)?
  - Wie wurde beraten? (mäßig, ausführlich)
  - Wie reagierte der Verkäufer auf eigene Argumente des Beobachters?
  - Welchen Eindruck vermittelte der Verkäufer? (allgemeines Erscheinungsbild, Stimmung, Freundlichkeit, Zeitdruck usw.)

– Verhalten des Verkäufers bei Nicht-Kauf
- Aufenthaltsdauer im Geschäft (insgesamt, davon für Verkaufsgespräch)
- Besonderheiten bei der Beobachtung

Zum Schluss seien noch einige Verfahren erwähnt, die die Einsatzmöglichkeiten ergänzen, für eine Eigenanwendung nur bedingt geeignet sind, da sie aufwendig und mit erheblichen Kosten für Geräte verbunden sind.

- Beobachtungen im Studio (meist mit technischen Hilfsmitteln)
  - allgemeines Verhalten der Testpersonen, vor allem im Umgang mit Testprodukten und Bedienungsanleitungen
  - Blickregistrierung mit Hilfe einer Augenkamera zur Messung der Aufmerksamkeit bei Anzeigen und Produktmerkmalen (sogenanntes Eyetracking)
  - physiologische Messung psychischer Vorgänge, z. B. durch das Psychogalvanometer zur Messung des Hautwiderstandes oder durch ein Elektronenenzephalogramm (EEG) zur Messung von Hirnströmen usw. Diese Verfahren sollen Wirkungen von Werbespots, Anzeigen, Produktverpackungen und Ähnlichem ermitteln.
- Geräte am Fernseher zur Messung der Einschaltquote der Haushalte und Fernsehzuschauer. Dies ist heutzutage ein wichtiges Instrument zur Messung von Marktanteilen und der Zuseher-Akzeptanz.
- Beobachtungen beim Panel durch Aufzeichnungen über Einkäufe und Bestände beim Handel bzw. der Einkäufe in Haushalten durch Handscanner. Abverkäufe in Handelsgeschäften werden mit Hilfe von Scannerkassen (Behavior Scan) erfasst.
- Apparative Beobachtungen am POS z.B. durch Videotracking oder eine Earcam. Das ist ähnlich wie bei einem Bluetooth-Handy eine am Ohr angebrachte Kleinstkamera zur Aufzeichnung von Laufrichtung und Kopfbewegungen beim Durchlaufen eines Supermarktes.
- Fotografische Aufnahmen, z. B. zur Ermittlung der Besucherzahlen bei Großveranstaltungen (Oktoberfest München)

Checkliste zur Überprüfung der Eigenanwendung von Beobachtungen

Einsatzfelder	bereits eingesetzt	anwend- bar
	bei Ihnen	

(1) Am Verkaufsort (point of sale = POS)
- Art des Geschäftes, Branche, Zugehörigkeit zu
  einer Einkaufsvereinigung usw. . . . . ☐   ☐
  Lage, Fläche, Ausstattung, Zustand von
  - Ladengeschäften (Kunden oder Wettbewerber) . ☐   ☐
  - Ausstellungs- und Verkaufsräumen . . . . . . ☐   ☐
- Angebotene Produkte (eigene und die der
  Konkurrenz) . . . . ☐   ☐
  - Produkte werden angeboten/nicht angeboten . . ☐   ☐
  - zur Verfügung gestellte Ausstellungs-/
    Verkaufs-/Regalfläche . . . . ☐   ☐
  - Platzierung im Geschäft (Skizze anfertigen) . . . ☐   ☐
  - ausgezeichnete Preise . . . . ☐   ☐
  - Werbematerial (Prospekte, Verkaufsständer usw.)
    vorhanden/nicht vorhanden, wo platziert . . . . . ☐   ☐
- Verhalten der Verkäufer . . . . ☐   ☐
  - Testkäufe, Scheinkauf des Beobachters
    (meist kombiniert mit Befragung) zur
    Überprüfung des allgemeinen Verhaltens . . . . ☐   ☐
  - Überprüfung von Beratungs- und
    Serviceleistung . . . . ☐   ☐
  - Überprüfung von Schulungsmaßnahmen bei
    eigenen Verkäufern . . . . ☐   ☐
- Messung der Besucher- und Käuferströme . . . . ☐   ☐
- Überprüfung der Werbewirksamkeit von Werbeaus-
  lagen, Schaufenster bzw. Warenpräsentation . . . ☐   ☐
- Kundenstruktur und -laufanalysen (Hier werden
  neben den Strukturdaten der Besucher der Lauf
  der Kunden durch das Geschäft erkundet, um
  Staus und tote Zonen vermeiden und sensible
  Produkte entsprechen platzieren zu können). . . . ☐   ☐

(2) Auf Messen (Messestand der eigenen Firma bzw.
der Wettbewerber) . . . . ☐   ☐
- Wer stellt überhaupt aus? . . . . ☐   ☐
- Lage und Größe des Messestandes? . . . . ☐   ☐
- Welche Produkte werden ausgestellt? . . . . . . ☐   ☐
- Wie ist die Gewichtung, Präsentation,
  Platzierung der ausgestellten Produkte? . . . . . ☐   ☐

Einsatzfelder	bei Ihnen bereits eingesetzt	anwendbar

- Zählung der Passanten und Besucher des Messestandes mit Hilfe von einfachen Handzählern . . . . ☐ ☐
- Welches Informationsmaterial wird angeboten? (Beschaffung dieses Materials) . . . . ☐ ☐

(3) Bei Kundenkontakten
- Mitbewerberprodukte (Präsentation, Einsatz usw.) . . . . ☐ ☐
- Vorhandenes Werbe-/Verkaufsförderungs- material, Preislisten, Kataloge (Belegmaterial besorgen) . . . . ☐ ☐
- Verhalten der Kunden (Deutung der Körper- sprache, persönliche, subjektive Eindrücke, Reaktion auf Argumente usw.) . . . . ☐ ☐

(4) Werbeverhalten der Kunden bzw. Mitbewerber
in den Print- und elektronischen Medien sowie bei Verkaufsförderungsaktionen . . . . ☐ ☐
Dabei kann beobachtet werden:
- Wer? – Name des Kunden/Mitbe- werbers
- Was? – Produktangebote, Preise, Argumentation, Aufmachung, Stil
- Wo? – Werbeträger (Zeitung, Zeit- schrift, Fernsehen, Rundfunk usw.)
- Wann, wie oft? – Datum, Häufigkeit

(5) Standortbeobachtung von Kunden- und Konkurrenzbetrieben anlässlich von Betriebs-/ Werksbesichtigungen . . . . ☐ ☐
- Generelles Erscheinungsbild (Unternehmen, Gebäude) . . . . ☐ ☐
- Lage, Fläche, Ausstattung allgemein . . . . . . ☐ ☐
- Lager-, Fertigungs- und Maschinenausstattung . . ☐ ☐
- Mitarbeiterverhalten, soweit erkennbar usw. . . . . ☐ ☐

(6) Beobachtung der Teilnehmer einer Gruppen- diskussion mit Hilfe von Audio- oder Video- aufzeichnungen . . . . ☐ ☐

Sonderprobleme bei der Beobachtung: Wie jede Methode hat auch die Beobachtung ihre Besonderheiten, die man kennen muss, um Fehlern vorzubeugen.

- **Was kann überhaupt beobachtet werden?** Natürlich nur Verhaltensweisen und Sachverhalte, die ohne Äußerung des Beobachteten direkt wahrnehmbar sind, also keine Motive, Einstellungen, Meinungen. Durch Deuten der Körpersprache kann man z. B. auf Einstellungen zwar schließen, sich aber auch leicht verschätzen.

- **Wie kann beobachtet werden?** Die persönliche visuelle Wahrnehmung kann mit Fehlern behaftet sein, die in der persönlichen Einschätzung des Beobachters liegen, sie kann also sehr subjektiv und selektiv ausfallen. Oder es erfolgt eine Beurteilung aufgrund des Gesamteindrucks und nicht aufgrund besonders wichtiger Einzelfaktoren. Bild- und Tonaufzeichnungen können hier Abhilfe schaffen und schließen diese Fehlerquellen weitgehend aus. Ferner können bei der Beobachtung Störfaktoren – wie Geräusche, schlechte Sicht, Unzugänglichkeit u. Ä. – auftreten. Viele Beobachtungen müssen zunächst im Gedächtnis gespeichert werden, bevor sie schriftlich aufgezeichnet werden können, z. B. Beobachtungen am Verkaufsort, auf dem Messestand oder bei Kundenkontakten.

- **Wie führt man Beobachtungen durch?** Bei der persönlichen Beobachtung – also ohne audiovisuelle Aufzeichnungen – empfiehlt es sich, einen Beobachtungsleitfaden zu erarbeiten und sich diesen gut einzuprägen, denn vor Ort können kaum umfangreiche Aufzeichnungen gemacht werden. Haben Sie trotzdem immer Schreibutensilien, ein Diktiergerät oder ein anderes mobiles Datenerfassungsgerät (z. B. Handy, Laptop) zur Hand, um rechtzeitig Ihr Gedächtnis zu entlasten. Achten Sie darauf, dass Sie Ihre Beobachtungen – von wenigen Ausnahmen, z. B. beim Testkauf, einmal abgesehen – möglichst unbemerkt (verdeckt) durchführen.

- **Was ist der Beobachtungseffekt?** Hierunter versteht man ein verändertes Verhalten des Beobachteten, sobald dieser bemerkt, dass er beobachtet wird (vgl. auch Paneleffekt). In der Praxis ist dieser Effekt relativ unbedeutend, da in diesem Moment die Beobachtung meistens schon abgeschlossen ist und ein verändertes Verhalten keinen Einfluss mehr hat.

Zusammenfassung zur Beobachtung

- Die **Beobachtung** ist ein weiteres Instrument der Primärerhebung – jedoch mit geringerer Bedeutung als die Befragung. Tendenzen vor allem im angelsächsischen Raum weisen darauf hin, dass die verschiedenen Verfahren der Beobachtung in ihrer Bedeutung zunehmen, nicht zuletzt auch wegen steigender Ablehnung bei Befragungen.

- Beobachtungen können persönlich visuell oder apparativ, also mit Hilfe von technischen Geräten durchgeführt werden. Dabei kann für den Beobachteten das Untersuchungsziel und die zu erledigende Aufgabe bekannt (offene Beobachtung) oder nicht bekannt sein (verdeckte oder biotische Beobachtung). Die Probanden wissen in diesem Fall nicht, dass sie beobachtet werden. Weiß der Beobachtete von seiner Rolle als Versuchsperson kennt aber das Ziel nicht, so spricht man von quasi-biotischer Beobachtung.

- Teilnehmende Beobachtung findet dann statt, wenn der Beobachter z. B. als Testkäufer auftritt, um das Beratungsverhalten des Verkäufers zu testen (mystery shopping). Bei der nicht-teilnehmenden Beobachtung betrachtet der Forscher die Versuchsperson – meist in verdeckter Form – von einem externen Standpunkt aus, nimmt nicht am Geschehen teil und bleibt für die beobachtete Person verborgen.

- Sicherlich bietet die Methode der Beobachtung auch für Sie eine Reihe von Einsatzmöglichkeiten (s. Checkliste), die Sie schon kennen oder die Sie einmal ausprobieren sollten.

- Kombinieren Sie Umfragen mit Beobachtungen oder umgekehrt Beobachtungen mit Befragungen. Sie verstärken dadurch den Nutzen der Primärerhebungen.

- Haben Sie bei der Durchführung der Beobachtung immer eine „Gedächtnisstütze" bei sich (Notizbuch, Diktiergerät oder ein anderes mobiles Datenerfassungsgerät) und beobachten Sie möglichst unbemerkt.

- Sensibilisieren und motivieren Sie Ihre Mitarbeiter im Außendienst zur laufenden Beobachtung bei Kundenkontakten und geben Sie einen Beobachtungsleitfaden zur Hand. Oder setzen Sie ähnlich wie bei Befragungen auch mal zeitlich befristete Mitarbeiter – z. B. Studenten, freiberufliche Mitarbeiter – ein.

Test

- Was sind die Besonderheiten beim Test?
- Welche Testverfahren können Sie in Ihrem Unternehmen einsetzen?
- Wie werden Tests durchgeführt?

Der Test als die dritte Methode der Primärerhebung nimmt eine Sonderstellung ein. Denn im Grunde ist er eine Mischung aus verschiedenen Methoden und Vorgehensweisen. Tests dienen vor allem der Absicherung von Entscheidungen sowie zur Überprüfung von Hypothesen.

Was ist das Besondere beim Test?

- Der Test kann aus einer Befragung und/oder einer Beobachtung bestehen. Hinzu kommt eine Handlung, eine Aktivität der Testperson, indem z. B. Produkte ausprobiert – eben getestet – werden. Oder der Marktforscher greift selbst aktiv in das Geschehen ein, indem Produktmerkmale, Preise oder Werbemaßnahmen verändert und variiert werden. Der Zweck dabei ist, z. B. die optimalen Produkteigenschaften, Verpackungen sowie wirkungsvolle Werbemaßnahmen und Gestaltungselemente zu finden.
- Tests können im Labor eines Unternehmens, in einem Teststudio oder im Markt vor Ort als sogenannte Feldversuche bei ausgewählten Kunden oder Interessenten durchgeführt werden.
- Wird in einen Markttest eine ganze abgrenzbare Marktregion einbezogen, so spricht man von einem Testmarkt.

Tests basieren in der Regel auf kleinen Stichproben, bei denen mehr qualitative Aussagen und weniger statistisch repräsentative Ergebnisse zu erwarten sind. Insofern sind sie besonders gut geeignet für die betriebliche Eigenanwendung.

Testinhalte und Testverfahren: Fast alle Marketingmaßnahmen lassen sich auf ihre Effizienz und Wirkung bei der Zielgruppe testen.
Testbare Marketingmaßnahmen sind:
- Marketingkonzepte
- Produktqualität und -eigenschaften, Produktnamen
- Verpackung
- Werbung und Verkaufsförderung
- Preise und Konditionen
- Vertriebswege nach Branchen und Betriebsformen
- Absatzorganisation und Akquisitionshilfen
- Serviceleistungen
- Lieferfähigkeit und Logistik

• Schulungsmaßnahmen beim eigenen Verkaufspersonal, z. B. durch Testkäufe usw.

Welche Testverfahren gibt es? Wie geht man dabei vor?

(1) **Vergleich der Ergebnisse vor und nach einer Aktion**
Beispiel: Bei allen oder einem Teil der Kunden/Interessenten wird eine bestimmte Marketingmaßnahme – Werbung, Produkt-, Preisveränderung oder dergleichen – durchgeführt. Die Wirkung dieser Maßnahme wird nun überprüft, indem man die Verkaufszahlen vor und nach der Aktion miteinander vergleicht oder die Resonanz einer Werbemaßnahme anhand der Anfragen nach Informationsmaterial feststellt (Anzeigen- Online-Werbung oder nach einem Werbebrief). Wichtig bei der Beurteilung der Verkaufszahlen und Resonanzen ist natürlich, dass keine Störungen – z. B. durch Mitbewerberaktivitäten – eingetreten sind.

(2) **Vergleich der Ergebnisse einer Testgruppe mit einer Kontrollgruppe**
Beispiel: Bei einem Teil der Kunden (Testgruppe) wird eine Maßnahme – Werbung/Verkaufsförderung, Produkt- oder Preisveränderung – durchgeführt und bei einem anderen Teil (Kontrollgruppe) nicht. Oder die Maßnahme wird in der Kontrollgruppe abgeändert. Aus dem Vergleich der Verkaufszahlen oder Resonanzen beider Gruppen kann nun der Erfolg der Maßnahme abgelesen werden. Eventuelle Störfaktoren schlagen hier weniger zu Buche, da sie auf beide Gruppen gleichermaßen einwirken und daher die Ergebnisse nur wenig verzerren können.

Praxisbeispiel: Ein Buchverlag wollte testen, ob eine Zusatzfarbe in einem Werbebrief eine größere Resonanz bringt. Lösung: Der Verlag druckte etwa die Hälfte der Auflage mit und die andere Hälfte ohne Zusatzfarbe. Die Antwortkarten wurden entsprechend gekennzeichnet. Das Ergebnis: Werbebriefe mit Zusatzfarbe brachten tatsächlich einen höheren Rücklauf. Ein einfacher und kostengünstiger Test. Auf ähnliche Weise lassen sich auch andere Elemente des Briefes, z. B. Aufmachung, Briefstil, Abbildungen usw., auf ihren Erfolg hin überprüfen. Auch das Anschreiben zu einer schriftlichen Befragung kann man so variieren und die Auswirkung auf die Rücklaufquote testen.

Bestimmt finden Sie in Ihrem Unternehmen hinreichend Anwendungsmöglichkeiten für solche und ähnliche Testverfahren.

(3) Spezialform: Der Produkttest

Das Wertvollste, was ein Unternehmen anzubieten hat, sind seine Produkte und das gesamte Programm oder Sortiment inkl. sämtlicher Dienstleistungen. Also ist es besonders wichtig, dass diese Leistungen auch kundengerecht gestaltet und von der Zielgruppe akzeptiert werden (Kundenorientierung). Wichtig ist aber auch, dass Sie sich mit Ihren Leistungen von der Konkurrenz abheben und ein eigenständiges Profil aufweisen (Wettbewerbsorientierung). Eine Möglichkeit, Ihre Produkte und Leistungen bereits im Vorfeld richtig zu positionieren, ist der Produkttest, der auf jeden Fall vor Markteinführung durchgeführt wird. Dabei gibt es drei grundsätzliche Verfahren, den Erfolg von Produkten vorab zu messen.

- Testverfahren im eigenen Unternehmen mit den bekannten Erprobungen und Testreihen im Labor und in den Versuchswerkstätten (Labortest).
- Testpersonen erhalten ein im Markt noch nicht eingeführtes Produkt zum Ausprobieren, Verkosten usw. Dies kann in einem Teststudio oder im Haushalt bzw. Betrieb unter realen Bedingungen erfolgen (Markttest). Die Testpersonen berichten über ihre Erfahrungen, Einstellungen und Kaufbereitschaft und sollen vor allem Hinweise auf mögliche Schwachstellen des Produktes geben.

Praxisbeispiel: Typische Fragen für einen Feldversuch von technischen Gebrauchsgütern finden Sie im Kasten Seite 59

- Eine andere Variante des Produkttests besteht darin, dass die Testpersonen zwei oder mehrere Produkte mit unterschiedlichen Eigenschaften – z. B. in Design, Qualität, Verpackung, Leistungsmerkmalen, Geschmack, Produktname und Preis – vergleichend beurteilen müsssen (sog. Vergleichstest). Bis auf wenige Ausnahmen lassen sich fast sämtliche Produkte mehr oder weniger gut testen. Dabei ist es gleichgültig, ob es sich um Konsum- oder Investitionsgüter handelt. Bei größeren Anlagen und Projekten lassen sich zumindest Testsituationen modellhaft simulieren. Produkttests kann man gut in Eigenanwendung durchführen. Sei es mit einer Auswahl von besonders vertrauenswürdigen Kunden (Pilotkunden) im gewerblichen Bereich oder mit Testpersonen und Testhaushalten für Konsumgüter. In beiden Fällen verursachen Tests relativ geringe Kosten, aber können große Wirkungen zeigen und noch rechtzeitig Schwachstellen ausmerzen.

Wie sich Testergebnisse auswirken können, zeigt folgendes **Praxisbeispiel:** Nach einem Feldversuch mit Geräten der Bürokommunikation konnten in der laufenden Serie noch folgende Verbesserungen berücksichtigt werden:
(1) bei der Bedienerführung (selbsterklärender Bedienungsablauf)
(2) bei den Hinweisen auf dem Gerät
(3) bei der Displayanzeige
(4) bei der Bedienungsanleitung einige zusätzliche Erläuterungen

Großkunden gehen bei Serienprodukten schon vielfach dazu über, vor der Auftragsvergabe vom Hersteller Testergebnisse zu verlangen, die eindeutig die Präferenzen einzelner Produktvarianten aufzeigen.

Testanlage und Testorte: Je nachdem, wo und wie die Tests durchgeführt werden, unterscheidet man
• Labortest
• Studiotest
• Markt- oder Feldtest
• Testmarkt
• Warentest

Labortest: Der Labortest – so wie er hier verstanden wird – beschränkt sich ausschließlich auf Produkte und nicht auf andere Marketingmaßnahmen. Labortests sind herstellereigene Versuchsreihen und werden nur in Ausnahmefällen in Auftrag gegeben. Bereits in der Entstehungsphase eines Produktes wird mit Tests in den eigenen Labors und Versuchswerkstätten gearbeitet. Hier gilt es, die in den Spezifikationen, Pflichtenheften oder Rezepturen festgelegten Produkteigenschaften möglichst marktangepasst zu realisieren. Diese Tests, in den verschiedenen Ausbau- und Funktionsstufen, sind bei Serienprodukten ein Muss und für jedes marktorientierte

Unternehmen eine Selbstverständlichkeit. Für eine abgesicherte Markteinführung sind mindestens **zwei Voraussetzungen** zu erfüllen:

(1) In die Spezifikationen und Rezepturen, die den Entwicklungsarbeiten zugrunde liegen, müssen neben den bisherigen eigenen Erfahrungen und dem Know-how auf jeden Fall die neuesten technologischen Erkenntnisse sowie die am Markt vorherrschenden Trends und Einstellungen einfließen. Eine der Entwicklung vorausgehende Grundlagen-Marktforschung in Form von laufenden Trendbeobachtungen in den Fachmedien und Gesprächen mit Branchenexperten kann mehr Sicherheit geben.

(2) Labor- und Studiotests haben den Nachteil, dass die Anwendung oder der Verbrauch von Produkten nur in einer „isolierten" und zum Teil simulierten Umgebung erfolgt. Es sollten sich daher an den Labortest unbedingt Versuche und Tests im Feld unter realen Umgebungsbedingungen im Haushalt oder im Betrieb anschließen.

Dazu ein **Praxisbeispiel:** Ein Hersteller von Aromastoffen für die Lebensmittelindustrie (Konfitüren) hat in seinem Labor einen neuen Aromastoff entwickelt und auf seiner (kleineren) Versuchsanlage getestet (Labortest). Erfahrungsgemäß haben Aromastoffe unterschiedliche sensorische Wirkungen, je nach der verarbeiteten Rohstoffmenge. Daher hat er mit einem seiner Hauptkunden vereinbart, auf dessen (größerer) Pilotanlage einen Versuch zu fahren (Feldversuch). Unter realen Produktionsbedingungen sollte so der neue Rohstoff getestet werden, um ihn dann erst nach erfolgreichem Ergebnis in den Markt einzuführen. Der Pilotkunde kann seine Erfahrungen einbringen und auf die Produktentwicklung entscheidenden Einfluss nehmen.

Studiotest: Der Studiotest setzt bereits im Labor getestete funktionsfähige Produkte als Prototypen oder aus der Vorserie voraus. Außerdem lassen sich im Studio auch andere Marketinginstrumente, wie z. B. Werbemittel, Preisakzeptanz usw., testen und simulieren. Der Studiotest wird in einem speziell hierfür eingerichteten Raum durchgeführt, der sich entweder in der eigenen Firma oder in einem externen Teststudio befindet. Der Studiotest ist vor allem dann besonders geeignet, wenn

• spontane Reaktionen im Vordergrund stehen und

- sich in der Kürze der Testzeit (in der Regel $1/2$ bis 1 Stunde) auch tatsächlich ein Urteil bilden lässt.

Die folgenden Vor- und Nachteile sind daher besonders zu berücksichtigen:

Vorteile
- Es herrschen immer gleiche und vergleichbare Bedingungen.
- Erklärungsbedürftige Produkte können eingehend vorgestellt werden.
- Neben Befragungen lassen sich auch gut Reaktionen beobachten.
- Man kann als Auftraggeber selbst teilnehmen und mit beobachten (offen oder verdeckt).

Nachteile
- Äußere Testbedingungen entsprechen nicht den realen Ge- und Verbrauchssituationen.
- Anwesenheit eines Interviewers sowie die Studiosituation können zu einem atypischen Verhalten führen.
- Es sind keine Langzeittests möglich.

Folgt man dem aktuellen Handbuch der Marktforschungsunternehmen, so sind dort ca. 120 Teststudios in Deutschland verzeichnet, die selbstständig agieren oder einem Marktforschungsinstitut angeschlossen sind.

Die Studios sind in der Regel mit den modernsten räumlichen und technischen Ausrüstungen versehen, die im BVM Handbuch ausführlich beschrieben sind. Sie reichen von Ton- und Bildaufzeichnungen über Ladensimulation und Einwegspiegel bis hin zu simultanen Dolmetscheranlagen. Einen aktuellen Studio-Guide erhalten Sie bei dem Branchenmagazin Research & Results (www.research-results.de).

Markt- oder Feldtest: Der Markttest oder Feldversuch ist eigentlich die konsequente Folge des Labor- oder Studiotests, denn nicht immer reichen die unter Studiobedingungen gewonnenen Erkenntnisse aus, um die Produkte oder andere Marketingmaßnahmen abgesichert in den Markt einzuführen. Die Testprodukte, die für den Feldversuch aus der Vorserie stammen, sollen nun unter realen Markt- und Umgebungsbedingungen praktisch erprobt werden. Bei vielen technischen Produkten und Zulieferteilen ist es fast unumgänglich, dass die Produkte nur Hand in Hand mit dem Kunden entwickelt und ausprobiert werden. Je nach Testverfahren werden die Ergebnisse wie folgt ermittelt:

- Vergleich der Verkaufszahlen vor und nach einer bestimmten Aktion, wie der Einführung eines neuen Produkts, Werbung oder Ähnliches Festgestellt werden die Ergebnisse in einer bestimmten Kundengruppe oder in einem regional abgegrenzten Marktgebiet.

- Produkttest: Einzelne Kunden/Interessenten im Haushalt oder Betrieb werden ausgewählt und erhalten über einen festgelegten Testzeitraum (bis zu einigen Wochen) Produkte zum Verkosten oder zur Nutzung. Wichtig ist bei erklärungsbedürftigen Produkten eine entsprechende mündliche Einweisung. Während der Testzeit kann der Testpartner oder eine Gruppe von Personen das Produkt in häuslicher oder betrieblicher Umgebung und unter realen Anwendungsbedingungen ausprobieren. Der Feldversuch wird begleitet von einer mündlichen oder schriftlichen Befragung. Typische Fragen bei einem Markttest zeigt das folgende Praxisbeispiel „Feldversuch eines technischen Produktes". Beim sogenannten Vergleichstest werden mehrere Produktalternativen miteinander verglichen. Bei Konsumgütern arbeitet man gerne mit einem „Blindtest", wobei die Proben lediglich mit A, B, C gekennzeichnet sind.

Praxisbeispiel: Typische Fragen bei einem Feldversuch von technischen Gebrauchsgütern im gewerblichen Bereich, z. B. der Bürokommunikation.

Feldtests werden in der Regel für mehrere Wochen angesetzt.

Um möglichst auch spontane Äußerungen der Testpersonen zu erfassen, werden einige Fragen als offene Fragen – also ohne Antwortvorgaben – gestellt.

- Generelle Beurteilung des zu testenden Produktes in bezug auf Design, Handhabung, Bedienbarkeit usw.

- Beurteilung einzelner Leistungsmerkmale, z. B. anhand folgender Skala nach dem Punktesystem:

sehr geringes Interesse ⊖   1 2 3 4 5 6   sehr großes Interesse ⊕

Vergleicht man mehrere Leistungsmerkmale miteinander, so kann man sehr gut ein Profil erstellen, das die Bevorzugung einzelner Leistungsmerkmale eindeutig erkennen lässt.

- Beurteilung der Bedienungsanleitung in bezug auf schnelles Zurechtfinden, sprachlichen Ausdruck usw.
- Welche Störungen traten bei den Funktionen und der Bedienung auf?
- Beurteilung des Verbrauchsmaterials im Zusammenhang mit der Anwendung, z. B. Auswechseln, Nachkauf usw.
- Generelle Preisakzeptanz
- Bereitschaft, für diese oder jene Mehrleistung auch mehr auszugeben, z. B. in Euro oder in % des Basispreises
- Wie ist die Kaufbereitschaft generell zu beurteilen?
  Dabei kann man mit folgender Skala ganz gut arbeiten:

geringe Kaufbereitschaft ⊖ | 1 2 3 4 5 6 7 | hohe Kaufbereitschaft ⊕

Die ungerade Zahl (7) soll ermöglichen, dass mit (4) auch ein unentschiedenes Verhalten signalisiert werden kann.

Für Markttests lassen sich auch in Ihrem Unternehmen spezifische Testpersonengruppen oder Pilotkunden aufbauen, die man dann laufend in solche Erprobungen einbeziehen kann (eigene Testpanels). Einen Markttest kann man bereits mit wenigen Teilnehmern durchführen. 20–30 Testpersonen sollten es jedoch mindestens sein, und bei 100 bis 200 liegt etwa die Obergrenze. Es ist bei Feldversuchen üblich, auch höherwertige Testprodukte den Teilnehmern am Test verbilligt zu überlassen oder eine Anerkennungsprämie zu bezahlen. Für die Bewertung von Ergebnissen aus Studio- oder Markttests können folgende **Faustregeln** gelten:

- **Gesamteindruck:** Die Durchschnittsnote für ein Testprodukt sollte bei einem Notensystem mindestens bei 2 liegen.
- **Präferenz:** Im Vergleich mit anderen „Testgegenprodukten" aus dem eigenen Haus oder von Mitbewerbern sollte das Testprodukt auf jeden Fall besser abschneiden.
- **Vergleich mit vorher verwendeten Produkten:** Mindestens ein Drittel der Testenden sollte das Testprodukt für besser halten.
- **Kaufbereitschaft:** Etwa die Hälfte der Befragten sollte zum Kauf bereit sein, d. h. nach der obigen Skala über 5 liegen. Dies ist

natürlich noch nicht der realisierte Kauf. Internationale Forschungen haben übrigens auf „Kulturunterschiede" hingewiesen. Während z. B. in Italien die getestete Kaufbereitschaft mit viel Begeisterung und Optimismus wesentlich höher ausfällt als der Kauf selbst, setzen die Deutschen ihre geäußerte Kaufbereitschaft schon eher in die Tat um.

• **Preisakzeptanz:** Die durchschnittliche Ausgabebereitschaft sollte nicht unter dem verlangten Preis liegen.

Wie man zu geeigneten Testpersonen für Studio- oder Markttests kommt, darüber soll folgende Checkliste Auskunft geben.

Checkliste: Wie kommt man zu geeigneten Testpersonen für Studio- oder Markttests?

	geeignet im	
Suchmethoden	privaten Bereich	gewerblichen Bereich
(1) Persönliche Ansprache		
• in oder vor Geschäften, in denen gleichartige Produkte verkauft werden	×	
• auf Messen	×	×
• auf der Straße	×	
(2) Telefonische Kontakte: Adressen aus dem Telefonbuch oder den Gelben Seiten	×	×
(3) Aus bereits vorhandenen Adressen von Kunden/ Interessenten, die evtl. mehrmals angesprochen werden können (sog. Testpanel)	×	×
(4) Über Inserate oder redaktionelle Beiträge in Tageszeitungen und Fachzeitschriften	×	×
(5) Anwendung des Schneeballsystems: Testteilnehmer werden gebeten, weitere Adressen von Freunden, Bekannten, Betrieben zu nennen (unsystematische zufällige Auswahl)	×	×
(6) Auslegen von Einladungskarten in Geschäften oder an anderen Orten	×	
(7) Anschreiben von möglichen Testpersonen per E-Mail, mit individuellem Brief, sofern Adressen vorliegen, oder Verteilung von Einladungen in die Hausbriefkästen	×	×

Die Suche und Auswahl der Testpersonen erfolgt entweder unsystematisch zufällig oder unter Einhaltung bestimmter Quoten (Geschlecht, Alter, Beruf im privaten Bereich oder Branche, Betriebsgröße, Funktion des Gesprächspartners im gewerblichen Bereich)

Testmarkt: Während sich der Markttest immer auf einige wenige Kunden, Interessenten oder Teilnehmer im Haushalt oder Betrieb bezieht, ist der Testmarkt

- ein lokal oder regional abgegrenztes Marktgebiet bzw. eine großflächige Anwendung von Markttests und
- im klassischen Sinne ein „Mikrokosmos", ein verkleinertes Abbild des Gesamtzielmarktes.

Damit ist der Testmarkt wieder ein Schritt näher an der Wirklichkeit des Marktgeschehens. Er ermöglicht auch am besten einen Check sämtlicher Marketingmaßnahmen in ihrer jeweiligen Kombination (siehe auch die folgende Übersicht auf Seite 64).

Was heißt nun „Mikrokosmos"? Um die Ergebnisse des Testmarktes auf den Gesamtmarkt hochrechnen und projizieren zu können sollten repräsentative Grundlagen vorhanden sein:

- Die Struktur des Testmarktes in bezug auf Zielgruppen, Absatzwege und Konkurrenzsituation sollte in etwa der des Gesamtmarktes entsprechen, und
- es sollten Werbeträger angeboten werden, die in ihrer Reichweite regional begrenzbar sind, was heutzutage kein Problem mehr sein dürfte.

Auf solchen realen Testmärkten werden neue Produkte probeweise angeboten und durch variierende Marketingmaßnahmen (z. B. Werbung, Verpackung, Preise) unterstützt. Daraus werden wesentliche Erkenntnisse über die endgültige nationale Markteineinführung gewonnen.

Praxisbeispiel: Die *Gesellschaft für Konsumforschung*, Nürnberg, hat seit 1986 für den Konsumgüterbereich in der Gemeinde Haßloch in der Pfalz einen Testmarkt mit 3000 Haushalten und allen Raffinessen der modernen Informations- und Kommunikationstechnik aufgebaut. Haßloch ist mit knapp 20 000 Einwohnern die Miniausgabe des deutschen Bevölkerungsquerschnitts und damit prädestiniert für einen Testmarkt. Dieses als „Behavior Scan" bezeichnete Verfahren ist wohl das einzige, das die ökonomische Werbewirkung effektiv messen kann. Zudem kann die Test- und Kontrollgruppe individuell nach den Bedürfnissen des Auftraggebers zusammengestellt werden.

Darüber hinaus bieten die Marktforschungsinstitute eigene Test- oder Ministestmärkte an, die auf die Belange des Auftraggebers ausgerichtet werden können.

Die in einem Markttest oder Testmarkt erprobten Produkte und anderen Marketingmaßnahmen sind vor Überraschungen und Flops weitgehend geschützt. Es sollte jedoch nicht übersehen werden, dass die Übertragung von Testergebnissen auf den Gesamtmarkt auch weiterhin mit Risiken – wenn auch mit geminderten – behaftet sein kann. Es können sich z. B. Markt- und Wettbewerbsverhältnisse sehr rasch ändern und damit den geschätzten Erfolg schmälern.

Warentest: Als Warentest soll hier der z. B. von der *Stiftung Warentest* und ähnlichen Prüfinstituten sowie von anderen Fachzeitschriften durchgeführte technische Prüftest von Produkten und Dienstleistungen verstanden werden. Sie selbst können zwar auch für Ihre Produkte einen neutralen Prüftest in Auftrag geben – jedoch nie bei der Stiftung Warentest. Bei der Stiftung Warentest handelt es sich vielmehr um „fremdbestimmte" Tests mit gekauften Produkten aus der laufenden Serienproduktion. Das Institut wählt die Produktkategorie und den Testzeitraum selbst aus, ohne irgendwelche Einflussmöglichkeiten seitens der Industrie. Daher erfolgen die Testberichte in aller Offenheit und mit gnadenloser Kritik über Produktschwächen mit einer großen Breitenwirkung.

Auf der anderen Seite sind gute Testergebnisse in der Werbung „zitierfähig" und damit sehr werbewirksame, imagefördernde Prüfsiegel von neutraler Seite. Sehr gute und gute Testurteile von Stiftung Warentest oder Fachzeitschriften wirken sich merklich auf den Umsatz aus. Nachweislich konnten Steigerungsraten bis zu 60 % im Laufe von 12 bis 15 Monaten erzielt werden.

Außerdem finden Sie im Internet vor allem bei Gebrauchsgütern und Dienstleistungen zahlreiche Bewertungen von einzelnen Nutzern oder zusammengefasst in weblogs – meist jedoch in sehr subjektiver Färbung.

Übersicht über Testinhalte und Testorte

Testinhalte / Testorte	Labor-test	Studio-test	Markt-test	Test-kauf	Test-markt	Waren-test
– Produkt/ Verpackung	×	×	×		×	×
– Preis		×	×		×	×
– Werbung/ Verkaufsförd.		×	×		×	
– Absatzwege/ Einkaufsstätten		(×)	(×)		×	
– Beratung/ Service				×	(×)	
Tests werden durchgeführt:	im Unternehmen/ Teststudio/ Institut		im Markt — bei einzelnen Kunden/Interess. oder im eigenen Geschäft		in einer abgegrenzten Region	vom neutralen Testinstitut (fremdbestimmt)

Zusammenfassung zum Test

• **Tests** sind ein probates Mittel, um vor allem in der Phase der Produkteinführung und der Konzeptentwicklung geprüfte Schritte einzuleiten und Risiken im Vorfeld zu minimieren.

• Tests in den verschiedensten Formen sind relativ einfach in Anlage und Abwicklung. Sie sind preiswert durchzuführen und gut geeignet für betriebliche Eigenanwendungen. Sie sind – insbesondere beim Markttest oder Testmarkt – hautnah am Geschäft und helfen die Risiken einer Markteinführung zu reduzieren. Ihre Ergebnisse sind ein guter Indikator für die Absatzchancen im Gesamtmarkt und die Wiederkaufrate.

• Labortests im eigenen Unternehmen sind notwendig und selbstverständlich. Studiotests simulieren das Marktgeschehen in einer isolierten Umgebung unter Studiobedingungen. Markttests oder Feldversuche sollten sich anschließen und die realen Marktbedingungen widerspiegeln.

• Leisten Sie sich ein eigenes „Testpanel" mit einem Stamm ausgewählter gewerblicher Pilotkunden oder Hausfrauen und Konsumenten, die Sie immer wieder einmal zu Tests heranziehen. So entsteht mit der Zeit eine Art „Kundenparlament", das Ihnen hilft, ständig das Ohr am Markt zu haben.

• Versuchen Sie es auch einmal mit einem regional begrenzten Testmarkt, wo

Sie Ihren Marketing-Mix überprüfen und Erfahrungen für den gesamten Absatzmarkt sammeln können.
- Lassen Sie auf jeden Fall dem Test Taten folgen. Nehmen Sie die Anregungen der Testteilnehmer auf und verbessern Sie Ihr Produkt oder Ihre Marketingmaßnahme.

Sonderformen

- Welche Sonderformen gibt es?
- Welche sind für Sie geeignet?
- Wie können diese helfen, Kosten zu sparen?

Bisher ging es um primäre Methoden der Datenerhebung,
- die zu einem bestimmten Zweck sowie
- in der Regel einmalig (ad hoc) – ohne dass eine Wiederholung geplant ist – durchgeführt wurden.

Für Ihr Unternehmen entsteht bei dieser Art der Datenerhebung ein Informationsvorsprung mit Daten, die für Sie exklusiv verfügbar sind. Exklusivität hat aber auch ihren Preis. Es sollen daher im Folgenden vor allem jene Formen beschrieben werden, die durch gemeinsame Nutzung zu einer Kostenteilung führen. Zwar geht dabei eine gewisse Exklusivität und Intensität der Informationen verloren, die aber durch geringere Kosten wieder ausgeglichen werden, z. B. durch Mehrthemenumfragen, Multiclientstudien, Panelerhebungen oder andere gemeinschaftliche Untersuchungen. Außerdem gehören dazu Formen, die durch gruppendynamische und psychologische Methoden gekennzeichnet sind, z. B. Gruppendiskussionen und Explorationen.

Mehrthemen-/Omnibusbefragungen: Hierbei handelt es sich um eine gemeinschaftliche Befragung,
- an der sich mehrere Auftraggeber mit einer beschränkten Zahl spezifischer Fragen beteiligen und
- die bei ein und derselben Befragtengruppe von einem Institut angeregt und durchgeführt wird.

Das Institut führt die unterschiedlichen Fragen zusammen, gestaltet daraus einen gemeinsamen Fragebogen und erhebt die Daten. Die einzelnen Auftraggeber haben somit die Möglichkeit, sich auch nur mit einer oder wenigen Fragen an einer repräsentativen Befragung zu beteiligen.

Nach Auskunft eines Instituts können sich bis zu 10 oder 15 Auftraggeber beteiligen, weniger als fünf sollten es nicht sein, um die relativ hohen Kosten der Projektierung und Durchführung für die einzelnen Auftraggeber auf eine wirtschaftliche Basis zu stellen. Neben den Kostengesichtspunkten spielen aber auch methodische Gründe für die Bewertung von Mehrthemenbefragungen eine entscheidende Rolle, nämlich die Tatsache, dass durch die bunte Mischung von Themen ein abwechslungsreicher Ablauf der Befragung gewährleistet ist, was einem Ermüdungseffekt entgegen wirkt. Die jeweiligen unternehmensspezifischen Antworten stehen natürlich nur dem Auftraggeber zur Verfügung, gemeinsame Fragen sind möglich.

Die Befragungsergebnisse – die in kürzester Zeit nach Tagen oder wenigen Wochen nach Feldstart vorliegen – werden üblicherweise nach den bekannten Strukturdaten im Konsumbereich (Geschlecht, Alter, Familienstand, Schulbildung, Beruf, Einkommen usw.) sowie nach weiteren Untergliederungen ausgewiesen.

Marktforschungsinstitute bieten solche Befragungen regelmäßig, einmal pro Woche oder Monat, an. Weitere Angaben zur Umfrage sind: Grundgesamtheit (z. B. Bevölkerung ab 14 Jahre sowie Spezialgruppen wie Senioren ab 55 oder Kinder von 6–13 Jahren), das Auswahlverfahren (Quota oder Random), die Größe der Stichprobe (500, 1000, 2000, 2500, 3000), die Art der Erhebung (telefonisch, face-to-face, schriftlich, offline oder online), die Kosten für eine geschlossene und eine offene Frage sowie Start der Befragung und Lieferung der Ergebnisse.

Zwei Praxisbeispiele aus dem gewerblichen Bereich:

(1) Ein Institut entschließt sich zu einer Mehrthemenumfrage bei 200 Krankenhäusern. Es akquiriert potenzielle Kunden aus dem Bereich der vielfältigen Lieferanten der Krankenhäuser vom Verbrauchsmaterial bis hin zu Dienstleistungen und Einrichtungen. Bei genügend großer Beteiligung ist das Projekt gesichert und kann mit einem gemeinsamen Fragebogen in Angriff genommen werden.

(2) Ein Verlag für medizinische Publikationen bietet seinem Leserkreis – vorwiegend Industriekunden – eine Mehrthemenbefragung bei niedergelassenen Ärzten an. Die Firmen können sich mit exklusiven, ge-

schlossenen oder offenen, Fragen – deren Antworten nur ihnen zur Verfügung stehen – beteiligen. Per Zufallsstichprobe werden 150 telefonische Interviews geführt. Die Kosten je Frage beginnen bei etwa 500 €.

Mehrthemen- oder Omnibus- (= für alle)Befragungen sind sowohl im gewerblichen als auch im Konsumbereich möglich. Allerdings werden sie hauptsächlich bei der Bevölkerung angewandt.

Neben einer Stichprobe aus der Gesamtbevölkerung sind verschiedene Teilstichproben/Teilbelegungen nach speziellen Zielgruppen möglich, z. B. Kinder/Jugendliche, Mütter, Senioren, Haus-/Gartenbesitzer, Brillenträger, Urlaubsreisende, Autofahrer, Singlehaushalte, bestimmte Einkommensklassen. Insbesondere ein Split nach regionalen Einheiten bzw. sogenannte Regional-Busse sind eine günstige Gelegenheit für lokal oder regional tätige Unternehmen des Handels und der Dienstleistungen, effizient und kostengünstig Marktforschung für ihren Regionalmarkt zu betreiben. Außerdem werden bereits in fast allen europäischen Ländern sogenannte Eurobusse angeboten.

Welche Fragestellungen sind dabei typisch?

Ein „Omnibus" liefert z. B. Antworten auf folgende Fragen:

• Wie werden neue Produktideen akzeptiert?
• Bekanntheitsgrad und Image von Marken, Firmen, Produkten
• Einkaufs-, Verbrauchs- und Verwendungsgewohnheiten
• Struktur von Käufern oder Verwendern bestimmter Marken und Produkte nach bekannten soziodemografischen Merkmalen
• Bedeutung verschiedener Absatzmittler/Wechselpotenzial
• Meinungen zu aktuellen Themen, z. B. zu Umweltproblemen
• Verkehrsgeltung von Begriffen, Vorstellungen und anderen juristisch relevanten Fragen (empirische Rechtsforschung)
• Medianutzung und Werbeerfolgskontrolle

Die Preise richten sich vor allem nach der Stichprobengröße, der Anzahl und Art der Fragen (offen oder geschlossen) bzw. Anzahl der Vorgaben, Codes oder Items. Als Richtwerte für eine 1.000er Stichprobe gelten Preise ab 400 € für eine geschlossene und ab ca. 700 € für eine offene Frage. Die Erhebungen werden sowohl im PAPI-, CAPI- und CATI-Verfahren als auch online durchgeführt.

In den Leistungen der Institute sind in der Regel enthalten: Erarbeitung der Fragebogen, Durchführung der Feldarbeit, Vercodung offener Fragen sowie die Darstellung der Ergebnisse als Tabellenband. Detaillierte Angaben zu Omnibusbefragungen (Termine, Preise, Methoden) stellen Ihnen die Institute, z. B. www.bus@gfk.com oder die Fachzeitschrift Research & Results zur Verfügung. Bei den in der ADM zusammengeschlossenen Instituten liegt der Anteil der Omnibusbefragungen 2006 lediglich bei etwa 3 %. Ad hoc Befragungen (59 %) und Paneluntersuchungen (30 %) bestimmen auch weiterhin das Geschehen.

Zusammenfassend überwiegen die

Vorteile:

- Kostenteilung durch gemeinschaftliche Aktion
- sehr preiswert bei gleichzeitig repräsentativer Erhebung
- Exklusivität für Ihre Fragen bleibt gewahrt
- sehr schnell, mindestens einmal pro Woche startet ein Bus und kehrt nach 2–6 Wochen zurück

Nachteile:

- mögliche Überladung des Fragebogens
- mehr oberflächliche Informationen
- Begrenzung auf wenige Fragen.

Multiclientstudien – Ein Thema für mehrere Kunden: Ein Institut erarbeitet eine Studie über ein Thema, z. B. „Der Weltmarkt für Werkzeugmaschinen". Den Auftrag dazu hat sich das Institut selbst gegeben und führt ihn nun mit vollem unternehmerischem Risiko durch oder sichert sich durch Subskription mit einem entsprechenden Auftragspolster ab. Das Institut ermittelt die Informationen unter anderem durch Befragungen bei verschiedenen Zielgruppen. Frageninhalt und Fragenumfang sind aber vom Studienkäufer kaum zu beeinflussen. Die fertige Untersuchung wird wie ein Verlagsobjekt zu einem festen Preis an jedermann verkauft. Damit können diese Studien – je nach Sichtweise – auch als Sekundärmaterial betrachtet und bewertet werden. Die Kosten hierfür sind sehr unterschiedlich und beginnen bei etwa 500,– bis 1000,– €.

Bewertung: Preisgünstige Informationen, meist wenig differenziert, gehen nicht auf individuelle Fragestellungen ein.

Panelerhebungen

* Was sollten Sie über das Panel wissen, und
* Wie können Sie Paneldaten für sich nutzen?

Ein Panel ist eine Methode der Primärerhebung, die in einem bestimmten gleichbleibenden Rahmen abläuft. Gleicher Rahmen bedeutet: Die Erhebung erfolgt

* laufend oder in regelmäßigen Abständen über einen längeren Zeitraum – im Gegensatz zu einmalig durchgeführten Ad hoc-Untersuchungen
* bei weitgehend der gleichen Zielgruppe (Personen, Haushalte, Betriebe usw.), eine Art permanente Stichprobe
* mit weitgehend dem gleichen Frageninhalt auf der Basis von Aufzeichnungen
* und liefert in der Regel repräsentativ abgesicherte vorwiegend quantitative Daten, vor allem über Produktkäufe, Lagerbewegungen, Marktanteile, Einkaufsstätten usw.

Die in der Anlage des Panels begründeten besonderen Probleme sind:

* die Anwerbung der Panelteilnehmer unter dem Gesichtspunkt der Zuverlässigkeit und bei nur geringer Honorierung der Teilnehmer,
* die laufende Aktualisierung der Zielgruppe durch das Ausscheiden von Haushalten oder Händlern (Panelsterblichkeit, -mortalität) und der Ersatz durch strukturgleiche Teilnehmer,
* die mögliche – meist unbewusste – Veränderung des Verhaltens aufgrund eines (preis-)bewussteren Einkaufs (Paneleffekt).

Als Panelteilnehmer kommen grundsätzlich alle Zielgruppen infrage. In der Praxis findet man Panels vorwiegend

* bei Verbrauchern in Haushalten oder bei Einzelpersonen (Haushalts- oder Individualpanel)
* im Handel (Groß-, Einzelhandel) und ab und zu auch
* bei sonstigen gewerblichen Unternehmen (Gewerbepanel).

In letzter Zeit kommt auch immer mehr das Internet ins Spiel, wobei sich die methodischen Vorteile der Panelerhebung sehr gut auch online nutzen lassen (Online-Panel).

Das **Haushaltspanel** erfasst den Ge- oder Verbrauch von Produkten dort, wo er vollzogen wird und der Bedarf letzten Endes befriedigt wird – in den Haushalten und bei den Konsumenten. Was an Produkten in einem Panel enthalten ist, hängt von den beteiligten Industriefirmen als Auftraggeber ab und reicht von alltäglichen Verbrauchsgütern (sog. FMCG = fast moving consumer goods, wie z. B. Nahrungs- und Genussmittel, Getränke, Wasch-, Putz- und Reinigungsmittel, Körperpflege, Kosmetik und Tiernahrung) bis hin zu höherwertigen Gebrauchsgütern. Außerdem wird in Panels die Nutzung von Medien, insbesondere das Fernsehverhalten, untersucht, um daraus u. a. die Einschaltquoten – über Geräte am Fernseher – zu ermitteln.

Die berichtenden Haushalte/Konsumenten halten in der traditionellen Form ihre Einkäufe tageweise auf vorgedruckten Berichtsformularen (Einkaufskalender) fest oder registrieren die gekauften Produkte primär anhand der Europäischen Artikelnummer (EAN-Code) mit elektronischen Geräten.

Bei den im Wesentlichen auf der Erfassung des – erstmals 1977 eingesetzten – EAN-Codes basierenden elektronischen Verfahren unterscheidet man

- POS-Scanning: hierbei erhält jeder Teilnehmerhaushalt eine oder mehrere Identifikationskarten mit der entsprechenden Haushaltsnummer als Barcode. Bei jedem Einkauf werden über einen Scanner die Haushaltsnummer und die EAN-Codes der eingekauften Waren mit Preisen und Mengen gespeichert.
- Beim Inhome-Scanning erhalten die Panelteilnehmer einen Handscanner, mit dem sie ihre Einkäufe – ebenfalls über die EAN-Codes auf den Waren oder bei Frischeprodukten über ein Codebuch erfassen. Dazu steht den Teilnehmern ein Basisgerät mit Modem zur Verfügung, das die Daten an bestimmten Tagen über die Telefonleitung überträgt.
- Das dritte elektronische Verfahren ist das Electronic Diary, das ähnlich dem Inhome-Scanning arbeitet. Ein intelligenter Dialog ersetzt hier das sonst erforderliche Codebuch und damit das etwas umständliche Erfassen der nicht EAN-codierten Waren.

Bei einem Teil der Stichproben wird inzwischen eine Kombination aus Scannern und Internet eingesetzt, vor allem für Zusatzfragen zum Einkauf, die dann am PC beantwortet werden. Die komplette Datenübertragung erfolgt bei diesem Verfahren (Gfk: ScanIT) über das Internet.

Folgende Details werden dabei ermittelt: Datum des Einkaufs, Hersteller, Marke und Sorte, Art des Produkts, Menge, Packungsangaben, bezahlter Preis (normal oder reduziert), Einkaufsstätte usw.

Die umfangreichen Haushalts- und Individualpanels beginnen bei Stichproben von mindestens 2000 Haushalten und liegen in der Regel zwischen 5000 und 20 000 Teilnehmern, teilweise noch darüber. Sie repräsentieren alle deutschen Privathaushalte.

Dabei ist der Umfang eines Panels nicht nur aus methodischen Gründen so groß, sondern wegen der geforderten Feingliederungen in den einzelnen Auswertungszellen.

Auch die Größe der Panels bedingt es, dass nur wenige Institute solche Erhebungen durchführen. Die bekanntesten in Deutschland sind die Gesellschaft für Konsumforschung (GfK) in Nürnberg (www.gfkps.com) und A.C. Nielsen in Frankfurt (www.ac nielsen.de)

Unter der letzten Internetadresse können Sie eine aufschlussreiche Broschüre mit dem Titel „Universen" über Handel und Verbraucher in Deutschland und vor allem über die Panels von AC Nielsen im Lebensmitteleinzelhandel sowie über die ACNielsen Gebiete (Menuleiste „Trends & Insights"/Gratispublikationen) kostenfrei herunterladen. Bei den ADM-Mitgliedsinstituten nehmen die Paneluntersuchungen einen beachtlichen Teil von etwa 30 % ein.

Welche Ergebnisse kann ein Panel liefern?

Im Zusammenhang mit den soziodemografischen Strukturdaten der Haushalte (Alter, Region, Einkommen, Größe, Beruf usw.) ermöglichen es die obigen Kaufdaten, ein ziemlich exaktes Bild über das Kaufverhalten zu vermitteln, z. B.

• Wer kauft eigentlich unsere Produkte und die der Konkurrenz (Käuferstruktur)?

• Wie hoch sind unsere Marktanteile, differenziert nach Käufer-
schichten, und die der Konkurrenz?
• In welchen Regionen sind wir besonders stark, wo besonders
schwach vertreten?
• Welche Einkaufsstätten bevorzugen die Verbraucher? Wie gut
schöpft eine Vertriebsschiene unser Käuferpotenzial aus?
• Wie ist das Preisgefüge auf den einzelnen Teilmärkten?
• Wie schnell erfolgt die Durchdringung mit einem neuen Produkt?
• Wieviel geben die Verbraucher überhaupt für eine bestimmte Pro-
duktgruppe aus?
• Wie treu sind die Verbraucher ihrer einmal gekauften Marke (Wie-
derkaufrate)?

Diese Ergebnisse spiegeln den aktuellen Stand und im Zeitverlauf
die jeweiligen Veränderungen wider.

Eine verdichtete Form des Marktgeschehens erhält man durch
Erhebungen beim Handel (**Handelspanel**). Mit weniger Panelteil-
nehmern erreicht man dadurch eine höhere Marktabdeckung. Die
Produktpalette reicht dabei – wie beim Haushaltspanel – von Kon-
sumgütern bis zu höherwertigen technischen Gebrauchsgütern.
Handelspanels gibt es beim Groß- und beim Einzelhandel.

Die Stichproben beim Handelspanel bewegen sich je nach Größe
der zu betrachtenden Branche im Minimum zwischen 30 und 50 Pa-
nelbetrieben je Branche und steigen bis zu 400 z. B. beim Elektro-
fachhandel (GfK-Panel) und etwa 700 beim Lebensmittel-Einzel-
handel (Nielsen-Panel).

Die *GfK* in Nürnberg bietet beispielsweise bereits für mehr als 20
verschiedene Absatzmittlerbereiche repräsentative Stichproben an,
die zusammen für eine Grundgesamtheit von ca. 350 000 Handels-
betrieben stehen. Da eine Vielzahl von Produkten in mehreren Ab-
satzkanälen vertrieben wird, lassen sich die von der GfK beobachteten Marktsegmente bausteinartig miteinander kombinieren, um
dadurch eine höhere Marktabdeckung zu erhalten. Im GfK-Han-
delspanel für die Büro-, Daten- und Kommunikationstechnik sind
z. B. aus rd. acht Branchen/Betriebsformen etwa 1800 Panelbetrie-
be zusammengefasst, die zusammen eine Grundgesamtheit von ca.
28 000 Betrieben repräsentieren. Mittlerweile ist die GfK in 10 eu-

ropäischen Ländern mit Handelspanels vertreten. Die Geschäfte (outlets) werden nach ihrer Umsatzbedeutung (disproportional) und nicht nach ihrer Anzahl in die Stichprobe einbezogen (s. auch Seite 100). Die für das Panel relevanten Daten werden aufgrund einer Inventur in den Betrieben und der Einkaufsrechnungen nach dem Rechenschema

Anfangsbestand zu Beginn des Erhebungszeitraumes
+ Einkäufe
– Endbestand, z. B. nach zwei Monaten
= Verkäufe
pro Warengruppe und Marke ermittelt.

Je nach Ausstattung des Handelsbetriebes mit einem Warenwirtschaftssystem werden die Einkäufe – und bei Scannerkassen auch die Abverkäufe – elektronisch erfasst und per Datenträger an das Institut oder per Datenleitung direkt an den Rechner des Instituts übermittelt. Eine körperliche Bestandsaufnahme ist allerdings zur Kontrolle auf jeden Fall erforderlich.

Was können Sie mit den Ergebnissen anfangen?

Das **Handelspanel** hilft Ihnen in vielfacher Weise
• bei der Analyse Ihrer Aktivitäten
  – Marktanteilsentwicklung nach Branchen, Geschäftstypen, Regionen, Umsatzgrößenklassen usw.
  – im Einzelnen: Einkäufe, Verkäufe und Lagerbewegungen, Bevorratungsdauer; insgesamt: nach Branchen, Geschäftstypen und Durchschnittswerten pro Geschäft
  – Preisgefüge
  – Hitliste der verkauften eigenen und Konkurrenzprodukte
  – Distribution nach der Zahl der Geschäfte, die Ihre Produkte führen (numerische Distribution), und nach deren Umsatzbedeutung (gewichtete Distribution)
• bei Ihren Entscheidungen
  – über die Verstärkung Ihrer Absatzbemühungen, und zwar differenziert nach Branche, Geschäftstyp, Region, Umsatzgrößenklasse usw.
  – über die Aufnahme eines weiteren Absatzkanals
  – über weitere, differenzierte Werbe- und Verkaufsförderungsmaßnahmen
• bei der Motivation Ihrer Außendienstmitarbeiter
  – durch exakte Überprüfung der erreichten regionalen und sektoralen Absatzziele

– durch Festlegung neuer differenzierter Absatzziele nach Kundengruppen
und Regionen
– durch Argumentationshilfen mit Paneldaten beim Kundenbesuch

In der Konsumgüter- und Markenartikelindustrie werden im Marketing heute eigentlich kaum noch Entscheidungen ohne die Analyse von Paneldaten getroffen. Da die genannten Marktforschungsinstitute auf beiden Panelgebieten tätig sind, liegt es nahe, die Ergebnisse von Haushalts- und Handelspanel miteinander zu verknüpfen, um Marktchancen noch realistischer wiederzugeben.

Die Vor- und Nachteile von Panelerhebungen liegen auf der Hand:

Vorteile

• fundierte, aussagefähige und repräsentative Ergebnisse auf der Basis schriftlicher oder elektronischer Aufzeichnungen
• schnelle Information und Berichterstattung (wenige Wochen nach der Erhebung)
• zeitlich-dynamischer Vergleich der Werte methodisch exakt möglich

Nachteile

• trotz Kostenteilung nicht billig: nicht unter 50 000 € jährlich pro Warengruppe
• keine Exklusivität der Daten, denn jeder kann sich am Panel beteiligen

Nach diesem Exkurs in die – recht kostspielige – Panelforschung möchte ich vor allem auf zwei Anwendungen hinweisen, die man ohne großen Aufwand selbst realisieren kann:

(1) **Einrichtung eines Testpanels in Eigenregie** für Ihre Produkte
   • im Konsumbereich bei Haushalten oder Einzelpersonen
   • im gewerblichen Bereich mit Pilotkunden im Handel oder bei anderen Unternehmen

Sie können hierbei auch mit kleinen Stichproben – ab etwa 10–30 Teilnehmer – arbeiten und erhalten zwar keine repräsentativen, aber doch typische qualitative Aussagen zu Ihren Produkten und Dienstleistungen. Die Kosten, die hierfür anfallen, liegen in einem erträglichen Rahmen ab etwa 2000,– € und beinhalten Ausgaben für Personal, Produkte und sonstige Sachleistungen

Praxisbeispiel: Ein mittelständisches Unternehmen, das Wasch- und Putzmittel im Direktabsatz an Konsumenten verkauft, testet jedes neue Produkt zunächst mit einem eigenen Produktpanel, das folgende Gruppen umfasst: Gruppe A: 20 eigene Mitarbeiter im Haus, Gruppe B: 20 Mitarbeiter im Außendienst, Gruppe C: 20 Kunden, Hausfrauen, die vor allem die Produkte im Konkurrenzumfeld kritisch beurteilen können.

(2) Die Beschaffung von Daten aus früheren repräsentativen Haushalts- oder Handelspanels, die nicht mehr ganz aktuell – etwa 1–2 Jahre alt – sind (sog. **Panel backdatas**), z. B. Strukturdaten wie Produkt- und Preissegmente, Anteile von Absatzwegen und Betriebsformen sowie Marktanteile einzelner Firmen und Marken. Kosten ab 2000,– €. Sollten Sie hierfür einen Bedarf haben, so sprechen Sie die erwähnten Institute an und lassen sich beraten.

Gruppendiskussionen

- Wie ist die Effizienz von Gruppendiskussionen zu beurteilen?
- Was ist bei der Organisation einer Gruppendiskussion zu beachten?
- Bei welchen Anlässen sollten Sie mit Gruppen diskutieren?

Inhalt und Prozess: Die Gruppendiskussion ist ein moderiertes Round-table-Gespräch und eine Befragung/Beobachtung von mehreren Personen gleichzeitig im Rahmen eines gegenseitigen Meinungsaustausches. Dabei können und sollen Einstellungen, Argumente und Urteile mitunter hart aufeinanderprallen, aber auch Ideen produziert, modifiziert und weiterentwickelt werden. Gruppendiskussionen bringen oft wertvolle Hinweise zur Gestaltung und Anwendung von Produkten und Dienstleistungen. Angeregt durch den gruppendynamischen Prozess, wird der Gruppendiskussion in der Regel eine höhere Effizienz bescheinigt als einer entsprechenden Anzahl Einzelinterviews. Die Gruppe ist hier das Modell der sozialen Umwelt. Ein gemeinsam diskutierter Tatbestand kann – ähnlich wie beim Brainstorming – die Gedanken und Assoziationen wesentlich besser beflügeln als in einem Einzelinterview, indem nur zwei Personen im Dialog miteinander stehen. Spontane Reaktionen und emotional getragene Argumente kommen plötzlich stark zum Einsatz. Überall dort, wo dies beabsichtigt ist und gefördert werden soll, ist eine Gruppendiskussion angebracht.

Eine wichtige Rolle spielt natürlich der Moderator, dessen Aufgabe es ist, die Diskussion zu leiten und zu steuern, nicht zu dominieren, auch einmal bewusst Konfrontationen herbeizuführen und Aussagen zu provozieren sowie auch allzu dominierende Meinungsführer im Zaume zu halten bzw. „Schweiger" herauszufordern.

Eine Gruppendiskussion ist im Bereich der qualitativ-psychologischen Marktforschung anzusiedeln. Sie liefert keine quantitativ repräsentativen Ergebnisse, sondern facettenreich und illustrativ qualitative Äußerungen zu Einstellungen, Kaufmotiven, Argumentationen, Beurteilungen, Präferenzen und Vorstellungen über Produkte, Preise, Werbebotschaften und Vertriebswege – im Wesentlichen also über das gesamte Marketing-Mix.

Anlage und Durchführung: Bei der Anlage und Durchführung einer Gruppendiskussion (Fokusgruppe) sollten folgende Punkte beachtet werden:

- Sie sollte 8 bis maximal 12 Personen umfassen. 8 sind mindestens erforderlich, um eine Diskussion in Gang zu halten und um eine gewisse Meinungsvielfalt zu garantieren. Maximal sollten 12 Personen beteiligt sein, damit sich keine Untergruppen bilden können.
- Die Teilnehmer sollten möglichst aus einer homogenen Gruppe stammen.
- Sie soll von einem Moderator, der Katalysator und nicht Abfrager sein soll, anhand eines Gesprächsleitfadens gesteuert werden.
- Sie sollte nach $1\frac{1}{2}$–2 Stunden beendet sein – nur in Ausnahmefällen länger – und eine Aufwärmphase beinhalten.
- Als Zeitpunkt sind am besten die frühen Abendstunden – nach Büroschluss – oder bei Hausfrauen auch der Vormittag geeignet.
- Zu Beginn sollten wichtige Sachverhalte unbeeinflusst und vor allem Strukturdaten der Diskussionsteilnehmer in einem Fragebogen ermittelt werden.

- Ton- oder Videoaufzeichnungen sind üblich – sie sollten aber mit den Teilnehmern abgesprochen sein.
- Hervorragend geeignet sind Produktvorführungen, Ausprobieren und Verkosten von Produkten.
- Man kann Gruppendiskussionen z. B. in eigenen Räumen, Test-studios oder im Nebenraum einer Gaststätte durchführen. Für geeignete Bewirtung sollte gesorgt sein.
- Die Suche nach Diskutanten kann nach dem gleichen Schema ab-laufen, wie schon bei den Tests erwähnt.
- Die Honorierung der Teilnehmer sollte mehr einer Aufmerksam-keit als einer Entlohnung entsprechen (Auslagenersatz).
- Normalerweise reichen 2–3 Diskussionsrunden aus, um sich ein Bild vom Untersuchungsthema zu machen. Dies um so mehr, wenn sich die Meinungen stabilisieren und keine wesentlich neu-en Erkenntnisse mehr zu erwarten sind.

Anwendungsmöglichkeiten: Welche Anwendungen bietet die Gruppendiskussion, und welche typischen Fragestellungen sind da-bei zu klären?

Gruppendiskussionen sind besonders zu empfehlen,

- wenn Sie auf schnellem Weg zu ersten Eindrücken kommen wol-len und selbst noch wenig wissen (Frühphase von Untersuchun-gen),
- wenn spontane Äußerungen im gegenseitigen Schlagabtausch ge-fragt sind,
- wenn besonders emotionale Bevorzugungen oder Vorurteile her-auszufinden sind,
- als Basisarbeit, um Grundlagen für eine Markt- und Kundenseg-mentierung zu schaffen und um Antwortvorgaben für eine folgen-de Befragung zielgerichtet formulieren zu können,
- als Akzeptanztest für neue Produkte und Vergleich mit vorhande-nen Produkten,
- als Ideenproduktion für neue – bisher noch nicht realisierte – Anwendungen mit vorhandenen Produkten oder für neue Pro-dukte,
- zur Messung der Bevorzugung von Marken, Markentreue, Wie-derkauf usw.,

• zur Ermittlung von Kaufmotiven, Verhalten und Einstellungen zu Produkten, zur Werbung, zu Einkaufsgewohnheiten und dgl.

Praxisbeispiel: Ein mittelständisches holzverarbeitendes Unternehmen wollte ein neues Paneelbrett zur Verschalung von Decken und Wänden für Heimwerker auf den Markt bringen. Erfolgsaussichten, Einstellungen und Vorurteile der Heimwerker sollten in einer Gruppendiskussion über- prüft werden. Die Teilnehmer wurden vor Heimwerkergeschäften ange- sprochen und für den kommenden Abend in eine nahe gelegene Gast- stätte eingeladen. Die Diskussion zeigte vor allem, wo die Bedürfnisse und Probleme der Heimwerker grundsätzlich liegen und wie sie zu dem Testprodukt stehen. Vor der erfolgversprechenden Markteinführung konnten noch einige Verbesserungen vorgenommen und Hinweise für die werbliche Ansprache der Heimwerker gewonnen werden.

Gruppendiskussionen sind eine preiswerte Methode der Markt- forschung und gut zum Selbermachen geeignet, wenn man deren Anwendungsbreite und Besonderheiten berücksichtigt.

Bei Eigenanwendung müssen Sie mit folgenden Kosten rechnen: evtl. Raummiete, Honorierung und Bewirtung der Teilnehmer, Test- produkte und sonstige Sachkosten und ein Moderator aus den ei- genen Reihen. Kosten ab etwa 1000,– Euro je Gruppe.

Bei Einschaltung eines Instituts sind für dessen Dienstleistung ca. 3500,– Euro pro Gruppe plus sonstige Sachkosten aufzuwenden.

Eine besondere Form der Gruppenbefragung ist die **Delphi-Me- thode**. Es handelt sich hierbei um eine systematische, mehrstufige Befragung von Experten, die um ihre Einschätzung zu bestimmten Themen, – z. B. zukünftige Ereignisse, Trends, technische Entwick- lungen und dergleichen mit der Fragestellung: „Bis wann wird …?" – gebeten werden. Die schriftlich eingereichten Antworten und Schätzungen werden aufgelistet, daraus Mittelwerte berechnet und den Fachleuten anonymisiert erneut für eine weitere Klärung und Verfeinerung übermittelt. Dieser Vorgang wird in der Regel mehr- mals wiederholt. So kommt es letztlich zu einer Annäherung der Einzelmeinungen, ohne dass sich die Experten in Gruppendiskus- sionen gegenseitig beeinflussen.

Explorationen

* Was sind Explorationen, und
* Bei welchen Gelegenheiten helfen sie Ihnen weiter?

Die Exploration ist ein besonders intensives, tiefer gehendes Befragungsgespräch und gehört wie die Gruppendiskussion zur qualitativen, psychologischen Marktforschung. Der Befragte wird gebeten, zu einer Frage, zu einem Thema ausführlich Stellung zu nehmen und seine Gedanken dazu frei zu äußern.

Beispiele:
* Wie sehen Sie als Experte die künftige Entwicklung Ihrer Branche?
* Was halten Sie von dieser Produktidee?
* Wie beurteilen Sie diese neue Technologie, und wie könnte sie sich im Markt durchsetzen?

Der Interviewer (Explorator) legt diesem Gespräch – das eigentlich mehr ein Monolog als ein Dialog ist – eine kurze Fragenliste als Gedächtnisstütze zugrunde und beschränkt sich eigentlich darauf, den Befragten zum Reden zu bringen. Im genauen Zuhören liegt oft das wahre Geheimnis, um wirklich etwas zu erfahren.

Die Exploration kann einzeln oder in Gruppen (s. unter Gruppendiskussion) erfolgen. Man sollte nicht unter Zeitdruck stehen. Oft ist daher – im gewerblichen Bereich – eine Besprechung außerhalb der üblichen Geschäftszeiten von Vorteil. Privatleute sollten in einer gelösten Atmosphäre zu Hause oder im Studio befragt werden. Eine Stunde und mehr kann es dann schon dauern, bis man genug Informationen hat. Als Projekt- und Studienleiter habe ich in Unternehmen viele Intensivgespräche selbst durchgeführt
* mit Experten aus Wirtschaft und Technik
* mit Meinungsführern und „Branchen-Gurus"
* mit Journalisten der Wirtschafts- und Fachpresse,

allerdings immer nur mit einigen wenigen pro Aufgabenstellung. Vor allem, wenn es darum geht, sich mit der anstehenden Problematik näher vertraut zu machen und tiefer in die Materie einzusteigen, sind Explorationen sehr hilfreich. Sie dienen oft auch als Vorstufe zu einer sich anschließenden Befragung, um Hypothesen und Antwortvorgaben formulieren zu können. Wenn Sie also

- erste Eindrücke über ein Marktforschungsthema sammeln,
- in ein Produkt- oder Marktgebiet neu einsteigen,
- sich über Trends und Zukunftsszenarien mit Fachleuten unterhalten und
- dabei mit wenigen Gesprächen zu Ergebnissen kommen wollen,

dann ist das Intensivgespräch die passende Methode für effiziente Informationen.

In der folgenden Übersicht sind die fünf Sonderformen nochmals mit einer Kurzbeschreibung und der ihnen jeweils entsprechenden Normalform zusammengefasst.

Sonderform	Kurzbeschreibung	Normalform (als Gegensatz)
Mehrthemen-umfragen	Beteiligungsuntersuchung mit mehreren Themen bei ein und derselben Befragtengruppe	Studie mit Einzel-thema und einem Auftraggeber
Multiclient-studien	ein Thema, basierend auf verschiedenen Informations-quellen für mehrere Abnehmer	Exklusivstudie für einen Abnehmer
Panel-erhebungen	laufende Befragung/Beobachtung in regelmäßigen Abständen bei weitgehend gleichbleibendem Befragtenkreis und Frageninhalt, sehr genaue Aufzeichnungen	Ad-hoc-Einmal-Erhebung
Gruppen-diskussionen	Gespräche in der Gruppe (8–12 Teilnehmer)	Einzelinterview
Explorationen	Einzel- oder Gruppeninterview mit Tiefgang, freie Assoziationen (qualitativ)	strukturiertes Interview (quantitativ)

Zusammenfassung zu den Sonderformen

- Die beschriebenen Sonderformen der Primärerhebung erhalten ihre praktische Bedeutung dadurch, dass sie
  - in Beteiligungsuntersuchungen zu geteilten Kosten oder
  - mit kleinen Stichproben und in möglicher Eigenanwendung zu effizienten Ergebnissen führen.
- Die **Mehrthemenbefragung** ist dabei ein preiswerter Einstieg in repräsentative Erhebungstechniken, insbesondere bei der Bevölkerung. Sie stellt

auch regionale Daten – aus Regionalbefragungen oder aus Regionalsplits – zur Verfügung. Dies wiederum macht sie interessant für lokal und regional anbietende Unternehmen des Handels, der Banken und des übrigen Dienstleistungsgewerbes.

- **Multiclientstudien** sind preiswert, aber nicht so detailliert und auf Ihr Unternehmen zugeschnitten. Hinweise auf bereits durchgeführte Marktstudien erhalten Sie auf jeden Fall durch eine Internetrecherche.

- **Panels** bieten fundierte, repräsentative und marktnahe Informationen anhand großer Stichproben in den Haushalten und im Handel. Sie sind wegen des hohen Aufwands – trotz Kostenteilung – nicht ganz billig. Preiswerter dagegen sind nicht mehr ganz aktuelle Einzelergebnisse aus früheren Berichtsperioden. Anfragen bei den Instituten lohnen sich. Wagen Sie den Schritt, ein Testpanel – auch online – in Eigenregie einzurichten und durchzuführen.

- **Gruppendiskussionen und Explorationen** liefern qualitative Ergebnisse aus kleinen Stichproben und lassen sich sehr gut selbst organisieren und schnell durchführen. Die Kosten sind überschaubar.

Arbeitsbogen

Listen Sie all die Themen und Fragestellungen zum Marktgeschehen auf, die Ihnen bei der bisherigen Lektüre für Ihr Unternehmen eingefallen sind und die Sie eigentlich schon lange einmal klären wollten und wobei Ihnen eine Befragung, Beobachtung oder ein Test helfen können.

Primärforschung mit Computerunterstützung

> • Welche Veränderungen in den Forschungsmethoden hat der Computer mit sich gebracht?
> • Wie können Ihnen Computer und Internet helfen, Ihre Marktforschungsaufgaben besser und schneller zu lösen?

Elektronische Datenverarbeitung, PC und Internet haben auch bei der Marktforschung nicht halt gemacht und die Landschaft maßgeblich beeinflusst. So ist insbesondere bei der primären Datenerfassung vor allem in den Instituten eine Reihe von computergestützten Erhebungsverfahren in den Vordergrund getreten – die sogenannten CA- (Computer Assisted oder auch Aided) Verfahren. Viele Arbeiten werden dadurch schneller, einfacher und teilweise auch kostengünstiger in der Durchführung und in der späteren Auswertung.

Der Computer ersetzt den ansonsten gedruckten Fragebogen, die Fragen erscheinen auf dem Bildschirm und die Antworten werden entweder von einem Interviewer oder vom Befragten selbst direkt in den PC eingegeben. Die Daten liegen in der Regel unmittelbar nach dem Ende der Befragung in digitalisierter Form vor.

Hier zunächst ein kurzer Überblick:
• CAPI: **Computer Assisted Personal Interview**
• CATI: **Computer Assisted Telephone Interview**
• CAMI: **Computer Assisted Mobile Interview**
• CAWI: **Computer Assisted WEB Interview**

CAPI: ist das computergesteuerte persönliche Interview (**Computer Assisted Personal Interview**) Es gilt als die wohl modernste Form des weitgehend standardisierten Interviews.

Das persönliche Interview wird hierbei mit Hilfe eines mobilen Eingabegerätes (Multimedia-Laptop), wenn möglich mit Pen-Eingabemöglichkeit, geführt, und die Antworten werden direkt in den PC eingegeben (per Tastatur oder Stift), entweder durch den Interviewer oder durch die Auskunftsperson selbst. Mit dieser Technik können auch sehr anspruchsvolle Interviews mit visuellen Vorlagen bis hin zur Videounterstützung geführt werden.

Zum Beispiel lassen sich Videobilder und Ton einspielen, Sprache aufzeichnen, Logos, Icons und Bilder zeigen, Jingles einspielen und Handschriften erfassen. Es liegt auf der Hand, dass solche Techniken die Akzeptanz und Auskunftsbereitschaft der Befragten, vor allem bei jüngeren Personen, erhöhen dürften.

Außerdem kann der Fortgang der Befragung, wie bei allen CA-Verfahren, so gesteuert werden, dass die folgende Frage erst nach Beantwortung der vorangegangenen Frage aufgerufen werden kann bzw. bei Filterfragen unmittelbar die weiterführende Frage angesprochen wird (automatische Filterführung). Vorgaben und Statements zu Marken können so – zufallsgesteuert – rotierend eingesetzt werden. Eine Verknüpfung mit dem Rechner des Instituts und mit externen Datenbanken gehört ebenfalls zu diesen Vorteilen.

Die GfK verweist darauf, dass bereits 2000 GfK-Interviewer mit den neuen Multimedia-Laptops ausgestattet sind.

Zusammengefasst sind folgende Vorteile von CAPI zu erkennen:

- Reibungsloser Interwiewfluss durch automatische Filterführung
- Zufallgesteuerte Rotation von Vorgaben und Statements
- Überprüfung der Plausibilität der Antworten bereits während des Interviews
- Originalgetreue Wiedergabe von Marken, Logos und TV-Spots
- Einfacher – Akzeptanz erhöhender – Umgang mit dem elektronischen Stift
- (Sprach-) Aufzeichnung spontaner Äußerungen
- Unmittelbare Auswertung nach Beendigung der Umfrage und Überspielung auf den Rechner des Instituts.

PAPI: Trotz dieser technisch fortschrittlichen Vorzüge bleibt das **Paper-and-Pencil-Interview** auch weiterhin der Klassiker unter den Interviews. Hier ist es nicht zuletzt die hohe Flexibilität des Verfahrens, die das PAPI auch in Zukunft unentbehrlich macht. So eignet sich das PAPI für jede Stichprobengröße, kann äußerst flexibel gestaltet werden, und die Methode ist erprobt und in vielen Jahren ausgereift. Die Papierfragebögen könne dank moderner Scanner-Technologie auch schnell verarbeitet werden.

CATI: ist eine computerunterstützte telefonische Befragung (**Computer Assisted Telephone Interview**), sowohl bei Verbrauchern als auch im gewerblichen Bereich (Business-to-Business).

Die Antworten gibt der Interviewer wie beim CAPI direkt in den Computer ein.

In den deutschen Marktforschungsinstituten nimmt die telefonische Befragung mit knapp der Hälfte der durchgeführten Interviews den ersten Platz ein. Davon ist bereits ein Großteil computergesteuert.

Die Rekrutierung der Befragten erfolgt wie beim traditionellen Telefoninterview aus den Telefon- bzw. Branchenverzeichnissen und vor allem im B2B-Bereich aus den Kunden und Interessentendateien, und zwar zufallsgesteuert oder nach Quoten.

Besonders effizient und schnell sind in diesem Zusammenhang die CATI-Arbeitsplätze, die bereits nach dem modernen Predictive Autodialing-Verfahren („vorausschauender Wählcomputer") vorgehen. Dabei wird aus einem Adressenpool eine Telefonnummer über einen Call Prozessor automatisch und zufallsgesteuert angewählt und wiedergewählt.

Bei diesem Verfahren ist es besonders wichtig, dass die Verwaltung der Telefonnummern effizient erfolgt. So können angerufene Nummern besetzt, die gesuchte Person gerade nicht zu Hause sein, oder ein Interviewpartner unterbricht das Interview und muss evtl. nochmals angerufen werden usw. Dadurch wird die Befragungsqualität entscheidend verbessert und beschleunigt, z. B.

• kann sich der Interviewer voll auf die Befragung konzentrieren
• wird die Stichprobe durch die Wiederwahl – bis zu 99-mal – optimal ausgeschöpft, insbesondere bei den nur schwer erreichbaren Singles und Berufstätigen
• werden die Feldzeiten teilweise erheblich verkürzt.

Die Vorteile sind ähnlich wie beim CAPI. Zusätzlich besteht die Möglichkeit des Mithörens, sei es zur Schulung von Interviewern oder zur Kontrolle der Befragung.

Das telefonische Interview kann auch kombiniert werden mit einem gleichzeitigen Internet-Interview, indem der Interviewer die Zielperson anruft und mit ihr zusammen im Internet den Fragebogen durchgeht. Rückfragen sind sofort zu klären, und der Interviewer kann sich gegebenenfalls auch wieder zurückziehen und die Beantwortung allein dem Befragten überlassen.

Eine noch wenig genutzte Form ist eine computergestützte Tele-
fonbefragung, wobei ein Teilnehmer aus einem Adressenpool angerufen wird, und eine „Computerstimme" stellt Fragen, die der zu Befragende über die Telfontastatur beantwortet, z. B. für Ja = Taste 1,
für Nein die Taste 2 usw., ähnlich der Sprachsteuerung bei Callcen-
tern.

CAMI: ist die Abkürzung für **Computer Assisted Mobile Interview**,
bei der die telefonische Befragung nicht übers Festnetz sondern
über ein Mobiltelefon bzw. noch eleganter über ein WAP-Handy,
also internetbasiert, geschieht. Diese Befragungsform kommt dem
zunehmenden Trend entgegen, dass immer mehr, vor allem jüngere
Singles, weitgehend nur noch mobil über Handy erreichbar sind.
Man schätzt, dass dies auf etwa 10 % der Bevölkerung zutrifft.

CAWI/Online-Befragungen: Hier handelt es sich um die moderne
Form der Online-Befragung, die zurzeit technologisch innovativste
Methode der Befragung. Um sich an die obigen Abkürzungen an-
zulehnen ist auch die Bezeichnung **Computer Assisted WEB Interview** (CAWI) gebräuchlich.

Diese Interviews sind methodisch gesehen schriftliche Befragungen, bei denen der Befragte mit Hilfe des Internets ohne Interviewer
selbstständig seine Antworten in den PC oder Fernseher eintippt
aber auch anhand von Bildern, Videos interaktiv (und spielerisch)
seine Meinung äußern kann. Das Internet ist quasi das ‚Transport-
mittel' für den Fragebogen.

Voraussetzung ist natürlich der Zugang zum Internet und die Nutzung dieser Kommunikationsform (Internetpenetration) durch die
zu Befragenden. Derzeit liegt die Nutzung bereits bei über $^2/_3$ der
deutschen Bevölkerung ab 14 Jahren mit weiter steigender Tendenz,
was vor allem bei bestimmten Zielgruppen noch eine höhere und
damit komfortable Rate darstellt (z. B. bei 14–19-Jährigen 89 %, bei
70-Jährigen und älter allerdings nur 13 %. Auch steigt mit dem Einkommen und dem Bildungsstand die Internetnutzung).

Bei den deutschen Marktforschungsinstituten wurden 2006 bereits 21 % der Befragungen online durchgeführt, weitere Steigerun-
gen sind zu erwarten (in den USA liegt der Umsatzanteil der Studien auf Basis von Online-Interviews bereits bei 40 %). Nach Mei-

nung von Experten sind Online-Befragungen das Instrument der Zukunft.

- Sie sind kostengünstig, schnell und anonymer als andere Befragungsformen. In früheren Jahren noch erwähnte negative Einflüsse, wie die Tatsache, dass die Validität der Daten fraglich, die Befragtenrekrutierung nicht kontrollierbar und der Datenschutz nicht gewährleistet seien, konnten weitgehend beseitigt werden.

Die Vorteile von WEB-basierten Interviews liegen vor allem in der Schnelligkeit der Durchführung. Die Befragten können ähnlich wie bei jeder schriftlichen (Offline-)Befragung die Zeit des Ausfüllens selbst bestimmen und dabei ohne Einfluss eines Interviewers agieren. Außerdem kommen die bereits erwähnten Vorteile einer Computerunterstützung voll zum Tragen.

Die Möglichkeiten der Rekrutierung von Befragten sind facettenreich und vielfältig, jedoch jeweils mit sehr unterschiedlichem Erfolg, wie das folgende Beispiel aus einem Dienstleistungsunternehmen zeigt.

Generell können Sie die zu Befragenden auf vier verschiedenen Wegen erreichen und auf Ihr Vorhaben aufmerksam machen,

- indem Sie über einen Banner oder Link auf den Fragebogen hinweisen, der auf einem Server im Internet (oder bei Mitarbeiterbefragungen im Intranet) abgelegt ist. Die Teilnehmerquote ist mit weniger als 1 % äußerst gering , aber wer sich einmal entschließt teilzunehmen, bleibt weitgehend bis zum Ende der Befragung
- über ein Pop up-Fenster, die Teilnehmerquote ist dabei schon etwas höher
- indem Sie den Besucher Ihrer eigenen oder einer Partner-Website zu Ihrer Befragung einladen und über einen Link direkt den Zugang zum Fragebogen herstellen, oder
- Sie gehen gezielt vor und schreiben die Zielgruppe aus einem Adressenpool per E-Mail an. Der Fragebogen wird per Link von einem Server herunter geladen, online ausgefüllt und an Sie zurückgeschickt. Die Teilnehmer- und Abschlussquote ist hierbei am höchsten. Wenn Sie außerdem im Vorfeld die Bereitschaft zur Teilnahme an einer Online-Befragung einholen – z. B. zu einer Befragung zur Kundenzufriedenheit – ist Ihnen der Erfolg umso si-

cherer. Solche Befragungen sind einfach zu gestalten, kostengünstig und schnell durchzuführen. Eine nicht so moderne Variante könnte auch sein, dass der (kurze) Fragebogen ausgedruckt, ausgefüllt und per Fax zurückgeschickt wird. Ein Nachteil dabei ist, dass der Befragte den Fragebogen als Ganzes lesen kann, und die automatische Fragebogensteuerung entfällt.

Für die Hinterlegung eines Fragebogens auf einem Server müssen Sie mit etwa 3.000 € rechnen.

Rücklaufquoten bei Online-Befragungen (Beispiel: Dienstleistungsunternehmen)

Befragungsaufruf/ Befragungsankündigung	Teilnehmerquote	Abschlussquote
Banner/Link	< 1 %	70–90 %
Pop up-Fenster	8–20 %	60–80 %
Besuch der Webseite	20–60 %	80–90 %
E-Mail (mit Link zum Fragebogen)	40–80 %	> 90 %
Mitarbeiterumfrage	50–70 %	80–95 %

Auch wenn dies nicht gerade Ihre Branche ist, so kann man doch einige grundsätzliche Erkenntnisse aus diesem Beispiel ziehen.

Die zeitliche Beanspruchung des Befragten sollte 10 – 15 Minuten nicht übersteigen.

Beachten Sie auch, dass eine mögliche Komplexität der Fragetechnik, z. B. eine interaktive Vorgehensweise, die Zielgruppe nicht überfordern sollte. Wie eigentlich bei jeder Befragungsmethode sind die folgenden Faktoren vorab zu klären: Zielgruppe, Adressen, Fallzahl, Feldzeit, regionale Abgrenzung, Inhalt und Analyse-Methode sowie das Budget.

Insbesondere der Bildung von validen Befragtengruppen wurde viel Aufmerksamkeit geschenkt. So sind speziell für diese Zwecke Internet-Panels im Rahmen geschlossener Benutzergruppen oder über frei rekrutierte Internet-Nutzer (Kunden- und Interessentenadressen) aufgebaut und gepflegt worden, so dass von weitgehend repräsentativen Stichproben ausgegangen werden kann.

Dies trifft vor allem auf die gezielte E-Mail-Befragung zu.

Neben den erwähnten Formen der Online-Befragung gibt es noch

- Chat-basierte Gruppendiskussionen sowie
- Chat-basierte Explorationen,

die durch das neu entstandene multimediale „Web 2.0" weiteren Auftrieb erhalten werden, indem Nutzer eigene Inhalte ins Netz stellen und sich aktiv in Communities und Netzwerken mit Beiträgen, Erfahrungsberichten usw. über Produkte und Dienstleistungen beteiligen sowie durch neue und einzigartige Möglichkeiten, die über die klassischen Forschungsmethoden hinausgehen.

Aus den weblogs kann man vom Verbraucher lernen, ohne ihn zu befragen bzw. ihn aber auch anregen webbasierte Tests durchzuführen. Auf jeden Fall bietet das Web 2.0 ein großes Potenzial für eine kreativere Marktforschung.

Auch die Ansätze der Hirnforschung (Neuromarketing), bei der den Probanden mit Hilfe von Kernspintomografen ins Gehirn geschaut und die Blutflussgeschwindigkeit gemessen wird, stecken zwar noch in den Kinderschuhen könnten aber in Zukunft zu brauchbaren Ergebnissen führen. Durch diese Art der Beobachtung könnten Befragungen ersetzt werden.

Hinweisen möchte ich in diesem Zusammenhang insbesondere auf die folgenden Organisationen, die sich intensiv mit dem Thema Online-Forschung beschäftigen.

- Die D.G.O.F. , die Deutsche Gesellschaft für Online-Forschung (www.dgof.de). Sie vertritt die Interessen der Online-Forscher im deutschen Sprachraum. Ihre Mitglieder sind Wissenschaftler, Anwender und Unternehmen der deutschen und internationalen Gemeinschaft der Online-Forschung. Die DGOF ist auch Veranstalter der jährlich stattfindenden internationalen Fachkonferenz und Kongressmesse ‚General Online Research (GOR)' (www.gor.de)
- Die AGOF, die Arbeitsgemeinschaft Online-Forschung (www. agof.de), führt regelmäßig Studien durch, die das Nutzerverhalten und die Reichweiten verschiedener Online-Angebote im Medium Internet untersucht.
- Der Nonliner-Atlas, der von TNS-Infratest in Zusammenarbeit mit der Initiative D21 herausgegeben wird (www.nonliner-atlas.de) und die Struktur und das Verhalten der Nutzer bzw. Nicht-Nutzer des Internets untersucht.

- Der ADM, der Arbeitskreis Deutscher Markt- und Sozialforschungsinstitute (www.adm-ev.de), der zusammen mit der DGOF eine Richtlinie für Online-Befragungen herausgegeben hat und die unter der Internet-Adresse als pdf-File herunter geladen werden kann.
- Der BVM, Berufsverband Deutscher Markt- und Sozialforscher (www.bvm.org) mit dem Arbeitskreis NEON (Network Online Research) sowie mit Standards, Checklisten und Anforderungen an Online-Umfrage-Software.

Zusammenfassung zur Computergestützten Marktforschung

- Die computergestützten Verfahren haben in der Marktforschung bereits einen beachtlichen Anteil erreicht mit steigender Tendenz.
- Auch die Akzeptanz der Befragten ist bei den neuen Techniken gut, wenn die entsprechenden Voraussetzungen erfüllt sind (gut gestalteter und nicht zu langer Fragebogen, interessante Themen, Mitwirkung an wichtigen Entscheidungen usw.).
- Schwierig erreichbare Zielgruppen sind z. B. online besser zu erreichen. Das spielerische Element, der Einsatz von Bildern und Videos sowie das selbst Bearbeiten des Fragebogens zu frei gewählten Zeiten sind sicherlich hilfreich bei der Beantwortung der Fragen.
- Online-Befragungen sind flexibel und schnell durchzuführen – auch bei internationalen Erhebungen – und weisen, wenn sich jemand entschlossen hat daran teilzunehmen, geringe Abbrecherquoten auf.
- Sie sind gut geeignet für Eigenanwendungen, z. B. für Tests von Werbemaßnahmen und für die Exploration von Produktalternativen sowie zur Messung der Kundenzufriedenheit. Es lassen sich online auch gut Panels bilden mit gleichbleibenden Partnern und wiederholten Umfragen zu verschiedenen Themen.
- Wann welche Methode am besten geeignet ist hängt vom Untersuchungsziel, der Zielgruppe, der inhaltlichen und technischen Komplexität sowie der zeitlichen Beanspruchung des zu Befragenden ab.

3.2 Gestaltung der Primärerhebung

- Welches sind die Gestaltungselemente, und was ist beim Untersuchungsdesign zu beachten?
- Welche Techniken sind in der Praxis hilfreich, und wie haben sie sich bewährt?

Die Gestaltung, oder wie die Fachleute auch sagen, das Design einer Untersuchung erläutere ich anhand der Elemente
• Auswahlverfahren und Stichprobengröße
• Fragen und Fragebogen.

Auswahlverfahren: Wie man eine Stichprobe bildet

Vollerhebung: Eigentlich ist es das Ziel einer Marktuntersuchung, die Meinungen, Vorstellungen und Fakten einer gesamten definierten Zielgruppe (Grundgesamtheit) zu erfahren. Solche Grundgesamtheiten – also die Summe der Personen oder Firmen, über die etwas ausgesagt werden soll – können sein: alle Ihre Kunden, alle potenziellen Abnehmer mit Bedarf für Ihre Produkte, alle Rechtsanwälte in Deutschland, alle Leser dieses Buches usw. Würde man diese Gruppen total in eine Befragung einbeziehen, so wäre dies eine Vollerhebung. Es leuchtet ein, dass eine solche Vollerfassung in der Praxis
• aus Zeit- und Kostengründen nicht zweckmäßig
• sowie aus methodischen Erwägungen (= geeignete Auswahlverfahren) nicht erforderlich ist.

Trotzdem kommt es vor, dass Vollerhebungen im Sinne einer großen Grundgesamtheit, z. B.
• Volkszählung (VZ),
• Arbeitsstättenzählung (AZ),
• Handels- und Gaststättenzählung (HGZ) sowie
• Handwerkszählung (HWZ)
von Amts wegen – nicht ohne Kritik aus der Öffentlichkeit – durchgeführt werden. Die letzten Zählungen dieser Art fanden übrigens 1995 (HWZ), 1993 (HGZ) bzw. 1987 (VZ und AZ) statt.
Eine Handwerkszählung ist per Gesetz alle 8 bis 10 Jahre geplant, die nächste für 2007 bis 2009. Eine erneute Volkszählung soll EU-weit 2010/2011 erfolgen. Allerdings nicht als eine sehr teure und von Akzeptanzproblemen begleitete Vollerhebung (so kostete die VZ von 1987 in Westdeutschland eine halbe Mrd. Euro und hat den Einsatz von 500 000 Menschen verursacht), sondern in Form eines „registergestützten Zensus". D. h. es werden nicht mehr – wie bei einer Vollerhebung – alle Einwohner befragt, sondern zunächst die

in den Registern der Verwaltungen gespeicherten Daten genutzt, vor allem die Melderegister der Kommunen und der Bundesagentur für Arbeit. Erst danach werden stichprobenweise schriftliche oder mündliche Befragungen durchgeführt, um die noch fehlenden Daten zu erheben und die Datenqualität der Register zu überprüfen. Aus Anlass dieser Zählung wird aber immerhin noch ein Drittel der Bevölkerung – das sind nach heutigem Stand in Deutschland etwa 25 Mio. Personen – zu einer Befragung herangezogen

Auf der anderen Seite kann eine Totalerhebung bei einer geschlossenen und überschaubaren Personen- oder Firmengruppe durchaus angebracht sein (sog. „Klassenzimmerbefragungen"), z. B. bei
- allen Besuchern einer Werbeveranstaltung
- allen Messestandbesuchern eines Tages
- allen Kunden, die im letzten Monat etwas bei Ihnen gekauft haben
- Frequenzmessungen in einem Ladengeschäft alle Personen, die im Laufe eines Tages das Geschäft betreten haben, oder
- in spezialisierten Märkten, auf denen nur wenige Partner – Anbieter, Absatzmittler, Verbraucher – anzutreffen sind,
- in Märkten, auf denen nur wenige Unternehmen dominieren (Oligopol) und die weniger bedeutenden vernachlässigt werden können.

Hier ist das Problem einer Auswahl nicht vorhanden.

Teilerhebung: In den meisten Fällen wird jedoch aus Effizienzgründen in der Primärforschung mit Teilgesamtheiten – mit Stichproben oder Samples – gearbeitet. Und schon stehen Überlegungen, wie man eine geeignete Auswahl treffen kann, im Vordergrund der Diskussion. Denn man will ja gerade von den Teilergebnissen einer Stichprobe auf die Situation in der Gesamtheit schließen. Die Fragen, die sich hieraus ergeben, sind:
- Wie soll eine Stichprobe aus einer Grundgesamtheit gebildet werden? (Auswahlverfahren, Auswahltechniken)
- Wie groß soll der Umfang einer Stichprobe sein? (Stichprobengröße)

Die Auswahlverfahren – wie sie in der Übersicht auf Seite 92 zusammengestellt sind – sollen helfen, dass eine Stichprobe entweder repräsentativ oder typisch ist.

Übersicht über die Auswahlverfahren in der Primärforschung

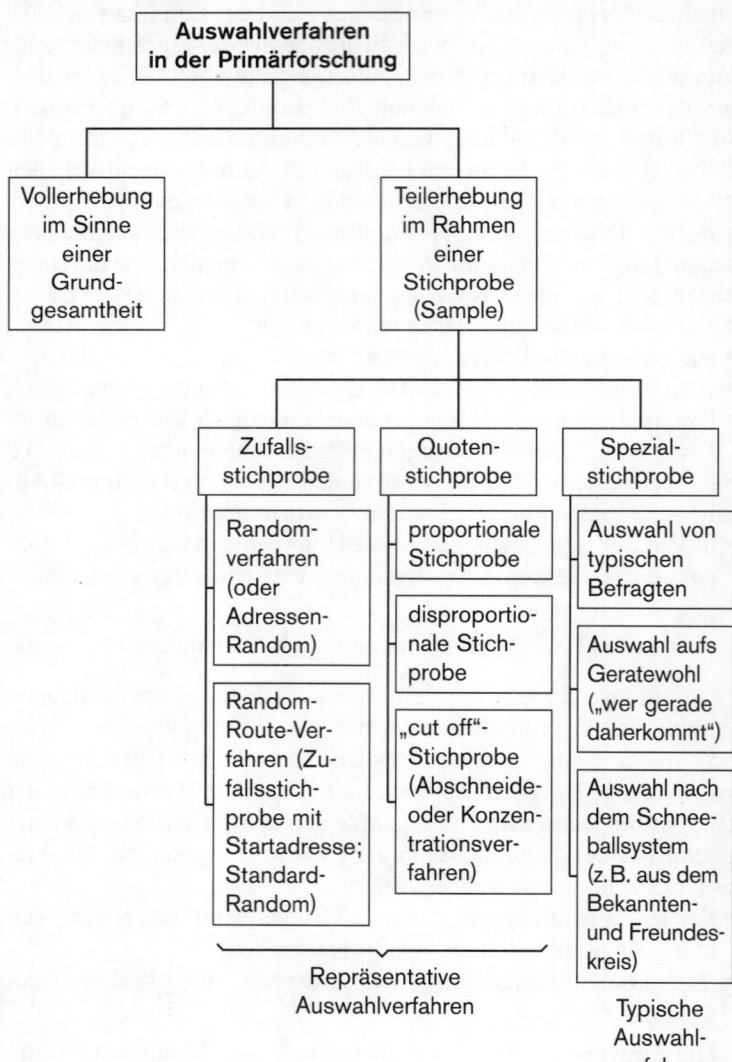

Repräsentativ, und damit auf die Grundgesamtheit hochrechen-
bar, ist eine Stichprobe nur dann, wenn alle Elemente der Grundgesamtheit die gleiche Chance haben, in die Auswahl zu gelangen.
Ein überzeugendes Beispiel ist die Ziehung der Lottozahlen, wo aus
genau 49 Kugeln (= Grundgesamtheit) per Zufall – hier mittels einer
Apparatur – sechs Zahlen (= Stichprobe) gezogen werden. Wiederholt man diesen Vorgang viele Male, so ergibt sich – nach dem Gesetz der Großen Zahl – daß jede der 49 Zahlen tatsächlich in
annähernd der gleichen Häufigkeit in den Ziehungen vorkommt. So
ist auch bei einer genügend großen Stichprobe und einer zufallsgesteuerten Auswahl gewährleistet, dass in der Stichprobe jede Gruppe proportional zur Grundgesamtheit vertreten ist. Solche Stichproben heißen Zufalls- oder Wahrscheinlichkeitsstichproben.

Da Stichproben aus Teilmengen bestehen, schwanken die Ergebnisse um den wahren Wert, den eine Vollerhebung erbringen würde, in einem bestimmten Fehlerbereich. Dieser Abweichfehler ist bei
zufallsgesteuerter Auswahl in Abhängigkeit von der Stichprobengröße und dem Stichprobenwert berechenbar.

Beispiel (zu entnehmen aus Rechentabellen bei einer Wahrscheinlichkeit
von 95,5 %–2σ-Regel): Eine Mehrthemenumfrage hat ergeben, dass
50 % der Befragten Ihre Firma kennen und 5 % bereits einmal Ihre Produkte gekauft haben. Die berechnete Schwankungsbreite um den wahren Wert in der Grundgesamtheit ist dann bei einer Stichprobengröße von

	1000 Befragten	2000 Befragten
50 %	± 4,5 → 45,5 – 54,5 %	± 3,2 → 46,8 – 53,2 %
5 %	± 1,9 → 3,1 – 6,9 %	± 1,4 → 3,6 – 6,4 %

Hiermit soll gezeigt werden, dass Stichprobenergebnisse in einem
gewissen Toleranzbereich liegen, was bei Schlussfolgerungen zu beachten ist. Repräsentativ bedeutet aber auch, dass bei bewusster
Auswahl aus einer vorhandenen Struktur durch die Stichprobe ein
verkleinertes Abbild der Grundgesamtheit geschaffen wird (Quotenverfahren). Solche Strukturdaten können z. B. sein:

• bei Bevölkerungsstichproben: Region, Geschlecht, Alter, Beruf,
  Einkommen und weitere soziodemografische Merkmale,
• bei betrieblichen Stichproben: Standort, Branche, Betriebsgröße
  usw.

Bei den **Spezialstichproben**, den nicht repräsentativen Auswahlverfahren, sind solche Gesetzmäßigkeiten nicht vorhanden und demgemäß nicht berechenbar. Es handelt sich hier vielmehr um eine Auswahl, bei der entweder

- typische Befragte wie Pilotkunden, Experten, Meinungsführer ausgesucht oder
- unsystematisch zufällig, aufs Geratewohl, z. B. bei Straßenbefragungen, oder
- nach dem Schneeballsystem, z. B. für Tests aus dem Bekannten- und Freundeskreis, Personen bestimmt werden.

Rückschlüsse auf die Grundgesamtheit sind nur unter Vorbehalt und mit Sicherheit nicht statistisch zahlenmäßig möglich. Bei dieser Auswahl sind die Ergebnisse in erster Linie qualitativ zu werten.

Im Einzelnen möchte ich nun auf die Auswahlverfahren näher eingehen, die in der betrieblichen Praxis von Nutzen sein können oder zur Beurteilung von Marktforschungsergebnissen nötig sind.

- Zufallsstichprobe
- Quotenstichprobe
- Spezialstichprobe

Zufallsstichprobe: Hier ist zu unterscheiden zwischen der

- Reinen Zufalls- oder Randomstichprobe („Random", englisch = Zufall) oder Adressen-Random und dem
- Random-Route-Verfahren oder Standard-Random.

Beim **Adressen-Random** – der Zufallsauswahl auf der Basis von Adressdateien der gewählten Grundgesamtheit – bedeutet Zufall im statistischen Sinne nicht, dass etwas – wie im normalen Sprachgebrauch – zufällig so oder so gemacht wird, sondern dass die Auswahl an ein vorgeschriebenes Verfahren gebunden ist. Denn nur so kann die Bedingung erfüllt werden, dass jedes Element der Grundgesamtheit die gleiche und mathematisch bestimmbare Chance hat, ausgewählt zu werden. Das Verfahren setzt voraus: die Grundgesamtheit muss bekannt sein und in Form von Adressenmaterial vorliegen. Sie muss nicht strukturiert vorhanden sein, jedoch sind Vorgruppierungen (Cluster), z. B. nach Regionen, von Vorteil und üblich (geschichtete Auswahl).

Diese Adressen können aus systematischen oder nicht systematisierten Listen, Büchern und Karteien stammen, z.b.

- aus Kunden- oder Interessentendateien (in Form von Karteikarten, Listen, Aufklebern)
- aus Adress- oder Telefonbüchern
- aus Messekatalogen
- von Adressverlagen
- aus Einwohnermeldekarteien
- aus der Kfz-Zulassungskartei
- aus Adressbeständen der Industrie- und Handelskammern
- aus Mitgliederverzeichnissen der Verbände und Einkaufsvereinigungen

Beispiele für die Anwendung von Auswahltechniken:

- Auslosen, Auswürfeln: Aus einer Kundenkartei von 2000 Karten sollen 100 Betriebe für eine Befragung ausgewählt werden. Ähnlich wie bei der Lotterieziehung werden die Karteikarten gemischt und per Zufall 100 Adressen gezogen. Das Verfahren ist machbar, aber wegen der Sortierarbeiten umständlich.
- Zufallszahlen aus Tabellen oder von einem Zufallsgenerator gewonnen (Quellen: Statistikbücher, programmierbare Taschenrechner):
  - Aus den gleichen Adressen, die mit Nummern versehen sind, werden per Zufallszahlen 100 Adressen mit den aus der Tabelle oder vom Rechner ermittelten Nummern ausgewählt.
  - Auswahl von Privatpersonen aus dem Telefonbuch. Vom Rechner wird eine Buchstabenkombination – z. B. BA ... vorgegeben. Man beginnt mit dem ersten Namen, der mit BA ... beginnt, und geht dann z. B. in 5er Schritten bis zum nächsten Namen usw., bis die erforderliche Anzahl von Personen vorliegt.
- Systematische Auswahl: Aus dem obigen Beispiel – 100 aus 2000 Adressen – wird jede 20. Karte (5 % Auswahlsatz) gezogen. Die erste Karte wird durch eine Zufallszahl bestimmt. Oder bei durchnummerierten Karten wird nach dem Endziffernverfahren z. B. jede Karte mit den Schlussziffern 04, 24, 44, 64, 84 ausgewählt (Last Digit-Verfahren).

Das Ergebnis dieser zufallsgesteuerten Auswahl sind feste Adressen – daher auch der Begriff Adressen-Random –, die nun dem Interviewer zur Befragung vorgegeben werden.

Im Gegensatz dazu werden beim **Random-Route-Verfahren** die Befragungsadressen an Ort und Stelle durch den Interviewer ermittelt. Ausgangspunkt ist ein vom Institut festgelegter Startpunkt (Startadresse) in zufällig ausgewählten Wohnorten, Straßen und Häuserblöcken. Es liegt auf der Hand, dass dieses Verfahren nur bei Bevölkerungsumfragen anwendbar ist. Die Vorgaben für den Interviewer sind Routenbeschreibungen, die z. B. wie folgt lauten können: „Starten Sie in der Straße in Ihrer Umgebung, die mit „E" beginnt. Wählen Sie dort unter der Hausnummer 15 den ersten Haushalt im Erdgeschoss rechts aus." Die zu befragende Zielperson im Haushalt wird ebenfalls nach einem vorgegebenen Schlüssel ausgesucht. Oder es wird die Person ab 16 Jahre im Haushalt bestimmt, die als nächste Geburtstag hat. Von der Startadresse ausgehend, wird dann in weiterer Folge z. B. jeder dritte Haushalt in die Befragung einbezogen. Das Random-Route-Verfahren wird auch als Flächenstichprobe bezeichnet, da der Ausgangspunkt eine Fläche, ein geographischer Ort in einem Stadtteil, in einer Straße ist. Es entsteht dabei zwar ein gewisser Klumpeneffekt, eine Konzentration von Befragungshaushalten, was aber nicht weiter stört, da ein Interviewer an einem solchen Ort jeweils nur 3 bis maximal 5 Interviews durchführt.

Quotenstichprobe: Will man eine repräsentative Stichprobe nach dem Quotenverfahren bilden, muss zunächst Folgendes geklärt werden:
• Die Grundgesamtheit muss in ihren Strukturelementen, Gruppierungen und Schichten (= Quoten) nach Art und Umfang bekannt sein. Adressen benötigt man vorerst noch nicht.
• Es muss ferner entschieden werden, ob alle oder nur einige dieser Gruppierungen in die Erhebung einbezogen werden sollen, z. B. Bevölkerung ab einem bestimmten Mindestalter oder Unternehmen ab einer bestimmten Mindestgröße oder Branche.

Die Vorgaben für den Interviewer sind Quoten – in der Regel keine Adressen.

Praxisbeispiel: Bildung einer Quotenstichprobe auf Basis der deutschen Wohnbevölkerung nach soziodemografischen Gruppen (Quelle: Media-Analyse 2006 II)

Grundgesamtheit: Bevölkerung ab 14 Jahre = 65,07 Mio.

Schichtungs-merkmale		Struktur-anteile %	Quotenstichprobe bei 2000 Befragungen	bei 100 Befragungen
Geschlecht	Männer	48 %	960	48
	Frauen	52 %	1040	52
Alter	14–29	20 %	400	20
	30–49	34 %	690	34
	50 und älter	45 %	910	46
Haushalts-Nettoeinkommen				
	bis unter 1250 €	18 %	360	18
	1250 – unter 1750 €	19 %	380	19
	1750 – unter 2250 €	21 %	420	21
	2250 € und mehr	42 %	840	42
Regionen (Nielsen-Gebiete)				
Nord/Nielsen I		16 %	325	16
NRW/Nielsen II		21 %	425	22
Mitte/Nielsen III a		13 %	265	13
Ba-Wü/Nielsen III b		12 %	240	12
Bayern/Nielsen IV		15 %	305	15
Berlin/Nielsen V		4 %	80	4
M-V., Br., S-A/Nielsen VI		9 %	180	9
Th., Sachsen/Nielsen VII		9 %	180	9

Wesentliche Grundlage für die Strukturierung solcher Grundgesamtheiten ist die amtliche Statistik bzw. wie im Beispiel die Media-Analyse:

• Bevölkerungsstatistik des Statistischen Bundesamtes oder der jeweiligen Statistischen Landesämter

• Arbeitsstätten-, Handwerks-, Handels- und Gaststättenzählung, die jährlichen Ergebnisse der Umsatzsteuerstatistik und die Ergebnisse der repräsentativen Jahreserhebung des Statistischen Bundesamtes für Unternehmen.

Ferner können auch strukturierte Adressen von den Adressverlagen herangezogen werden. Die Quotierung ist im allgemeinen schnell und einfach zu handhaben. Allerdings muss man sich dabei auf die Merkmale beschränken, die aus der Statistik heraus auch quotierbar sind, z. B.

- bei der Bevölkerung die sog. soziodemografischen Merkmale wie Geschlecht, Alter, Einkommen, Beruf, Region, Wohnortgröße, Haushaltsgröße usw.,
- bei Unternehmen Art, Branche, Betriebsform, Region, Beschäftigten- und Umsatzgrößenklassen.

Psychografische Merkmale wie Typologien, Motive und Einstellungen sowie verhaltensrelevante Kriterien wie Nicht-, Wenig- und Vielkäufer sind zunächst statistisch nicht erfassbar. Diese Merkmale und Kriterien ergeben sich vielmehr erst aus der Befragung.

Eine Quotenstichprobe hat eine bewusst gewählte Zusammensetzung in Anlehnung an die Grundgesamtheit. Sie kann grundsätzlich

- proportional zur Grundgesamtheit,
- disproportional zur Grundgesamtheit gebildet werden, oder
- sie konzentriert sich auf einige ausgewählte Gruppen.

Bei der **proportionalen Auswahl** sind die einzelnen Gruppen in der Stichprobe im gleichen Verhältnis wie in der Grundgesamtheit vertreten. Wenn z. B. die Grundgesamtheit aus 48 % Männern und 52 % Frauen besteht, so setzt sich eine 100er-Stichprobe eben aus 48 Männern und 52 Frauen zusammen. Weitere Beispiele hierzu finden Sie auf einer der folgenden Seite (Stichprobe a). Die meisten Quotenstichproben der Bevölkerung sind proportionale Stichproben.

In einer **disproportionalen Stichprobe** erfolgt die Auswahl nicht im gleichen Verhältnis zur Anzahl der vorhandenen Unternehmen in den einzelnen Klassen der Grundgesamtheit, sondern in Anlehnung an ihre wirtschaftliche Bedeutung (vgl. Stichprobe b). Der Hintergrund dabei ist, dass die Meinung eines größeren Betriebes mit höherem Bedarfsvolumen auch für Ihre Absatzentscheidungen wichtiger ist als die Meinung eines kleineren Unternehmens. Die Auswahl wird in diesem Fall eher proportional zur Umsatzbedeutung getroffen. Angewandt wird dieses Verfahren vor allem im gewerblichen Bereich der Marktforschung.

In der Praxis wird oft ein Kompromiss geschlossen, und beide Verfahren – Stichprobe a und b – werden miteinander verknüpft und pragmatisch gewichtet (siehe Stichprobe c). Die Schwäche von Stichprobe a – Überbetonung der kleineren Betriebe – wird ausgeglichen. Diese werden aber im Vergleich zu Stichprobe b dennoch stärker in die Befragung einbezogen.

Sollen einzelne Gruppen aus der Grundgesamtheit überhaupt nicht in der Stichprobe enthalten sein – z. B. alle Personen unter 14 Jahre oder ab 65, Handelsbetriebe mit weniger als 1 Mio. € Jahresumsatz oder unter $200\,m^2$ Verkaufsfläche –, so spricht man von einer „cut off"-Stichprobe oder von einer Auswahl nach dem Abschneide- oder Konzentrationsverfahren. Man konzentriert sich nämlich dabei auf die für den Bedarf relevanten Gruppen und lässt die anderen außer Betracht (vgl. auch Stichprobe d). Es wird somit eine neue Grundgesamtheit formiert, aus der dann ausgewählt wird.

Bis hierher ist die Stichprobenbildung relativ einfach und schnell durchzuführen. Die eigentliche Arbeit beginnt jetzt, indem Betriebe und Personen gefunden werden müssen, die diese Quotenmerkmale erfüllen, z. B. zur Beurteilung von Kindernahrung: Mütter mit Kleinkindern, oder zur Beurteilung neuer PKW: Fahrer bestimmter PKW-Typen. Es liegt hier weitgehend in den Händen des Interviewers, wen er befragt – nur die Quote muss stimmen. Bei Bevölkerungsumfragen kommt es dabei nicht selten vor, dass der Interviewer die Quoten in seinem Bekannten- und Freundeskreis sucht und damit zu einer gewissen Verzerrung (Klumpeneffekt) beitragen kann. Dieser Verfahrensschwäche – das subjektive Ermessen des Interviewers bei der Auswahl der Befragten – kann man durch folgende Maßnahmen begegnen:

- Die Institute setzen möglichst viele Befrager ein, so dass auf jeden etwa nur 3–5 Interviews entfallen.
- Auch Schulung, Steuerung und Kontrolle der Interviewer lassen diesen systematischen Fehler auf ein Minimum reduzieren.
- Adressen mit den entsprechenden Auswahlkriterien werden bereits vom Institut oder vom Betrieb, also von Ihnen, vorgegeben. Diese Vorgehensweise ist im gewerblichen Bereich durchaus üblich.

Die letzte Sicherheit, ob ein Quotenmerkmal auch wirklich zutrifft, erhält man erst bei und nach der Befragung.

Praxisbeispiel: Fachhandel mit technischen Gebrauchsgütern

Strukturmerkmal	Grundgesamtheit			
Umsatzgrößen- klasse Mio. €	Anzahl Geschäfte	%	Umsatz Mio. €	%
< 0,5	300	13	120	2
0,5–1,0	990	44	480	7
1,0–5,0	580	26	2300	33
> 5,0	380	17	4000	58
insgesamt	2250	100	6900	100

Quotenstichprobe *			
a)	b)	c)	d)
26	4	} 70	–
88	14		–
52	66	70	120
34	116	60	80
200	200	200	200

* Erläuterung:
a) = proportional zur Anzahl Geschäfte
b) = disproportional zur Anzahl Geschäfte (proportional zum Umsatz)
c) = Mischung aus a) und b), pragmatischer Ansatz
d) = „cut off"-Stichprobe, Konzentrationsverfahren

Regionale Verteilung	Grund- gesamtheit		Stichprobe c)			
			< 1	1-5	> 5	zus.
			Mio. € Umsatz			
			Anzahl Befragungen			
	Nord	18%	13	13	10	36
	Mitte	45%	31	31	27	89
	Süd	37%	26	26	23	75
		100%	70	70	60	200

Stichprobenbildung nach dem Quotenverfahren

Praxisbeispiel für eine quotierte „cut-off"-Stichprobe: Ein Hersteller von Investitionsgütern möchte wissen, warum bei seinen gewerblichen Weiterverarbeitern die diesjährige Verkaufssaison nicht so wie geplant gelaufen ist. Er entscheidet sich für eine telefonische Befragung bei 50 seiner Kunden und strukturiert die Stichprobe etwa wie folgt:

Kunden-Klassen	Nördliche Südliche Verkaufsbezirke		zusammen
A-Kunden	13	13	26
B-Kunden	12	12	24
	25	25	50

Er möchte, dass die nördlichen und südlichen Verkaufsbezirke sowie A- und B-Kunden etwa gleichgewichtig vertreten sind. C-Kunden sollen wegen ihres geringeren Bedarfs ausgeschlossen bleiben (Abschneideverfahren). Aus diesen so gebildeten vier Gruppen kann er die Adressen per Zufall ziehen (s. Auswahltechniken). Oder er wählt diejenigen Kunden aus, bei denen der Einbruch besonders stark war oder bei denen er eine besonders ausgeprägte Meinung erwartet (typische Auswahl).

Spezialstichprobe: Den Spezialstichproben liegt eine Auswahl der Gesprächspartner nach „typischen" Gesichtspunkten zugrunde. Die Art und Weise der Auswahl ist vielfältig und sollte auf keinen Fall als ‚repräsentativ' für eine Grundgesamtheit angesehen werden. Durch solche Gespräche bekommt man zumindest ein Gefühl für das Untersuchungsproblem. Bei den Spezialstichproben handelt es sich in der Regel um kleine Stichproben, bei denen
- typische Auskunftspersonen „stellvertretend" für eine Gruppe,
- aufs Geratewohl oder
- nach dem Schneeballsystem

ausgesucht werden.

Eine **typische Auskunftsperson** ist ein Befragter dann,
- wenn er eine ausgeprägte Meinung vertritt, besonders erfahren ist, die Branche gut kennt und genügend Vergleichsmöglichkeiten hat und Zukunftsaussichten gut abschätzen kann. Evtl. schreibt er auch für die Fachpresse, z.B. Experten aus Wissenschaft und Technik, Branchen-„Gurus", Meinungsträger und Journalisten,
- wenn er eine gewisse wirtschaftliche Bedeutung gerade für Ihr Unternehmen hat, als besonders fortschrittlich und innovativ gilt und

damit in der Branche immer vorne dran ist, z. B. Großabnehmer, Pilot- oder Schlüsselkunde, Vertrauenspartner.

Der typische Befragte sagt, was viele denken. Die Festlegung, wer typisch ist, entscheiden Sie selbst aufgrund Ihrer Erfahrungen. Die Bedeutung der „typischen Aussage" erkennen Sie auch dadurch, dass oft bei repräsentativen Untersuchungen wörtliche Nennungen als typische Äußerungen der Befragten zitiert werden.

Die **Auswahl aufs Geratewohl** erfolgt unsystematisch zufällig und wird häufig bei Straßen- und Passantenbefragungen angewandt. Das Ansprechen von Passanten auf der Straße oder auf verkehrsreichen Plätzen ist die klassische Form der Gewinnung („Baggern") von Testteilnehmern. Oder Passanten werden vor oder nach dem Besuch eines Geschäftes, einer Veranstaltung oder Ähnliches über die Belange dieses Geschäftes, dieser Veranstaltung befragt. Außerdem können auf diese Weise auch aktuelle Bedarfsträger für eine anschließende Befragung ermittelt werden.

Die Medien, vor allem das Fernsehen und im Internet, nutzen dieses Spontanverfahren auch häufig für ihre Meinungsumfragen zu einem Bericht oder einer Sendung (in einem Umfang von oft mehreren 10 000 Kontakten auf einmal – ein wahrer Wunschtraum für einen Marktforscher).

Die Auswahl nach dem **Schneeballsystem** ist – mit oder ohne Quotenangaben – sehr beliebt bei Gruppendiskussionen und Testverfahren. Eine bereits ausgewählte Person wird gebeten, weitere Personen aus dem Bekannten- oder Freundeskreis zum Test oder zur Diskussion mitzubringen. Bei Umfragen im gewerblichen Bereich wird das Schneeballsystem vor allem dann angewandt, wenn die Bedarfsträger nicht ohne Weiteres bekannt sind. Hier wird auch der zuletzt befragte Betrieb gebeten, weitere Bedarfs- oder Meinungsträger zu benennen.

Spezialstichproben und die Auswahl von kleineren Befragtengruppen sind in der Lage, brauchbare Ergebnisse zu liefern,
• wenn die Erhebung als Vorstufe oder als generelle Orientierung zu einem bestimmten Untersuchungsthema zu verstehen ist,
• wenn zu vermuten ist, dass die Aussagen nur wenig voneinander differieren werden, bei ziemlich einheiliger Meinung,

- wenn es nur wenige Befragte gibt, die als Bedarfsträger infrage kommen, was in den Investitionsgüterbranchen nicht selten ist, oder wenn Sie in einer Marktnische anbieten, wo es nur einige Dutzend oder hundert Namen gibt,
- wenn es – wie in oligopolistischen Märkten – nur einige wenige bedeutende Firmen gibt, die zusammen etwa 70–80 % des Bedarfs abdecken,
- wenn es nur wenige gibt, die etwas zum Thema sagen können – Experten und Meinungsträger,
- wenn es sich um eine Nacharbeit zu einer bereits durchgeführten Erhebung handelt.

Neben diesen mehr methodischen Gründen sind es schlicht und einfach oft auch finanzielle Gründe und nicht vorhandene Budgetmittel, die die Stichprobengröße einschränken.

Kurzbeschreibung der Auswahlverfahren

- **Randomverfahren (Adressen-Random):** Zufallsauswahl auf der Basis weitgehend vollständiger Adressdateien der Grundgesamtheit. Vorherige Gruppenbildung – z. B. nach Regionen – ist möglich und üblich.
  Auswahltechniken: Auslosen, Zufallszahlen, systematische Auswahl anhand vielfältiger Adressdateien usw.
  Basis: Grundgesamtheit muss mit Adressen bekannt sein, Vorarbeit im Institut oder im Unternehmen erforderlich
  Vorgabe für Interviewer: Listen mit Adressen
  Besonderheiten:
- Repräsentative Stichprobe, die am besten die statistische Fehlertoleranz berechenbar macht
- geeignet für Umfragen im privaten und gewerblichen Bereich
- Adressen-Manipulation durch den Interviewer weitgehend ausgeschlossen
- Zusammen mit dem Random-Routeverfahren von den Instituten am häufigsten eingesetzt (ca. 70 bis 80 % bei Bevölkerungsumfragen).

- **Random-Route-Verfahren (Standard-Random-Verfahren):** Zufallsauswahl des Wohnorts, des Stadtteils, der Straße und Hausnummer als Startadresse, Flächenstichprobe
  Basis: Straßen- und Häuserverzeichnisse, Gemeinde-Adressbücher
  Vorgabe für Interviewer: Startadresse und Routenangabe (z. B. jeder folgende dritte Haushalt) – keine konkreten Adressen

Besonderheiten:
- nur geeignet für allgemeine Bevölkerungsumfragen
- begrenzter Interviewereinfluss, Klumpeneffekt
- repräsentative Auswahl, genügt den Anforderungen zur Berechnung von statistischen Abweichfehlern
- von manchen Marktforschungsinstituten wegen der unkomplizierten Vorgabe und Durchführung bevorzugt.

- **Quotenauswahlverfahren:** Repräsentative Auswahl von „Schichten" aus der Grundgesamtheit
  Basis: Gliederung der Grundgesamtheit nach statistischen Merkmalsgruppen
  Vorgabe für den Interviewer: Quotenanweisung, in der Regel keine Adressen, im gewerblichen Bereich mitunter Adressenvorgabe
  Besonderheiten:
- anwendbar vor allem im gewerblichen Bereich und bei Spezialzielgruppen, wie Ärzten, Rechtsanwälten usw., und bei nicht zu großen Grundgesamtheiten
- großer Einfluss des Interviewers bei der Auswahl der Auskunftsperson
- repräsentative Stichprobe, bei der die Genauigkeit nicht ohne weiteres berechenbar ist
- hohe wirtschaftliche Effizienz.

- **Spezialauswahlverfahren:** Nicht repräsentative Auswahl von typischen Erfahrungs- und Bedarfsträgern aufs Geratewohl oder nach dem Schneeballsystem. Auswahl kleiner Stichproben
  Basis: Subjektive Einschätzung der typischen Auskunftsperson, Auswahl bei Straßenbefragungen: wer gerade vorbeikommt, Personen aus dem persönlichen Umfeld.
  Kleine überschaubare und bekannte Grundgesamtheiten
  Vorgabe für Interviewer: In der Regel keine Adressen, evtl. Quoten. Adressenvorgabe bei kleinen Grundgesamtheiten
  Besonderheiten:
- nicht repräsentative Auswahl, aber mit qualitativ interessanten Einzel- oder Gruppenaussagen, repräsentativ bei kleinen Grundgesamtheiten
- beliebt bei der Durchführung in Eigenregie und bei geringem Etat
- für viele Anwendungsfälle in der Praxis gut und schnell handhabbar mit ausreichenden Ergebnissen

Stichprobengröße: Grundsätzlich können Stichproben Größenordnungen von einigen wenigen bis zu über 10 000 Befragten umfassen. Die Größe hängt im Allgemeinen davon ab,

- ob eine Stichprobe und die Ergebnisse repräsentativ sein sollen oder eine bestimmte Fehlertoleranz nicht überschritten werden soll,
- inwieweit die Ergebnisse einer bundesweiten Erhebung in den Teilmengen noch repräsentativ sein sollen, z. B. der Kauf von Waschmaschinen der Marke Siemens in einem bestimmten Jahr von Single-Haushalten in Oberbayern,
- wie groß überhaupt die Grundgesamtheit ist.

Einige **Praxisbeispiele** mit durchschnittlichen Erfahrungswerten:
Kleine Stichproben bis maximal 100 Befragungen:
- Einzelgespräche z. B. mit Experten 5–10
- Kleine Grundgesamtheiten, z. B. Großchemie, PKW-Hersteller, Hersteller von grafischen Papieren ca. 5
- Produkttests 10–50
- Gruppendiskussionen 8–12 je Gruppe
- Explorationen ab 5

Mittlere und große Stichproben über 100 Befragungen
- Auswahl aus Kunden- und Interessentendateien bis 200
- schriftliche Befragungen ab 200
- Bevölkerung ab 500 bis 2500. Standard für Bevölkerungsumfragen: 1000–2000
- Panelerhebungen im Handel 200–2000, je nach Branchenkombination
- Panelerhebungen in Haushalten und bei Privatpersonen zwischen 5000 und 20000, teiweise darüber
  Diese Panelstichproben sind oft deswegen so groß, damit bei einer bundesweiten Stichprobe auch noch Aussagen über kleine Zellen gemacht werden können (s. oben).

Nicht in jedem Fall macht es aber Sinn, die Stichprobe zu erhöhen, um genauere Ergebnisse zu erhalten. Z. B. zeigen die Fehlertoleranztabellen, dass die Verdoppelung einer Stichprobe von 2000 auf 4000 Befragungen die Genauigkeit lediglich um etwa einen Prozentpunkt verbessern würde, und das lohnt bestimmt nicht den höheren Einsatz.

Zusammenfassung zu den Auswahlverfahren

(1) Diese **Auswahlverfahren** stehen Ihnen zur Verfügung,
- wenn die Stichprobe und die Ergebnisse repräsentativ für eine definierte Grundgesamtheit sein sollen:
  das Adressen-Random-, das Random-Route- und das Quotenverfahren. In der Praxis werden diese Methoden als nahezu gleichwertig angesehen.
- wenn sie weniger repräsentative Ergebnisse, dafür aber qualitative Aussagen von einer kleineren Zahl von Befragten erhalten wollen:
  Spezialverfahren mit der Auswahl typischer Auskunftspersonen, aufs Geratewohl oder nach dem Schneeballsystem.

(2) Bei der Festlegung der **Stichprobengröße** handeln Sie nach dem Grundsatz:
Soviel wie nötig und den praktischen Erfordernissen einer Marktuntersuchung entsprechend.

(3) Überlegen Sie dabei gut, ob Sie unbedingt „**repräsentativ**" (= mehr Befragungen) sein wollen oder ob Sie eher mit **typischen** Ergebnissen (= weniger Befragungen) zurechtkommen, um Ihr Problem zu lösen. Gehen Sie bei der Entscheidung für ein bestimmtes Verfahren pragmatisch und nicht „methodenhörig" vor. Lösungen sind wichtiger als Methoden.

(4) Je nachdem, welches **Anspruchsniveau** Sie in Bezug auf Repräsentativität fordern, erhalten Sie bei gleichzeitig steigenden Kosten:
- Typische Einzelwerte bei Einzelgesprächen
- Indikative Werte bei Gruppendiskussionen, Passantenbefragungen usw.
- Bestimmungs- und Trendwerte bei kleinen Stichproben
- Hohe repräsentative Werte in Annäherung an die „wahren" Werte einer Grundgesamtheit bei sog. Repräsentativumfragen
- Exakte Werte einer Grundgesamtheit bei einer Vollerhebung

Fragen und Fragebogen: Was ein Fragebogen enthalten sollte und wie er gestaltet wird

- Welche Formen werden in der Praxis verwendet?
- Wie müssen Fragen formuliert sein, damit sie verstanden werden und zu sinnvollen, verwertbaren Antworten führen?
- Wie muss ein Fragebogen gestaltet sein, und welcher Umfang ist für den Befragten noch „erträglich"?

Die richtige Formulierung von Fragen und die Gestaltung des Fragebogens sind – neben der sinnvollen Auswahl von Gesprächspartnern in der Stichprobe – das A und O einer guten Befragungsaktion. Oft entscheidet der Fragebogen mehr als der Interviewer über die Qualität einer Untersuchung. Um den Fragebogen klar und verständlich aufbauen zu können, muss das Problem ungeschminkt auf den Tisch – gerade auch bei der Einschaltung eines Instituts. Der eigentliche Leidensdruck muss erkannt werden. Es muss die Zielsetzung formuliert und geprüft werden, welche Informationen erforderlich sind. Die Übersetzung des Problems und der gewünschten Informationen in fachgerechte Fragen ist dann der nächste Schritt. Insbesondere wenn Sie eine Erhebung selbst durchführen und den Fragebogen dazu gestalten wollen, sollten Sie einige Tipps und Regeln berücksichtigen.

Fragen und Formulierung: Fragen müssen so gestellt sein,
- dass sie jeder Befragte verstehen kann, oft in „seiner" Sprache abgefasst sind und Fremdwörter nur enthalten, wenn sie zum Untersuchungsinhalt gehören,
- dass sie anschaulich sind, z. B. unterstützt durch Vergleiche, Beispiele, Grafiken und Bilder
- dass sie kurz und prägnant sind,
- dass sie nicht verfänglich und beeinflussend (suggestiv) wirken,
- dass sie nicht zu Verlegenheitsantworten aus Prestigegründen, Unwissen oder Ähnliches führen.

In erster Linie sind es – ähnlich wie im Verkaufsgespräch – die sog. „W"-Fragen: wer, wie, was, wann, wo, warum, wieviel, welche, die in der Marktforschung eingesetzt werden, um den Befragten zu ergiebigeren Antworten anzuregen. Zwei Fragenkategorien sind in der Marktforschung von besonderer Bedeutung:
- die offenen Fragen und
- die geschlossenen Fragen

Offene Fragen: Im Fragebogen werden hierfür keine Vorgaben für mögliche Antworten gemacht. Nach der Frage folgen leere Zeilen, auf denen die Antwort möglichst wortgetreu wiedergegeben werden soll.

Beispiel: Wenn Sie an die Firma X denken, wie beurteilen Sie diese ganz generell?

Der Befragte antwortet mit seinem Wortschatz und bestimmt den Umfang der Antwort. Der größte Vorteil von offenen Fragen liegt darin, dass spontane Äußerungen und Reaktionen in vielfältiger Form erfasst werden. Dem Befragten werden so ausreichend Spielraum und Freiheitsgrade für die Beantwortung gegeben. Allerdings kann dabei die aktuelle Situation des Befragten zu sehr im Vordergrund stehen und die Antwort einseitig beeinflussen. Andererseits werden Antworten, an die man bei Antwortvorgaben nicht gedacht hätte, so mühelos zutage gefördert. Deshalb werden offene Fragen auch dann eingesetzt, wenn mögliche Antworten nicht oder nur ungenügend bekannt sind.

Bei persönlichen und telefonischen Umfragen besteht die Möglichkeit, den Befragten zwar offen antworten zu lassen, der Interviewer ordnet jedoch – wenn möglich – die Antwort einer nur für ihn erkennbaren vorformulierten Antwortkategorie auf dem Fragebogen zu (sog. Feldverschlüsselung), oder er notiert sie wörtlich. Dies erleichtert Ihnen später die Verarbeitung der Informationen und hat den Vorteil, dass Sie trotzdem alle Antwortmöglichkeiten festhalten können. Nachteilig wirkt sich aus,

- dass offene Fragen, vor allem bei schriftlichen Befragungen, aus Bequemlichkeit nicht ausgefüllt werden, da sie keine Ausfüllerleichterung bieten,
- dass Antworten am Kern der Frage vorbeigehen können – Abhilfe durch Nachfassen des Interviewers,
- dass die Vergleichbarkeit der Antworten nicht ohne Weiteres gegeben ist und erst bei der Auswertung nachträglich eine Systematisierung vorgenommen werden kann (dies ist auch der Grund, warum Institute bei Mehrthemenbefragungen offene Fragen mit bis zu 50 % gegenüber geschlossenen Fragen beaufschlagen).

Geschlossene Fragen: Bei der geschlossenen Frage werden Antwortkategorien vorgegeben, vorgelesen oder auf einer Liste dem Befragten zur Beantwortung überreicht und lediglich angekreuzt, was den Interviewvorgang wesentlich erleichtert, aber auch den Beantwortungsspielraum einengt.

Eine wichtige Voraussetzung ist daher, dass diese Antwortalternativen hinreichend bekannt und getestet sein müssen. Dies erfordert eine gute Vorbereitung. Einer möglicherweise fehlenden Antwort kann man vorbeugen, indem man nach folgendem Beispiel eine Abschlusszeile mit „Was sonst noch...?" anfügt.

Beispiel: Wenn Sie an die Firma X denken, wie beurteilen Sie diese im Hinblick auf folgende Leistungskategorien? (Bitte geben Sie für jede Funktion eine Note von 1 bis 6)

	sehr gut					unge-nügend
	1	2	3	4	5	6
Qualität der Produkte	☐	☐	☐	☐	☐	☐
Liefertreue	☐	☐	☐	☐	☐	☐
Werbeunterstützung	☐	☐	☐	☐	☐	☐
Einkaufskonditionen	☐	☐	☐	☐	☐	☐
Marktposition	☐	☐	☐	☐	☐	☐
usw.						
was sonst?						
_____	☐	☐	☐	☐	☐	☐

Der Unterschied zur obigen offenen Frage ist eindeutig. Nicht nur das aktuelle Gedächtnis, sondern vor allem Gedächtnislücken werden durch die Vorgaben aktiviert. Dies geschieht in einem strukturierten Rahmen mit für die Untersuchung wesentlichen Antwortalternativen. Die Beantwortung wird in diesem Beispiel evtl. mehr Zeit in Anspruch nehmen, sie wird aber durch die vorgegebene Struktur durch einfaches Ankreuzen auch wesentlich erleichtert. Und letztlich ist das Resultat ergiebiger.

Jede Vorgabe macht die Auswertung der Antworten einfacher und schafft einen klaren vergleichbaren Maßstab zur Beurteilung der Aussagen. Sie können dann besser auszählen und prozentuieren. Sehr gut lassen sich hierbei auch Text-, Bild- und Grafikvorlagen verwenden, natürlich nicht bei telefonischen Interviews, es sei denn durch vorausgehende Zusendung, z. B. per Fax, E-Mail oder Hinweis auf Ihre Webseite.

Die geschlossene Frage ist wegen ihrer einfacheren Verarbeitung, insbesondere bei strukturierten Interviews, am weitesten verbreitet.

Sind Sie jedoch im Zweifel, was die richtigen Antwortvorgaben betrifft, wählen Sie lieber eine offene Frage.

Zwei Fragenkategorien beherrschen die Marktforschung

- **offene Frage** (ungestützte Antwort): Antwort wird nicht vorgegeben, spontane, ungestützte, unbeeinflusste Äußerungen, Antwort aus dem aktiven aktuellen Gedächtnis heraus. Sie wirkt wie eine **Streulinse**, da sie den Blickwinkel erweitert. Sie wird immer dann angewandt, wenn Antwortmöglichkeiten nicht bekannt bzw. spontane und vielfältige Reaktionen erwünscht sind. Problem der Klassifizierung und Vergleichbarkeit von Antworten bei der Auswertung.

- **geschlossene Frage** (gestützte Antwort): Antwortalternativen sind festgelegt, zum Ankreuzen, einfache und abgestufte Antwortvorgaben mit Hilfe von Skalen, Rangreihen, Noten- bzw. Punktebewertungen und anderen Abstufungen wie z. B. „trifft voll und ganz zu" bis „trifft überhaupt nicht zu". Gedächtnis wird durch Vorgaben gestützt. Sie wirkt wie eine **Sammellinse**, da sie den Blickwinkel auf die Vorgaben einengt. Wesentliche Erleichterung beim Ausfüllen, standardisierte Antworten ermöglichen bessere Vergleichbarkeit und Auswertung.

Gestaltungsalternativen bei geschlossenen Fragen: Bei geschlossenen Fragen ist grundsätzlich zu unterscheiden, ob es sich bei der Beantwortung um eine

- Entweder-oder-Entscheidung handelt, bei der nur eine Antwort möglich ist:

Beispiel: Wie beurteilen Sie die Entwicklung Ihrer Branche in den nächsten sechs Monaten?

besser $\boxplus$ schlechter $\boxminus$ gleich $\boxminus$

- oder ob eine Sowohl-als-auch-Entscheidung vorliegt:

Beispiel: Welche Gründe waren für Sie entscheidend, gerade dieses Produkt/Marke zu kaufen?

Bitte geben Sie die drei wichtigsten Kriterien mit Rangfolge 1–3 an

	Rang		Rang
Design/äußere Form	☐ . . .	solide Qualität	☐ . . .
Farbe	☐ . . .	Preis	☐ . . .

	Rang		Rang
guter Ruf der Firma	☐ ...	Leistungsmerkmale	☐ ...
Garantie	☐ ...	welche?	
		....	
		....	
		oder was sonst?	

Bei Sowohl-als-auch-Entscheidungen ist es mitunter empfehlenswert, die Zahl der Antworten zu begrenzen und/oder mit Rangfolge bewerten zu lassen

- oder ob Sie alle Antworten bewertet haben wollen wie im Beispiel der Leistungsbewertung eines Herstellers (Seite 109).

Die folgenden Beispiele sollen Ihnen weitere Formen der **geschlossenen Frage** veranschaulichen:

(1) Die einfachste Form der geschlossenen Frage ist die Alternativfrage, bei der sich die Antworten gegenseitig ausschließen im Sinne einer Entweder-oder-Entscheidung (**Single-choice-Fragen**). Diese Fragen dienen oft auch als sog. Filterfragen.

Beispiel:
- Verwenden Sie dieses Produkt?
  Ja ☐   Nein ☐
- Wie soll dieses Gebläse eingebaut werden, horizontal oder vertikal?
  horizontal ☐   vertikal ☐
- Manchmal ist es sinnvoll, Alternativen durch die Kategorie „weiß nicht" zu ergänzen.

Beispiel: Haben Sie die Absicht, in den nächsten zwei Jahren eine Werkzeugmaschine dieses Typs anzuschaffen?
Ja ☐   Nein ☐   Weiß noch nicht ☐

Die weiteren Gestaltungsformen und Formulierungen gehören zur Kategorie der Mehrfachauswahlfragen (auch **Multiple-choice-Fragen** genannt).

(2) Einfache Antwortvorgabe mit der Möglichkeit der Mehrfachnennung

- „Wie sind Sie auf das Produkt aufmerksam geworden?"
  - durch Anzeigenwerbung in Tageszeitungen   ☐
  - durch Anzeigenwerbung in Zeitschriften   ☐
  - durch Fernsehwerbung   ☐
  - durch Versandhauskatalog   ☐

– durch Empfehlung von anderen ☐
usw.
– oder wodurch sonst? .... ☐
....

- „Ich habe hier eine Liste von Marken bzw. Lieferanten.
  Welche kennen Sie, wenn auch nur dem Namen nach?"
  Marke/Lieferant A☐ B☐ C☐ D☐
  E☐ F☐ G☐ H☐

  Sonstige .... ☐
  .... ☐

Mit dieser Frage wird der Bekanntheitsgrad einer Marke/eines Lieferanten ermittelt, und zwar „gestützt". Im Gegensatz dazu kann der „ungestützte" Bekanntheitsgrad nur mit einer offenen Frage erfasst werden, z. B. „Welche Marken/Lieferanten auf diesem Gebiet kennen Sie?", wobei lediglich das „aktive" Gedächtnis angesprochen wird.

(3) Mehrfache Antwortvorgabe mit jeweils einer Antwort. Bei einer Befragung zu den Dienstleistungen eines Fitnesscenters:

„Welchen Wert legen Sie auf folgende Dienstleistungen und Annehmlichkeiten?"

	ist sehr wichtig	ist wünschenswert	ist mir egal	ist unnötig
• Kontakte knüpfen und pflegen	☐	☐	☐	☐
• Kontinuierliche und professionelle Betreuung und Beratung	☐	☐	☐	☐
• Ess- und Trinkgelegenheit				
– Kleine Imbissmöglichkeit	☐	☐	☐	☐
– Restaurantbetrieb	☐	☐	☐	☐
• Familienprogramm	☐	☐	☐	☐
– Schwimmbad	☐	☐	☐	☐
– Sauna	☐	☐	☐	☐
– Eltern-Kind-Gymnastik	☐	☐	☐	☐
– Kinderbetreuung	☐	☐	☐	☐

usw.

(4) Abgestufte Antwortvorgaben nach einer ungeraden Notenskala von 1 bis 5 mit verbaler Unterstützung (verbale Intervall-Skala). Beispielsweise könnten Schuhhändler gefragt werden:

„Wenn Sie an die Hersteller von Damenschuhen denken, wie beurteilen Sie diese in Bezug auf folgende Eigenschaften?" Die drei wichtigsten Lieferanten sollen jeder für sich nacheinander bewertet werden.

Lieferant: „A"

• Mode	sehr modisch				bieder
	①	②	③	④	⑤
• Passform (Trageeigen-schaften)	sehr gut				weniger gut
	①	②	③	④	⑤
• Preis-/Leistungs-Verhältnis	sehr gut				weniger gut
	①	②	③	④	⑤
• Verkaufsförderung	viel Unterstützung			kaum Unterstützung	
	①	②	③	④	⑤
• Nachlieferfähigkeit usw.	sehr schnell				schleppend
	①	②	③	④	⑤

(5) Sie können diese Frage auch anders stellen, indem Sie die Hersteller im Vergleich zueinander parallel bewerten lassen (Gruppenvergleich).

„Wenn Sie an folgende Lieferanten von Damenschuhen denken, welchen würden Sie jeweils am ehesten die einzelnen Eigenschaften zuordnen?" Bitte höchstens drei Kreuze pro Zeile

Lieferant	A	B	C	D	E	F
• modisch	☐	☐	☐	☐	☐	☐
• gute Passform	☐	☐	☐	☐	☐	☐
• gutes Preis-/Leistungsverhältnis	☐	☐	☐	☐	☐	☐
• viel Unterstützung bei der Verkaufsförderung	☐	☐	☐	☐	☐	☐
• schnelle Nachlieferfähigkeit usw.	☐	☐	☐	☐	☐	☐

Das geht insgesamt schneller. Allerdings erhalten Sie eine andere Information, die stark auf dem relativen Vergleich der Firmen beruht. Eine ebenfalls nicht uninteressante Sichtweise.

(6) Rangreihen-Skala:

„Welche Lieferanten haben Sie für dieses Produkt? Können Sie mir bitte Ihre Lieferanten in der Rangfolge für Ihren Bedarf nennen?"

	Lieferant	%
1. Rang		
2. Rang		
3. Rang		
4. Rang		
		100

Zeigt sich der Befragte aufgeschlossen, können Sie dabei auch nach der prozentualen Verteilung des Bedarfs auf die Lieferanten fragen.

(7) Verhältnis-Skala mit gerader Zahl von Abstufungen (Skalometer) nach einer Punkteskala von 6 bis 1:

„Wie groß ist Ihr Interesse an diesen Leistungsmerkmalen (LM) für Produkt X?" Bitte bewerten Sie Ihr Interesse nach folgender Skala, und zwar für jedes Leistungsmerkmal getrennt.

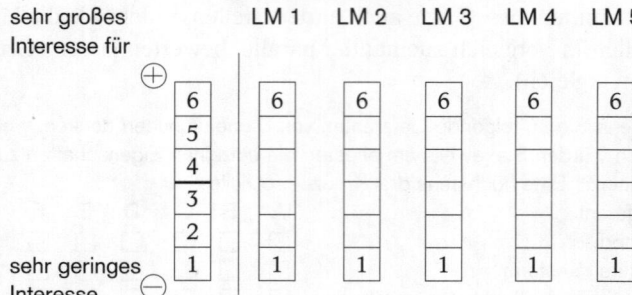

Die Leistungsmerkmale müssen natürlich zuvor erläutert werden.

(8) Verhältnis-Skala mit einer ungeraden Zahl von Abstufungen nach einer Punkteskala von 7 bis 1:

„Bitte sagen Sie mir jetzt anhand der folgenden Skala, wie hoch Sie Ihre Kaufbereitschaft bei den Modellen A – F einschätzen?"
Bitte bewerten Sie jedes Modell einzeln.

hohe Kaufbereitschaft ⊕	Modell	A	B	C	D	E	F
7		7	7	7	7	7	7
6							
5							
4							
3							
2							
geringe Kaufbereitschaft ⊖	1	1	1	1	1	1	1

Das Mittelfeld „4" gibt der Auskunftsperson die Möglichkeit eines „Unentschieden", was gerade bei Kaufbereitschaft durchaus angebracht ist.

(9) Abfrage nach einem Polaritätenprofil (bipolare Skala) mit einer ungeraden Zahl von Abstufungen und einem eindeutigen Weder-noch:

Wenn sie die Werbung der Firma X beurteilen, welche der folgenden Eigenschaften treffen dann am ehesten zu?"

unsympathisch	☐ ☐ ☐ ☐ ☐ ☐ ☐	sympathisch
sehr informativ	☐ ☐ ☐ ☐ ☐ ☐ ☐	wenig informativ
originell	☐ ☐ ☐ ☐ ☐ ☐ ☐	langweilig
anspruchslos	☐ ☐ ☐ ☐ ☐ ☐ ☐	anspruchsvoll
aus einem Guss	☐ ☐ ☐ ☐ ☐ ☐ ☐	lässt keine Linie erkennen
usw.		

Die „Pole" positiv und negativ sind dabei bewusst vertauscht, um einer Gleichförmigkeit in der Beantwortung vorzubeugen und den Denkprozess anzuregen.

Außerdem sind noch folgende weitere Varianten von Skalierungen möglich:

(10) Es wird eine Behauptung (statement/item) aufgestellt, und der Befragte wird gebeten, den Grad seiner Zustimmung zu nennen.

„Dieses Angebot ist preiswert und gut"

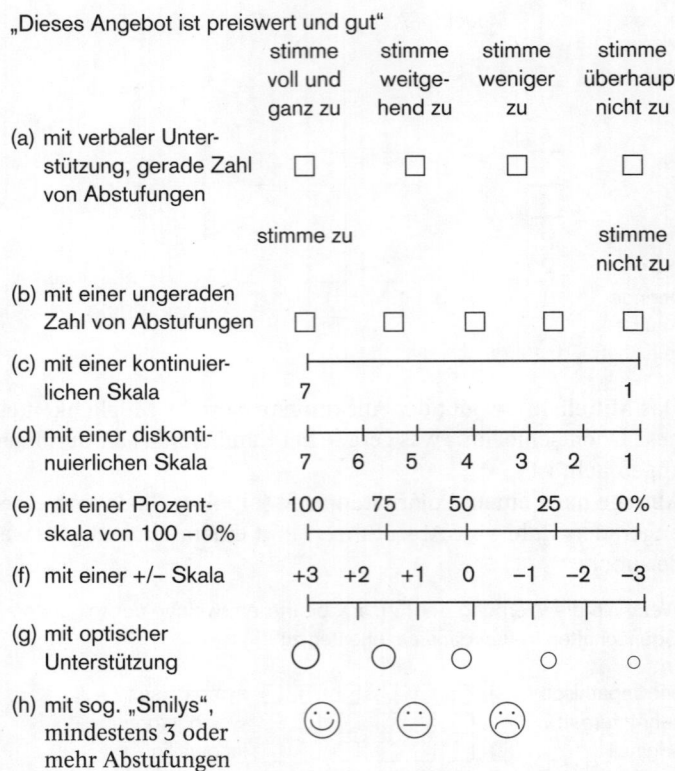

	stimme voll und ganz zu	stimme weitge- hend zu	stimme weniger zu	stimme überhaupt nicht zu
(a) mit verbaler Unter- stützung, gerade Zahl von Abstufungen	☐	☐	☐	☐

	stimme zu				stimme nicht zu
(b) mit einer ungeraden Zahl von Abstufungen	☐	☐	☐	☐	☐

(c) mit einer kontinuier-
    lichen Skala
    7   1

(d) mit einer diskonti-
    nuierlichen Skala
    7   6   5   4   3   2   1

(e) mit einer Prozent-
    skala von 100 – 0%
    100   75   50   25   0%

(f) mit einer +/– Skala
    +3 +2 +1   0 –1 –2 –3

(g) mit optischer
    Unterstützung
    ◯   ◯   ◯   ◯   ○

(h) mit sog. „Smilys",
    mindestens 3 oder
    mehr Abstufungen
    ☺   😐   ☹

Generell können Sie mit Hilfe von Skalen einheitliche Messgrößen entwickeln, mit denen Sie an sich nicht numerische Eigenschaften quantifizieren können. Auf diese Weise lassen sich dann
auch prozentuale Anteils- und Durchschnittswerte berechnen. Die
Entscheidung für eine gerade oder ungerade Zahl von Abstufungen
hängt im Wesentlichen davon ab, ob eine eindeutige Mitte bzw. ein
„Unentschieden" sinnvoll und angebracht ist. Sie sollten auf jeden
Fall vermeiden, dass eine ungerade Zahl aus Bequemlichkeit zu einem ungewollten „Mittelwert" verleitet. Bei der Gestaltung der Skalen ist eine Teilung in drei bis maximal sieben Stufen ideal. Verbale
und grafische Unterstützungen können nützlich sein und machen
die Beantwortung für den Befragten anschaulicher.

Bei der Auswahl der einen oder anderen Frageform sollten Sie sich von Ihrem gesunden Menschenverstand und Ihrem Sprachempfinden leiten lassen und die zum Thema, zur Befragungstiefe und zum Befragtenkreis passende Alternative verwenden.

Gestaltung des Fragebogens: Der gedruckte Fragebogen oder die elektronische Fassung auf einem Bildschirm ist die Grundlage für jede Form der Primärerhebung, gleichgültig, ob Sie das Interview schriftlich, persönlich, telefonisch oder online führen. Er enthält sämtliche Fragen und legt den Gesprächsverlauf fest. Der Gestaltungsrahmen reicht dabei vom reinen Gesprächsleitfaden bis zum vollstrukturierten Fragebogen.

Das Fragebogendesign gehört zu den kreativen Aufgaben der Marktforschung und ist für das Ergebnis einer Befragung ein ganz entscheidender Erfolgsfaktor. Erfahrungen in Instituten besagen, daß die Konzeption des Fragebogens nicht selten bis zu 20 % des Projektaufwandes beansprucht. Am besten sind Fragebogen,
• die auf den „Originalton" der Befragten eingehen, so wie diese denken und reden. Dazu zählen die sprachliche Ausdrucksweise und die richtigen Fachausdrücke und Antwortvorgaben,
• die in Teamarbeit entstehen, also einer Gruppenmeinung entsprechen,
• die vor dem Einsatz im Feld – zumindest in ein paar Fällen – getestet wurden.

Die Gestaltung des Fragebogens sollte einer gewissen Dramaturgie unterliegen, die stets eine Spannung aufrechterhält. Bringen Sie Abwechslung in den Ablauf, indem Sie verschiedene Themen ansprechen sowie die Fragetechnik und die Art der Antwortvorgaben variieren. Machen Sie Ihren Gesprächspartner neugierig, denn nur so können Sie die Befragung in Schwung halten. Wenn Sie Ihrem Partner ergiebige Antworten entlocken wollen, müssen auch Ihre Fragen interessant, neu und für ihn nützlich sein. Verfahren Sie nach dem Grundsatz: Sich vorstellen – Neugierde und Interesse wecken – Fragen stellen.

Wie sich die Gestaltung eines Fragebogens und dessen Inhalt auf den Erfolg einer Primärerhebung auswirken können, zeigen die folgenden **zwei Beispiele:**

- Die GfK in Nürnberg weist in einem statistisch fundierten Beispiel nach, dass durch ein verbessertes Design und durch Verwendung eines farbigen Fragebogens in zwei unterschiedlichen Testläufen die Rücklaufquote bei einer schriftlichen Befragung um 15 % gesteigert werden konnte (von 17,9 auf 20,6 %).
- Einen Beweis für die Bedeutung der Themen in einer Befragung liefert ebenfalls die GfK. Auf die Frage, warum man überhaupt an einer Umfrage teilnimmt, wurde als wichtigster Motivator von mehr als 90 % der Befragten das „interessante und spannende Thema" genannt.

Die Abfolge in einem Fragebogen könnte etwa so aussehen:

Zunächst muss noch vor der eigentlichen Befragung geklärt werden, ob man auch den richtigen Gesprächspartner vor sich hat. Dies kann durch eine schriftliche, telefonische oder persönliche Voranfrage erledigt werden. Nach der Einleitung, einer Filter- oder Kontaktfrage, sollte die Befragung auf einen gewissen Höhepunkt zusteuern und zu den eigentlichen Kernfragen vorstoßen, um dann nach einer evtl. Kontrollfrage mit dem Statistikteil zu enden.

(1) Die **Einleitung** muss kurz und präzise sein. Auch die nicht seltene Hürde „Habe keine Zeit" oder beim persönlichen und telefonischen Interview „Lassen Sie den Fragebogen da, oder schicken Sie ihn mir zu, ich werde ihn dann zurückschicken" muss genommen werden. Sie können dies, indem Sie den Partner neugierig machen und ihn als Experten ansprechen. „Es geht hier um ein völlig neues Produkt/Absatzsystem oder Ähnliches – und wir dachten, dass gerade Sie mit Ihren Erfahrungen uns dazu etwas sagen könnten."

(2) **Filterfragen** dienen dazu, die „Spreu vom Weizen" zu trennen. Sie sollen selektieren und klären, ob der Gesprächspartner bei bestimmten Fragen überhaupt Aussagen machen kann, z. B. Besitzer/Nichtbesitzer oder Verwender/Nichtverwender bzw. ein bestimmtes soziodemografisches Merkmal. Es wird ein „Filter" eingesetzt, der zu einer Gabelung führt und zu einer unterschiedlichen Fortführung des Gesprächs veranlasst. Filterfragen sind immer alternative Ja/Nein-Fragen, wobei die Antwort entweder einen Abbruch des Gesprächs oder „Weiter mit Frage . . ." zur Folge hat. Filterfragen können übrigens wiederholt im Fragebogen auftreten. Sie müssen auch nicht unbedingt am Anfang

stehen, wenn z. B. zunächst Fragen allgemeinen Inhalts geklärt werden sollen.

(3) **Eisbrecher-, Kontakt- oder Einleitungsfragen** sind offene Fragen und sollen leicht zu beantworten sein. Sie sollen das „Eis" brechen, Kontaktbarrieren abbauen und auf das Thema einstimmen. Sie spielen für den eigentlichen Untersuchungszweck keine allzu große Rolle und sind auch nicht in jedem Fragebogen vorgesehen.

Beispiel aus einer Befragung über Freizeitbeschäftigungen:
„Bitte sagen Sie mir, womit Sie sich in Ihrer Freizeit am liebsten beschäftigen."

(4) **Kernfragen.** Sie sind die eigentlichen Fragen zum Untersuchungsthema. Sie können folgende Fragengruppen umfassen: Fragen nach Fakten und Wissen oder Einstellungen und Meinungen, nach Verhalten, Motiven und Beurteilungen. Sie werden teilweise untermauert und anschaulicher gemacht durch Vorlagen, wie Listen mit Texten und Antwortvorgaben, Bilder und Grafiken sowie bei CAPI oder CAWI-Erhebungen auch mit Stimm-Aufzeichnung oder Video-Unterstützung. Vorsicht bei Motivfragen: Nicht immer will und kann der Befragte seine „wirklichen" Motive nennen. Es kann Ihnen nämlich passieren, dass Sie eine rational begründete Antwort bekommen.

(5) **Kontrollfragen.** Mit diesen Fragen überprüft man Sachverhalte und Meinungen, die zuvor schon einmal geäußert wurden und nun in einer anderen Form zur Bestätigung wiederholt werden. Manchmal führen sie auch dazu, dass die vorherige Meinung revidiert wird. Ausschließlich Kontrollzwecken dient übrigens auch die Angabe von Name und Anschrift des Befragten durch den Interviewer.

(6) **Statistikfragen.** Sie helfen, den Befragten richtig „einzuordnen", indem Merkmale zur Charakterisierung erhoben werden. Sie dienen der späteren Differenzierung und Segmentierung der Aussagen wie Alter, Geschlecht usw., bzw. Branche, Betriebsgröße usw. Einige Gruppierungsmerkmale fallen auch während der Befragung an, z. B. Verhaltenstypen: Befragte mit hohem oder niedrigem Bedarfsvolumen; Einstellungs- und Motivtypen:

Personen und Firmen, die als Kaufmotiv den Preis, andere wieder den Service und die Beratung in den Vordergrund stellen. Sie sollten sich auch im Klaren sein, dass Fragen zur Statistik von den Befragten als lästig empfunden werden. Einfache und leicht zu handhabende Clusterungen sind daher angebracht. Einige Merkmale lassen sich auch durch vorherige Analyse, Augenschein und Beobachtung ermitteln, z. B. Aussehen und Lage eines Geschäftes sowie Region, Wohnortgröße und Geschlecht eines Befragten.

(7) **Dankesworte** nach Abschluss des Gespräches sind eine Frage der Höflichkeit und sollten bei keiner Befragung fehlen. Bei schriftlichen Befragungen ist das Dankeschön Bestandteil des Begleitschreibens. In den meisten Fällen wird dabei der Dank durch ein kleines Anreizgeschenk oder durch eine Verlosung verstärkt. Im gewerblichen Bereich können Sie außerdem den Interessierten mit kurzgefassten Informationen aus der Befragung einen guten Dienst erweisen.

Nach Fertigstellung des Fragebogens testen Sie ihn, bevor Sie ihn auf die Reise schicken. Einige wenige Tests im Haus oder bei externen Vertrauenspartnern reichen dazu in der Regel aus. Prüfen Sie ihn daraufhin,

• ob der Fragetext richtig verstanden wird und nicht missverständlich gedeutet werden kann,
• ob die Antwortvorgaben richtig und ausreichend sind,
• ob er nicht zu lang ist und zuviel Zeit in Anspruch nimmt.

Seien Sie so flexibel, dass Sie noch Änderungen berücksichtigen können, vor allem nicht die volle Auflage bereits kopieren oder drucken. Eines ist wichtig zu beachten: Tests von Fragebogen sind zwar nützlich, geben aber noch keine endgültige Garantie. In den folgenden Abbildungen sehen Sie mit einigen beispielhaften Frageformulierungen den **grundsätzlichen Aufbau eines Fragebogens**.

(1) **Einleitungstext**

„Guten Tag, mein Name ist ... von der Firma/vom Institut ... Wir führen zur Zeit eine Befragung über ... durch. Ich möchte Ihnen dazu ein paar Fragen stellen."

Bei schriftlichen Befragungen übernimmt diese Einleitung das Begleitschreiben. Evtl. folgen hier auch einige erläuternde begriffliche Hinweise

„Ich möchte mich heute mit Ihnen über Querstromgebläse unterhalten. Ich meine damit …"

(2) **Filterfrage**

„Verwenden Sie in Ihrem Unternehmen das Granulat XYZ zur Herstellung von …?   Ja ☐ Nein ☐"
entweder: Ende der Befragung
oder: Weiter mit Frage …

(3) **Eisbrecher- oder Kontaktfrage**

„Wenn Sie an Ihre Branche denken, wie beurteilen Sie ganz allgemein die derzeitige Situation?"

(4) **Kernfragen:** Man unterscheidet im allgemeinen:
• Fakten, Wissen:

„Kennen Sie diese Marke?"

• Einstellungen und Meinungen:

„Welche Eigenschaften schätzen Sie bei diesem System am meisten?"

• Verhalten:

„Wie oft kaufen Sie dieses Produkt ein?"

• Motive:

„Was hat Ihren Kauf am meisten beeinflusst? Bitte nennen Sie mir die wichtigsten Gründe."

• Beurteilungen, häufig in Skalenform

„Wie beurteilen Sie die Firmen … nach folgenden Kriterien? Bitte geben Sie für jede Firma getrennt und für jede Funktion eine Note von 1 bis 5"

	sehr gut (1)	gut (2)	befriedi- gend (3)	ausrei- chend (4)	schlecht (5)
Service	☐	☐	☐	☐	☐
Außendienst	☐	☐	☐	☐	☐
usw.					

(5) **Kontrollfrage**

1. Frage: „Welche Menge dieses Materials verarbeiten Sie?"
Kontrollfrage: „Wieviel kg dieses Materials ist in 100 Einheiten Ihrer
Produkte enthalten?" „Wieviel Einheiten produzieren Sie jährlich?"

Daraus erfolgt eine Hochrechnung, die dann mit der Antwort
auf die erste Frage verglichen werden kann.

(6) **Statistikfragen**
  • bei der Bevölkerung: soziodemografische Merkmale wie Alter,
    Geschlecht, Beruf, Einkommen usw.
  • bei gewerblichen Umfragen: Branche, Betriebsgröße usw.
    Einige Merkmale können auch beobachtet werden: Region,
    Standort und speziell beim Handel Geschäftstyp, Lage des Ge-
    schäftes, Aussehen

(7) **Dank für das Gespräch**

„Ich bedanke mich für dieses Gespräch."

Im Anschluss an diese Ausführungen noch ein paar Worte zum Interviewer. In Instituten unterscheidet man zwischen festangestell-
ten, oft mit Hochschulabschluss, und freiberuflich tätigen Interviewern. Unter den Freiberuflern findet man neben Studenten vor
allem Hausfrauen, Lehrer und (Früh-)Pensionäre aus der Wirtschaft
und dem öffentlichen Dienst. Wenn Sie Interviewer für Ihre Befragungen einsetzen, so können dies eigene Mitarbeiter im Verkaufs-
Innen- und -Außendienst, Service oder aus anderen Abteilungen
sein. Aber auch die zeitlich befristete Beschäftigung von z. B. Werkstudenten und Praktikanten der Fachhochschulen und Universitäten ist eine gern praktizierte Lösung. Darüber hinaus können Sie
Ihre Befragungen auch von sogenannten Feldorganisationen durchführen lassen. Für Gespräche mit Experten oder leitenden Ange-
stellten in Wirtschaft und Verwaltung ist es sinnvoll, Fachleute aus
dem eigenen Haus mit diesen Aufgaben zu betrauen.

Struktur des Interviews: Im Prinzip gibt es drei Möglichkeiten, ein
Interview zu strukturieren.

(1) **Freies Gespräch:** Das freie Befragungsgespräch ist ein unstruk-
    turiertes, nicht standardisiertes Interview ohne Fragebogen.
    Statt dessen wird zur Gesprächsführung ein Leitfaden verwen-

det, der in etwa die Themen fixiert, aber keine genaue Formulierung der Fragen vorsieht. Er dient vielmehr als Gedächtnisstütze. Das heißt, den Wortlaut der Fragen und die Reihenfolge passt der Interviewer dem Gesprächsverlauf an. Dies bedeutet auch, dass in der Regel nur offene Fragen vorkommen. Diese Form der Befragung setzt natürlich einen Interviewer mit Fachkenntnissen voraus, der ein Gespräch frei gestalten und Sachverhalte auch geschickt hinterfragen kann. Sie sollten sich für das freie Gespräch entscheiden, wenn Sie Intensivinterviews mit Vertrauenskunden oder Experten planen oder größere Befragungen vorbereiten wollen. Meist handelt es sich hierbei um kleine Stichproben.

(2) **Teilstrukturierte Befragung:** Das ist eine Mischung aus einem standardisierten Frageteil mit überwiegend geschlossenen Fragen und einem frei gewählten Gesprächsverlauf. Ein strukturierter Fragebogen bildet die Grundlage. Gleichzeitig sind Zusatz- und Ergänzungsfragen möglich, die sich während der Befragung ergeben und flexibel angefügt werden können. Auch lassen sich Reihenfolge und Wortlaut der Fragen variieren und dem Gespräch anpassen.

Sie sollten diese Form des Interviews wählen, wenn Sie sich über einzelne Fragen und deren Antwortmöglichkeiten noch nicht im Klaren sind oder wenn sich während der Befragung neue Gesichtspunkte ergeben.

(3) **Vollstrukturierte Befragung:** Der standardisierte Fragebogen enthält möglichst viele geschlossene Fragen, die im Wortlaut und in der Reihenfolge genau festgelegt sind. Der Interviewer hat sich exakt an diese Vorgaben zu halten. Es sind keinerlei Variationen und Abweichungen erlaubt. Man könnte überspitzt formulieren: Die Anforderungen an den Interviewer bestehen darin, dass er gut lesen und schreiben kann.

Bei Online-Erhebungen kann diese stringente Abfolge der Fragen durch eine automatische Filterführung gesteuert und gewährleistet werden, wobei die nächste Frage nicht angegangen werden kann, bevor nicht die laufende Frage beantwortet ist.

Der große Vorteil dieser Interviewform liegt auf der Hand: Die Ergebnisse sind bereits standardisiert und auch voll ver-

gleichbar. Sie sollten mit standardisierten Fragebogen arbeiten, wenn
- Sie eine größere Stichprobe zu bewältigen haben,
- dabei mehrere Interviewer einsetzen und auch,
- um eine bessere Vergleichbarkeit der Antworten zu erhalten.

Von den Instituten werden überwiegend standardisierte Interviews durchgeführt.

In der Regel werden die Antworten im Wortlaut, in Stichworten oder durch Ankreuzen direkt auf dem Fragebogen festgehalten. Bei manchen sensiblen Kunden- und Expertengesprächen ist es jedoch angebracht, während des persönlichen Interviews keine Notizen zu machen, sondern die Eindrücke danach aus dem Gedächtnis niederzuschreiben. Das gleiche gilt auch für bestimmte Formen der Beobachtung. Audiovisuelle Aufzeichnungen sind üblich bei Tests und Gruppendiskussionen und bei computerunterstützten Verfahren.

Zur Länge eines Fragebogens kann nur gesagt werden, dass er der Befragungsart – persönlich, telefonisch, schriftlich – und der Bedeutung des Themas angepasst sein sollte. Je nachdem hat er die Größe einer Postkarte, z. B. als Produktbeilage usw., oder er kann bis zu 20–25 Seiten umfassen, je nach Layout des Fragebogens.

Die folgende Übersicht verdeutlicht nochmals die drei Strukturarten:

- **Freies Gespräch** unstrukturiert, nicht standardisiert: Fragetext nicht genau vorgegeben, fast nur offene Fragen. Wortlaut und Reihenfolge bestimmt der Interviewer und hängt vom Gesprächsverlauf ab; wird angewendet bei Explorationen, Intensivinterviews, Expertengesprächen unter Verwendung eines Gesprächsleitfadens
- **Teilstrukturierte Befragung:** Variationsmöglichkeit des Fragetextes und der Reihenfolge, Mischung aus standardisiertem Fragebogen und freiem Gespräch
- **Vollstrukturierte Befragung:** Fragetext und Reihenfolge genau festgelegt; überwiegend geschlossene Fragen mit Antwortvorgaben, wird vor allem angewandt zur einheitlichen und einfachen Auswertung und bei großen Stichproben

---

Zusammenfassend einige Tipps zur Fragebogengestaltung:

- Verwenden Sie möglichst geschlossene Fragen und nur soviel wie nötig offene Fragen. Sie erleichtern sich ganz wesentlich die Auswertung. Allerdings liegt es in der Natur der Sache, dass beim freien Gespräch offene Fragen überwiegen.
- Nutzen Sie die Vielfalt der einzelnen Fragetypen. Ihre Befragung wird interessanter, macht den Befragten neugierig und hält eine gewisse Spannung aufrecht.
- Verwenden Sie bei der Formulierung der Fragen einen normalen „Redetext" und keinen Schreibtext. Schauen Sie Ihren Befragten „aufs Maul" – wie ein berühmter Mann einmal sagte – und beobachten Sie, wie diese reden und denken.
- Die einzelnen Interviewformen geben Ihnen die Möglichkeit, sich den Erfordernissen einer Befragung und des Untersuchungsthemas anzupassen.
- Beachten Sie: Eine Befragung ist nur so gut wie der Fragebogen (beim strukturierten Interview) bzw. wie der Interviewer (beim freien Gespräch).

4. Sekundärforschung: Marktforschung vom „Schreibtisch" aus (Desk Research)

Wer suchet, der findet!

- Welche Sekundärquellen stehen Ihnen für die Marktforschung zur Verfügung?
- Welche Informationen sind aus diesen Quellen zu erhalten?
- Welche besondere Bedeutung haben dabei Recherchen im Internet und in Datenbanken?

4.1 Gegenstand der Sekundärforschung

Bei der Primärforschung ist das Hauptproblem, zu wissen, wie und mit welchen Methoden man Informationen, z. B. aus einer Befragung, gewinnt. Die Sekundärforschung hingegen soll auf die Frage „wo und aus welchen Quellen" Daten zur Verfügung stehen, eine Antwort geben. Was versteht man nun im allgemeinen unter Sekundärforschung?

Sekundärforschung wird vielfach „vom Schreibtisch aus" betrieben, was auch in der englischen Bezeichnung „Desk Research" sehr bildhaft zum Ausdruck kommt. Bei der Sekundärforschung greift man auf Daten und Informationen zurück, die entweder im Unternehmen bereits vorliegen oder aus externen verfügbaren Quellen stammen. Ursprünglich werden diese Daten für allgemeine oder andere Zwecke zusammengestellt, z. B. im Rechnungswesen für betriebswirtschaftliche und kaufmännische Aufgaben oder in der amtlichen Statistik und in den Medien zur allgemeinen Information der Kunden und Öffentlichkeit.

Die systematische Sammlung und Auswertung dieses vorhandenen Materials ist Inhalt und Gegenstand der Sekundärforschung. Für manche Unternehmen ist sie die einzige Form der Marktforschung.

Sekundärmarktforschung oder Desk Research erfährt aktuell und zukünftig eine immer größere Bedeutung als noch vor Jahren, vor allem durch die Nutzung der Informationsbestände im Internet sowie die mittlerweile umfangreich kommerziell angebotenen Daten und Informationen von sog. Content Providern.

4.2 Möglichkeiten und Grenzen der Sekundärforschung

Zunächst sollten Sie alles, was Sie über Ihr aktuelles Marktforschungsthema erfahren können, zur Auswertung und Beurteilung heranziehen. Das ist oft viel mehr, als Sie sich vorgestellt haben. Aus einer anfänglichen Informationslücke kann nach einigen Recherchen sehr schnell eine Informationsflut werden, aus der Sie dann die nützlichen und effizienten Informationen auswählen müssen.

Es ist daher wichtig, dass Sie von vornherein Ihr Marktforschungsziel klar formulieren und abgrenzen – am besten schriftlich –, damit Sie nicht unnötig ins Leere forschen. Trotzdem lässt es sich, vor allem bei ungenügender Kenntnis der Quellen, nicht immer vermeiden, dass man Material heranzieht, das sich zum Schluss als nicht zielführend erweist.

In aller Regel beginnt die Marktforschung mit der Sichtung von sekundärstatistischen Informationen. Erst wenn der Informationsbedarf durch dieses Material nicht gedeckt werden kann, sollten Sie Ihre Erkenntnisse z. B. aus Befragungen schöpfen. Gehen Sie stets nach dem Motto vor: Erst prüfen, was die Sekundärforschung hergibt. Jeder Marktforscher sollte die für seine Zwecke relevanten Datenquellen kennen. Zur Erleichterung können Sie sich der eingangs beschriebenen Prinzipien der Datenbeschaffung bedienen, und zwar

- nach dem Schneeballsystem durch wiederholtes „Durchfragen" bei möglichen Informationsträgern oder -vermittlern sowie durch den persönlichen Draht zu Kennern der Branche und Experten,
- nach dem Prinzip der konzentrischen Kreise, indem Sie bei den Quellen beginnen, die Ihnen am nächsten liegen, und sich dann sukzessive nach weiteren Quellen, meist externen und entfernteren, umsehen,
- und konzentrieren Sie sich auf die für das Untersuchungsziel und die anstehende Entscheidung wichtigen Informationen.

127

Die Möglichkeiten und **Vorteile der Sekundärforschung** sind eindeutig erkennbar:

- Bei fündiger Quelle sind vorhandene Informationen meist **schnell verfügbar**.
- Die **Beschaffung** läuft meist **unkompliziert** ab. Man liest oder bestellt und erhält die Informationen online oder auf dem Postweg.
- Man **spart** sich eine Menge **Zeit**, Informationen zu erarbeiten. Oft liegen solche Informationen auch bereits komprimiert und in Tabellenform oder als Grafiken aufbereitet vor.
- Viele Sekundärinformationen erhält man **kostenfrei**, oder sie sind für wenig Geld **kostengünstig** zu beziehen.

Demgegenüber sollen aber auch die **Grenzen und Nachteile der Sekundärforschung** beachtet werden. Denn grundsätzlich muss man sich darüber im Klaren sein, dass alle Sekundärinformationen ursprünglich nicht für Ihren Untersuchungszweck oder Ihre Fragestellungen ausgearbeitet wurden.

- Es sind – auch nach eingehender Recherche – keine Daten über das konkrete Thema auffindbar.
- Das wohl größte Handicap sekundärer Informationen liegt darin, dass sie oft nicht in der gewünschten Feingliederung oder Abgrenzung vorliegen. Es sind eben keine maßgeschneiderten Informationen.

Drei **Praxisbeispiele** sollen dies verdeutlichen:

(1) Sie suchen in der amtlichen Produktionsstatistik Aussagen über Ventilatoren in lufttechnischen Anlagen. Die Systematik dieser Statistik zeigt, dass eine solche Feingliederung nicht existiert. Als Ausweg bleibt Ihnen, den nächsthöheren Oberbegriff – das sind lufttechnische Anlagen – zu wählen und über eine differenzierte Anteilsschätzung auf den Produktionswert für Ventilatoren zu schließen.

(2) Ein Handelsunternehmen sucht Informationen über seinen regionalen Absatzmarkt. Nicht immer finden sich ausreichend regional gegliederte Angaben in der amtlichen Statistik. Es bleibt ihm die Möglichkeit der Schätzung aus dem bundesweiten Gesamtmarkt über regionale Bevölkerungs- oder Kaufkraftanteile. Zur Ehrenrettung der amtlichen Statistik sei hier erwähnt, dass heutzutage viele Regionaldaten bis auf Kreisebene herab veröffentlicht werden.

(3) Ein international tätiges Industrieunternehmen sucht Aussagen über ein bestimmtes außereuropäisches Land, in das es exportieren möch-

te. Ausreichende Informationen finden sich auf jeden Fall in der Außenhandelsstatistik, seltener jedoch gibt es Auskünfte über die ansässige einheimische Konkurrenz und das Produktionsvolumen dieses Landes.

* Viele Sekundärquellen, insbesondere die der amtlichen Statistik, haben den Nachteil, dass sie nicht aktuell genug sind. Der Informationsrückstand beträgt oft bis zu zwei Jahre. Allerdings gibt es für einige Bereiche eine monatliche oder vierteljährliche Berichterstattung, die dann meist nach 2–3monatiger Verzögerung zur Verfügung steht. Auf der anderen Seite sind manche Informationen auch dann noch gut verwertbar, wenn lediglich Strukturwerte ermittelt werden sollen. Denn diese verändern sich im Zeitverlauf meist nur moderat.

* Veröffentlichte Informationen bestehen überwiegend aus quantitativen Fakten und gehen zu wenig auf qualitative Faktoren ein, oder sie sind andererseits nichtssagend und verschleiern die wahren Sachverhalte.

* Man weiß nichts damit anzufangen. Die Möglichkeiten der Auswertung und praktischen Nutzanwendung werden zu wenig erkannt, oder aus unklaren Informationen werden falsche Schlüsse gezogen.

* Man „erstickt" in der Informationsflut und sieht den Wald vor lauter Bäumen nicht mehr. Die Trennung von unbrauchbaren und nützlichen Informationen nimmt zu viel Zeit in Anspruch.

* Auch in die amtliche Statistik oder Veröffentlichungen in den Medien können sich Fehler einschleichen oder zu „verzerrter" Berichterstattung führen. Das heißt, man muss wissen, *wer* darüber schreibt. Beispielsweise prahlen manche Firmen in den Medien mit ihren Erfolgszahlen, wie Marktanteilen, Umsätzen oder Produktionszahlen.

4.3 Organisation der Sekundärforschung

Aus den bisherigen Ausführungen geht hervor, dass eine gute und handhabbare Organisation der Sekundärforschung eine wichtige Voraussetzung für deren Effizienz ist. Grundsätzlich kann man unterscheiden zwischen

- der laufenden Sammlung von anfallenden Informationen zur späteren Bearbeitung und
- der für einen aktuellen Anlass „ad hoc" erforderlichen Sichtung und Auswertung von Sekundärmaterial.

Die **laufende Sammlung** können Sie so organisieren, dass Sie die in Ihrem Unternehmen sowieso vorhandenen Veröffentlichungen systematisch dokumentieren und durchforsten. Für einzelne Zeitungen und Zeitschriften oder sonstige laufende Veröffentlichungen von Verbänden, Banken usw. werden „Pflichtleser" festgelegt, die für die etwas eingehendere Lektüre verantwortlich sind. Das gleiche gilt für die Online-Recherchen bei entsprechenden Quellen im Internet. Oder Sie bestimmen „Pflichtbeobachter" (company watcher), die für einzelne Wettbewerber, Kundengruppen oder Länder zuständig sind und verstärkt ihr Augenmerk darauf richten. Interessantes Material und Quellenhinweise werden archiviert und Interessenten im Unternehmen zugänglich gemacht. Auch hier wirkt sich die Arbeit im Team sehr vorteilhaft aus.

Dies alles darf aber nicht in eine „Sammelmanie" ausarten. Hier sollen der Nutzen und die Effizienz einer laufenden Daten-, Quellen- und Informationssammlung im Vordergrund stehen. Mit wenigen Sach- und Suchbegriffen können Sie Ihr Miniarchiv aufbauen. Als Grundschema für eine Dokumentation hat sich folgende Gliederung in der Praxis bewährt, die Sie jederzeit Ihren individuellen Anforderungen anpassen können.

Gliederung eines Marktforscher-Archivs
- Quellenverzeichnis inkl. Internet-Adressen: evtl. gegliedert nach den unter 4.4 beschriebenen Kategorien und ergänzt um die aus diesen Quellen zu beziehenden Inhalte. Hierzu gehört auch eine Listung der regelmäßig eingehenden Publikationen.
- Allgemeine Marktinformationen über Marktvolumina, Prognosen und Trends sowie allgemeine Informationen aus dem Umfeld
- Produkte
  - laufende Produkte
  - neue Geschäftsmöglichkeiten
- Zielgruppen
  - derzeitige Kunden
  - neue potenzielle Zielgruppen

- Absatzmittler
- Meinungsträger und Experten
• Länder oder Regionen
• Wettbewerber: Allgemeine Informationsschriften, Internetquellen und Veröffentlichungen über Unternehmen und deren Produkte, Werbematerial, Kataloge und Preislisten
  - derzeitige Wettbewerber
  - Wettbewerber aus angrenzenden Bereichen
• Spezialprobleme und Sonstiges

Sie können diese laufende Dokumentation sehr einfach mit herkömmlichen Mitteln, mit einer Hängeregistratur, Zeitschriftenboxen oder Aktenordnern, bewältigen. Oder Sie archivieren Daten, Informationen und Quellenhinweise auf ihrem PC. Anhand sog. Linklisten (mit Hyperlink) oder Favoriten auf Ihrem PC verschaffen Sie sich einen schnellen Online-Zugriff. Diese systematische laufende Sammlung scheint zunächst aufwendiger als die sporadisch fallweise Lösung. Im Bedarfsfall kommen Sie jedoch schneller und effizienter an Informationen, da diese schon griffbereit im Unternehmen vorliegen. Sie können unmittelbar entscheiden und reagieren, z. B. auf Wettbewerberaktionen, Zielgruppen- oder sonstige Marktveränderungen.

Bei der zweiten Organisationsform, der **fallweisen Datenerhebung**, müssen Sie unbedingt wissen, wo Sie im Bedarfsfall anfragen oder recherchieren können. Die unter 4.4 beschriebenen Informationsquellen bieten Ihnen eine Vielfalt von Auswahlmöglichkeiten.

Zusammenfassend kann man die **Sekundärforschung** (Desk Research) wie folgt charakterisieren:
• Sekundärstatistische Informationen sind Informationen aus „zweiter Hand".
• Sie liegen bereits in irgendeiner Form „gespeichert" und zum Teil veröffentlicht vor und müssen nicht originär gewonnen werden.
• Ohne Internet und ausgewählte elektronische Datenbanken sind Recherchen kaum noch vorstellbar.
• Die Sekundärforschung bildet sehr oft die erste Informationsbasis
• Erst wenn der Informationsbedarf höher ist als die gefundenen Quellen hergeben, müssen Daten aus der Primärforschung ermittelt werden.
• Bei der Bewertung von Sekundärquellen stehen Relevanz, Glaubwürdigkeit und Zuverlässigkeit im Vordergrund.

- Vorteilhaft dabei ist die schnelle und kostengünstige Datenbeschaffung.
- Nachteilig wirkt sich aus, dass diese Informationen oft nicht aktuell genug oder nicht in der gewünschten Detaillierung verfügbar sind.

4.4 Informationsquellen der Sekundärforschung

Je nach Herkunft der Informationen unterscheidet man zwischen
- innerbetrieblichen, internen Informationsquellen und
- außerbetrieblichen, externen Informationsquellen.

Interne Informationsquellen: Welche Informationen aus dem Unternehmen stammen

In einem Unternehmen werden viele Informationen und Statistiken für das allgemeine kaufmännische, betriebliche und vertriebliche Berichtswesen und die Rechnungslegung erstellt. Viele davon sind auch für die Marktforschung von großem Nutzen, da sie einen Vergleich mit dem Markt überhaupt erst ermöglichen. Sie geben Auskunft über eigene Marktanteile, über- oder unterdurchschnittlichen Umsatz gegenüber dem Marktwachstum, marktangepasste oder abweichende Vertriebsstrukturen, Ausschöpfung von Kunden- und Wettbewerbspotenzialen usw. Es liegt auf der Hand, dass man dafür zunächst mal das eigene Material sichtet und es dann dem Marktgeschehen gegenüberstellt. Die Grundlage jeder betrieblichen Datenerfassung ist der Beleg über Kosten, Leistungen sowie die Berichte.

(1) Der **Kostenbeleg** gibt Auskunft über Kosten nach
  - Kostenarten: Material-, Personal-, Sach- und Kapitalkosten sowie Sondereinzelkosten des Vertriebs wie Provisionen, Transportkosten usw.
  - Kostenstellen: das sind die Abteilungen und Funktionen im Unternehmen, die für die Entstehung der Kosten verantwortlich sind, z. B. Beschaffung, Fertigung, Vertrieb und Verwaltung sowie
  - Kostenträgern: das sind die Einheiten, für die die Kosten letztlich aufgewendet werden und denen die Kosten zugerechnet oder zugeschlüsselt werden. Kostenträger oder Absatzsegmente sorgen auch dafür, dass die Kosten in den Verkaufser-

lösen abgedeckt werden und somit dem Unternehmen wieder zufließen, wie z. B. Produkte und Produktgruppen, Kunden und Kundengruppen, Absatzregionen und Vertreterbezirke. Hier kommt es im Wesentlichen darauf an, dass die für die Auswertung erforderlichen Daten bereits beim Ursprung durch eine entsprechende Kontierung auf dem Beleg erfasst werden. Sie sollten mit den Verantwortlichen im Rechnungswesen und der Organisation in Ihrem Unternehmen über diesbezügliche Details im Verkauf und Marketing einmal reden.

(2) Der **Lieferschein**, die Ausgangsrechnung, der Kassenbeleg: In diesen Unterlagen lassen sich die meisten der von Ihnen benötigten Angaben verschlüsseln, wie z. B. Produkt, Menge, Einzel- und Gesamtpreis, Umsatzwert/Auftragsgröße, Kunde/Kundengruppe und Absatzregion/Vertreterbezirk. Mit den Kassenbelegen des Einzelhandels können zumindest Datum, Uhrzeit, Produkt, Preis und Einkaufswert festgehalten werden. Bei Kunden, die mit Kunden- oder Kreditkarte bezahlen ermitteln Sie gleichzeitig den Namen des Kunden. Bei den heutigen Möglichkeiten der elektronischen Datenverarbeitung sollte in den meisten Unternehmen die differenzierte Erfassung der Daten und die spätere Auswertung kein großes Problem mehr darstellen.

(3) **Aufzeichnungen in Dateien**, Karteien und Berichten der eigenen Mitarbeiter sowie die kontinuierliche Dokumentation von Informationen über den Markt in Ihrem Unternehmen.

Insbesondere dem aktuellen Berichtswesen Ihrer Außendienstmitarbeiter – auf Papier oder elektronisch gespeichert – sollten Sie für die Marktforschung erhöhte Aufmerksamkeit schenken. Wenn Sie die Berichte etwas strukturieren und zur Gedächtnisstütze einen kleinen Fragebogen daraus machen, erhalten Sie mit Sicherheit bessere, aktuellere und zielführende Informationen über das Verhalten von Kunden und Wettbewerbern sowie über besondere Ereignisse im Markt.

Alle Statistiken und Unterlagen müssen so gestaltet sein, dass sie möglichst kurzfristig, aktuell und umfassend über den derzeitigen Stand und die Entwicklung berichten können. Wird diese interne Datenbasis gut gepflegt und laufend ausgewertet, haben Sie stets ein wirkungsvolles Instrument für die Steuerung Ihrer Marktposition,

4. Sekundärforschung

Sekundärforschung: interne Informationsquellen	Nutzen für die Marktforschung, Auskunft über...
(1) Rechnungswesen/Buchhaltung* • Umsatz, Kosten, Spanne • Deckungsbeitrag, Ergebnis • Vermögenswerte, z. B. Forderungen und Bestände	... Umsätze, Kosten und Ergebnisse nach Absatzsegmenten zur Verbesserung der Vertriebsleistung und Kapitalbindung
(2) Vertriebsstatistiken* • Anfragen, Angebote • Auftragseingänge • Verlorene Aufträge • Reklamationen • Absatz und Umsatz • Mitarbeiter • Vertriebsleistung	... Stellung im Markt, Marktanteile, Erfolgskontrolle und Vertriebssteuerung, Ausschöpfung von Absatzpotenzialen, Kundenklassifizierung nach Umsatzgröße und Einkaufsvolumen
(3) Planungsdaten, kurz- und mittelfristig über* • Absatz, Umsatz • Mitarbeiter • Vertriebskosten • Vertriebsleistung	... Soll-Ist-Vergleiche, künftige Einschätzung der Marktstellung, Stoßrichtung und Vorgehen im Markt
(4) Berichtswesen mit meist qualitativen Angaben • Besuchsberichte der Mitarbeiter im Außendienst, von Montage und Kundendienst • Berichte von Messe- und Tagungsbesuchern	... Erfolge und Misserfolge im Außendienst, Serviceleistungen und Reklamationen, Stellung bei den Kunden, Aktivitäten der Konkurrenz, Hinweise für Produktverbesserungen ... Zeit- und Strukturvergleiche
(5) Frühere Marktstudien (6) Dateien über • Kunden/Interessenten • Konkurrenten	... Sach- und personenbezogene Daten zur Beurteilung dieser Marktpartner, Ansprechpartner, Zahl und Struktur dieser Marktpartner, Neukundenpotenziale
(7) Firmeneigene Dokumentation von • Fachartikeln und sonstigen Publikationen, Internet-Adressen • Produktinformationen und Werbematerial der Konkurrenz	... Märkte, Produkte, Regionen, Kunden und Konkurrenten (Stärken und Schwächen)
(8) Persönliche Erfahrungen und Kenntnisse der Mitarbeiter über die Märkte, Kunden und Wettbewerber	
(9) Eigene Produktbeschreibungen, Prospekte, Preislisten usw. (10) Preis- und Projektkalkulationen	... Stärken und Schwächen der eigenen Produkte für den Konkurrenzvergleich ... Preisgestaltung und Konditionenpolitik, evtl. Preisnachlässe

* Die Daten zu (1) bis (3) sollten differenziert vorliegen nach:
• Produkten/Produktgruppen
• Absatzregionen/Vertreterbezirken
• Kunden/Kundengruppen, Branchen, Vertriebskanälen
• Auftragsgrößen und Projekten

Ihrer Stärken und Schwächen und Ihrer Vertriebsmannschaft in Händen. In Verbindung mit den externen Informationen, die zur Messung Ihrer Leistungen im Markt dienen, sind Sie unschlagbar in der Kenntnis über Ihre Marktstellung und können Aktionen zielsicherer steuern und auf Veränderungen im Umfeld besser und schneller reagieren.

Beispiele und Gelegenheiten aus der Praxis, wie Sie Ihre Mitarbeiter an den Informationsrecherchen beteiligen können, sind ein effizientes Berichtswesen – mit Laptop-Unterstützung im Außendienst – Aussprachen anlässlich der regelmäßig stattfindenden Sitzungen oder in Form von strukturierten Gruppendiskussionen bzw. Round-Table-Gesprächen.

Externe Informationsquellen: Woher externe Informationen zu beziehen sind

Wenn man sich mit dem Thema der externen Quellensuche etwas näher beschäftigt, wird man sehr schnell herausfinden, dass es vor allem auf Branchenebene eine Vielzahl von Informationen entweder kostenfrei oder sehr preisgünstig gibt. Das kann im Einzelfall jedoch ganz anders aussehen. Nicht immer wird man zufriedenstellend bedient. Eine Übersicht und Auswahl externer Quellen von der amtlichen Statistik bis zu Datenbanken finden Sie auf den folgenden Seiten. Gerade im außerbetrieblichen Bereich ist das bereits erwähnte Schneeballsystem eine ergiebige Alternative zur Informationsbeschaffung.

Wiederholte Befragungen von Unternehmen machen deutlich, dass externe Datenquellen noch sehr unterschiedlich genutzt werden, unter anderem, weil man sie zuwenig kennt und nicht weiß, welche entscheidungsrelevanten Informationen sie beinhalten.

Nutzung externer Informationsquellen durch Unternehmen

Eindeutig an der Spitze liegen – unabhängig von Branche, Betriebsgröße und Standort der befragten Unternehmen –
• die Fachliteratur und
• das Internet

Unmittelbar darauf folgen
• Gespräche mit Kunden, Lieferanten und auf Messen – allerdings als Primär- und nicht als Sekundärquellen.

Eine weitere wichtige Informationsgruppe sind die Quellen
* Kammern/Verbände
* Konkurrenten
* Banken
* Allgemeine Medien

Vergleichsweise weniger genutzt werden
* Forschungsinstitute, Informationsdienste, Universitäten/Fachhochschulen
* Statistische Ämter und Patentämter

In der folgenden Übersicht sind die zwölf wichtigsten Gruppen von externen Sekundärquellen zusammengestellt und in den anschließenden Ausführungen kurz erläutert.

Sekundärforschung: Externe Informationsquellen
– siehe auch „Nützliche Adressen" im Anhang" –
 (1) Amtliche Statistik
     (Statistische Ämter des Bundes, der Länder und Gemeinden, Ministerien und andere Behörden, Bundesagentur für Außenwirtschaft, internationale Organisationen)
 (2) Verbände und Kammern
     (Allgemeine Wirtschafts-, Branchen- und Firmeninformationen, Adressen)
 (3) Banken, wirtschaftswissenschaftliche Institute
     (Konjunktur-, Branchen-, Firmenberichte, Außenhandelsinformationen)
 (4) Verlage
     (Marktforschungsdaten und -berichte als Serviceleistungen für Anzeigenkunden)
 (5) Fach- und Wirtschaftspresse und elektronische Medien
     (Mediadaten, Veröffentlichungen sowie persönliches Know-how der Journalisten)
 (6) Presseausschnittbüros und Dokumentationszentren
 (7) Adressenverlage
 (8) Adressbücher, Handbücher, Nachschlagewerke, Messekataloge
 (9) Auskunfteien, Firmenanalysten
(10) Marktforschungsunternehmen
     (Veröffentlichungen aus eigenen Erhebungen, Multiclientstudien)

---

(11) Firmenmitteilungen
(Presseveröffentlichungen, firmeneigene Informationsschriften, Werbematerial)
(12) Internet und Datenbanken
(Literatur-, Volltext-/Zahlenrecherchen)

(1) Amtliche Statistik: Eine Übersicht über die Organisation der amtlichen Statistik soll Ihnen helfen, sich besser zurechtzufinden.

Organisation der amtlichen Statistik

(1.1) Statistische Ämter von Bund, Ländern, Städten und Gemeinden (Adressen unter www.destatis.de)
  – Statistisches Bundesamt, Wiesbaden, mit einer Zweigstelle in Bonn und eine Servicestelle „i-Punkt" in Berlin
  – Statistische Ämter der Länder
    Entsprechend dem föderalistischen Aufbau der Bundesrepublik Deutschland gibt es 16 Landesämter meist in den jeweiligen Landeshauptstädten mit eigenen Veröffentlichungsverzeichnissen.
  – Statistische Ämter der Kreise, Städte und Gemeinden.
    Landes- und Kommunalämter sind vor allem unentbehrlich für Regionaldaten, bis auf Kreisebene, teilweise sogar bis auf Gemeinde- und Stadtteilebene herab.
(1.2) Ministerien und Behörden des Bundes, z. B. für Wirtschaft, Verkehr, Bau- und Wohnwesen, Bundesbank, Kfz-Bundesamt usw.
(1.3) Ministerien und Behörden der Länder, der Landkreise sowie Kommunalbehörden und deren Spitzenverbände, wie Deutscher Städtetag, Köln, Deutscher Landkreistag, Bonn
(1.4) Gewerbeämter
(1.5) Bundesagentur für Außenwirtschaft (bfai), Köln und Berlin
(1.6) Internationale Organisationen, z. B. der EU, OECD, UN, ILO, FAO usw.
(1.7) Amtliche Veröffentlichungen des Auslandes

Zu (1.1) Das Informationsangebot des Statistischen Bundesamtes besteht aus einem ausführlichen und aktuellen Internetangebot, den Publikationen, einem Statistik-Shop und Online-Datenbanken.

Den Einstieg in die Amtliche Statistik finden Sie recht einfach über die Internet-Adresse: www.destatis.de. Dort werden Sie ausführlich über die angebotenen Dienste und Statistiken informiert, wie z. B.

• Zeitreihen: Wirtschaft aktuell, Lange Zeitreihen
• Themen: Arbeitsmarkt, Bevölkerung usw.

- Services: Presse, Informationsservice, Publikationen (Querschnitt, Fachveröffentlichungen von „Arbeitsmarkt" bis „Wirtschaftsrechnungen und Zeitbudgets") , Broschüren usw.
- Datenbanken: GENESIS-Online (mit offizieller Registrierung), Gesundheitsberichterstattung des Bundes
- Grundlagen: Klassifikationen der Wirtschaftszweige sowie nach Gütern für Produktion und Außenhandel, also Gliederungen, die Sie auch sehr gut für Ihre Markt- und Kundensegmentierungen verwenden können, usw.
- Forschung und Entwicklung
- Datenerhebungen: Online-Verfahren für die Datenerhebungen

Als zusammenfassende Veröffentlichungen sind hervorzuheben:

- Das Statistische Jahrbuch für Deutschland inkl. Internationaler Übersichten wird in zwei Versionen angeboten: in der klassischen kostenpflichtigen Buchausgabe und in der kostenfreien Download-Version im PDF-Format
- Die Fachserien von 1–19 in vierteljährlicher bzw. jährlicher Erscheinungsweise, wie z. B. (1) Bevölkerung und Erwerbstätigkeit, (2) Unternehmen und Arbeitsstätten usw.
- Monatszeitschrift „Wirtschaft und Statistik" mit den neuesten Informationen der amtlichen Statistik, auch als Download je nach Umfang für 7,50 bzw. 13,75 € erhältlich sowie Statistische Wochenberichte.

Das Surfen in diesen Websites lohnt sich, und wenn Sie mal nicht gleich finden, was Sie suchen, dann gibt es beim Statistischen Bundesamt einen telefonischen Informationsservice (0611/75-2405).

Den Zugang zu den Landesämtern finden Sie unter der URL www.statistik-portal.de sowie den Statistiken der Kreise und Gemeinden unter www.staedtetag.de bzw. www.kreise.de oder den statistischen Ämtern der Großstädte über die jeweiligen Stadtverwaltungen.

Zu (1.2) und (1.3) Behörden des Bundes, der Länder, Kreise und Kommunen: Ähnlich wie bei (1.1) gibt es eine Reihe von Möglichkeiten – auch über die vorgenannten Internetadressen – diese Gruppe zu erreichen, z. B. www.bundesregierung.de als Einstiegsportal für sämtliche Bundesministerien, insbesondere das Wirtschaftsministerium www.bmwi.de u. a. mit seinen täglichen Newslettern, ferner www.bund.de, www.bundesrepublik.org. Bei den Ländern und Kommunen kommen Sie über deren jeweilige Websites an die gesuchten regionalen Daten und Informationen heran. Mein Rat: Geben Sie den Suchbegriff in eine Suchmaschine ein oder besuchen Sie gleich die entsprechende Website. Entweder Sie finden Informationen zum Downloaden oder Sie nehmen persönlichen Kontakt mit der Stelle auf. Sie werden erstaunt sein, was Sie alles dort erfahren können.

Zu (1.4) Gewerbeämter: Die Landesgewerbeämter oder Landesgewerbeanstalten, z. B. LGA Bayern in Nürnberg, sind wertvolle Helfer in Sachen Marktforschung: durch Bereitstellung von Literatur und Dokumentationen.

Zu (1.5) Die Bundesagentur für Außenwirtschaft (www.bfai.de) ist eine Servicestelle des Wirtschaftsministeriums. Eigene weltweit eingesetzte Korrespondenten und Fachleute in der Zentrale liefern aktuelle strategische und für das Tagesgeschäft operative Informationen über ausländische Märkte aus rund 200 Ländern. Außerdem stellt die Agentur Adressen von Anwälten, von Auskunfts- und Kontaktstellen zur Verfügung.

Die bfai stellt täglich aktuelle Informationen über Märkte, Ausschreibungen im Ausland, Investitionen und Entwicklungsvorhaben, Recht und Zoll, sowie Geschäftskontaktwünsche ausländischer Unternehmen bereit. Ein umfangreiches Grundangebot steht kostenfrei zur Verfügung. Lediglich Spezialthemen sind kostenpflichtig. Unter "Preisliste" in der Menüleiste erfahren Sie, was einzelne Veröffentlichungen kosten.

Sie können einzelne Dokumente einsehen oder herunter laden. Dazu steht Ihnen eine

- Datenbank mit den Themenbereichen: Länder und Märkte, Zoll, Recht, Ausschreibungen, Entwicklungsprojekte, Adressen und Geschäftskontakte zur Verfügung. Sie erhalten Suchtipps und suchen mit den Begriffen: Freitext, Land, Zeitraum und Produktkategorie nach der gewünschten Information.
- Oder Sie recherchieren in den etwa 4.000 Publikationen, gegliedert nach Publikationsarten, -listen, Neuerscheinungen und Zeit-

schriften, die Sie sich online oder als gedruckte Ausgabe beschaffen können.

Links zur Kooperationsbörse für internationale Geschäftskontakte (e-trade-center), zum Außenwirtschaftsportal ixpos und zum German Business Portal ergänzen das Dienstleistungsangebot. Außerdem erhalten Sie von den Experten in Köln mündliche und schriftliche Auskünfte (siehe unter Impressum, Tel: 0221-2057-0).

Zu (1.6) und (1.7) Internationale Organisationen sowie amtliche Statistik des Auslands: Die Veröffentlichungen der internationalen Organisationen, wie z. B.

- das Europa-Portal der EU (http://europa.eu),
- das Statistische Amt der Europäischen Gemeinschaften (http://eppeurostat.ec.europa.eu),
- OECD (www.oecd.org),
- Vereinte Nationen (www.unric.org bzw. www.un.org),
- Weltbank (www.worldbank.org) usw.

haben für Sie den Vorteil, dass sie Gesamtdaten nach Regionen oder Zusammenschlüssen wie z. B. bei Eurostat und OECD sowie gleichzeitig nach einzelnen Ländern ausweisen, während Sie von den einzelnen Ländern eben nur nationale Daten erhalten. Einen ersten Überblick liefert Ihnen auch die internationalen Übersichten im statistischen Jahrbuch mit weiteren Quellenhinweisen.

Informationen über ausländische Märkte erhalten Sie auch über die Botschaften und Konsulate dieser Länder in Deutschland sowie von den 226 Vertretungen der Bundesrepublik Deutschland in diesen Ländern (www.auswaertiges-amt.de) und von den Auslandshandelskammern vor Ort (www.ahk.de).

Wertvolle Suchhilfen für sämtliche nationalen und die wichtigsten internationalen Organisationen und Verbände sind vor allem zwei Nachschlagewerke bzw. elektronische Datenbanken

- **OECKL Taschenbücher des Öffentlichen Lebens** mit Adressen von staatlichen Stellen (Bundesbehörden, Landesregierungen, kreisfreie Städte und Landkreise), Interessenverbände, Stiftungen usw. (www.oeckl.de). Teilweise finden Sie auch Einträge über Etats, finanzielle Zuwendungen, Beschäftigte oder Mitgliedschaften. Es gibt eine Deutschland- und eine Europa-Ausgabe mit internationalen Zusammenschlüssen. Zu beziehen als Buch, CD oder online.

- Die Publikation „**Verbände, Behörden, Organisationen der Wirtschaft**" in Deutschland und Europa (www.hoppenstedt-verbaende.de) mit täglich aktualisierten Daten der 25.000 Profile von Institutionen. Der Zugriff erfolgt online über eine kostenpflichtige Registrierung. Kurzprofile sind auch als nicht registrierter Nutzer kostenfrei zu erhalten. Außerdem bekommen Sie diese Informationen auch auf CD und als Buch.

An den Informationen, die Sie von den amtlichen Stellen erhalten, sind Sie in vielen Fällen selbst aktiv beteiligt. Denken Sie doch nur – als Industrieunternehmen – an die monatliche Produktionsmeldung Ihres Unternehmens oder an die sonstigen periodischen Berichterstattungen an das Statistische Landesamt oder die laufenden Außenhandelsmeldungen aus Ihrer Exporttätigkeit. Sie bilden nämlich eine Grundlage für das gesamte statistische Werk der amtlichen Informationsträger. Und nach dem volkstümlich bekannten „GIGO-Prinzip" (Garbage in – Garbage out) der Datenverarbeitung gilt: Der Output kann nur so gut sein wie das, was man hineingibt. Vielleicht kann ich Sie damit ein wenig ermuntern, Ihre nächsten statistischen Meldungen künftig in einem anderen Licht zu sehen. Unter diesem Aspekt ist es für Sie auch interessant zu wissen, wie die Daten in der amtlichen Statistik zustande kommen. Im Wesentlichen gibt es vier Wege:

(a) wie oben erwähnt – über die laufenden Pflichtmeldungen der berichtenden Einheiten ab einer bestimmten Größenordnung

(b) die Fortschreibung von Bestands- und Veränderungsdaten durch die betreffenden Behörden, z. B. Einwohnermeldeämter, Gewerbean- und -abmeldungen sowie Erhebungen anderer Behörden, z. B. Einkommens- und Umsatzsteuerstatistik der Finanzämter usw.

(c) laufende größere repräsentative Stichprobenerhebungen in den Privathaushalten (z. B. 1 %-Stichprobe ca. 370.000 Haushalte – dem Mikrozensus – der deutschen Privathaushalte), gewerblichen Unternehmen oder sonstigen Organisationen

(d) Vollerhebungen in größeren Abständen, z. B. Volks- oder Arbeitsstättenzählungen. Heutzutage weitgehend ersetzt durch einen registergestützten „Registerzensus", d. h. es werden vorhandene Register der Verwaltungen herangezogen und fortgeschrieben.

Welchen Nutzen können Sie nun für Ihre Entscheidungen aus der amtlichen Statistik ziehen?

Einige **Beispiele** sollen dies verdeutlichen:

- Für Abgrenzungen und Segmentierungen im Marketing verwenden Sie die Systematischen Verzeichnisse der Wirtschaftszweige und der Regionen, die sog. Klassifikationen.
- Für die Messung der eigenen Position ziehen Sie die Statistik über Produktion und Außenhandel (Export und Import) in Mengen und Wert heran. Hier finden Sie die Grundlagen für die Berechnung des Marktvolumens (Produktion – Export + Import) und des eigenen Marktanteils sowie Aus- und Einfuhrdaten nach Ländern.
- Für die Kundenpolitik finden Sie Informationen über Struktur und Veränderungen der Zielgruppen in der Bevölkerungsstatistik nach soziodemografischen Merkmalen und in der Umsatzsteuerstatistik die Umsätze zur Berechnung von Kaufkraft- und Käuferpotenzialen.
- Für die Regional- und Standortpolitik hilft die Regionalstatistik bis auf Kreis- und teilweise auch Gemeinde- und Stadtteilebene weiter. Ferner finden Sie hier alles über Verkehrsaufkommen und Infrastruktur zur Berechnung von regionalen Markt- und Absatzpotenzialen.
- Für die Preispolitik entnehmen Sie Wissenswertes aus der periodisch erfolgenden Preisstatistik, geordnet nach Wirtschaftssektoren wie Industrie und Handel und nach verschiedenen Produktgruppen. Zum **Beispiel** konnte ein Einkäufer in einem Handelsunternehmen mit diesen Preisinformationen überhöhte Preisforderungen seines Lieferanten abwehren. Für landwirtschaftliche Produkte einmalig ist die Zentrale Markt- und Preisberichtsstelle (ZMP, www.zmp.de), Bonn.
- Für die Beurteilung des wirtschaftlichen Umfeldes ziehen Sie Nutzen aus der Konjunkturberichterstattung und
- für die Bauwirtschaft aus den Frühinformationen über erteilte Baugenehmigungen.

(2) Verbände und Kammern: Als Einstieg – welche Verbände und Organisationen es überhaupt gibt – empfehle ich die bereits erwähnte Publikation aus dem Hoppenstedt Verlag „Verbände, Behörden, Organisationen der Wirtschaft".

- **Verbände** bieten als Dienstleistungen für ihre Mitglieder statistische Auswertungen, allgemeine Wirtschafts- und vor allem branchenbezogene Informationen an und führen auch eigene Erhebungen bei ihren Mitgliedern durch. Für Außenstehende sind Verbände wichtige Multiplikatoren, und sie bieten Orientierungshilfen und Adressen für die Gewinnung neuer Zielgruppen. Die Dachorganisation der Industrie-Fachverbände ist der BDI, Bundesverband der Deutschen Industrie, Köln (www.bdi-online.de), der ebenfalls eigene Publikationen herausgibt.
Unter den Verbänden mit einer herausragenden Informationspolitik sind zu nennen:

- ZVEI – Zentralverband Elektrotechnik- und Elektronikindustrie, Frankfurt am Main (www.zvei.de)
- VDMA – Verband Deutscher Maschinen- und Anlagenbau, Frankfurt am Main (www.vdma.de)
- VDA – Verband der Automobilindustrie, Frankfurt am Main (www.vda.de)
- CMA – Centrale Marketing-Gesellschaft der deutschen Agrarwirtschaft, Bonn (www.cma.de)
- HDE – Hauptverband des Deutschen Einzelhandels, Köln, mit ihren Einzelverbänden (www.einzelhandel.de)
- BAG – Bundesarbeitsgemeinschaft der Mittel- und Großbetriebe des Einzelhandels, Berlin (www.bag.de)

- **Einkaufsvereinigungen** bieten Daten für Ihre Zielgruppenfindung und -beurteilungen aus dem Datenbestand ihrer Mitglieder. Als Lieferant einer solchen Vereinigung oder Genossenschaft stehen Ihnen diese Informationen ohne Weiteres zur Verfügung. Außenstehende haben es manchmal schon etwas schwerer. Vielleicht hilft Ihnen dabei ein Partnerunternehmen. Die Informationen sind sehr aktuell und exakt, da diese Vereinigungen über das laufende Inkasso einen ständigen Kontakt pflegen.
- **Industrie- und Handelskammern** mit ihrer Dachorganisation Deutscher Industrie- und Handelstag (DIHT, www.dihk.de), Bonn. Ihre Kammer in ihrer Nähe versorgt Sie mit laufenden Wirtschaftsinformationen in einer breiten Vielfalt. Insbesondere mit einer gut gepflegten Firmendatenbank sowie in Sachen Außen-

handel steht Ihnen Ihre Kammer mit Rat und Tat zur Seite. Neben der Beratung erhalten Sie weitere interessante Informationen über den gegenseitigen Kontaktaustausch innerhalb der IHK-Technologiebörse für Innovationen und Kooperationen. Hier fragen Unternehmen nach technischen Neuerungen an, die sie durch Lizenzen erwerben wollen. Andere wiederum bieten Patente, Lizenzen oder noch ungeschütztes Wissen zur Verwertung an.

- **Deutsche Auslandshandelskammern** (AHK, www.ahk.de) in mehr als 80 Ländern bieten Informationen aus den Ländern. Die Stärken der AHKs liegen in der jeweiligen Vor-Ort-Präsenz und damit in der fundierten Kenntnis der nationalen und regionalen Gegebenheiten im betreffenden Land sowie den landestypischen Geschäftsbedingungen. Z. B. können Sie die Hilfe der AHKs in Anspruch nehmen für die Prüfung und Beurteilung von Absatzmöglichkeiten, Beratung über Marktchancen, Adressen von Lieferanten, Abnehmern und Handelsvertretern, Vertragsgestaltung, Vertretung bei Messen, Erstellung von Marktstudien usw.
Außerdem stehen Ihnen auch die Dienste der ausländischen Industrie- und Handelskammern der jeweiligen Länder zur Verfügung in Form von Auskünften, Beratung und Geschäftsvermittlungen.

- **Handwerkskammern** sind die berufsständischen Vertretungen aller in der Handwerksrolle eingetragenen Betriebe. Als Mitglied erhalten Sie Informationsunterstützung in mannigfacher Weise. Als Partner von Handwerksbetrieben bieten Ihnen diese Quellen Nützliches aus den Branchen und Adressen.
Ihre Dachorganisation ist der Zentralverband des Deutschen Handwerks (ZDH, www.zdh.de), Berlin. Für den exportierenden Betrieb empfehle ich die im Außenwirtschaftsportal Bayern (www.auwi-bayern.de) zahlreich erscheinenden Publikationen und Hinweise für das Auslandsgeschäft.

- **Rationalisierungs- und Innovationszentrum der Deutschen Wirtschaft** (RKW, www.rkw.de) mit der Zentrale in Eschborn und den Landesverbänden. Neben Weiterbildung und Beratung bietet das RKW für die Marktforschung eine Reihe von Sonderveranstaltungen, Veröffentlichungen und Umfragen an.

(3) Banken, wirtschaftswissenschaftliche Institute: Die Banken und andere Kreditinstitute mit der Deutschen Bundesbank an der Spitze (www.bundesbank.de) erarbeiten in ihren volkswirtschaftlichen Abteilungen aktuelle und prognostische Informationen als Serviceleistungen für ihre Kunden. Davon sind für die Marktforschung von Bedeutung:

• Allgemeine Konjunktur- und Wirtschaftsberichte
• Branchen- und Firmeninformationen
• Außenhandelsthemen, insbesondere über einzelne Länder
• Betriebsvergleiche aus den Daten ihrer Kunden.

Wirtschaftswissenschaftliche Institute liefern Berichte über Konjunktur und Branchen, insbesondere auch für Prognosezeiträume.

Von besonderem Interesse sind vor allem folgende Wirtschaftsindizes, die monatlich veröffentlicht werden:

• der Handelsblatt-Frühindikator vom Handelsblatt, Düsseldorf
• der ifo-Geschäftsklimaindex in der gewerblichen Wirtschaft vom Ifo-Institut, München (www.cesifo.de)
• der ZEW-Index Konjunkturerwartungen (www.zew.de)
• das ICON-Konsumbarometer (www.icon-wifo.de)
• der BBE-Index Einzelhandelsklima von der BBE Unternehmensberatung, Köln (www.bbeberatung.com).

Diese Indizes sind aktuelle Barometer der derzeitigen und zu erwartenden Wirtschaftslage auf der Basis subjektiver Einschätzungen von Unternehmen bzw. von Konsumenten in Privathaushalten. Lediglich der Handelsblatt-Frühindikator bezieht auch harte Wirtschaftsdaten in seine Berechnung ein.

Die derzeit 31 Institute und andere Einrichtungen sind in der „Arbeitsgemeinschaft deutscher wirtschaftswissenschaftlicher Forschungsinstitute", Essen, zusammengeschlossen.

Große Wirtschaftsforschungsinstitute

• DIW   – Deutsches Institut für Wirtschaftsforschung, Berlin (www.diw.de)
• HWWI – HamburgischesWeltwirtschaftsInstitut, Hamburg (www.hwwi.org)
• Ifo   – Institut für Wirtschaftsforschung, München (www.ifo-institut.de)

- IfW – Institut für Weltwirtschaft, Kiel (www.uni-kiel.de)
- IWH – Institut für Wirtschaftsforschung, Halle (www.iwh-halle.de)
- IWP – Institut für Wirtschaftspolitik an der Universität zu Köln (www.iwp.uni-koeln.de)
- RWI – Rheinisch-Westfälisches Institut für Wirtschaftsforschung, Essen (www.rwi-essen.de)
- ZEW – Zentrum für Europäische Wirtschaftsforschung, Mannheim (www.zew.de)

  (Diese acht Institute bilden gleichzeitig den Vorstand der obigen Arbeitsgemeinschaft) sowie das

- IfH – Institut für Handelsforschung an der Universität zu Köln (www.ifhkoeln.de), das vor allem wichtig ist für Betriebsvergleiche im Handel

(4) Verlage: Die großen Verlage (wie z. B. Bauer, Burda, Gruner & Jahr, Springer usw.) bieten vielfach Marketinghilfen als Serviceleistung für Ihre Anzeigenkunden an. Die Informationen sind entweder allgemeiner Art oder auf die jeweiligen Verlagsobjekte bezogen.

- Informationen über Werbetreibende und Anzeigenmotive – interessant für Ihre Konkurrenzbeobachtung
- Auswertungen von Brancheninformationen – schnelle, kurzgefasste Unterrichtung über einzelne Branchen
- Berichte zur Beschreibung von Zielgruppen und Verbrauchereinstellungen, eigene Erhebungen und Auswertungen der Mediaanalysen
- Untersuchungen zur Werbewirkung und zum Marketing allgemein

(5) Fach- und Wirtschaftspresse sowie elektronische Medien: Wichtig sind hier

- Mediadaten, die Sie über die Struktur der Leser, Hörer oder Seher genauestens und aktuell unterrichten. Außerdem erfahren Sie dabei etwas über die Preise und Konditionen einer Werbeeinschaltung.
- Laufende Berichterstattung über marktrelevante Vorgänge in der Wirtschaftspresse und in den Fachzeitschriften. Eine Tageszeitung mit Wirtschaftsteil und einige wenige Fachzeitschriften gehören nun einmal zur Pflichtlektüre eines Marktforschers und sind mit Sicherheit auch in mittelständischen Unternehmen verfügbar.

Vergessen Sie dabei aber nicht, die äußerst interessanten Wirtschaftsnachrichten und Berichte in Funk und Fernsehen.

• Der persönlich Kontakt zu Fachjournalisten kann Ihnen eine Fülle von Informationen bieten, die zum Teil gar nicht veröffentlicht werden.

• Recherchieren Sie im Bedarfsfall in den Online-Archiven der Verlage oder nehmen Sie schriftlich Kontakt zu den Redaktionen auf

Hinweise über die gesamte Medienlandschaft erhalten Sie unter anderem in zwei Standardwerken

• STAMM Leitfaden durch Presse und Werbung, Essen, und zwar als Klassiker in einer zweibändigen Buchausgabe mit jährlicher Erscheinungsweise oder als STAMM Medien-CD zweimal jährlich und als STAMM Internetmedien CD. Außerdem bietet der Verlag mit STAMM-Impressum eine regelmäßig aktualisierte Medien-Datenbank als Komplettlösung an. Alles Nähere erfahren Sie unter Stamm Verlag, Essen: www.stamm.de.

• KROLL Presse-Taschenbücher aus dem Kroll Verlag, Seefeld/Obb. (www.kroll-verlag.de) in Buchform oder unter www.pressguide.de als Online-Recherche.

Nicht zu vergessen die zahlreich erscheinenden Informationsdienste, wie z.B. Fuchsbriefe (www.fuchsbriefe.de), Der Platow Brief (www.platow.de), Infomarkt Informationsdienst (www.infomarktdatenbank.de) Kress Report (www.kress.de).

(6) Presseausschnittbüros sind Serviceunternehmen, die Print- und Online-Medien, TV-Angebote, Nachrichtenagenturen und Videotexte beobachten und als Clippings oder Summaries an ihre Kunden weiterreichen. Marktführer in Deutschland ist wohl die „Ausschnitt Medienbeobachtung" (www.ausschnitt.de), eine Tochtergesellschaft der Deutschen Medienbeobachtungsagentur, Berlin. Die Beobachtungspalette umfasst über 7.500 Medien, die über internationale Kooperationspartner um ein Vielfaches in ausländischen Medien ergänzt werden kann.

Eine andere und dem elektronischen Zeitalter eher angepasste Form der Beobachtung bietet Google mit Google Alerts (www.google.ch/alerts) an (on the alert = auf der Hut sein). Auf dieser Website können Sie sich anmelden und mit Suchbegriffen, Typ,

Häufigkeit und Ihrer E-Mail einen „Alert" erstellen. Sobald die gewünschte Information online erscheint, erhalten Sie eine Benachrichtigung per E-Mail. Auf diese Weise können Sie die neuesten Nachrichten im Auge behalten und über Märkte, Produkte und Wettbewerber auf dem Laufenden bleiben.

Weitere Organisationen, die Pressemitteilungen dokumentieren und die man sich nach Branche und Firmennamen geordnet anzeigen lassen kann sind der Lycos-Service http://www.paperball.de und das Portal der Wirtschaft http://www.portalderwirtschaft.de.

(7) Adressenverlage bieten Ihnen mittlerweile in sehr umfangreichen Katalogen Zielgruppenadressen, selektiert nach verschiedenen Auswahlkriterien, wie Region (Postleitzahl usw.), Betriebsgröße, Einkaufsverhalten, Personen mit ihren Funktionen usw., zur Vermietung an. Über die Qualität dieser Adressen gehen die Meinungen auseinander. Die einen waren sehr zufrieden, andere wiederum sprachen von vielen Doubletten und falschen Adressen. Eines ist sicher, je häufiger Adressen umgeschlagen und genutzt werden, um so eher werden Fehler entdeckt und ausgemerzt und um so aktueller und zuverlässiger ist dann das Adressenmaterial. Denn selbst bei jährlich neu erscheinenden Adress- und Telefonbüchern, aus denen die Dateien gespeist werden, müssen etwa 25 % Änderungen berücksichtigt werden. Die Adressen können in dreierlei Hinsicht verwendet werden:

• der Katalog als Suchhilfe für potenzielle neue Zielgruppen und deren zahlenmäßige Stärke,

• für die Auswahl von Kontaktfirmen und -personen für eine Befragung in der Marktforschung sowie

• für Direktwerbemaßnahmen.

Die Adressenverlage bieten aber nicht nur Adressen an, sondern auch ein Bündel von Dienstleistungen, die damit in Zusammenhang stehen, wie z. B. Beratung bei der Auswahl der Zielgruppen und Gestaltung der Aussendung, Bereitstellung für den Versand, Überwachung der Rückläufe bis zur Zusendung von Waren (Full fillment) usw. Wenn Sie wissen wollen, wer Adressen vermietet, recherchieren Sie beim Deutschen Direktmarketing Verband unter www.ddv.de oder europaweit bei der Federation of FEDMA European Direct Marketing (www.marketing-boerse.de). Außerdem können Sie auch in einer Suchmaschine unter dem Begriff „Adressenverlage" ausgiebig fündig werden. Weitere Hinweise zu Adressenanbietern finden Sie auch im Anhang dieses Buches.

Bei der Auswahl eines Adressenanbieters sollten Sie in seinem Leistungsspektrum auf Beratungsqualität, Kataloggestaltung und Terminverhalten achten. Wichtige Adressenverlage sind: AZ Direct Marketing, Gütersloh (www.az-direct.com); De·Te·Medien, Frankfurt am Main (www.detemedien.de); KOOP, Düsseldorf (www.koop-direktmarketing.de; Schober, Ditzingen (www.schober.de).

(8) Adressbücher, Handbücher, Nachschlagewerke, Messekataloge: Zur schnellen Orientierung über die verfügbaren Verzeichnisse dient Ihnen der VDAV – Verband Deutscher Auskunfts- und Verzeichnismedien, Düsseldorf (www.vdav.de) in dessen Mediendatenbank Sie alles Wissenswerte über universelle B2B- sowie spezielle (Branchen) B2B Verzeichnisse erfahren können. Im Anhang dieses Buches finden Sie einige Beispiele dafür.

Diese Verzeichnisse sind

• für Marktforschung und Marketing unentbehrliche Helfer zur Erkundung und Selektion von Zielgruppen, Konkurrenten und sonstigen Marktpartnern,

• auf der anderen Seite für Ihr eingetragenes Unternehmen gleichzeitig Werbeträger, deren Bedeutung nicht hoch genug eingeschätzt werden kann.

Messekataloge haben den Vorteil, dass sie bei Erscheinen sehr aktuell sind und in der Regel aktive und innovative Firmen ausweisen, was für die Marktforschung eine hervorragende Vorselektion darstellt.

Für die Beschickung einer Messe ist für Sie auch wichtig, die Mediadaten über die Struktur der Aussteller und Besucher usw. zu kennen, damit Sie eine erfolgreiche Beteiligung planen können. Sie erhalten diese Daten entweder von der jeweiligen Messestadt oder von der Dachorganisation AUMA – Ausstellungs- und Messeausschuss der Deutschen Wirtschaft, Berlin (www.auma-messen.de).

(9) Auskunfteien, Firmenanalysten: Die in Deutschland wohl bekanntesten **Auskunfteien** sind: D & B Dun & Bradstreet Darmstadt

(www.dnb.com; www.dnbgermany.de, und der Verband der Vereine
Creditreform, Neuss (www.creditreform.de). Die Dienstleistungen
reichen von

• Adressen,

• telefonischen oder schriftlichen Auskünften über Kunden, Interessenten, Mitbewerber und andere Marktpartner bis hin

• zu Firmenauskünften bewertet mit sog. Bonitätsindices im Online-Zugriff, auch im Verbund mit weiteren Wirtschaftsdatenbanken,

• Länderrisiko-Indices,

• allgemeinen Wirtschaftsinformationen und Inkassodiensten

• sowie weiteren Marketingdiensten.

Eine weitere internationale Organisation, die sich mit Ratings/Bo-
nitäts-Checks von Unternehmen im In- und Ausland beschäftigt, ist
die Euler Hermes Risk Management (www.eulerhermes.com), im
Verbund mit dem weltweit führenden Kreditversicherer Euler Hermes S.A. mit Sitz der Holding in Paris (seit 2002 ein Gemein-
schaftsunternehmen der Allianz und der französischen AGF – As-
surances Générales de France)

Was über Ihr Unternehmen in den Firmenauskünften steht, können Sie entscheidend mit beeinflussen, z. B. dann, wenn diese Auskunfteien bei Ihnen eine Selbstauskunft einholen und Sie diesen
Anfragen offen begegnen. Das gleiche gilt übrigens auch für die Eintragungen in den verschiedenen Adressbüchern. Die Auskunfteien
beziehen ihre Informationen außerdem über einen eigenen Recher-
che-Außendienst und aus Befragungen der Geschäftspartner – Lieferanten, Banken, Kunden – sowie aus Veröffentlichungen der Firmen bzw. aus Berichten über diese Firmen.

Bei den Amtsgerichten können Sie die verschiedenen **Handels-
registereintragungen** abrufen und somit an den Ursprung mancher
Firmeninformation gelangen.

Versuchen Sie es mal über

• http://handelsregisterauszug-online.de bzw. www.handelsregis
ter.de. Für geringe Gebühren. erhalten Sie eine E-Mail mit einem
kompletten, offiziellen und aktuellen Handelsregisterauszug aus
dem jeweiligen Amtsgericht als pdf-Datei. Außerdem können Sie

auch einen Insolvenzcheck, die Firmenhistorie und einen aktuellen Jahresabschluss anfordern.
- Oder wenn es ganz schnell gehen muss – auch international – über www.handelsregister-express.de bzw. www.infobroker.de.
- Eine weitere Möglichkeit ist das seit 1. Januar 2007 installierte elektronische Unternehmensregister (www.unternehmensregister. de), über das Sie ebenfalls Handelsregisterdaten und veröffentlichungspflichtige Jahresabschlüsse einsehen und online abrufen können.

Firmenanalysten sind außer den bereits erwähnten Banken Marktforschungs- und Beratungsunternehmen sowie Investmentfirmen, die Firmenanalysen zur allgemeinen Information, insbesondere aber für ihre Kunden erstellen.

(10) Marktforschungsunternehmen: Sie sind natürlich in diesem Themenzusammenhang besonders gefragt. Man unterscheidet – wie später noch erläutert wird – Vollserviceunternehmen, Berater und Anbieter von Spezialleistungen, wie z. B. Feldorganisationen und Teststudios. Auskunft darüber gibt das jährlich erscheinende BVM Handbuch der Marktforschungsunternehmen (www.bvmnet.org). Marktforschungsinstitute sind ihrem Zweck nach in erster Linie Serviceunternehmen in Sachen Primärforschung. Im Rahmen der Sekundärforschung bieten sie jedoch auch mehrfach ihre Dienste an:
- Von Ihnen beauftragt, führen sie jede Form der Sekundärforschung durch.
- Außerdem treten sie mit eigenen Publikationen – z. B. aus ihren Erhebungen und Recherchen – an die Öffentlichkeit,
- mit aus der amtlichen Statistik gewonnenen regionalen Kaufkraftkennziffern, z. B. von der GfK Geo-Marketing (www.gfk-geo marketing.de) und von infas GEOdaten (www.infas-geodaten.de)
- mit Multiclientstudien, in denen sie ganze Marktsegmente mit Informationen abdecken und die sie wie ein Verlagsobjekt frei am Markt anbieten,
- und schließlich stellen sie auch nicht mehr ganz aktuelle Originaldaten, z. B. aus Paneluntersuchungen, preisverbilligt für jedermann zur Verfügung (sog. Panel backdata).

Die wichtigsten Organisationen auf diesem Gebiet in Deutschland sind der Berufsverband Deutscher Markt- und Sozialforscher (BVM) www.bvm.org und der Arbeitskreis Deutscher Markt- und Sozialforschungsinstitute (ADM) www.adm-ev.de.

(11) Firmenmitteilungen: Sie sind eine wahre Fundgrube für den Kunden- und Konkurrenzforscher. Die laufende Beobachtung bringt aufschlussreiche Informationen und lohnt sich in jedem Fall. In vielen Facetten sind sie auch ohne „Werksspionage" – manchmal auf Umwegen – im allgemeinen gut erhältlich. Zu nennen sind vor allem drei Gruppen von Informationen:

• Die eigenen Aussagen der Firmen in den Medien.
• Firmeneigene Informationsschriften in Form von periodisch erscheinenden Mitarbeiter- oder Hauszeitschriften, Kunden- oder Anwenderzeitschriften sowie fachthemenbezogene Publikationen. Ferner die Geschäftsberichte der Kapitalgesellschaften und anderer Unternehmen. Von Fall zu Fall findet man auch Selbstdarstellungen und Schriften anlässlich eines Firmenjubiläums oder besonderer Veranstaltungen, z. B. Tag der offenen Tür usw.
• Das umfangreiche Werbematerial, das eigentlich für andere Zwecke als für die Marktforschung hergestellt wird. Dazu gehören sämtliche Werbeaussagen gedruckt oder elektronisch in Gestalt von Internet-Auftritten, Online-Werbung, Spots, Anzeigen, Prospekten, Beilagen, Katalogen, Preislisten, Produktbeschreibungen, Bedienungs- und Serviceunterlagen usw.

(12) Datenbanken: Unter einer Datenbank versteht man eine Sammlung von Daten – Texte, Zahlen oder codierte Grafiken – in einem homogenen Informationssystem. Für die Marktforschung haben kommerzielle Datenbanken seit ihrem Bestehen in den sechziger Jahren des vorigen Jahrhunderts eine große Bedeutung erlangt, da sie in komprimierter Form mit schnellem Zugriff meist verwertbare Informationen zur Verfügung stellen. Informationen aus Datenbanken sind sowohl offline auf CD/DVD, als gedruckte Versionen oder online verfügbar, viele davon sogar gebührenfrei. Viele der Datenbanken werden von Organisationen über Datenbanksysteme aufbereitet und angeboten, manche werden auch von Bibliotheken an den Universitäten erstellt und gepflegt.

Das weltweite Angebot an sehr unterschiedlichen Datenbanken ist kaum noch überschaubar.

In Google als Suchbegriff „Datenbanken" eingegeben erhält man an die 300.000 Einträge.

Beispiele aus deutscher Sicht:
• Deutsche Internetbibliothek (DIB): www.internetbibliothek.de
• http://internet-datenbanken.de
• Datenbank Infosystem der Uni Regensburg (dbis): www.biblio thek.uni-regensburg.de usw.

Engt man den Suchbegriff allerdings ein auf „Wirtschaftsdaten-banken", so sind es nur noch knapp 10.000 Einträge.

Von den bedeutendsten Wirtschafts- und Technik-Datenbanken in Deutschland sind zu nennen:
• Genios/German Business Information: www.genios.de (wirbt mit dem Spruch: Lieber für Genios zahlen als umsonst googeln!). Genios ist ein Unternehmen der FAZ und der Verlagsgruppe Handelsblatt und ist Datenbankproduzent, Datenbankhost und Informations-Dienstleister unter einem Dach.
• Genesis-Online, das statistische Informationssystem des Statistischen Bundesamtes: (www.destatis.de)
• Deutsche Wirtschaftsdatenbanken: www.strassburg.diplo.de
• Fachinformationszentrum Technik: www.fiz-technik.de mit Informationen aus Naturwissenschaften und Technik, Managementinformationen, Produkt- und Firmendaten

International sind von Bedeutung:
• Dialog Information Services und
• Datastar System (www.dialog.com und dialog.com/home/germany) (www.datastarweb.com), eine Tochter der Thomson Corporation/USA

Manchmal werden Sie schneller fündig, wenn Sie direkt in die Archive der Medien oder in eine bekannte Internet-Adresse einsteigen.

Für eine Datenbankrecherche können Sie sich natürlich auch einer professionellen Hilfe bedienen – eines Informationsvermittlers oder Infobrokers (www.infobroker.de).

Als Output von Datenbanken erhalten Sie
- Literaturhinweise, Referenzen mit bibliografischen Hinweisen, wie z. B. Fundstelle, Herausgeber, Verlag, thematische, zeitliche und regionale Abgrenzung des Themas, Umfang und Kosten (textorientiert)
- Volltext mit kurzen Zusammenfassungen (sog. Abstracts), wie z. B. der volle Text eines Medienberichtes, eines Aufsatzes oder einer Abhandlung (textorientiert)
- Fakten, Tabellen, Zahlen, Grafiken, Bilder (zahlen-, grafik- bildorientiert)

Bewertung von Sekundärinformationen

- Die Ortung und Sichtung von Datenmaterial aus Sekundärquellen ist oft die erste Informationsbasis für Entscheidungen im Marketing. Für manche Unternehmen bleibt sie leider die einzige Form der Marktforschung.
- Ohnehin im Unternehmen anfallende Daten aus dem Rechnungs- und Berichtswesen, die für Zwecke der Marktforschung oft nicht hinreichend analysiert werden, sind jedoch wichtige Basisinformationen zur Bewertung Ihrer Marktstellung und helfen bei der Entscheidungsfindung.
- Damit Sie aus den Besuchsberichten auch entsprechenden Nutzen ziehen können, sollten Sie Ihre Mitarbeiter dazu anregen, Augen und Ohren offenzuhalten für die Signale beim Kunden. Durch Motivation und entsprechende Hinweise unterstützen Sie die Mitarbeiter bei ihren Beobachtungen im Markt, die Sie fürs Marketing nutzbringend verwerten können.
- Externe Informationen gibt es wie „Sand am Meer", im konkreten Fall jedoch meist nicht ausreichend oder nicht detailliert genug, um Ihre Entscheidungen genügend abzusichern. Sie sollten wissen, wo diese Informationen zu finden sind und wie Sie am kostengünstigsten an sie herankommen. Viele Informationen erhalten Sie auch gebührenfrei. Das Internet und Suchmaschinen helfen Ihnen dabei.
- Das Internet und elektronische Datenbanken nehmen bei der Datenrecherche eine nicht mehr wegzudenkende Rolle ein.
- Bauen Sie sich selbst eine kleine „Inhouse-Datenbank" auf – als sog. Factbook mit Quellenhinweisen, Internet-Adressen, laufend anfallenden Informationen und Zahlenmaterial, auf das Sie im Bedarfsfall schnell zugreifen können.

Zwei **Praxisbeispiele** sollen zeigen, wie man Daten aus der Sekundärstatistik in Marketingentscheidungen erfolgreich einbinden kann.

(1) Mit Hilfe der **Außenhandelsstatistik** den Einstieg in neue Märkte vorbereiten:

Ein Spirituosenhersteller hat einen neuen Likör kreiert, mit dem er sein Auslandsgeschäft auf eine ganz neue Basis stellen möchte. Wichtig ist dabei, dass er seinen Markt – sein Geschäftsfeld – definiert als das Importvolumen an ausländischen Spirituosen in den betreffenden Ländern. Er besorgt sich also aus der Exportstatistik seines Landes und aus den Importstatistiken der potenziellen Abnehmerländer folgende Daten:

• eine Liste der Länder, die ein bestimmtes Importvolumen an ausländischen Spirituosen erreichen, geordnet nach der Größe des jeweiligen Volumens in Flaschen und Wert. Die weiteren Analysen beziehen sich auf die wichtigsten Länder.

• Ein Vergleich dieser Länder über einige Jahre in Flaschen und Wert zeigt ihm die zeitliche Entwicklung und die Wachstumschancen des Gesamtvolumens über die Jahre und die Durchschnittswerte pro Flasche.

• Aus der Exportstatistik des eigenen Landes erfährt er, wie stark seine nationalen Kollegen auf dem Weltmarkt generell und in einzelnen Ländern präsent sind.

• Aus den Importstatistiken der Abnehmerländer erhält er außerdem die Länder, die ebenfalls in das betreffende Land liefern, mit Flaschen, Wert und Durchschnittswert, und mit denen er sich den Markt teilen muss.

• Allein aus diesen Grundinformationen kann er erfolgsträchtige potenzielle Absatzmärkte selektieren und seine Absatzchancen kalkulieren.

Weitere Überlegungen und Maßnahmen, wie z. B. zum Aufbau von Importeuren oder anderen Vertriebskanälen, müssen sich anschließen. Hilfestellung dabei geben ihm die bfai sowie die entsprechenden Auslandshandelskammern.

(2) Mit Hilfe von regionalen Daten und Informationen aus den **Betriebsvergleichen des Handels** seine eigene Position erkennen und verbessern: Radio- und Fernsehhändler W. Miller in einer Kreisstadt ermittelt aus der regionalen amtlichen und Branchenstatistik sowie aus Betriebsvergleichen seine Stellung im Markt für Fernsehgeräte.

• Ermittlung des regionalen Käuferpotenzials:

	Korrektur- faktor	
Einwohner am Standort	78 000 x 0,80	= 62 400
Einwohner im Umland	60 000 x 0,40	= 24 000
	138 000	86 400

Der Korrekturfaktor zum Standort bedeutet, dass 20 % der ansässigen Bevölkerung ihren Bedarf außerhalb des Standorts decken. Von den Umlandbewohnern können schätzungsweise nur 40 % erreicht werden. Der Anteil des Fachhandels beim Absatz von Fernsehgeräten beträgt 81 %. Daraus lässt sich ein Käuferpotenzial von 86 400 x 0,81 = 70 000 errechnen.

- Ermittlung des regionalen Absatzpotenzials:
  Aus dem Absatz von Fernsehgeräten wird das regionale Absatzpotenzial wie folgt geschätzt:
  Geräteabsatz landesweit (fiktive Werte)

	3 Mio. Einheiten
Einwohner	60 Mio.
Geräte pro 1000 Einwohner	50 Stück
Regionales Absatzpotenzial =	50 x Käuferpotenzial $\frac{70\,000}{1\,000}$
=	3500 Stück

- Ermittlung des eigenen Marktanteils:

Eigener Absatz in Stück	175
Marktanteil	5,0 %

- Kosten- und Leistungskennziffern aus dem Betriebsvergleich des Instituts für Handelsforschung für den Radio- und Fernsehhandel

	Durchschnitts- werte des Be- triebsvergleichs	Werte von W. Miller	Abwei- chung	Be- wer- tung*
Betriebshandelsspanne				
% vom Umsatz	29,1 %			
Betriebswirtsch. Ergebnis	0,3 %			
Gesamtkosten	28,8 %			

---

* Das Unternehmen W. Miller ist viel besser + +, besser +, gleich gut =, schlechter –, viel schlechter – – als der Branchendurchschnitt

davon:	Durchschnitts- werte des Be- triebsvergleichs	Werte von W. Miller	Abwei- chung	Be- wer- tung*
Personalkosten				
mit Unternehmerlohn	17,1 %			
Kapitalkosten (Zinsen)				
und Abschreibungen)	3,2 %			
Miete oder Mietwert	2,1 %			
Kosten für Werbung	1,5 %			
Kfz-Kosten	1,0 %			
übrige Kosten	3,9 %			
Anteil Fernsehgeräte				
% vom Umsatz	33 %			
Kreditverkäufe in				
% vom Umsatz	22,4 %			
Umsatz				
je beschäftigte Person	252 000 €			
je m² Geschäftsfläche	6 600 €			
je m² Verkaufsfläche	12 900 €			

Welchen Nutzen hat nun der Händler W. Miller von diesen Berechnungen?

(1) Er stellt seinen Marktanteil fest und kann im Zeitvergleich beobachten, ob sich sein Geschäft besser oder schlechter entwickelt als der Branchendurchschnitt.

(2) Durch eine differenzierte Berechnung der Marktanteile nach Gerätearten und -klassen erkennt er Stärken und Schwächen in seinem Sortiment.

(3) Er gewinnt eine fundierte Ausgangsbasis für Entscheidungen, wo Warengruppen ausgebaut oder eingeschränkt werden sollten.

(4) Aus den Daten des Betriebsvergleichs erkennt er außerdem, wie sein Geschäft im Wettbewerbsumfeld zu beurteilen ist. Als Beteiligter am Betriebsvergleich erhält er nicht nur Durchschnittswerte, sondern in Form einer „synoptischen" Tabelle auch einzelbetriebliche Werte seiner Mitstreiter in seiner Größenklasse.

---

* Das Unternehmen W. Miller ist viel besser + +, besser +, gleich gut =, schlechter –, viel schlechter – – als der Branchendurchschnitt

4.5 Recherchieren im Internet

- Was bietet das Internet für die Sekundärforschung?
- Wie geht man am besten vor?
- Was ist zu erwarten und was nicht?

Mit der Ausbreitung des Internet mit schier unerschöpflichen Datenmengen und Informationen kann die Sekundärforschung über eine weitaus größere Plattform verfügen und hat eine Reihe neuer Impulse erhalten. Das Problem ist nun die „Spreu vom Weizen" zu trennen, den richtigen Ansatz für die Recherche zu finden und dabei die Internet-Adressen zu erkunden, die auch für das vorliegende Marktforschungsthema am ehesten Erfolg versprechen. Auch wenn das Netz im Rahmen der Sekundärforschung nicht immer befriedigende Ergebnisse zu einem bestimmten Thema liefert, einen Einstieg, Überblick und weitere Hinweise finden Sie allemal. Früher noch kostenfreie Informationen sind allerdings immer häufiger über Gebühren zu beziehen, da die Anbieter mit ihren Leistungen Erträge erzielen wollen. Löbliche Ausnahmen sind oft die Datenbestände bei Bibliotheken und Universitäten.

Aber auch Vorsicht ist geboten, wenn die Gefahr besteht, dass Sie sich in den unendlichen Weiten des World Wide Web zu verlieren drohen und von Link zu Link auf immer wieder neue Adressen stoßen (Schneeballsystem). Und es drängt sich manchmal der Gedanke auf, an die Geduld eines niemals rastenden „Trüffelschweins" erinnert zu werden, das unablässig nach den besten Stücken sucht.

Grundsätzlich gibt es mindestens vier Wege, sich einem Suchproblem zu nähern, und zwar über
(1) eine Metasuchmaschine
(2) eine allgemeine Internetsuchmaschine – deutsch oder international,
(3) eine Suchmaschine, einen Suchkatalog oder Internetverzeichnis mit Spezialinhalten (Datenbank), oder über
(4) eine sonstige vorhandene Internet-Adresse

Zu (1) Metasuchmaschinen: Sie bestehen aus einem Programmsystem, das es ermöglicht, mit einer einzigen Eingabe Ihre Suchanfra-

ge parallel an mehrere Suchmaschinen und Verzeichnisse weiterzu-
leiten. Dabei werden gleichzeitig Dubletten eliminiert und die Ergebnisse nach einem Ranking bewertet. Sie sind den einfachen
Suchmaschinen übergeordnet.

Eine Metamaschine kann jedoch immer nur so gut sein, wie die
darunter liegenden Suchdienste. Die international bekannteste und
älteste Metasuchmaschine ist der 1995 am Computer Science Department der University of Washington entwickelte Metacrawler
(www.metacrawler.com). Bereits 1996 folgte die erste deutsche Metasuchmaschine, die am Regionalen Rechenzentrum von Niedersachsen (RRZN) entwickelt wurde (www.metager.de).

Weitere Beispiele für Metasuchmaschinen sind, www.dino-
online.de, www. metasuchmaschinen.net bzw. im Anhang.

Zu (2) Allgemeine Internetsuchmaschinen: International bekannt
sind: Google (Marktführer), Yahoo, Lycos, Altavista, usw. (s. auch
Anhang) Die Suchanfrage kann ein einzelner Begriff (im Singular,
Plural, bestimmter Fall) sein oder eine „Phrase", d. h. mehrere Begriffe zusammengefasst, aber dann mit Anführungszeichen versehen, z. B. „Klaus Kastin". Je genauer Sie die Suchbegriffe einengen,
umso eher kommen Sie ans Ziel. Über eine „Erweiterte Suche" können Sie noch genauer definieren.

Yahoo (www.yahoo.com) hat bereits eine mobile Suchmaschine
für das Mobiltelefon unter dem Namen One Search. entwickelt.

Zu (3) Suchmaschinen, Kataloge oder Internetverzeichnisse: zusammenfassend auch Suchdienste genannt, gibt es viele. Eine spezielle Suchmaschine für das Marketing ist Marketing-Search, die
von dem Suchmaschinenspezialist Luna Park und der Marketing-
Zeitschrift Absatzwirtschaft entwickelt wurde (www.absatzwirt-
schaft.de/marketing-search) mit vielen Links zu weiteren marktrelevanten Datenbanken. Hier kann gezielt nach Marketingfachbe-
griffen gegoogelt werden. Weitere Beispiele sind: www.dir.web.de,
www.marketing-webguide.de, www.allesklar.de sowie die bereits erwähnten vielfältigen Datenbanken usw.

Nach einiger Zeit der Recherche werden Sie feststellen, dass Sie
immer wieder auf die gleichen Datenbanken stoßen. Vielleicht ein
Zeichen für die Endlichkeit des Internets (!)

Bei der IHK München und Oberbayern (www.ihk-muenchen.de) finden Sie unter dem Suchbegriff Netzblicke/Download einen interessanten Vortrag über Google Suchtricks und eine sehr ausführliche Linkliste für Suchmaschinen, Suchkataloge, Metasuchmaschinen und Überblicke.

Zu (4) Spezielle Internet-Adressen: Am besten sind Sie dran, wenn Sie bereits eine bewährte und bekannte Internet-Adresse vorliegen haben. Ratsam ist es auch, für Suchbegriffe und Internet-Adressen auf Ihrem PC Bookmarks/Favoriten zu definieren oder eine Worddatei anzulegen, mit der Sie über einen Hyperlink schnell ins Internet und an die gesuchte Stelle gelangen.

Sind Sie bei einer Quelle fündig geworden, geht es darum, über die Informationen zu verfügen. Das geschieht einerseits
• direkt und online aus den angebotenen Datenbanken – mit einer entsprechenden Nutzeranmeldung mit Kennung und Passwort – per Download oder als Text, z. B. einer Pressemeldung, gebührenpflichtig oder gebührenfrei oder
• indem Sie eine Veröffentlichung online bestellen oder
• indem Sie einen persönlichen Kontakt aufnehmen und Ihr Problem darlegen.

Am besten, Sie erstellen eine persönliche Linkliste mit Internet-Adressen, die für Ihre Zwecke besonders geeignet erscheinen oder bei denen Sie bereits erfolgreich Informationen erhalten haben.

5. Ablauf einer Marktstudie:
Wie man eine Marktuntersuchung anpacken muss

Der Weg ist das Ziel

Fernöstliche Weisheit

- Welche einzelnen Schritte sind zu berücksichtigen?
- Welche Aufgaben können dabei in eigener Regie erledigt werden, und wann muss fremde Hilfe in Anspruch genommen werden?
- Wie kann ein Ablaufplan helfen, die Arbeit zu beschleunigen und das Ergebnis zielgenau herbeizuführen?

Während in Abschnitt 1.2 Grundsätze der Datenbeschaffung bereits einzelne Strukturelemente und grundlegende Fragestellungen angesprochen wurden, sollen hier die Vorgehensschritte im Ablauf einer Marktuntersuchung – also der Prozess, der Weg dorthin – im Vordergrund stehen. Im Wesentlichen erfolgt die Bearbeitung von Marktforschungsthemen in neun Schritten und geht eigentlich immer auf die gleichen Basisfragen zurück: Wo liegt das Problem? – Wie gehen wir's an? – Wie kommen wir zu einer Lösung? Dabei muss nicht jede Phase zwingend in dieser Reihenfolge oder überhaupt durchlaufen werden (siehe Grafik Seite 167).

1. Schritt: Anstoß, Anregung, Ausgangssituation: Das Problem ist gleichzeitig der äußere Anlass, weswegen eine Untersuchung gestartet wird. Mögliche Anlässe:

- Entwicklung neuer Produkte oder Verbesserung/Änderung bestehender Produkte
- Einstieg in neue Geschäftsmöglichkeiten
- Erschließung neuer Auslandsmärkte
- Größere Investitionen für eine Kapazitätserweiterung oder eine neue Niederlassung oder Filiale
- Kauf oder Beteiligung an einem anderen Unternehmen
- Für ein größeres Finanzierungsvorhaben verlangt die Bank unter anderem eine Bewertung der Marktchancen (sog. feasibility-study).

- Überprüfung der eigenen Position im Markt – Imageanalyse – eigene Stärken und Schwächen und die der Mitbewerber
- Umsatzeinbußen und Gewinnrückgang usw.

2. Schritt: Zielsetzung, Aufgabenstellung: Aus einer Problemsituation leitet sich unmittelbar die Zielsetzung, die Aufgabenstellung, einer Studie ab. Halten Sie das Problem und die Zielsetzung **schriftlich** fest, Sie können sich später viel Ärger ersparen. Erstellen Sie einen Plan, welche konkreten Aufgaben zu erledigen sind, wie das Thema abgegrenzt werden soll, um ans Ziel zu kommen. Ein klares Ziel erleichtert die Arbeit, spart Ressourcen wie Mitarbeiter, Zeit und Geld. Eine Themenabgrenzung erfolgt in der Regel in Bezug auf

- das Projekt, die Produkte, die Zielgruppen, die Vertriebswege
- die Regionen und die Märkte
- den Zeithorizont
- den Umfang und das Budget.

Bei aller Abgrenzung darf aber nicht übersehen werden, dass es Themenstellungen – wie die Suche nach Innovationen und neuen Geschäftsmöglichkeiten – gibt, die es nicht zulassen, genau eingegrenzt zu werden. Denn engt man die Suchfelder von vornherein zu sehr ein, können mögliche Chancen unerkannt bleiben. Beispiele für Zielsetzungen sind:

- Es sollen die Ursachen für den Umsatzrückgang der Produktgruppe X in den letzten zwei Jahren aus Marktsicht ermittelt und Möglichkeiten zur Beseitigung in diesem und dem folgenden Jahr aufgezeigt werden.
- Wegen der Stagnation im Inland sollen neue Geschäftsmöglichkeiten in Frankreich und Italien untersucht werden.
- Um die Produktpalette den veränderten Marktbedingungen anzupassen, sind die Möglichkeiten für neue innovative Produkte zu untersuchen.

Insbesondere bei der Einschaltung eines Marktforschungsinstitutes ist die Aufgabenbeschreibung – das **Briefing** – eine wichtige Grundlage für die Zusammenarbeit.

3. Schritt: Informationsbedarf und Prioritäten festlegen: Es hat sich bewährt, über den Informationsbedarf in einer internen Runde zu diskutieren. Hilfreich ist hierfür die kreative Arbeitsmethode des „Brainstorming". Darunter versteht man eine Teambesprechung von drei bis sieben Personen, die – ganz ähnlich wie bei einer Gruppendiskussion – ihre Ideen und Meinungen frei und ungezwungen äußern sowie die Anforderungen an die Untersuchung formulieren. Diese Aussagen und Fragestellungen werden zunächst kritiklos festgehalten. Dazu gehören selbstverständlich Fragen wie

- Wie groß ist der Markt?
- Wie stark sind die Konkurrenten?
- Welche Zielgruppen sollen angesprochen werden?
- Welche Vertriebswege sind relevant, und wie sind sie strukturiert? usw.

Die ganze Breite der bestehenden Informationslücken für die spätere Entscheidung kommt hierbei zum Vorschein. Es ist daher von Vorteil, wenn in dieser Phase das Arbeitsfeld begrenzt wird, indem Arbeitshypothesen formuliert und mögliche Entscheidungsalternativen aufgezeigt werden. Nach diesem Durchgang werden Sie mit Sicherheit ein ganzes Bündel von Informationswünschen gelistet haben. Und es geht nun darum, auszuwählen und Akzente zu setzen. Die Informationen werden nach Bedeutung und Dringlichkeit in Prioritätsstufen, z. B. A-, B- und C-Information, eingeteilt und fixiert.

4. Schritt: Arbeitspaket „schnüren"; Quellen, Methoden, Budget, Verantwortungen und Termine festlegen: Bei diesem Schritt gilt es zu klären,

- woher die zuvor selektierten Informationen zu beschaffen sind
  Aufgabe: Informationsquellen finden
- auf welche Art und Weise sie zu ermitteln sind
  Aufgabe: von vornherein keine der beiden Forschungsmethoden
  – Sekundär-/Primärforschung – ausschließen
- welche Kosten vermutlich dabei anfallen werden bzw. welches Gesamtbudget veranschlagt wird. Mitunter müssen hierzu erst Angebote von Dritten – z. B. Marktforschungsinstituten, Informationsvermittlern – eingeholt werden. Vergessen Sie dabei auch nicht, interne eigene Kosten anzusetzen.
  Aufgabe: Kosten kalkulieren bzw. Budget festlegen

- wer im Unternehmen für die einzelnen Arbeitsmodule der Informationsbeschaffung verantwortlich ist und wer die Gesamtverantwortung für die Studie übernimmt (Projektleiter).
  Aufgabe: Verantwortungen festlegen
- welche Termine zu berücksichtigen sind. Am besten rechnen Sie vom Endtermin, zu dem die Ergebnisse vorliegen müssen, zurück und konzentrieren sich somit auf die wichtigen Meilensteine in Ihrer Vorgehensweise. In aller Regel müssen Sie zwischen wenigen Wochen und drei Monaten veranschlagen, bis Sie über Ergebnisse verfügen können.
  Aufgabe: Meilensteine und Termine vorgeben

Zur Erleichterung können Sie den im Kapitel 1.2 dargestellten Arbeitsbogen heranziehen. Bei der Abwägung, welche Quellen und Methoden eingesetzt werden, sollten Sie sich von wirtschaftlichen und pragmatischen Ansätzen leiten lassen.

5. Schritt: Informationssammlung durch Sekundärforschung: Welche Möglichkeiten Sie haben und welche Quellen Ihnen dabei zur Verfügung stehen, ist ausführlich in Kapitel 4 beschrieben. Eines ist auf jeden Fall wichtig: Sie sollten keine Primärforschung starten, bevor Sie nicht alle internen und externen Möglichkeiten der – meist billigeren – Sekundärforschung ausgeschöpft haben. Sie können dadurch nicht nur Geld, sondern auch eine Menge Zeit sparen.

Die Schritte 5 und 6 können auch parallel laufen, sofern man in einem frühen Stadium oder aus bisherigen Erfahrungen weiß, was aus den Sekundärquellen zu erwarten ist bzw. welche Informationen mit Sicherheit dort nicht zu erhalten sind.

6. Schritt: Informationssammlung durch Primärforschung: Was die Primärforschung kann und was dabei zu berücksichtigen ist, können Sie in Kapitel 3 nachlesen. Eine Marktforschungsaufgabe muss nicht zwangsläufig beide Methoden umschließen. Manchmal kann das Informationsproblem bereits durch eine Sekundäranalyse gelöst werden. Für Sie als Datensuchenden ergibt sich nach einer Sekundärrecherche immer wieder die Frage: Reicht das Material für die anstehende Entscheidung aus? Erst wenn Sie diese Frage verneinen, müssen Primärerhebungen im Feld angestellt werden. Dann befinden Sie sich auch an dem Punkt, wo Sie entscheiden müssen, ob und in welchem Umfang Sie fremde Hilfe in Anspruch nehmen wollen oder müssen. Über den Umgang mit Marktforschungsinstituten wird in Kapitel 6 berichtet. Vor einer Entscheidung werden Sie sich auf jeden Fall von einem oder mehreren Instituten Angebote einholen, die auf Ihrem Briefing, der genauen Aufgabenbeschreibung und Zielsetzung, basieren. Ob nun ein Institut mithilft oder nicht, die folgenden Programmpunkte müssen absolviert werden:

- Methode festlegen (Beobachtung, Befragung, Test; persönliche, telefonische, schriftliche Befragung offline oder online)
- Zielgruppe nach Grundgesamtheit und Stichprobenumfang abgrenzen
- Auswahlverfahren bestimmen (Random-, Quoten-, Spezialverfahren)
- Fragen und mögliche Antworten formulieren (offen, geschlossen) oder Gesprächsleitfaden konzipieren. Hier kommt es im Wesentlichen darauf an, wie geschickt Sie den Informationsbedarf in Fragen und evtl. Antwortvorgaben transformieren.
- Fragebogen aufbauen, gestalten (Layout)
- Fragebogen testen und evtl. Korrekturen/Ergänzungen anbringen
- Interviewer auswählen und einweisen
- Feldarbeit durchführen
- Interviewertätigkeit kontrollieren.

7. Schritt: Informationsverarbeitung: Dieser Schritt wird im Einzelnen in Kapitel 9 beschrieben. Jetzt kommt es darauf an, ob die erfassten Daten und Informationen bereits in einem elektronisch verarbeitbaren Zustand vorhanden sind oder erst eingegeben werden müssen. Die Verarbeitung gliedert sich in zwei Arbeitsphasen:

- die Aufbereitung von Daten und Informationen
  - mit Hilfe von PC oder Datenverarbeitungsanlage, Systematisierung und Kodierung von Antworten auf offene Fragen
  - Kontrolle der Daten hinsichtlich Qualität und Plausibilität
  - Festlegen von Tabellenmustern und Auswertungsraster
- die Auswertung. Hierunter fallen
  - rechnerische Verarbeitung und Umsetzung der Einzelwerte in Häufigkeiten, Prozent-, Verhältnis- und Indexzahlen

– textliche Interpretation der gewonnenen Ergebnisse, Zusammenfassung der wichtigsten Erkenntnisse und Bewertungen
– Aufzeigen von Entscheidungsalternativen, Ableitung von Schlussfolgerungen und Empfehlungen.

Sofern ein Institut oder Berater mit der Durchführung der Primärforschung beauftragt war oder Sekundärinformationen zur Bewertung vorliegen, ist es die Aufgabe des betrieblichen Marktforschers, eine Zusammenfassung zu erstellen, Schlussfolgerungen für das Unternehmen zu ziehen und Handlungsalternativen vorzuschlagen. Schließen Sie keine Arbeit ab, bevor Sie nicht eine Nachkalkulation der verbrauchten Mittel durchgeführt haben. Vor allem bei vorgegebenem Budget weisen Sie auf den wirtschaftlichen Einsatz der Mittel hin, oder begründen Sie einen evtl. Mehraufwand.

8. Schritt: Präsentation der Ergebnisse: Ein Ergebnis ist nur so gut, wie es auch kommuniziert wird! Es ist selbstverständlich, dass die Ergebnisse Ihrer Bemühungen in schriftlicher Form dokumentiert werden müssen. Der schriftliche Bericht ist nämlich nicht nur der Nachweis der Recherchen, sondern auch ein Dokument für die anstehenden Entscheidungen im Marketing und für spätere Nachlesen und Zeitvergleiche in Bezug auf Veränderungen bei nachfolgenden Arbeiten. Nicht so selbstverständlich ist es für den Marktforscher, dass er seine Arbeitsergebnisse auch mündlich vorträgt. Meines Erachtens sollte der Grundsatz gelten: Keine Marktuntersuchung ohne mündliche Präsentation der Ergebnisse. Drängen Sie – als Ausführender – darauf, Ihre Ergebnisse einem ausgewählten Kreis von Personen in Ihrem Unternehmen vorzustellen. Sie können mit dem gesprochenen Wort einfach besser überzeugen und präzisieren, Botschaften besser vermitteln und evtl. Missverständnisse sofort ausräumen. Ergebnisse, die Sie mündlich vortragen, zwingen Sie auch zu knappen Ausführungen, prägnanten Aussagen und Empfehlungen. So hat jeder Betroffene mehr davon und erspart sich das Lesen, wozu die Zeit doch meistens fehlt.

9. Schritt: Umsetzung der Ergebnisse in konkrete Maßnahmen: Diese Arbeitsphase ist eigentlich kein „Marktforscherschritt" mehr, sondern eine Marketingentscheidung, die den Planungsprozess beschließt und in das aktionsbetonte Marketing überleitet. Ich bin al-

Typischer Ablauf einer Marktstudie aus betrieblicher Sicht

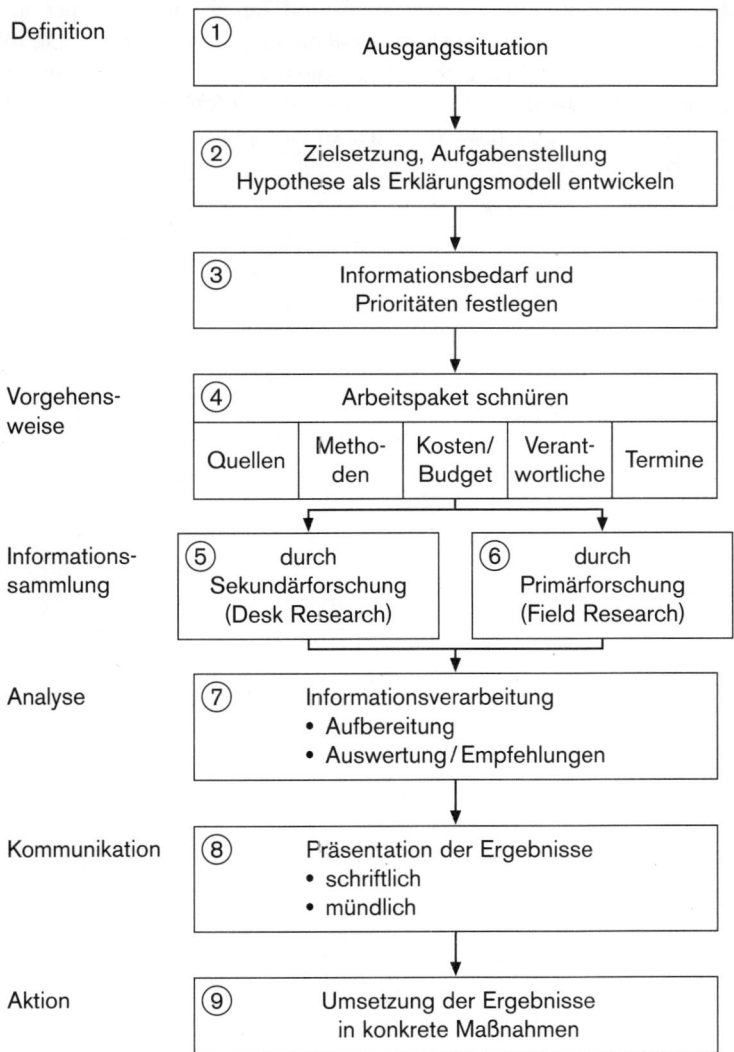

Definition	① Ausgangssituation

② Zielsetzung, Aufgabenstellung
Hypothese als Erklärungsmodell entwickeln

③ Informationsbedarf und
Prioritäten festlegen

Vorgehens-
weise

④ Arbeitspaket schnüren

| Quellen | Metho-den | Kosten/Budget | Verant-wortliche | Termine |

Informations-
sammlung

⑤ durch
Sekundärforschung
(Desk Research)

⑥ durch
Primärforschung
(Field Research)

Analyse

⑦ Informationsverarbeitung
• Aufbereitung
• Auswertung / Empfehlungen

Kommunikation

⑧ Präsentation der Ergebnisse
• schriftlich
• mündlich

Aktion

⑨ Umsetzung der Ergebnisse
in konkrete Maßnahmen

lerdings der Meinung, dass Sie als Marktforscher dafür Sorge tragen müssen, dass mit Ihren Anregungen und Empfehlungen Ernst gemacht wird und diese auch tatsächlich umgesetzt werden. Denn sonst wäre Ihre Arbeit umsonst gewesen. Die Umsetzung kann in manchen Fällen aber auch bedeuten, dass nichts unternommen wird oder man eben abwartet – dies ist dann auch eine Antwort auf Ihre Bemühungen.

II. Externe Helfer, Techniken für den Mittelstand, Kosten der Marktforschung und Verarbeitung der Daten

6. Vom Umgang mit Marktforschungsinstituten: Was Sie beachten sollten, wenn Sie externe Dienstleister für die Marktforschung einschalten

> Guter Rat ist teuer,
> guten Rat nicht befolgen, ist teurer
>
> *Sprichwort*

- Wann ist es sinnvoll, mit einem Institut/Berater zusammenzuarbeiten?
- Wie und wo erfahren Sie etwas über die vorhandenen Institute?
- Welche Kriterien gibt es, das für Sie „richtige" und passende Institut auszuwählen, und was ist dabei Ihr Part und der des Instituts?

Um Marktinformationen zu beschaffen, gibt es zwei Wege:

1. Weg: Sie machen es selbst mit eigenen Mitarbeitern und Kollegen. Sie greifen auf eigene Erfahrungen zurück oder eignen sich Kenntnisse an, z. B. aus der Literatur oder aus Seminaren.

2. Weg: Sie lassen sich helfen. Nicht immer ist es möglich oder sinnvoll – und auch wirtschaftlich vertretbar –, alles allein zu machen. Mit fachmännischer Hilfe können manche Aufgaben einfach besser gelöst werden. Die Fremdvergabe dieser Art von Dienstleistungen (outsourcing) hat vielerlei Gründe:

- Sie sind überfordert, verfügen nicht über das Marktforschungswissen und die ausreichenden Erfahrungen auf diesem Gebiet. Und sich schnell Wissen aneignen – dafür ist die Zeit bis zur Entscheidung zu kurz (**qualitative Gründe**).
- Sie selbst, Mitarbeiter oder Kollegen sind zwar qualifiziert und in der Lage, Untersuchungen durchzuführen – auch hauptberufliche Marktforscher in den Unternehmen –, aber Sie haben nicht die

nötige Zeit und freie Kapazität. Oft müssen ja Marktforschungsaufgaben nebenbei erledigt werden (**quantitative Gründe**).

- Sie verfügen nicht über die räumlichen und apparativen Einrichtungen, wie sie z. B. für Tests und Gruppendiskussionen erforderlich sind. Für größere Befragungen fehlen Ihnen die Organisation
  und der Interviewerstab. Sie können daher solche Primärerhebungen nicht in dem gleichen wirtschaftlichen Rahmen und mit
  der gleichen Effizienz wie ein Institut durchführen (**organisatori-
  sche Gründe**).
- Sie können keine Beteiligungsstudien, wie z. B. Mehrthemenbefragungen, Panels usw., selbst arrangieren. Dazu ist eben eine
  neutrale übergreifende Organisation notwendig (**methodische
  Gründe**).
- Sie wollen anonym bleiben (**Geheimhaltungsgründe**).
- Sie benötigen für ein Finanzierungsinstitut ein neutrales Gutach-
  ten, das vor der Darlehenszusage die Marktchancen Ihres Vorha-
  bens bewertet. Oder im Rahmen eines Rechtsstreites werden Aussagen der Öffentlichkeit zur Rechtsgeltung von Begriffen, Marken
  und Meinungen gefordert, z. B.: Wann darf sich ein Stollen
  „Dresdner Stollen" nennen? Nur wenn er in Dresden hergestellt
  ist? (**gutachterliche Gründe**).

Wenn Sie sich nun an ein Institut oder einen externen Berater
wenden wollen, müssen Sie erst einmal wissen, welche es gibt und
wie diese zu beurteilen sind. Außerdem müssen Sie natürlich über
entsprechende Budgetmittel verfügen.

- Erkundigen Sie sich bei Kollegen oder fremden Firmen, welche
  Empfehlungen man Ihnen gibt und welche Erfahrungen die anderen mit dem einen oder anderen Institut gemacht haben. Seien Sie
  jedoch kritisch, wenn Sie nicht genau wissen, welche Problemstellung der Empfehlende hatte.
- Sie besorgen sich folgende Veröffentlichung:
  „BVM Handbuch Marktforschungsunternehmen", herausgegeben vom Berufsverband Deutscher Markt- und Sozialforscher
  e.V., das jährlich neu erscheint.

Das Handbuch können Sie online bestellen unter www.bvm.org/Hand-
buchbestellung, oder Sie wählen die Online-Variante des Handbuchs unter

www.bvmnet.org. Die Veröffentlichung bietet Ihnen ausführliche Leistungs-
profile und Firmendaten von über 500 Marktforschungsunternehmen: Forschungsinstitute, Feldorganisationen, Berater, Studios und andere Dienstleister. Außerdem finden Sie Informationen über die verschiedenen Verbände und
Arbeitskreise sowie den internationalen Kodex, Richtlinien und ein Glossar
der Marktforschungsbegriffe, die auch online verfügbar sind.

Die Organisationen sind dabei wie folgt abgegrenzt:

- Forschungsinstitute führen komplette Marktstudien von der Planung bis zur Ergebnispräsentation durch.

- Feldorganisationen haben einen großen Interviewerstab – bis zu
  5000 Interviewer – und erledigen in erster Linie Feldarbeit, auch
  für andere Marktforschungsunternehmen. Für Sie als Eigenan-
  wender sind diese Firmen eine interessante Alternative für die
  Fremdvergabe von Teilaufgaben. Die meisten übernehmen auch
  die Auswertung der Fragebogen.

- Berater sind in der Regel selbstständig tätige Personen mit oft detaillierten Kenntnissen in bestimmten Märkten oder Methoden.
  Sie sind insbesondere für mittelständische Unternehmen geeignete Partner für externe Marktforschungsaufgaben.

- Studios gehören nicht selten zu Forschungsinstituten und verfügen über entsprechende Einrichtungen zur Durchführung von
  Gruppendiskussionen und Studiotests.

- Andere Dienstleister im Marktforschungsbereich sind Spezialisten, die einen besonderen EDV-Service oder andere Dienstleistungen anbieten, die von den Vollservice-Instituten nicht abgedeckt werden.

Hochschulinstitute, die zwar Marktforschung durchführen, aber
in der Regel für Forschungszwecke und nicht privatwirtschaftlich
arbeiten, sind in diesem Handbuch nicht enthalten.

Zur Auswahl einer Organisation stehen Ihnen mit den Firmendaten die folgenden Kriterien zur Verfügung:

- Die Adresse, der Standort und damit die Nähe zu Ihrer Firma ist
  ein – wenn auch nicht zwingendes – Auswahlkriterium für die persönliche Kontaktaufnahme und Klärung während der Durchführung einer Studie.

- Das Gründungsjahr sagt Ihnen etwas über die gesammelten Erfahrungen, die Beständigkeit und den Erfolg eines Instituts.

- Die Namen der Inhaber, Geschäftsführer oder Gesellschafter sind die personifizierten Garanten für die Zusammenarbeit und die Qualität der Dienstleistungen.
- Niederlassungen und Kooperationen im Ausland sind wichtig um bei internationalen Studien die Vergleichbarkeit der Ergebnisse zu gewährleisten.
- Die Zahl der Mitarbeiter/Interviewer, deren Ausbildungsstand und vertragliche Regelung (festangestellt, freiberuflich) sagen etwas über die Organisation und Größe des Instituts sowie deren Qualifikation aus. Dabei ist aber nicht zu verkennen, dass mittlere und kleine Marktforschungsunternehmen in Zeitplanung, Methode und Preisgestaltung vielfach flexibler agieren können als große Organisationen.
- Die Mitgliedschaft in Verbänden, den berufsständischen Vertretungen, zeigen, dass sich das Unternehmen zu deren Berufsgrundsätzen verpflichtet. Die Verbände (siehe unten) fördern einerseits das Ansehen der Marktforschung in der Öffentlichkeit sowie die wissenschaftliche Weiterentwicklung und präsentieren sich andererseits durch Weiterbildung in Arbeitskreisen, Vorträgen und Seminaren.
- Das Leistungsprofil bezieht sich auf Erfahrungen und Fähigkeiten auf den verschiedenen Forschungsgebieten in der Markt- und Sozialforschung, den Erhebungs- und Auswertungsverfahren sowie den Kenntnissen in den Branchen und Märkten.

Wichtig bei den Studios sind außerdem die Studioausstattungen und -leistungen.

Organisationen der Marktforschung und wissenschaftliche Organisationen

in alphabetischer Reihenfolge (Personen, Unternehmen/Institute, Richtlinien, Qualitätsstandards und Kodizes, Literatur, Jahresberichte, Methoden, Links)

Nationale, deutsche Organisationen:
- ADM – Arbeitskreis Deutscher Markt- und Sozialforschungsinstitute e.V., www.adm-ev.de. Dort finden Sie u. a. Qualitätsstandards und Richtlinien (wie beim BVM), Publikationen, die Jahresberichte des ADM, Mitgliedsinstitute usw. Die Mitgliedsinstitute des ADM (ca. 80 % des Branchenumsatzes) verzeichneten 2006 einen Gesamtumsatz von 1,6 Mrd. Euro, der seit 2001 (1 Mrd. Euro) jährlich um ca. 9 % angestiegen ist. Deutschland

ist nach den USA und Großbritannien der drittgrößte Markt für Marktforschung.

- ASI – Arbeitsgemeinschaft Sozialwissenschaftlicher Institute e.V.; www.gesis.org/asi
- BVM – Berufsverband Deutscher Markt- und Sozialforscher e.V.; www.bvm.org

  Wichtige Veröffentlichung: BVM Handbuch Marktforschungsunternehmen in Deutschland, jährliche Aktualisierung; www.bvm-net.de

  Verschiedene Arbeitskreise, z. B. NEON – Network Online Research; FUN-Forum Unternehmensmarktforscher sowie Standesregeln.

  Außerdem: Richtlinien, Standards und Checklisten sowie ‚inbrief', das Organ des Bundesverbandes Deutscher Markt- und Sozialforscher e.V.
- DGOF – Deutsche Gesellschaft für Online Forschung e.V.; www.dgof.de

  Die DGOF vertritt die Interessen der Online-Forscher im deutschen Sprachraum. Sie veranstaltet jährlich eine Fachkonferenz und Kongressmesse (General Online Research – GOR)
- DMV – Deutscher Marketing-Verband e.V., Düsseldorf; www.marketing verband.de, Herausgeber der Fachzeitschrift Absatzwirtschaft; erscheint monatlich; www.absatzwirtschaft.de
- GESIS – Gesellschaft Sozialwissenschaftlicher Infrastruktureinrichtungen

  IZ – InformationsZentrum Sozialwissenschaften; www.gesis.org/iz

  ZA – Zentralarchiv für Empirische Sozialforschung, www.gesis.org/za

  ZUMA – Zentrum für Umfragen, Methoden und Analysen e.V.; www.gesis.org/zuma
- STBA – Statistisches Bundesamt, Wiesbaden; www.destatis.de
- ZAW – Zentralverband der deutschen Werbewirtschaft; www.zaw.de und www.gwa.de

Internationale Organisationen
- EFAMRO – European Federation of Associations of Market Research Organisations; www.efamro.com
- ESOMAR – The World Association of Research Professionals; www.esomar.org
- WAPOR – World Association for Public Opinion Research; www.unl.edu/wapor und www.wikipedia.org

  Die Wapor ist eine internationale wissenschaftliche Fachgesellschaft für Meinungsforscher und Kommunikationswissenschaftler mit Sitz in Michigan, USA

Wie gehen Sie nun im konkreten Fall vor, wenn Sie durch Empfehlung oder aus dem Handbuch das eine oder andere Institut in die engere Wahl gezogen haben? So könnte etwa der Auswahlprozess und die Zusammenarbeit aussehen (siehe Grafik Seite 180):

(1) Die Entscheidung: für die Zusammenarbeit mit einem Institut ist gefallen. Die eigenen internen und externen Quellen sind ausgeschöpft und analysiert. Es ist ein weiterer Informationsbedarf vorhanden.

(2) Die Vorauswahl: zur Angebotsaufforderung
- Die infrage kommenden Institute sollten über die von Ihnen geforderten Methoden und Spezialkenntnisse verfügen sowie – wenn möglich –
- auch Branchenkenntnisse nachweisen können.
- Nutzen Sie die Erfahrungen anderer, z. B. wurden in einer Studie folgende Imagefaktoren untersucht und nach einer Fünferskala bewertet:
  – gründlich fundierte Untersuchungskonzepte
  – korrekte und zuverlässige Feldarbeit
  – Methodenkenntnisse und analytische Fähigkeiten
  – pünktliche Lieferung von Ergebnissen
  – gute mündliche und schriftliche Präsentationen
  – Eingehen auf Sonderwünsche
  – Gesamtimage.

(3) Das „Briefing": Sie erstellen in Teamarbeit in Ihrem Unternehmen oder zusammen mit einem Institut eine Beschreibung
- des Problems, das Sie ganz offen darlegen sollten,
- der Zielsetzung, was Sie mit der Studie erreichen wollen,
- einer vorgesehenen Methode unter Angabe der Produkte, der Zielgruppe(n), Grundgesamtheiten und Stichprobenauswahl, soweit Sie sich hier schon festlegen wollen oder können,
- der Aufgaben und zu klärenden Informationen in Form eines Fragenkataloges – noch keine Frageformulierungen. Beschränken Sie sich dabei auf das Wesentliche.
- Legen Sie Termine fest.
- Lassen Sie sich den Gesamtpreis nennen und wenn möglich eine Kostenaufteilung nach einzelnen Arbeitsphasen. Klären Sie auch, welche Dienstleistungen im Preis enthalten sind und was evtl. Zusatzleistungen wie Sonderzählungen kosten. Manche Institute

bieten auch einzelne Dienstleistungsmodule an, z. B. Studiovermietung, nur Feldarbeit usw.

(4) Die Angebotsaufforderung: Sie erfolgt in der Regel schriftlich und kann idealerweise durch ein persönliches Gespräch unterstützt werden.

• Bei Erstkontakten Institutsprospekt und Referenzen anfordern.
• Der Inhalt des Briefing ist praktisch die Basis für die Einholung von Angeboten.
• Sie können zwei bis vier Institute zum Angebot auffordern, wenn Ihnen diese Auswahl überhaupt zur Verfügung steht.
• Sie sollten einen Termin für die Angebotsvorlage fixieren und dann aber auch zügig entscheiden.

(5) Die Institutsangebote: Sie werden Angebote erhalten, die etwa folgende Punkte umfassen:
• Wiederholung Ihrer Aufgabenstellung und der Zielsetzung
• Methode: Erhebungsart (schriftlich – offline oder online –, persönlich, telefonisch), Grundgesamtheit der Zielgruppe und Stichprobengröße, Auswahlverfahren, Interviewereinsatz im Feld und Kontrolle
• Fragenprogramm, soweit nicht bereits von Ihnen vorgegeben
• Termine für Beginn und Ende der Feldarbeit, Auswertung und Berichterstattung
• Datenverarbeitung und Ergebnisdarstellung
• Honorare, Kosten, Zahlungsweise
  Aus diesen Angaben gewinnen Sie eine Reihe von Entscheidungskriterien: Hat das Institut Ihr Problem richtig erkannt? Wie ist der methodische Ansatz unter wirtschaftlichen Aspekten zu beurteilen? usw.

(6) Der Angebotsvergleich – Ihre endgültige Auswahl: Jetzt haben Sie wieder die Qual der Wahl.
• Mit dem Angebotspreis zu beginnen ist ebenso falsch wie ihn völlig außer Acht zu lassen. Denn alle Versuche, Marktforschung wie eine Ware einzukaufen, müssen zwangsläufig zu unbefriedigenden Ergebnissen führen. Es fehlen nämlich weitgehend die Kennzeichen einer Ware: kontrollierbare Menge und messbare Qualität.

175

- Vielmehr treten nun die zuvor genannten Auswahl- und Image-kriterien in den Vordergrund.
- Sofern noch nicht geschehen, arrangieren Sie einen persönlichen Kontakt mit dem Institut. Schauen Sie sich die Leute an, mit denen Sie zusammenarbeiten werden. Eine gewisse menschliche Wellenlänge sollte schon gegeben sein. Das schafft Vertrauen und Atmosphäre.
- Seien Sie nicht auf eine bestimmte Methode fixiert, wenn Ihnen das Institut einen anderen – vielleicht effizienteren – Weg vorschlägt. Wählen Sie zusammen mit dem Institut die Methode aus, die pragmatisch zu handhaben und wirtschaftlich durchzuführen ist.
- Bestehen Sie nicht unbedingt auf Exklusivität der Informationen, wenn sich durch Beteiligung anderer Firmen eine Kostenteilung erreichen lässt.
- Klären Sie auch mit dem Institut, welche Aufgaben Sie übernehmen könnten, wie z. B. Ermittlung der Grundgesamtheit, Adressenauswahl für die Stichprobe, Ihre Anwesenheit bei der Durchführung von Interviews oder Gruppendiskussionen.
- Wenn Sie sich die Mühe machen wollen, können Sie mit einer Checkliste nach folgendem Muster (siehe Kasten) arbeiten.

(7) Auftragserteilung: Erteilen Sie Ihren Auftrag dem Institut, das Ihren Vorstellungen am ehesten gerecht wird.

(8) Durchführung der Studie:
- Das Institut entwirft ein Arbeitsprogramm und einen Fragebogen, in dem Ihr Informationsbedarf in Fragen transformiert und das Layout festgelegt wird.
- Die Prüfung des Fragebogens und Ihre Genehmigung dazu sowie einige Pretests sollten unbedingt vereinbart werden.
- Die Feldarbeit erfolgt weitgehend mit Computerunterstützung.
- Ein Informationsaustausch während der Feldarbeit ist vor allem dann sinnvoll, wenn die Untersuchung anders als geplant verläuft und noch Korrekturen an Zielgruppe und Fragebogen angebracht werden sollen.

Checkliste für die Institutsauswahl

Institut A (1)

Auswahlkriterien	Gewichtungs-faktor (2)	Punkte-zahl (3)	Bewert.-ziffer (4) (= 2×3)
Institut allgemein Bekanntheit Technische Ausstattung Mitarbeiter, Qualifikation ...			
Zwischensumme			
Angebot Methodenkenntnisse Erfahrungen in bestimmten Branchen Zeitbedarf Interviewerstab ...			
Zwischensumme			
Vorgehensweise vorgeschlagene Methode Flexibilität Datenverarbeitung ...			
Zwischensumme			
Angebotspreis €			
Gesamtsumme (5)			

Arbeitsschritte:
(1) Sie formulieren Ihre Anforderungen an das jeweilige Institut z. B. unter Verwendung der vorgenannten Kriterien
(2) Sie legen fest, welche Bedeutung diese Kriterien für Sie generell haben – durch Gewichtungsfaktoren von z. B. 1 bis 5 (= hohe Bedeutung)
(3) Sie vergeben pro Kriterium und pro Institut eine Punktzahl von 1 bis 5 (= bester Erfüllungsgrad)
(4) Sie multiplizieren den Gewichtungsfaktor mit der Punktzahl und erhalten eine Bewertungsziffer, die Sie nun addieren können
(5) Sie addieren die Bewertungsziffern und erhalten Zwischensummen und eine Gesamtsumme je Institut. Damit können Sie jetzt die infrage kommenden Institute messbar machen und miteinander vergleichen.

(9) Auswertung der Daten:
- Dank Computertechnik liegen heutzutage Auswertungen nach wenigen Tagen oder Wochen vor. Dies hängt jedoch sehr stark vom Umfang, der Methode und der Themenstellung ab, so dass es auch bis zu drei Monaten dauern kann.
- Sie sollten sich die Ergebnisse zunächst mündlich präsentieren lassen.
- Danach folgt der schriftliche Bericht, in dem Sie auch auf Vorschlägen und Empfehlungen bestehen sollten.

(10) Ihre Interpretation: Eine Zusammenfassung und eine Interpretation der Ergebnisse für Ihr Unternehmen aus Ihrer Sicht sollte sich anschließen. Denn Sie wollen ja aus der Arbeit Schlussfolgerungen ziehen und die Ergebnisse in Entscheidungen umsetzen.

(11) Informationsrückfluss an die Interviewten: Eine Kurzinformation an die Befragten über die wichtigsten Ergebnisse der Studie wird nicht selten bei Befragungen im Business-Bereich vorgenommen. Sie geben damit Ihren Dank zum Ausdruck und erreichen gleichzeitig eine verkaufsfördernde Wirkung.

Ergänzend zu den bisherigen Ausführungen möchte ich noch auf einige wichtige Regulative und Standesregeln in der Marktforschung hinweisen. Das sind Richtlinien und Empfehlungen des Berufsverbandes und weiterer Organisationen, die Sie alle unter www.bvm.org und dann unter Standesregeln oder unter www.adm-ev.de im genauen Wortlaut nachlesen und als pdf-file herunterladen können:

- **ESOMAR Kodex:** Der „IHK/ESOMAR Internationaler Kodex für die Praxis der Markt- und Sozialforschung" legt Grundprinzipien dar, von denen sich jene in ihrem Handeln leiten lassen müssen, die Marktforschung betreiben oder nutzen. Er legt u. a. auch die Rechte des Auftraggebers fest und bietet Ihnen als Nutzer die Gewähr für eine korrekte Durchführung der Studien.
- **ADM-Richtlinien,** bisher sind neun Ausgaben erschienen, z. B.
  - für die Aufzeichnung und Beobachtung von Gruppendiskussionen und qualitativen Einzelinterviews
  - für den Einsatz von Mystery Research in der Markt- und Sozialforschung
  - für Befragungen von Ärzten zu Zwecken der Markt- und Sozialforschung

- für telefonische Befragungen
- für die Befragung von Minderjährigen
- für die Veröffentlichung von Ergebnissen der Wahlforschung
- zum Umgang mit Adressen in der Markt- und Sozialforschung
- zum Umgang mit Datenbanken in der Markt- und Sozialforschung
- für Online-Befragungen

• **Standards, Checklisten & Leitfaden**, z. B. Standards zur Qualitätssicherung, Checkliste für Auftraggeber von Online-Befragungen, Anforderungen an Online-Umfrage-Software usw.

Die Verbände – ADM, BVM und ASI – haben eine Beschwerdestelle, den „Rat der Deutschen Markt- und Sozialforschung" (RDMS), ins Leben gerufen, um für die Einhaltung der obigen Berufsgrundsätze zu sorgen. An den Rat kann sich jeder wenden, der sich in seinen Rechten verletzt sieht.

Zusammenfassung

• Der **Umgang mit Marktforschungsunternehmen** sollte sich auf partnerschaftlicher und vertrauensvoller Basis vollziehen.

• Nutzen Sie den Rat der Experten, deren langjährige Markterfahrungen und Methodenkenntnisse auf dem Gebiet der Marktforschung.

• **Das kostet Geld**, aber dafür bekommen Sie fundierte Ergebnisse und Empfehlungen zu Ihren Fragestellungen und für Ihre Entscheidungen.

• Neben den Kosten für eine Marktstudie gibt es eine Reihe von Auswahl- und Entscheidungskriterien, die Sie ansetzen und bewerten können, um das für Sie passende Institut zu finden.

• Der Prozess der Zusammenarbeit kann dabei nach folgendem Schema ablaufen.

Zusammenarbeit bei der Durchführung einer Marktstudie zwischen Unternehmen und Institut

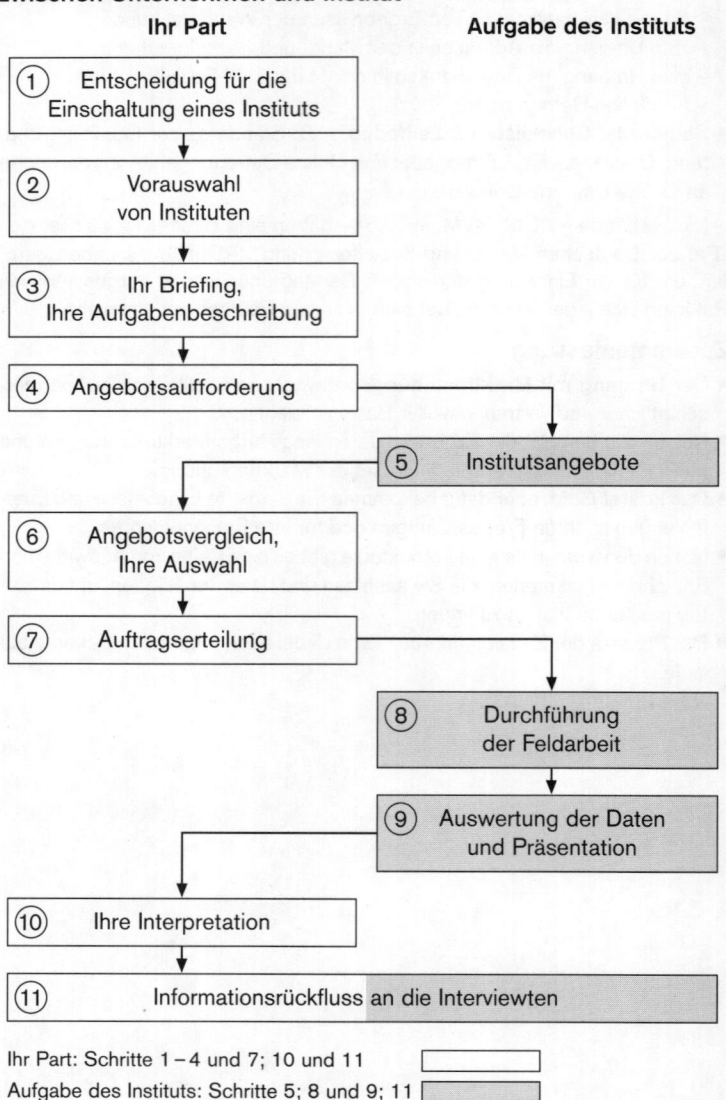

Ihr Part   Aufgabe des Instituts

① Entscheidung für die Einschaltung eines Instituts

② Vorauswahl von Instituten

③ Ihr Briefing, Ihre Aufgabenbeschreibung

④ Angebotsaufforderung

⑤ Institutsangebote

⑥ Angebotsvergleich, Ihre Auswahl

⑦ Auftragserteilung

⑧ Durchführung der Feldarbeit

⑨ Auswertung der Daten und Präsentation

⑩ Ihre Interpretation

⑪ Informationsrückfluss an die Interviewten

Ihr Part: Schritte 1 – 4 und 7; 10 und 11
Aufgabe des Instituts: Schritte 5; 8 und 9; 11

7. Marktforschungstechniken, insbesondere für mittelständische Unternehmen: Welche Techniken für Sie im Mittelstand besonders effektiv und kostensparend einzusetzen sind

> Der Hang zur Systematik bedrohte von jeher
> das menschliche Denken mit gefährlichen Klippen
>
> *Friedrich der Große*

- Welche Techniken der Marktforschung sind unter methodischen und Kostengesichtspunkten besonders geeignet für mittelständische Unternehmen?
- Wie können die Ressourcen im mittelständischen Unternehmen für Marktforschungsaufgaben optimal genutzt werden?
- Welche Rolle spielt dabei die Informationsbeschaffung über eigene Mitarbeiter, insbesondere im Außendienst und Service, sowie Zeitpersonal?

7.1 Methodenübersicht

Große Entscheidungen wurden und werden meist auf der Basis unsicherer, unvollständiger Informationen und nicht selten sogar aus dem Bauch heraus getroffen und dann erst nachträglich rational begründet. So manche Idee führte auch ohne große Vorbereitungen zu einem guten Ergebnis. Die Vision, das konsequente Vorgehen und der Einsatz aller Kräfte bei der Umsetzung sind jedoch immer noch wichtige Voraussetzungen für erfolgreiche Resultate.

Gerade in der heutigen Zeit müssen wir außerdem lernen, mit fließenden Strukturen und raschen Veränderungen in der Wirtschaft und im politischen Umfeld fertig zu werden, was natürlich die Erforschung der Märkte nicht gerade erleichtert. Wir müssen auch erkennen und uns darauf einstellen, dass menschliches Verhalten im Grunde genommen unberechenbar und seiner Natur nach von jeher chaotisch war und ist.

Wozu führt diese Einsicht in Bezug auf die Marktforschung? Sie führt dazu, die Methoden und Techniken der Marktforschung im richtigen Lichte zu sehen und sie vom Standpunkt des praktischen Nutzens aus zu beurteilen. Die Orientierung am Nützlichen und Machbaren muss die Oberhand gewinnen. Das heißt, auch methodisch weniger gut abgesicherte Vorgehensweisen, kleine Stichproben bis hin zu Einzelgesprächen sind brauchbare Instrumente der Marktforschung. Denn auch sie liefern wertvolle Hinweise und Ergebnisse, die Entscheidungen vorbereiten helfen. Von dieser Sichtweise profitieren in erster Linie die sowieso nicht methodenfixiert vorgehenden mittelständischen Unternehmen. Sie stellen von Natur aus ganz andere Ansprüche an die Marktforschung als die Großunternehmen. Das hat mehrere Gründe:

- Die Märkte sind kleiner, spezialisierter, oft regional orientiert und damit überschaubar.
- Die finanziellen Mittel für Marktanalysen sind begrenzt. Man ist oft auch nicht bereit, für Marktforschung überhaupt Geld auszugeben und dies als „Entwicklungskosten" und Investitionen in den Markt anzusehen.
- Das Marktforschungs-Know-how ist gering oder nicht vorhanden. Die Erkenntnis und die Erfahrung, aus Marktforschungsergebnissen Schlüsse zu ziehen, ist kaum ausgeprägt.

Es müssen daher, insbesondere für die Eigenanwendung, **pragmatische Ansätze** gefunden werden, die in konkrete Aktivitäten umzusetzen sind.

- Das Vorgehen nach dem „quick and dirty"-Prinzip, wie es die Amerikaner zu nennen pflegen, besagt z. B., dass es vielfach ausreicht, ungenaue, aber schnelle Informationen zu haben, um zu raschen Entscheidungen zu kommen.
- Nutzen Sie vor allem die in der Regel schnell verfügbaren und oft auch kostenfreien Informationen aus den Medien, dem Internet und von persönlichen Erfahrungsträgern.
- Nutzen Sie die Gespräche mit ihren Partnern im Markt, egal ob Kunde, Lieferant, Bankfachmann, Experte, Mitbewerber oder Journalist. Atmosphärisch günstige Gelegenheiten sind besonders dafür geeignet, offene und ungeschminkte Meinungen einzufan-

gen. Auch Einzelmeinungen können Ihnen wertvolle Hilfestellung geben. Sie spielen deshalb eine wichtige Rolle, weil man dahinter oft den Ursprung für Verbesserungen und Neuerungen sowie eine neue Sichtweise des Marktes entdecken kann. Außerdem lassen sich Einzelnennungen wie Mosaiksteinchen zu einem Gesamtbild zusammenfügen, ohne dass die Besonderheit einer differenzierten Meinung verlorengeht.

- Versuchen Sie eine Umfrage in eigener Regie. Beginnen Sie mit einer relativ kleinen Stichprobe ab etwa 20 auswertbaren Gesprächen und steigern Sie diese je nach Erfahrung und Notwendigkeit. Verwenden Sie dazu einen Gesprächsleitfaden oder einen teilstrukturierten Fragebogen mit sowohl offenen als auch geschlossenen Fragen oder wagen Sie sich an eine Online-Befragung. Unter www.2ask.de erhalten Sie dabei Hilfestellungen.

- Legen Sie den Schwerpunkt auf qualitative, nicht repräsentative, Erhebungen mit kleiner Fallzahl, z. B. in Form von Gruppen- oder Expertengesprächen.

- Beziehen Sie auch Ihre Mitarbeiter in die Informationsgewinnung mit ein. Sie glauben gar nicht, was alles in ihren Köpfen steckt. Sie müssen sie nur aktivieren und zu Meinungsäußerungen herausfordern.

Daraus lassen sich die **Anforderungen an mittelständische Methoden und Techniken** ableiten und formulieren:

- Sie dürfen nicht viel kosten.

- Sie müssen einfach anwendbar und zum großen Teil auch in eigener Regie durchführbar sein. Dies gilt sowohl für Befragungsgespräche und schriftliche Umfragen als auch für das Sichten und Durcharbeiten von veröffentlichtem Material.

- Diese Arbeiten müssen in der Regel neben der eigentlichen Tätigkeit erledigt werden, da eigene Marktforscher nur selten zur Verfügung stehen.

- Sie müssen schnell zu verwertbaren Ergebnissen („Quick Hits") führen.

Methoden, die diesen Anforderungen weitgehend gerecht werden, sind z. B. die in der Checkliste auf S. 184 und 185 aufgeführten Techniken.

Checkliste: Marktforschungstechniken, insbesondere für mittelständische Unternehmen

Selbsttest: Kreuzen Sie bitte an, welche dieser Techniken Sie in Ihrem Unternehmen für anwendbar halten und welche Sie bereits anwenden.

	In Ihrem Unternehmen anwendbar	bereits durchgeführt
(1) Schriftliche Umfragen (postalisch/offline oder online) bei Kunden und Interessenten – in eigener Regie	☐	☐
(2) Telefonische Umfragen bei Kunden und Interessenten, z. B. zur Bedarfsermittlung, Kundenzufriedenheit usw. – in eigener Regie	☐	☐
(3) Persönliche Befragungen von Kunden und Interessenten in kleinen Stichproben – in eigener Regie	☐	☐
(4) Persönliche oder telefonische Befragung von Pilotkunden, laufende Gespräche mit wichtigen Kunden	☐	☐
(5) Persönliche oder telefonische Befragung von Branchenexperten und externen Meinungsführern („opinion leader")	☐	☐
(6) Durchführung von Gruppendiskussionen mit Kunden/Interessenten oder eigenen Mitarbeitern, Gruppendiskussionen/Brainstorming mit jungen Leuten/Studenten zur Ideenfindung	☐	☐
(7) Beobachtung der Mitbewerberaktivitäten in den Medien im Internet, auf Messen, bei Kunden und anhand deren eigener Verlautbarungen und Veröffentlichungen	☐	☐
(8) Einsatz eigener Mitarbeiter für Befragungen im Kunden-, Lieferanten- und Mitbewerberkreis . . .	☐	☐
• Außendienst- und Service-Mitarbeiter		
• Mitarbeiter, die von einer Geschäftsreise, Messe oder sonstigen Außenkontakten zurückkehren		
(9) Aussprachen, Workshops, Brainstorming mit Erfahrungsträgern im eigenen Unternehmen	☐	☐
(10) Einsatz von Werkstudenten, Praktikanten, Diplomanden aus Fachhochschulen und Universitäten für Marktstrukturaufgaben	☐	☐

	In Ihrem Unternehmen	
	anwend-bar	bereits durch-geführt

(11) Aufbau eines firmeneigenen Haushalts-/
Konsumentenpanels, z. B. für Produkttests,
zusammen mit Kunden oder eigenen
Mitarbeitern – auch online . . . . ☐   ☐

(12) Aufbau eines firmeneigenen Händlerpanels für
Abverkaufs- und Konkurrenzbeobachtung . . . . . ☐   ☐

(13) „Store-Checks": Beobachtungen am „Point of
sale" beim Handel und in den Geschäften,
z. B. über vorhandenes Warenangebot,
Platzierung und Preise . . . . ☐   ☐

(14) Teilnahme an gemeinschaftlichen Unter-
suchungen
- Arbeitsteilung zwischen konkurrierenden
Unternehmen oder Vorlieferanten . . . . ☐   ☐
- Mehrthemenbefragungen . . . . ☐   ☐
- Multiclientstudien . . . . ☐   ☐
- Marktforschung auf Verbandsebene für die
Verbandsmitglieder . . . . ☐   ☐
usw. (siehe dazu auch Kapitel 7.2)

(15) Kauf von nicht mehr ganz aktuellen Daten
aus Paneluntersuchungen der Institute (sog.
backdatas) . . . . ☐   ☐

(16) Vergabe der Feldarbeit an ein externes Institut,
Fragebogengestaltung und Auswertung im
eigenen Unternehmen . . . . ☐   ☐

(17) Auswertung von innerbetrieblichen Daten aus
dem Vertrieb (Leistungskennziffern), der
Serviceabteilung (z. B. Reklamationen) und
dem Rechnungswesen (Umsatz-/Kosten-
statistik) . . . . ☐   ☐

(18) Laufende Beobachtung von Trends und Neuerungen in den Medien (Presse, Rundfunk,
Fernsehen, Internet) . . . . ☐   ☐

(19) Auswertung von Veröffentlichungen . . . . ☐   ☐

Neben den bereits erwähnten Marktforschungsunternehmen gibt es auch einige Unternehmen/Institute/Organisationen, die Ihnen in punkto Befragungen, Marktbeobachtung und Wettbewerbsanalysen sowie mit Daten zu Ihren Businessplänen kurzfristig und unkompliziert weiter helfen können, sei es zur Existenzgründung oder für anstehende unternehmerische Entscheidungen z. B.

- Research-Fellows, München, die auch mit verschiedenen Universitäten, Verbänden und Instituten kooperieren: www.research-fellows.de
- Universitäts-, Fachhochschul- und Hochschulinstitute
- SVP Deutschland AG, Heidelberg: www.svp.de
- www.surveymonkey.com, vor allem mit einer intelligenten Software für Online-Befragungen und einer Hilfestellung zur Fragebogengestaltung („to enable anyone to create professional online surveys quickly and easily")
- www.2ask.de gibt auch Hilfestellung für Online-Umfragen

Zusammenfassung zu Marktforschungstechniken

- Die Ansprüche mittelständischer Unternehmen an die Marktforschung sind oft von denen der Großunternehmen verschieden, da sie überschaubarere Märkte haben und nicht so viel Geld für Marktforschung ausgeben wollen oder können.
- Die Marktforschungstechniken müssen daher machbar sein und nützliche schnelle Ergebnisse liefern.
- Dazu gibt es eine Reihe praktischer Beispiele, die sich gerade bei kleinem Budget bewährt haben (siehe Checkliste).

7.2 Gemeinschaftliche Formen der Marktforschung
  Gemeinsam forschen – getrennt vermarkten.

(Ausführungen zur Technik Nr. (14) der Checkliste: Teilnahme an gemeinschaftlichen Untersuchungen.)

Wie man gemeinsam zum Ziel kommt

- Welche Vor- und Nachteile ergeben sich aus einer gemeinschaftlich durchgeführten Marktuntersuchung?
- Welche Formen und Verfahren gemeinschaftlicher Marktforschung gibt es?

Die Möglichkeit, über Vorgänge im Markt kostengünstig und rechtzeitig – aber nicht allein Bescheid zu wissen – ist in vielen Fällen wirtschaftlich sinnvoller und höher einzuschätzen als Informationen exklusiv aber teurer zu erhalten.

Die meisten Verfahren kooperativer Marktforschung sind in mittelständischen Unternehmen kaum bekannt, oder man weiß nicht, was man mit den Ergebnissen anfangen kann. Der Nutzen für das Tagesgeschäft wird nicht hinreichend sichtbar. Dabei bieten gerade diese Beteiligungsformen durch Kostenumlage entscheidende wirtschaftliche Vorteile oder sind für das einzelne Unternehmen kostenfrei, da die Kosten aus Verbands- oder Forschungsmitteln finanziert werden.

Kooperative Marktforschung vermittelt mehreren Unternehmen gleichzeitig einen Informationsnutzen. Dabei kann die Anregung zur gemeinsamen Forschungsarbeit sowohl von

• den Verwendern dieser Informationen selbst,
• ihren Organisationen/Verbänden oder
• von den die Informationen beschaffenden Institutionen

kommen.

Bei der Planung solcher Aktionen sind vor allem folgende Fragen zu klären:

Wer gibt den Anstoß? Wer finanziert? Wer führt durch? Wer veröffentlicht? Wer darf die Informationen nutzen?

Gemeinschaftliche Untersuchungen haben dort ihren Ursprung,

• wo es sich um kostenintensive Projekte handelt, die durch Kostenteilung erschwinglich werden, wie z. B. bei großen Panels, Strukturuntersuchungen, Mehrthemenumfragen, Multiclientstudien
• wo das Thema von allgemeinem Interesse ist, z. B. arbeitsteilige Informationserfassung und -verarbeitung durch die beteiligten Firmen bzw. wo eine genügend große Zahl von Interessenten vorhanden ist, z. B. Verbandsmitglieder
• wo in einer schwierigen Wirtschaftslage um Strukturhilfen nachgesucht werden muss und die Situation einer Branche offengelegt werden soll, z. B. durch Betriebsvergleiche und Branchenanalysen,

- wo die amtliche Statistik nicht aussagefähig ist, da die Daten nicht oder nur in einer übergeordneten Warengruppe ausgewiesen werden, z. B. durch individuell erfasste Daten der teilnehmenden Firmen mit Hilfe einer Clearingstelle.

Außerdem ist zu unterscheiden zwischen einer
- horizontalen Kooperation, wenn Unternehmen bilateral oder ihre Verbände auf Verbandsebene zusammenarbeiten, z. B. auf der Basis von Omnibusbefragungen, Branchenstrukturanalysen oder Unternehmensvergleichen, sowie einer
- vertikalen Kooperation, wenn z. B. die Industrie für ihre nachgelagerten Verarbeitungs- und Handelsstufen den Markt untersuchen, um ihnen Marketingunterstützung und Akquisitionshilfe zu geben, oder Verlage, die ihren Anzeigenkunden Marktinformationen für ihre Entscheidungen an die Hand geben.

Der Erfolg dieser gemeinschaftlichen Vorhaben hängt nicht zuletzt auch von Ihrer Bereitschaft ab, mitzumachen und die Maßnahmen aktiv zu unterstützen. Die Beteiligten müssen an einen Tisch und von der Nützlichkeit überzeugt werden. Mangelnde Bereitschaft zur Zusammenarbeit, falsch verstandenes Exklusivitätsdenken und die Angst, ein anderer Mitbewerber könnte einem dabei zu sehr in die Karten schauen, sind erhebliche Stolpersteine auf dem Weg zu einer gemeinsamen Lösung. Geben Sie daher bei den für Sie maßgeblichen Institutionen, Verbänden oder dergleichen, sowie im Kollegenkreis Ihrer Mitbewerber selbst Anstöße zur gemeinsamen Nutzung von Marktforschungsressourcen.

Drei **Praxisbeispiele** kooperativer Marktforschung zeigen Ihnen den Nutzen und die Effizienz solcher gemeinschaftlichen Maßnahmen.

Beispiele kooperativer Marktforschung

(1) Schuhindustrie: Unternehmensvergleich
- Beteiligung und Branchen-Repräsentanz ca. 60 %
- Durchführung: Unternehmensberatung
- Finanzierung aus Verbandsmitteln, staatlichen Zuschüssen und Eigenmitteln der beteiligten Firmen

Zielsetzungen:
- Ermittlung der Branchenstruktur als Grundlage für Strukturverbesserungen (Marktanalyse)

- Messung der Wettbewerbsstellung einzelner Unternehmen (Stärken-/ Schwächenanalyse – Firmenprofil)
- Verbesserung der Wirtschaftlichkeit und Wettbewerbsfähigkeit durch gezielte Maßnahmen (einzeln und kooperativ)

(2) Mittelständische Mineralölraffinerien: Informationssammlung durch neutrale Clearingstelle

- Beteiligung und Branchen-Repräsentativität: > 90 %
- Durchführung: Marktforschungsinstitut
- Finanzierung aus Verbandsmitteln

Zielsetzungen:

- Laufende Erfassung der Veränderungen des Ausstoßes und des Mitteleinsatzes (vierteljährlich)
- Absatz- und Kostenstruktur (jährlich)

(3) Papierindustrie: Arbeitsteilige Informationserfassung und -verarbeitung durch die beteiligten Unternehmen

- Beteiligung: 3 Unternehmen
- Durchführung: Marktforschungsabteilungen der beteiligten Firmen
- Finanzierung aus Eigenmitteln der beteiligten Firmen

Zielsetzungen:

- Laufende Bedarfsermittlung bestimmter Papiersorten (nach Verlagsobjekten)
- Prüfung der eingesetzten Papierqualitäten
- Frühwarnsystem für die nachlassende Bonität von Abnehmern

7.3 Einsatz eigener Mitarbeiter

Mögliche Personengruppen

Bei der Eigenanwendung müssen Sie auf Mitarbeiter bauen, die für Marktforschungsaufgaben entweder vorübergehend freigestellt werden oder denen – neben ihrer eigentlichen Tätigkeit im Unternehmen – genügend Zeit für diese Arbeit eingeräumt wird. Denn in den meisten Fällen stehen mittelständischen Unternehmen keine hauptberuflichen Marktforscher zur Verfügung. Bei näherem Hinsehen gibt es jedoch im Unternehmen eine Reihe von Personen, die für die Feld- und Analysearbeit infrage kommen. Zu diesem Personenkreis gehören zum Beispiel:

- Mitarbeiter im Außendienst, die unmittelbaren Kundenkontakt haben, wie Geschäfts-, Vertriebs- und Verkaufsleiter, Reisende, auch Handelsvertreter, die durch vertragliche Abmachungen zur Berichterstattung verpflichtet werden, Verkäufer im Handel, Vertriebsingenieure, Vertriebsbeauftragte, Verkaufsberater, Verkaufsförderer, Servicepersonal usw. Diese Mitarbeiter sind besonders geeignet für unmittelbare Marktbeobachtungen und persönliche Befragungen im Kundenkreis.

- Mitarbeiter im Verkaufsinnendienst sind bei entsprechender Schulung und Vorbereitung für jede Art von telefonischer Befragung und auch zur Durchführung von schriftlichen Offline- oder Online-Umfragen einzusetzen. Diese Mitarbeiter können Sie auch mit der Aufbereitung und Auswertung von Marktinformationen beauftragen. Nicht selten finden Sie darunter wahre Talente mit bislang unerkannten Fähigkeiten. Für manche sind diese Arbeiten echte Herausforderungen und Ansporn für ihr berufliches Weiterkommen, wenn Sie ihnen genügend Freiraum geben. Für Befragungen auf Messen eignen sich diese Mitarbeiter besonders gut, da sie unbefangener und unerkannter als Außendienstmitarbeiter auftreten können.

- „Personal auf Zeit". Das sind z. B. Werkstudenten, Praktikanten und Diplomanden von Fachhochschulen und Universitäten oder auch freiberufliche Mitarbeiter, denen Sie eine genau definierte Aufgabenstellung mit Projektcharakter übertragen. Praktikanten und Diplomanden sind oft froh, wenn sie für ihre Fach- oder Diplomarbeit ein empirisches Thema aus der Praxis bearbeiten können. Diese Mitarbeiter gehen mit großem Engagement an die Aufgabe heran. Die zu zahlenden Gehälter halten sich in Grenzen. Für eine gute Arbeit sollte aber auch mal eine Prämie drin sein. Achten Sie aber bei dieser Personengruppe darauf, dass die Studenten aus höheren Semestern stammen und dass in Ihrem Unternehmen auch ein Betreuer bereitsteht.

- Studentengruppen, die extern an einer Hochschule eine von Ihnen gestellte Aufgabe durchführen. Kontaktmöglichkeiten finden Sie fast bei jeder Fachhochschule oder Universität. Die Kosten sind erschwinglich.

Mitarbeiter im Außendienst

Zweifellos sind Mitarbeiter im Außendienst willkommene Informationsvermittler von außen nach innen. Doch welche Hindernisse und Stolpersteine gilt es zu überwinden? Zwei Testbeispiele aus den USA beleuchten die Problematik sehr anschaulich.

Beispiel 1: Sechs Kunden eines Unternehmens sollten je eine erfundene Information an die Reisenden des Unternehmens weitergeben. Das Ergebnis war erschütternd: Nur zwei der sechs Marktinformationen erreichten überhaupt das Unternehmen, die eine innerhalb von drei Tagen, stark verzerrt, die andere innerhalb von zehn Tagen, fast unverändert.

Beispiel 2: Zwei Unternehmen wollten die „Güte" der Berichterstattung ihrer Verkäufer testen. Einige ausgewählte Testkunden unterrichteten die Reisenden über ein „neues" Produkt der Konkurrenz und zeigten das Muster vor. Das Ergebnis war ebenfalls sehr enttäuschend: In Firma A berichteten lediglich 17 % und in Firma B sogar nur 11 % der Verkäufer über die erhaltenen Informationen.

Diese Beispiele machen deutlich, dass offensichtlich auf beiden Seiten – Firmenleitung und Außendienstmitarbeiter – einiges versäumt wurde. Doch was wurde versäumt, und wie kann Abhilfe geschaffen werden? Wie kann der Außendienst als erfolgreicher Kommunikator eingesetzt werden? Zunächst muss ich auf folgende ambivalente Situation hinweisen:

- Außendienstmitarbeiter oder Verkäufer im Handel sind diejenigen, die den Markt und seine Bewegungen hautnah spüren und am intensivsten mit dem Kunden in Kontakt kommen. Sie haben den Finger am Puls des Geschehens. Von dieser Seite her sind sie ideale „Markt- und Konkurrenzbeobachter".
- Auf der anderen Seite darf man aber nicht übersehen, dass Verkäufer auch parteiisch sind, je nach Interessenlage nicht neutral berichten und Antworten des Kunden beeinflussen sowie Verhaltensweisen missdeuten können. Schließlich sollen diese Mitarbeiter ja gerade beeinflussen und so den Kunden zum Kauf anregen. Für persönliche Fragen z.B. zum Verkaufsprozess ist diese Personengruppe – als Beteiligte – sowieso nicht geeignet.

Wie kann dieser Interessenkonflikt bewältigt werden? Es gibt durchaus Mittel und Wege, diese Aufgabe zielführend zu lösen. Damit es ein Erfolg wird, sollten Sie nach der „S.U.B.-way-Methode" vorgehen und in einem Dreistufenprogramm die notwendigen Voraussetzungen schaffen, indem Sie Ihre Mitarbeiter

S Sensibilisieren, Motivieren, Informieren
U Unterstützen und Helfen in Gestalt von Formblättern, Checklisten, vorformulierten Fragen und Themenfeldern
B Belohnen.

Sensibilisieren, Motivieren, Informieren: Vielfach gelten folgende Meinungen und Vorurteile als Stolpersteine und als Gründe für eine mangelhafte Berichterstattung:
- Verkäufer fühlen sich damit überlastet und überfordert.
- Sachverhalte werden falsch, verzerrt oder verspätet weitergegeben und schmälern somit den Informationsgehalt.
- Berichte aus dem Markt erscheinen manchem zu einseitig, zu emotional und nahe der Meinungsmache.
- Es handelt sich doch nur um Einzelmeinungen, die nicht verallgemeinert werden können.
- Informationen vom Außendienst werden von der Leitung sowieso nicht beachtet, was frustriert.
- Verkäufer halten manche Informationen für nicht wichtig genug, um sie weiterzugeben.

Die Mitarbeiter an der Front müssen ganz klar erkennen,
- worum es überhaupt geht, welche Themenfelder für die Firmenleitung interessant sind,
- was mit den Informationen geschieht,
- welchen Nutzen das Unternehmen und welchen Nutzen der einzelne Mitarbeiter davon hat.

Diese Mitarbeiter müssen erfahren, was wichtig ist, wie sie an diese Informationen herankommen und diese zeitsparend dokumentieren können. Sie müssen für die Aufgabe begeistert werden. Wie Sie Ihre Mitarbeiter am besten motivieren, zeigen folgende **Beispiele** aus der Praxis:
- Zeigen Sie anhand von Beispielen, wie Sie in der Vergangenheit Informationen aus dem Markt verwertet haben, z. B. dass Sie nach Informationen des Außendienstes über eine Werbeaktion der Konkurrenz noch rechtzeitig eine Gegenaktion starten konnten,

dass Sie einer geplanten Produkteinführung Ihres Hauptkonkurrenten mit eigenen Produktverbesserungen noch zuvorkommen konnten usw.

- Verweisen Sie auf Beispiele, wie es die Konkurrenten machen.
- Zeigen Sie Ihren Mitarbeitern, wie durch rasche Informationen vom Markt letztendlich auch der eigene Arbeitsplatz sicherer wird.
- Nutzen Sie die ohnehin turnusmäßig angesetzten Zusammenkünfte und Veranstaltungen für einen Informations- und Meinungsaustausch. Unterhalten Sie sich regelmäßig mit Ihren Leuten. Sie erfahren eine Menge über Probleme mit den Produkten bei den Kunden und deren Zufriedenheit mit Ihrer Firma und den Konkurrenten.
- Lassen Sie im Team oder in regelrechten Workshops Themen erarbeiten, die für die Beobachtung von Interesse sind. Nichts motiviert mehr als das, was aus der eigenen Mitarbeit stammt und als gemeinsames Ziel festgelegt wird. Solche Themenfelder können sein:
  - Erfolgs-/Misserfolgsbericht (siehe den folgenden Lost-order-Bericht) mit entsprechenden Begründungen und weiteren Maßnahmen
  - Reklamationen; nicht selten entstehen daraus neue Produktideen
  - Neueinführung oder Verbesserung von Konkurrenzprodukten
  - Werbe- und Verkaufsförderungsaktionen mit Schwerpunkt auf Regionen/Kundengruppen
  - Bewerten und Beurteilen von eigenen und fremden Produkten durch den Kunden
  - Generelle Firmeninformationen über Kunden und Konkurrenten, insbesondere über Veränderungen des Kundenstamms, der Absatzorganisation, des Sortiments, der Konditionen usw.
  - Generelle Trends im Markt und im weiteren Umfeld
  - Spezialthemen im Rahmen von Befragungsaktionen
- Lassen Sie dieses Berichtswesen nicht als „Eintagsfliege" erscheinen, sondern organisieren Sie es als eine ständige Einrichtung. Stellen Sie Ihren Verkäufern die „Frage des Monats" und fordern Sie sie zu einer Stellungnahme auf.

Unterstützen und Helfen in Gestalt von Formblättern, Checklisten, vorformulierten Fragen und Themenfeldern: Lassen Sie Ihre Mitarbeiter bei diesen Recherchen nicht allein, schaffen Sie Erleichterungen und Gedächtnisstützen. Beginnen Sie mit einer Bestandsaufnahme und notieren Sie all das, was und in welcher Weise bisher an Berichten und Informationen von Ihren Mitarbeitern von außen nach innen gelangt. Darüber hinaus sollten folgende Fragen gemeinsam geklärt werden:

• Was wird heute getan?
• Was sollte getan werden?
• Was sollte davon unbedingt und rasch realisiert werden?

Ihre Mitarbeiter sind umso bereitwilliger, Informationen zu liefern, je mehr Sie sie dabei unterstützen, z. B. durch Formulare und Checklisten. Wenn Sie solche Checklisten gestalten und von Ihren Mitarbeitern bearbeiten lassen, sollten Sie folgende Grundsätze beachten:

(1) Stellen Sie z. B. obige Themenbereiche und Fragestellungen zusammen und geben Sie – wenn möglich – Ausfüllhilfen durch vorformulierte Antworten. Aber lassen Sie auch genug Platz für wörtliche Einzelnennungen, die kurz und gerafft festgehalten werden, keine „Romane". Diese Formulare sollte der Mitarbeiter ständig bei sich haben und damit sein Gedächtnis stützen. Die Antworten werden dann direkt beim Kunden oder nach dem Gespräch aus dem Gedächtnis aufgezeichnet.

(2) Verwenden Sie für die Checklisten eindeutige und verständliche Begriffe.

(3) Fordern Sie vom Umfang und Zeitaufwand her zumutbare Berichte. Beschränken Sie sich auf Daten und Fakten, die Sie auch tatsächlich im Unternehmen verwerten können.

(4) Geben Sie Ihren Verkäufern Hinweise, wie sie im Verkaufsgespräch Sachverhalte abfragen können, ohne dass der Kunde die Absicht erkennt; mitunter auch über provokative Fragen „Die Firma Müller weicht hier bestimmt nicht von ihrer Preisliste ab?" (Erfahren will ich aber die Höhe des gewährten Preisnachlasses.) Oder: „Bei der Größe Ihrer Firma haben Sie doch bestimmt mehrere Lieferanten? (Erfahren will ich Namen und Lieferumfang.)

Bericht über einen Auftragsverlust (Lost-order-Bericht)

Kunde: _____ Verkaufsbezirk: _____

Auftragswert: _____ Vertreter: _____

Wer hat den Auftrag erhalten?

Firma: _____ Vertreter: _____

Wer hat sonst noch angeboten? _____

Mit wem wurde beim Kunden verhandelt?   Wie oft?   Wie lange?

Name: _____ _____ _____

Abt.: _____ _____ _____

Name: _____ _____ _____

Abt.: _____ _____ _____

Welches Produkt hat der Kunde bei der Konkurrenz bestellt?
_____

Welches Produkt haben wir angeboten?
_____

Warum ging der Auftrag verloren?

                              Konkurrenz Unser Angebot
                              Weitere Konkurrenzangebote

☐ Preis   _____ _____ _____
☐ Lieferzeit   _____ _____ _____
☐ Leistung   _____ _____ _____
☐ Service   _____ _____ _____
☐ Konditionen _____ _____ _____
☐ Sonstiges   _____ _____ _____
                 _____ _____ _____

Bemerkungen: _____
_____

Worin waren wir besser? _____
_____

Was ist zu tun, damit wir den nächsten Auftrag wieder erhalten? _____
_____

Datum: _____ Unterschrift: _____

(5) Verweisen Sie Ihre Mitarbeiter auf eine weitere ergiebige Informationsquelle: Kollegen von der Konkurrenz. Nicht selten treffen sie sich auf ihren Reisen in einer ungezwungenen „gesprächigen" Umgebung im Hotel, im Restaurant, auf Messen und sonstigen Veranstaltungen.

(6) Veranschaulichen Sie Ihren Mitarbeitern, wie wichtig Ihr Kunde als Informant ist, da er über folgende Marktpartner und Fakten kompetent Auskunft geben kann:
- über sich selbst, Bedarf, Verhalten, Einstellungen, Veränderungen,
- über uns, Produkte, Stärken/Schwächen,
- über unsere Konkurrenten, Aktivitäten und Vorhaben,
- über seine Kunden, Struktur und Kaufmotive,
- über seine Konkurrenz (= evtl. unsere Kunden)
- über unsere Lieferanten, sofern diese ihn auch direkt beliefern,
- über die Trends im Markt usw.

Checkliste für eine Erhebung durch Außendienstmitarbeiter

Für alle Kunden

(1) Firma und Anschrift des Kunden

(2) Rechtsform, Betriebsform, Branche, Programm

(3) Inhaber/Leiter, wichtige Führungskräfte, Einkäufer, Experten

(4) Beschäftigte, Umsatz (evtl. aufgeteilt), Kapital

(5) Absatzgebiete des Kunden, Abnehmerstruktur

(6) Jahresbedarf des Kunden an Produkten unseres Unternehmens
  - davon von uns gekauft
  - Einkaufsfrequenz und -gewohnheiten

(7) Welche Konkurrenzprodukte führt er, und wie stark sind diese vertreten?

(8) Klassifizierung des Kunden nach A, B, C usw.

Für eine repräsentative Auswahl von Kunden

(9) Besuchshäufigkeit von Konkurrenzvertretern, welche Spannen und Rabatte gewähren die Mitbewerber, welche Werbeaktivitäten der Konkurrenz beim Kunden?

(10) Wie beurteilt der Kunde die allgemeine wirtschaftliche Entwicklung, seine Absatzchancen, die Absatzaussichten unserer Produkte?

(11) Wie beurteilt der Kunde unsere Produkte und Dienstleistungen (Stärken/Schwächen) im Vergleich zu den wichtigsten Mitbewerbern?

Messebericht

☐ Hannover Industrie ☐ Elektrotechnik Dortmund
☐ Eltec ☐ Enertec
☐ Nordelektro

Messetag: ☐1☐ ☐2☐ ☐3☐ ☐4☐ ☐5☐ ☐6☐

Visitenkarte
Vorname/Nachname:
Firma:
Abteilung:
Straße:
Ort:
Telefon:
Telefax:
E-Mail:

Notizen:

Aktionsfeld

☐ momentan keine Aktivitäten
☐ Besuch vom Außendienst erwünscht
☐ **Verkaufsunterlagen zusenden**

☐ Hauptkatalog
☐ Teilkatalog
☐ Prospektmaterial

Produkte bemustern

Datum: aufgenommen von:

Verkaufsbezirk:

Personenprofil:
Kunde:
kauft momentan Produkt:

Kunde von:

Interessent:

Branchenklasse:

Besuch durch:
☐ Eigeninitiative
☐ Messe-Einladung
☐ Zufallskontakt

Interessiert an:
☐ Reihenklemmen
☐ Federkraft-Reihenklemmen
☐ Leuchten-/Geräteklemmen
☐ Klemmleisten
☐ Leiterplattenklemmen/
    Stiftleisten
☐ Elektronikgehäuse
☐ Installationsbus
☐ Elektronik-Komponenten
☐ Steckverbinder-Systeme
☐ Schwere Steckverbinder
☐ Schwere Steckverbinder
    Federkraft
☐ Klemmenadapter
☐ Sonstiges:

Momentan verwendetes
Wettbewerbsprodukt:

Bedarf €

Wie Sie Ihre Mitarbeiter auf Messen dazu bewegen können, zielgerichtete Informationen über Messebesucher und damit über den Erfolg einer Messe festzuhalten, zeigt das **Praxisbeispiel** von Seite 197.

Belohnen: Neben der Aufklärungsarbeit am Anfang und der Unterstützung der Außendienstmitarbeiter sollten Sie auf keinen Fall vergessen, Anreize zu schaffen. In der Praxis haben sich bewährt:
• Geldprämien und Wettbewerbe
• Sachprämien und andere Incentives, z. B. Ferienreisen usw.

Die Prämien sollten in Ihr gesamtes Prämiensystem passen und stark motivieren. Belohnt wird die sachliche, inhaltsreiche und termingerechte Information sowie die Bedeutung für das Unternehmen. Die Beurteilungen erfolgen viertel- oder halbjährlich, seltener jährlich. Eine gute, laufende Berichterstattung sollte darüber hinaus in die Leistungsbeurteilung des Mitarbeiters eingehen. Stellen Sie vor allem auch den „Informationsrückfluss" an die Mitarbeiter sicher. Sie sollen erfahren, was Sie mit den Informationen angefangen haben und was es für das Unternehmen gebracht hat. Sie können manchmal damit stärker motivieren als mit einer Geld- oder Sachprämie.

Zusammenfassung zum Einsatz eigener Mitarbeiter

• Im Unternehmen oder von außen gibt es eine **Reihe von Mitarbeitern,** die für den Einsatz in der Marktforschung infrage kommen, gerade auch wenn Sie nicht über einen hauptberuflichen Marktforscher verfügen.

• Trotz mancher Vorbehalte und Einschränkungen sollten Sie insbesondere Ihre Mitarbeiter an der Front dazu **motivieren**, jede Gelegenheit zu nutzen, um Informationen aus dem Markt an die Firma weiterzugeben.

• Als **Unterstützung** geben Sie ihnen Checklisten an die Hand. Diskutieren Sie die Ergebnisse gemeinsam, denn so gewinnen Sie bessere und schnellere Einblicke in die Aktivitäten Ihrer Konkurrenten und die Vorhaben Ihrer Kunden.

• Bei der Neueinstellung von Außendienstmitarbeitern können Sie Ihre Vorstellungen von einer zielführenden Berichterstattung im Anforderungsprofil festlegen.

8. Kosten der Marktforschung: Was Marktforschung kostet und wie die Aufwendungen dafür zu bewerten sind

> Was nichts kostet,
> ist auch nichts wert
>
> *Volksweisheit*

- Mit welchen Kosten müssen Sie bei der Marktforschung rechnen?
- Wie wird eine Marktstudie kalkuliert?
- Welche Maßstäbe gibt es, um diese Kosten zu beurteilen?

8.1 Eigen-/Fremdkosten

Hier sollen die wichtigsten Fakten übersichtlich dargestellt und auf Grundsätzliches eingegangen werden. Zunächst ist zu unterscheiden zwischen

- Eigenkosten, die bei Anwendung im eigenen Haus entstehen, und
- Fremdkosten, die Sie aufwenden müssen, wenn Sie externe Dienstleistungen in Anspruch nehmen.

Als **Eigenkosten** sind zu nennen:
- Projektbezogene Einzelkosten, z.B. Personalkosten für eigens dafür abgestellte Mitarbeiter, Sachkosten wie z.B. spezielle Software für Erhebung und Auswertung, Druckkosten, Porto, Reisen und Nutzung von Räumen und technischen Einrichtungen.
- Projektbezogene Umlagekosten, z.B. kalkulatorisch abgrenzbare Personalkosten für den zeitlichen Aufwand in Stunden während der Beschäftigung mit Marktforschungsaufgaben, kalkulatorische Sachkosten, z.B. für die Benutzung von Büroeinrichtungen und Räumen, sonstige Gemeinkosten als Zuschlag auf die so ermittelten Projektkosten.

Auch wenn Sie Marktforschung nach außen vergeben, sollten Sie die eigenen Kosten für Vorbereitung und Auswertung kalkulieren.

Vor allem vergessen Sie nicht in einer Nachkalkulation die angefallenen (Ist-)Kosten mit den budgetierten Kosten abzugleichen.

Bei **Fremdkosten** unterscheidet man zwischen

- einem „Paketpreis", in der Regel ein Festpreis für eine komplette, fest umrissene Aufgabenstellung und externe Dienstleistungen eines Instituts, Beraters oder sonstiger Organisationen und

- den Kosten/Preisen für Einzelleistungen, wie z. B. für den Ankauf von Publikationen, für Recherchen im Internet, für die Vergabe der Interviews an Feldorganisationen, für die externe Auswertung von Fragebogen durch einen EDV Dienstleister oder für die Anmietung von Studioräumen für Tests und Gruppendiskussionen.

Beim Paketpreis haben Sie natürlich keinen Einblick in die Kalkulation von Instituten. Trotzdem können Sie sich Teilleistungen einzeln bewerten lassen. Im Prinzip können Sie bei den Instituten von folgenden fixen und variablen Preisbestandteilen ausgehen:

Fixe Kosten-/Preisbestandteile:
Sie sind unabhängig vom Umfang der durchzuführenden Interviews.
- Verhandlungen und Besprechungen mit dem Auftraggeber
- Ausarbeiten der methodischen Konzeption und des Angebots
- Fragebogenerstellung und Probeinterviews
- Planung der Stichprobe
- Mündliche Präsentation der Untersuchungsergebnisse
- Erstellung des schriftlichen Berichtes

Variable Kosten-/Preisbestandteile:
Sie schwanken je nach Anzahl der Befragungsgespräche und fallen in der Regel pro Interview an.
- Kosten je Frage bei Omnibusbefragungen
- Auswahl der zu befragenden Firmen, Konsumenten
- Vereinbarung der Interviewtermine
- Durchführung der Gespräche
- Reisekosten, Telefongebühren, Druckkosten
- Aufbereitung und Auswertung der Befragungen (Diese Kosten steigen nicht im gleichen Ausmaß wie die direkten Interviewkosten.)

Wovon hängen nun im Allgemeinen die Kosten der Marktforschung ab, was sind die kostentreibenden Faktoren? Sicherlich gehören dazu:

- die Methode und Erhebungsart, d. h., ob schriftlich, telefonisch oder persönlich befragt wird,
- die Anzahl der Interviews,
- die Art des Befragtenkreises, z. B. ob es sich um Privatpersonen, gewerbliche Abnehmer, Experten usw. handelt,
- der Schwierigkeitsgrad des Interviews, z. B. Exploration, Intensiv- oder Standardgespräch,
- die Qualifikation der Interviewer,
- die Wegstrecken zwischen den einzelnen Interviewpartnern (Reisekosten) bei persönlichen Interviews,
- der Umfang des Fragebogens, damit die Interviewdauer,
- die Art der Fragen, ob geschlossen oder offen, wegen der anschließenden Verarbeitung (vgl. vor allem die Preisgestaltung bei Mehrthemenbefragungen).

Wie sind nun die Kosten für die Marktforschung zu beurteilen, welchen Stellenwert haben sie generell? Grundsätzlich ist festzuhalten: Marktforschungskosten müssen im Zusammenhang mit der anstehenden Entscheidung – also relativ – betrachtet werden. Wenn es z. B. darum geht, eine größere Investition zu tätigen, eine Expansion in neue Märkte vorzubereiten oder neue Produkte und Technologien einzuführen, sind diese Kosten als „Investition" in den Markt, in die Zukunft, zu bewerten, ähnlich wie die Aufwendungen für Forschung und Entwicklung. Dort wird es vielfach als selbstverständlich angesehen, 3 bis 10 % des Umsatzes dafür auszugeben. Nicht jedoch bei der Marktforschung oder generell beim Marketing und in der Werbung.

Woran sollen sich nun die Kosten der Marktforschung orientieren? Es ist schwierig, eine allgemeingültige Aussage über die Höhe dieser Kosten zu machen. Branche, aktuelle Themenstellung, Produktlebenszyklus, Wettbewerbsposition, Marktwachstum, Bedeutung für das Unternehmen und die Bereitschaft, für Marktforschung überhaupt Geld auszugeben, spielen dabei eine wichtige Rolle.

Trotzdem können Sie von folgender Faustregel ausgehen:

Werbebudget im Durchschnitt: < 1 bis 4% des Umsatzes
Etat für Marktforschung: 5 bis 25 % des Werbebudgets, das sind
demnach   0,05 bis 1 % des Umsatzes
  (Angewendet auf ein Unternehmen mit einem Jahresumsatz von 50
Mio € heißt dies: Werbebudget zwischen 0,5 und 2 Mio € und demzu-
folge der Richtwert für den Marktforschungsetat: 25 000,– bis maximal
500 000,– €.)

Vielleicht helfen Ihnen diese Angaben bei der künftigen Budge-
tierung Ihrer Marktforschungsausgaben. Mit welchen Kosten
(Richtwerten) müssen Sie nun im Einzelnen rechnen? Darüber gibt
Ihnen die folgende Übersicht Auskunft.

Kosten der Marktforschung (Richtwerte)

Sekundärforschung: Veröffentlichungen und Recherchen – gedruckt
oder als Downloads – kostenfrei bzw. entsprechende Preise der Publikation oder Gebühren der Datenbankrecherche

Primärerhebungen:
- Durchführung in eigener Regie
  - Personalkosten
  - Sachkosten
- Marktforschungsberater/Unternehmensberater: Abrechnung nach Ta-
  gessätzen ab 1.500 €
- Hinterlegung eines Fragebogens auf einem Server für eine Online-Be-
  fragung: ca. 3.000 €
- Exklusivstudien
  - Gesamtstudienpreise ab ca. 5.000 €
  - Studienpreise in Abhängigkeit der durchgeführten Interviews ab ca.
    30 €/Interview
  - Gruppendiskussionen ab ca. 2.000 € / Gruppe
- Beteiligungsstudien
  - Mehrthemenbefragungen ab ca. 400 € für eine geschlossene und ab
    ca. 700 € für eine offene Frage
  - Backdatas aus Panelerhebungen ab ca. 1.000 €
  - Beteiligung an Panelerhebungen ab ca. 50.000 €
  - Multiclientstudien ab ca. 500 €

8.2 Preisvergleiche von Institutsangeboten

Wie bereits in Kapitel 6 „Vom Umgang mit Marktforschungsinstituten" erörtert, ist es nicht ganz einfach, Institutsangebote überhaupt und hinsichtlich ihrer Qualität und Effizienz miteinander zu vergleichen. Den Preis allein als Entscheidungskriterium heranzuziehen wäre dabei genauso verkehrt, wie etwa nur auf die Größe und Bekanntheit eines Instituts zu setzen. Es sind vielmehr die Erfahrungen in Spezialmethoden und die Kenntnisse von speziellen Branchenmärkten, die letztlich den Ausschlag geben. Beachten Sie auch, dass vor allem bei Beteiligungsuntersuchungen, die ja gerade für mittelständische Unternehmen von der Kostenseite her interessant sind, differenzierte und gesplittete Preise möglich sind. Dies gilt z. B.

- für Teilbelegungen bei Mehrthemenumfragen und Panels,
- für Teilberichte nach Regionen und Produktgruppen bei Multiclientstudien und
- für nicht mehr ganz aktuelle Paneldaten – sog. Backdatas.

In früheren Jahren hatte die Zeitschrift *Impulse* den lobenswerten Versuch unternommen, für vier verschiedene Aufgabenstellungen – Mehrthemenumfrage, Exklusivbefragung, Produkttest, Markttest – insgesamt 58 Institute anzuschreiben und sie um ein Angebot zu bitten. Meines Wissens eine einmalige Aktion in Bezug auf die Anzahl der angefragten Institute sowie die Offenlegung dieser Angebote in einer Zeitschrift. Die Ergebnisse waren frappierend und überraschten, vor allem durch die enorme Streubreite der Preisangebote. Dies zeigt erneut, dass der Preis allein kein Entscheidungskriterium sein kann. Wie können diese Preisunterschiede erklärt werden? Im Wesentlichen gibt es drei Gründe dafür:

(1) Spezialisierung: Umfangreiche Erfahrungen und Kenntnisse von Methoden und Märkten haben zweifellos einen anderen Untersuchungsansatz zur Folge. Die vorhandenen technischen Einrichtungen und deren abweichende ergiebige Nutzung führen zu einer unterschiedlichen Kalkulation der Angebotspreise. Bei manchen Instituten müsste für die eine oder andere Themenstellung erst noch Basisarbeit geleistet werden. Spezialisierung senkt die Preise.

(2) Die Größe des Instituts: und damit der umfangreichere personelle und technische Apparat, der im Hintergrund zur Verfügung steht. Gemeinkosten und Bereitschaftskosten z. B. für ein größeres Rechenzentrum und andere Investitionen in technische Einrichtungen können kostentreibend wirken. Dies erhöht in der Regel auch die Preise. Der rationelle Einsatz technischer Einrichtungen, arbeitsteilige Prozesse und Spezialisten-Know-how könnten aber auch zu niedrigeren Preisen führen.

(3) Abwehrpreise: Eine temporäre Vollbeschäftigung oder Überauslastung des Instituts oder andere Gründe können zu einer höheren Preisforderung veranlassen.

Zusammenfassung zu den Kosten der Marktforschung

- Die Kosten für Marktforschung sollten Sie stets im Zusammenhang mit der anstehenden Entscheidung sehen und so Stellenwert und Notwendigkeit beurteilen.
- Bei der Budgetierung von Marktforschungskosten können Sie von einer in der Praxis anzutreffenden Streubreite von 0,05 bis etwa 1 % des Umsatzes ausgehen, was eigene und fremde Kosten beinhaltet.
- Wenn Sie Marktforschung in eigener Regie **Eigenkosten** durchführen, sollten Sie sich in jedem Fall auch ein Bild vom Kosten- und Zeitaufwand machen und diesen – wenn auch nur kalkulatorisch/statistisch – in einem Projektblatt festhalten. Sie erhalten dadurch für spätere weitere Anwendungen Anhaltspunkte und einen Maßstab für die Beurteilung von Fremdkosten.
- Bei **Fremdkosten** gibt es den Unterschied zwischen dem Ankauf von Teilleistungen oder einem Gesamtstudienpreis. Manches veröffentlichte Material steht Ihnen auch kostenfrei zur Verfügung.

9. Verarbeitung von Daten und Informationen in der Marktforschung

Forsche forscher Forscher!

> • Wie werden die gewonnenen Daten und Informationen wirtschaftlich sinnvoll und aussagefähig aufbereitet, ausgewertet und dargestellt?
> • Was ist bei der mündlichen und schriftlichen Berichterstattung zu berücksichtigen?

9.1 Aufbereitung und Auswertung: Welche Verfahren es gibt und wie man was am besten darstellt

Während bei der Informationsbeschaffung die Hauptaufgabe darin besteht, zielgerichtet ausreichende Einzelinformationen zu sammeln, geht es bei der Verarbeitung darum, das vorhandene Material zu sortieren, zu systematisieren, zu verdichten und übersichtlich darzustellen. Die Verarbeitung verfolgt dabei vier Hauptziele. Sie verschafft

• einen **Überblick** durch Zusammenfassen der Informationen zu einer Gesamtaussage, die die Frage beantwortet: „Was sind die drei wichtigsten Erkenntnisse aus der Untersuchung?" Typische Messgrößen: Summenwerte und Häufigkeiten.

• einen **Einblick** in die Struktur der Aussagen und zeigt Unterschiede auf zwischen den einzelnen Gruppierungen und Segmenten, z. B. differenziertes Verhalten von Groß- und Kleinbetrieben und allgemein die Unterschiede zwischen den einzelnen Zielgruppen und Marktsegmenten. Die Fragestellung lautet: „Worin bestehen die wesentlichsten Unterschiede zwischen den einzelnen Gruppierungen?" Typische Messgrößen und Darstellungshilfen: Häufigkeiten nach den einzelnen Segmenten, Anteils- und Strukturwerte absolut und relativ, Durchschnittswerte und Abweichungen, Schwankungsbreiten, Rangreihungen, Säulen-, Balken- und Kreisdiagramme sowie strukturentdeckende Clusteranalysen.

- einen **Durchblick**, indem Beziehungen, Zusammenhänge und Abhängigkeiten zwischen zwei oder mehreren Faktoren untersucht werden, z. B. zwischen Leistung und Preis, Marktanteil und Geschäftserfolg, Wettbewerbsstellung und Marktattraktivität, Verhalten und Zeit, eigenem Umsatzwachstum und Marktwachstum usw. Es werden Daten miteinander verknüpft, um Erklärungen zu suchen und Ursachen-/Wirkungszusammenhänge aufzudecken. Die Fragestellung lautet: „Welche Beziehungen bestehen zwischen zwei oder mehreren Faktoren, und welche Auswirkungen hat dies auf unterschiedliche Verhaltensweisen?" Typische Messgrößen und Darstellungsformen: Verhältniszahlen, Indizes, Korrelationen, Koordinatensysteme, Matrizes, Lebenszykluskurven, Profile sowie die meisten multivariaten Analysegrößen.
- einen **Ausblick** auf wahrscheinliche künftige Entwicklungen, Trends, Veränderungen usw. Die Fragestellung lautet: „Wohin geht die wahrscheinliche Entwicklung, welche Veränderungen zeichnen sich ab?" Typische Messgrößen und Darstellungsformen: Trendverläufe, Szenarien, Wachstumsraten, Kurven in Abhängigkeit von der Zeit.

Sie können sich bei der Sammlung und Aufbereitung viel Zeit ersparen, wenn Sie sich von vornherein klargemacht haben,
- was für einen Zweck Sie mit der Untersuchung verfolgen und
- wie die Aufgabe abgegrenzt ist.

Sie konzentrieren sich damit automatisch auf das eigentliche Informationsbedürfnis, reduzieren die zu erhebenden Daten und kommen so schneller zum Ziel. Über wie viele Informationen Sie nun auch verfügen, das Hauptziel der Verarbeitung ist und bleibt, diese Daten zu verdichten und zu statistisch relevanten Aussagen zu kommen. Um nun weitere Verarbeitungsschritte zu unternehmen, ist es wichtig zu wissen, in welcher Form die Daten vorliegen.
- elektronisch:
  - bei Direkteingabe der Informationen, bei computerunterstützten Verfahren per Tastatur oder durch Berühren des Bildschirmes (touch screen).
  - bei Online-Verbindungen zu einer externen elektronischen Datenbank oder zum Internet,

- gespeichert auf CD oder einem anderen Speichermedium,
- gespeichert auf DVD, Ton- oder Videobändern – z. B. bei einer Gruppendiskussion oder im Studio – und weitere Übertragung der Fakten in einen PC.
- auf Papier:
  - Entweder werden elektronisch erfasste Informationen über einen Drucker auf Papier ausgegeben, es sei denn, sie werden elektronisch weiterverarbeitet,
  - oder die Informationen liegen originär auf Papier vor, z. B. in Form von Fragebogen, Berichten, Formularen, Statistiken, Presseartikeln, Broschüren oder sonstigen Druckerzeugnissen.

Für wichtige Daten und Informationen ist die elektronische Verfügbarkeit – wegen der Weiterverarbeitung und Dokumentation – von Vorteil.

Für alle eingehenden Informationen ist es wichtig, dass sie vor einer weiteren Verarbeitung auf Wichtigkeit, Richtigkeit und Glaubwürdigkeit überprüft werden – eine nicht immer ganz leichte Aufgabe, vor allem wenn Sie die Quelle nicht beurteilen können. Dies trifft sowohl für Sekundärmaterial als auch für Fragebogen zu.

Besonderheiten bei Sekundärmaterial: Hierbei hat es sich in der Praxis bewährt, unmittelbar bei der Sichtung, beim Durchlesen der Unterlagen, wichtige Fakten und Zahlen
- zu unterstreichen, mit einem Textliner zu kennzeichnen oder auf dem Bildschirm zu markieren
- und dann systematisch nach Themenfeldern zu ordnen oder
- die Daten und Informationen gleich in eine vorbereitete Excel-Tabelle oder bei umfangreicheren Dateien in eine Access-Datenbank zu übertragen.

Zum Beispiel müsste sich auf diese Weise ein Presseartikel etwa im Umfang einer DIN-A4-Seite auf fünf bis zehn Fakten und Aussagen verdichten lassen.

Besonderheiten bei Fragebogen:
- Um Fehler bei der Auswertung auszuschließen, müssen Sie die Fragebogen überprüfen, ob sie vollständig ausgefüllt sind und Quotenmerkmale oder andere Vorgaben eingehalten wurden.

Notfalls müssen Sie beim Interviewer oder beim Interviewten nachfragen.

• Bei geschlossenen Fragen ist die Auswertung der Antworten leichter als bei offenen Fragen, deren Antworten sie erst in Kategorien einteilen müssen, um sie dann auswerten zu können.

• Zahlen lassen sich grundsätzlich schneller und besser auswerten als verbale Äußerungen. Dort, wo es möglich ist, wird man daher versuchen, verbale Aussagen zusätzlich bewerten zu lassen, d.h. an sich nicht Messbares in messbare Einheiten zu transformieren, z. B. durch Vergabe von Noten, Punkten oder Rangfolgen. Darüber hinaus ist es sinnvoll und ratsam, wichtige – wenn auch spezifische – Statements von Befragten wörtlich festzuhalten und in die Berichterstattung zu übernehmen. Denn nicht selten geben sie illustrativ und prägnant wieder, was wenige sagen, aber viele meinen könnten.

Für jede Auswertung in Tabellenform sollten Sie sich vorher genau überlegen, wie der Tabellenkopf aussehen soll, also was Sie in den Spalten und Zeilen darstellen und wie Sie diese benennen wollen.

Beispiel für eine Fragebogenaufbereitung und -auswertung:

Im Einzelnen werden in den PC eingegeben:

• Überschrift der Tabelle
• Fragetext im Wortlaut
• Fragebogen-Nr. zur Identifizierung und späteren Kontrolle
• Fragenart und die entsprechenden Antwortvorgaben sowie die einzelnen Antworten.

Folgende vier Fragetypen sind grundsätzlich möglich:

(1) **Alternativfragen ohne Mittelwertbildung**, z. B. eindeutig abgrenzbare Werte, die nur eine Antwortalternative (entweder – oder) zulassen, wie Fragen nach den statistischen Merkmalen (Alter, Geschlecht bzw. Betriebsgröße, Region usw. oder typische Ja/Nein-Fragen). Alle Angaben einschließlich der „KA-Fälle" (KA = Keine Angaben) können dabei in Anteilsprozenten ausgewiesen und zu 100 % aufaddiert werden (s. Abb. auf den folgenden Seiten).

(2) **Alternativfragen mit Mittelwertbildung.** Das sind Angaben, aus

denen ein Durchschnittswert ermittelt werden soll, wie z. B. No-
ten- oder Punktebewertung nach folgendem Muster:

Praxisbeispiel: Rotkraut-Probiertest:

Marke A   Tabelle
Benotung
„Wie beurteilen Sie die Produktqualität des Rotkrauts, wenn Sie die Ein-
stufung von 1 – 6 vornehmen?"

Note 1 = höchste Qualität	3 %
Note 2	13 %
Note 3	14 %
Note 4	29 %
Note 5	23 %
Note 6 = niedrigste Qualität	18 %
Summe	100 %
Basis (Zahl der Fälle)	77
Arithm. Mittel (Durchschnittsnote)	4,12

Ein weiteres **Praxisbeispiel** finden Sie auf Seite 213.

(3) **Mehrfachauswahlfragen,** bei denen mehrere Antworten gleichzeitig möglich sind. Das sind Fragen mit typischen Sowohl-als
auch-Antworten. In der Regel kommt es hierbei zu Mehrfach-
nennungen. Die 100 %-Basis ist die Zahl der Befragten und
nicht die Zahl der Nennungen. Zu diesem Fragetyp gehört z. B.
die Frage: „Welche der folgenden Gründe sind für Sie kaufentscheidend?" (Nennen Sie maximal 4 davon!)

(4) **Offene Fragen.** Antworten auf diese Fragenart müssen – wie bereits erwähnt – zuerst in Antwortkategorien eingeteilt (Nachver-
schlüsselung) und dann wie eine Mehrfachauswahlfrage behandelt werden, oder die Antworten werden ihrer Bedeutung entsprechend im Wortlaut erfasst.

Mit der Eingabe des letzten Fragebogens sind durch die formel-
mäßige Verknüpfung der Daten im Computer praktisch auch die Tabellen fertig, die dann höchstens noch im Layout verbessert werden
können. Danach sind je nach der verwendeten PC-Software eine
Reihe von Kreuz- und Sonderauswertungen sowie grafische Darstellungen – quasi per Knopfdruck – möglich. Die gewonnenen Daten können Sie nun

9. Verarbeitung von Daten und Informationen

Praxisbeispiel für eine Tabellenauswertung bei 270 Befragten: **Beurteilung des Produktionsprogrammes eines Herstellers von Autowerkzeugen**

„Wir haben hier das Produktionsprogramm der Firma ... zusammengestellt: Halten Sie, von Ihrem Bedarf aus gesehen, dieses Programm für vollständig und ausreichend, zu breit oder zu schmal? (Wenn zu schmal oder zu breit:) Begründen Sie Ihre Ansicht."

| Befragtengruppe | ... % der Befragten bezeichnen das Produktionsprogramm von ... als | | | | **Basis** |
	vollständig und ausreichend	zu breit	zu schmal	Keine An- gaben	Anzahl Befragte
Fachhändler insges.	38	2	53	7	187
davon nach **Gebieten**					
• Nord	35	–	54	11	37
• West	37	4	59	–	56
• Mitte	33	–	56	11	36
• Süd	43	2	45	10	58
nach **Umsatz**					
• unter 1 Mio €	39	–	50	11	64
• über 1 Mio €	37	2	55	6	123
nach **Branchen**					
• Kfz-Zubehör	40	1	53	6	143
• Werkzeuge	32	5	52	11	44
Kauf- und Versand- häuser insgesamt	46	18	27	9	11
Verwender insges.	52	1	33	14	72
davon:					
• Autoindustrie	75	–	25	–	16
• Reparaturbetriebe	42	3	42	13	36
• Reparaturabteil.	50	–	25	25	20
Alle Befragten	42	2	47	9	270

Fazit: Knapp die Hälfte der befragten Betriebe sehen im Programm dieser Firma erhebliche Lücken. Insbesondere vom breit sortierten Fachhandel wird dies kritisiert.

- in Tabellen und in Grafiken darstellen,
- daraus allgemeine statistische Werte oder spezielle Marketingkennziffern berechnen sowie die wichtigsten Zusammenhänge
- verbal interpretieren.

Darstellung in Tabellenform

Das nebenstehende Beispiel „Beurteilung des Produktionsprogramms…" zeigt den typischen Aufbau einer Tabelle mit Spalten und Zeilen und den entsprechenden Summen- und Basiswerten. Bei den Tabellierungen kommt es im Wesentlichen darauf an, Beziehungen zwischen zwei Merkmalen aufzuzeigen, z. B. zwischen der

- Meinung zum Produktionsprogramm und der Art des Unternehmens,
- Lieferantenwahl und Größe des Unternehmens,
- Markenwahl und Höhe des Einkommens bei Verbrauchern.

Damit die darzustellende Beziehung auch klar zum Ausdruck kommt, ist es wichtig, dass Zeilen und Spalten eindeutig getextet sind.

Eine besonders interessante – weil einfache und anschauliche – Art der Tabellierung ist die Kreuzauswertung. Bis zu maximal drei Merkmale werden zueinander in Beziehung gesetzt und Zeilen- und Spaltenhäufigkeiten gebildet, die jeweils eine unterschiedliche Aussagekraft haben. Die Wettbewerber-Matrix auf Seite 212 mag dies veranschaulichen. Hier werden für das jeweilige Unternehmen sowohl die Umsatzstruktur als auch die Marktanteile in dem jeweiligen Produktmarkt ausgewiesen.

Berechnung allgemeiner statistischer Werte

Anhand eines Beispiels aus der Primärforschung – einer Kundenbefragung – sollen die gebräuchlichsten statistischen Werte erläutert werden.

Praxisbeispiel: 50 Kunden sollen ihre Zufriedenheit mit den Mitarbeitern im Außendienst einer bestimmten Firma beurteilen.

Frage: „Bitte beurteilen Sie Ihre Zufriedenheit mit den Außendienstmitarbeitern der Firma X, indem Sie dafür die Noten 1–6 vergeben".

Muster für eine Kreuzauswertung

Wettbewerber-Matrix – Umsatz- und Marktanteile –

Produktgruppe Wettbewerber		① Mio. € Umsatzanteile %	① Marktanteile %	② Mio. € Umsatzanteile %	② Marktanteile %	③ Mio. € Umsatzanteile %	③ Marktanteile %	④ Mio. € Umsatzanteile %	④ Marktanteile %	Sonstige Mio. € Umsatzanteile %	Sonstige Marktanteile %	Summe Gesamtumsatz
A	absolut	15		10		5		50				80
A	relativ	19%	30%	13%	38%	6%	46%	62%	56%			100% / 29%
B	absolut	20				2				10		32
B	relativ	63%	40%			6%	18%			31%	10%	100% / 11%
C	absolut	15				3		20		12		50
C	relativ	30%	30%			6%	27%	40%	22%	24%	12%	100% / 18%
D	absolut			16		1		20		80		117
D	relativ			14%	62%	1%	9%	17%	22%	68%	78%	100% / 42%
Summe Marktvolumen	absolut	50		26		11		90		102		279
Summe Marktvolumen	relativ	18%	100%	9%	100%	4%	100%	32%	100%	37%	100%	100% / 100%

A = eigenes Unternehmen

Lesebeispiel: Das Unternehmen A macht mit Produktgruppe ① einen Umsatz von 15 Mio. € was 19% des Gesamtumsatzes von 80 Mio. € entspricht. Diese 15 Mio. € haben im Produktmarkt ① einen Marktanteil von 30% (15 Mio. von 50 Mio. €).

Vom Typ her ist dies eine **Alternativfrage mit Mittelwertbildung**. Hier das Ergebnis in einer tabellarischen Darstellung.

Merkmal (a)	Häufigkeit (Nennungen) absolut (b)	relativ (c)	Gewichtete Bewertung (d = a x b)
Note 1	5	10%	5
Note 2	10	20%	20
Note 3	17	34%	51
Note 4	9	18%	36
Note 5	7	14%	35
Note 6	2	4%	12
Summe 21	50	100%	159

(e) Zahl der Notenabstufungen (Merkmalsausprägungen): 6

Und hier eine Auswahl allgemeiner statistischer Werte:

Statistischer Wert (gibt z. B. Antwort auf die Frage ...)

(1) Häufigkeiten absolut (Spalten- und Zeilenhäufigkeit): „Wie oft kommt ein Wert vor?" Spalte b = 50

(2) einfaches arithmetisches Mittel: „Wo liegt der einfache (ungewichtete) durchschnittliche Wert von Merkmalsausprägungen?"

Spalte a : e = $\frac{21}{6}$ = 3,5

(3) gewogenes arithmetisches Mittel: „Wo liegt der mit der Häufigkeit gewichtete Durchschnittswert?"

Spalte d : b = $\frac{159}{50}$ = 3,18

(4) häufigster Wert (Modus): „Welcher Wert kommt am häufigsten vor?" Die Note 3 = 17-mal

(5) Zentralwert (Median): „Wie lautet der mittlere Wert in einer Zahlenreihe, die auf- oder absteigend sortiert ist?"

(Zahl der Ausprägungen + 1) : 2 = $\frac{6 + 1}{2}$ = 3,5

oder arithmetisches Mittel von 2 mittleren Werten = (3 + 4) : 2 = 3,5

(6) Schwankungsbreite (Spannweite, Bandbreite): „Welcher ist der niedrigste, welcher der höchste Wert?" Note 1 bis 6

(7) Anteils- oder Strukturwerte/Gliederungszahlen (relative Häufigkeiten): „Wie viel % der Befragten geben die Note ...?"

z. B. die Note 1 = 10 % (Zeile 1) oder „Wie groß ist der Anteil des Produktes A am Gesamtumsatz?"

(8) Messzahlen (Vergleichs- oder Indexziffern): „Wie hat sich ein aktueller Wert gegenüber Vorjahreswerten verändert?" z. B. Vorjahreswert = 100, aktueller Wert = 120

(9) Abweichungswerte: „Wie groß ist die Abweichung – absolut oder relativ – eines aktuellen Wertes im Vergleich zu einem
   – Vorjahreswert (Ist-Ist-Vergleich)
   – Plan- oder Budgetwert (Soll-Ist-Vergleich)
   – Planwert aus einer früheren Planperiode (Plan-Plan-Vergleich?)"

(10) Beziehungszahlen (Eine Größe wird zu einer anderen – verursachenden – Größe in Beziehung gesetzt): „Wie groß ist der Pro-Kopf-Verbrauch von einem bestimmten Produkt oder der Umsatz je Mitarbeiter oder je qm Verkaufsfläche?"

Neben diesen allgemeinen und in der Praxis üblichen statistischen Kennziffern gibt es in der Marktforschung eine Reihe von mathematisch fundierten Rechenmethoden und datenanalytischen statistischen Verfahren, wie z. B.

• Korrelations- und Regressionsanalysen sowie
• weitere multivariate Analyseverfahren.

Diese Verfahren versuchen auf mathematische Weise, wahrscheinliche oder bestimmte Beziehungen und ihre Ursachen zwischen zwei oder mehreren Variablen aufzudecken.

• Bei der Korrelationsanalyse wird die wechselseitige Beziehung zweier Merkmale untersucht und gemessen, welche Richtung sie haben (positiv – negativ, linear – nicht linear) und wie straff ihre Beziehungen sind. **Beispiel:** Wie stark wirkt sich die Erhöhung des Einkommens auf den Verbrauch eines bestimmten Produktes aus, oder wie stark ist die Beziehung zwischen dem Bruttosozialprodukt eines Landes und der Telefondichte? Prüfen Sie aber genau, ob es sich nicht um eine Scheinkorrelation handelt.

• Die Regressionsanalyse beschäftigt sich im Gegensatz dazu mit einseitigen Abhängigkeiten, z. B. wie entwickelt sich eine abhängige Größe (y-Wert) bei Veränderung von einer oder mehreren unabhängigen variablen Größen (x-Wert). Eine typische Verfahrensweise der Marktforschung ist die Trendprognose: Man will z. B. erfahren, wie sich das Marktvolumen (y-Wert) in der Vergangenheit entwickelt hat und wie es sich in Zukunft verändern wird (Zeitachse = x-Wert).

• Multivariate Analyseverfahren untersuchen gleichzeitig mehrere variable Größen, z. B. einzelne Produkteigenschaften, und sollen herausfinden, wie die gegenseitigen Abhängigkeiten sind und in welcher optimalen Kombination sie letztlich zum Kauf führen. Die Verfahren dieser mehrdimensionalen Betrachtung sind: Faktoren-, Cluster-, Diskriminanzanalyse, Multidimensionale Skalierung und Conjoint-Analyse. Die Conjoint-Analyse oder das Conjoint Measurement (von CONsidered JOINTly = ganzheitlich betrachtet) wurde in den 70er Jahren eingeführt und ist heute die am häufigsten eingesetzte Methode zur Messung von Käuferpräferenzen. Dieses Verfahren untersucht in welchem Ausmaß und in welcher Kombination die jeweiligen Leistungsmerkmale eines Produktes für einen Verwender von Nutzen und kaufentscheidend sind. So gilt es z.b. bei einem Investitionsgut herauszufinden, welche Relevanz die Marke, die Qualität, das Aussehen, die Farbe, der Service usw. für den Befragten haben und schließlich den Kauf auslösen. Insbesondere für die Produktentwicklung, die Preisbestimmung, die Marktsegmentierung sowie für den gesamten Marketing-Mix sind diese Angaben sehr hilfreich und erfolgsbestimmend. Diese Verfahren kommen jedoch in der betrieblichen Praxis seltener vor und werden hier nicht näher erläutert. Zum weiteren und vertieften Studium dieser Analysemethoden empfehle ich das im Literaturverzeichnis erwähnte Buch von Klaus Backhaus.

Viel wichtiger für den an der betrieblichen Praxis orientierten Leser sind jedoch die folgenden im Marketing üblichen speziellen Kennziffern, die ganz bestimmte Inhalte und Bedeutungen im Marketing wiedergeben und auf einfachen Rechenverfahren basieren.

Spezielle Marketingkennziffern

Die wichtigsten sind in folgender Übersicht zusammengestellt:

Spezielle Marketingkennziffer (gibt z. B. Antwort auf die Frage . . .)
  (1) Bewertungen allgemein (Skalafragen): „Wie wird ein bestimmtes Merkmal, Eigenschaft, Leistung, Verhalten usw., beurteilt?" Üblich sind:
    – Notenabstufungen von 1 bis 5 oder 6
    – Punkteabstufungen
  (2) Polaritäten-, Stärken-Schwächen-Profile: „Wie stark sind die Ausprä-

gungen von bestimmten Merkmalen?", bezogen auf in der Regel gegensätzliche Begriffspaare wie gut – schlecht, teuer – billig, sehr zuverlässig – überhaupt nicht zuverlässig. Oder: „Wie stark trifft eine vorgegebene Aussage/Statement zu?": trifft voll und ganz zu bis trifft überhaupt nicht zu.

(3) Rangreihungen: „Welche Rangfolge, welchen Platz, nehmen z. B. Kaufmotive, Lieferanten usw. ein?"

(4) Saisonindizes: „Welchen Umsatzanteil hat normalerweise ein Monat, gemessen am Jahresumsatz oder am durchschnittlichen Monatsumsatz?" Diese Kennziffern werden vor allem für kurzfristige Umsatzprognosen innerhalb eines Jahres verwendet.

(5) Zeitreihen (auch als Indexreihen mit Anfangswert = 100): „Welche Entwicklung nehmen einzelne Werte (Umsatz, Marktvolumen, Mitarbeiter usw.) im Zeitablauf?" „Was sind die Bestimmungsgründe für diese zeitliche Entwicklung?"

(6) Trend und Trendextrapolation: „Wie kann die Vergangenheitsentwicklung z. B. einer der obigen Zeitreihen geglättet werden, und wie kann dieser Trend in die Zukunft verlängert werden?" Die Verfahren dazu sind:
   – grafische Methode (Freihandmethode), bei der dem Augenschein entsprechend eine „Trendlinie" durch die Zahlenwerte der Grafik gelegt wird
   – Methode der kleinsten Quadrate nach der Rechenformel $y = a + bx$
     x = unabhängige Variable
     y = abhängige Variable
     a = absoluter Wert auf der y-Achse
     b = Steigungsmaß
   – Methode der gleitenden Durchschnitte

$$a'_3 = \frac{a_1 + a_2 + a_3 + a_4 + a_5}{5}$$

$$a'_4 = \frac{a_2 + a_3 + a_4 + a_5 + a_6}{5}$$

(7) Durchschnittliche jährliche Zuwachsrate: „Wie hat sich bzw. wie wird sich das Marktvolumen/der Umsatz in den vergangenen bzw. künftigen 3–5 Jahren weiterentwickeln?" Oder: „Welchen Wert wird das Marktvolumen/der Umsatz in 5 Jahren haben, wenn eine jährliche Wachstumsrate von x % unterstellt wird?" Basis ist die Zinseszinsformel:
   – Zuwachsrate

$$= \left(\frac{\text{Endwert}}{\text{Anfangswert}} \right) \frac{1}{n}$$

   n = Zahl der Jahre; Endwert = Anfangswert x $(1 + \text{Zuwachsrate})^n$

(8) Marktpotenzial: „Wie groß ist die Aufnahmefähigkeit, das theoretisch mögliche Absatzvolumen, eines Marktes für ein bestimmtes Produkt zu einem bestimmten Zeitpunkt?"

(9) Regionales Absatzpotenzial (Kaufkraft- oder Absatzkennziffer): „Wie groß ist das theoretisch mögliche Marktpotenzial einer bestimmten Region (Stadt, Kreis, Regierungsbezirk, Bundesland, Nielsen-Gebiet)?" Dies wird sowohl absolut in € als auch relativ am Marktpotenzial eines Landes gemessen:

$$\frac{\text{Absatz-}}{\text{kennziffer}} = \frac{\text{Absatzpotenzial/Region}}{\text{Marktpotenzial/Land}}$$

Maß- und Rechengrößen hierfür sind: Zahl der Bedarfsträger/Beschäftigten und deren Bedarf bzw. Ausgaben in €.

(10) Marktvolumen – gesamt: „Wie groß ist das realisierte Absatz-/Umsatzvolumen aller Anbieter eines Produktes in einem bestimmten Zeitraum (meist Jahr) und Land/Region?"

Das Marktvolumen kann auch in Bestandsgrößen ausgedrückt werden.

– pro Bedarfsträger (Dichtewert): „Wie groß ist das Marktvolumen auf einen Bedarfsträger bezogen?" z. B. Besitz pro Haushalt, Pro-Kopf-Verbrauch

$$\frac{\text{Marktvolumen}}{\text{Anzahl Bedarfsträger}}$$

– Sättigungsgrad: „Inwieweit ist das Marktpotenzial bereits durch das Marktvolumen realisiert?"

$$\frac{\text{Marktvolumen}}{\text{Marktpotenzial}}$$

z. B. Ausstattung der Haushalte bzw. der Betriebe mit bestimmten Gebrauchs- bzw. Investitionsgütern

(11) Exportquote: „Wie groß ist der Anteil des Exports an der Produktion eines Landes bzw. am Umsatz eines Unternehmens?"

$$\frac{\text{Export eines Landes}}{\text{Produktion eines Landes}} \qquad \frac{\text{Exportumsatz}}{\text{Gesamtumsatz}}$$

(12) Importquote: „Wie groß ist der Importanteil am Marktvolumen?"

$$\frac{\text{Import}}{\text{Marktvolumen}}$$

(13) Marktanteil

– absolut: „Wie groß ist der Anteil des Absatz- (= Menge) oder Umsatzvolumens (= Wert) eines Unternehmens am Marktvolumen?"

$$\text{Absatz/Umsatzvolumen eines} \frac{\text{Unternehmens}}{\text{Marktvolumen}}$$

217

Der Marktanteil kann auf der Basis von Mengen oder Werten gemessen werden.

– relativ: „Wie ist die Marktposition des eigenen Unternehmens im Verhältnis zum Marktanteil des größten oder wichtigsten Wettbewerbers?"

$$\frac{\text{Eigener Marktanteil}}{\text{Marktanteil des größten oder wichtigsten Wettbewerbers}}$$

(14) Distributionsquote

– numerisch (ungewichtet): „Wie hoch ist der Anteil der Geschäfte, die unser Produkt führen, gemessen an der Gesamtzahl der die Produktart führenden Geschäfte?"

$$\frac{\text{Anzahl der unser Produkt führenden Geschäfte}}{\text{Anzahl der Geschäfte, die die Produktart führen}}$$

– gewichtet: „Wie hoch ist der Produktumsatz der Geschäfte, die unser Produkt führen, gemessen am gesamten Produktumsatz der Geschäfte, die die Produktart führen?"

(15) Bekanntheitsgrad/Sympathiegrad/Kaufbereitschaft/Käuferanteil: „Wie viel % der Befragten kennen die Firma/das Produkt (gestützt oder ungestützt), wie viel % finden das Produkt sympathisch, und wie viel % sind zum Kauf bereit bzw. zählen zu den Käufern des Produktes?"

(16) Finanzwirtschaftliche Kennziffern (im Rahmen der Unternehmens- und Konkurrenzanalyse): „Wie kann die Leistungsfähigkeit von Unternehmen gemessen und beurteilt werden?"

z. B. Umsatz-, Kapitalrendite, Produktivität, Liquidität, Verschuldungsgrad, Zahlungsziele usw.

(17) Kundenzufriedenheit: „Wie zufrieden sind die Kunden mit unseren Leistungen generell und mit einzelnen Leistungsmerkmalen, und wie steht es mit der Loyalität des Kunden (Wiederkauf und Weiterempfehlung)", jeweils ausgedrückt in % der bedienten Kunden.

Die **Kundenzufriedenheit** ist mittlerweile zu einer zentralen Bewertungsgröße im Marketing – zu einer sog. Meta-Kennziffer oder zum „Return on Marketing"– geworden. Sie wird in manchen Unternehmen über die Rentabilität und andere finanzwirtschaftliche Kennziffern gestellt, da sie letztlich als Ursache und Auslöser eines wirtschaftlichen Erfolges bewertet wird. Diese Bedeutung der Kundenzufriedenheit wird auch dadurch hervorgehoben, dass sie in Bewertungsverfahren, wie den Balanced Scorecards (BSC) oder im EFQM-Modell (European Foundation for Quality Management) zu einem hohen Anteil den Geschäftserfolg mitbestimmt.

Warum ist gerade der **Marktanteil** eine weitere wichtige Leistungs- und Beurteilungsgröße? Aus dem Marktanteil lassen sich Schlüsse über die Bedeutung, die Kostenposition und die Wettbewerbsfähigkeit einer Firma ziehen.

Dies gilt für den absoluten und insbesondere für den relativen Marktanteil, der die eigene Position in Relation zum größten oder wichtigsten Wettbewerber misst. Wichtig ist, dass Sie zuvor das Geschäftsfeld, das Produkt-Markt-Segment, und die Wettbewerber eindeutig definiert und abgegrenzt haben. Dabei ist es unerheblich, ob Sie sich in einem Massen-, Spezial- oder Nischenmarkt befinden, denn Konkurrenten, an denen Sie sich messen können, gibt es in allen Marktformen. Untersuchungen und Vergleiche von über 3000 Geschäften in den USA (PIMS-Projekt) haben gezeigt, dass höhere Marktanteile und die Tatsache, in einem Geschäft auf den ersten Plätzen zu liegen, signifikant zu höherer Rentabilität führen.

Fallbeispiel für ausgewählte Marketingkennzahlen: Einführung eines neuen Duftwassers für Männer. Schätzung des Marktpotenzials.

- Bevölkerung:

Im Land Betanien leben	20,0 Mio. Menschen
davon sind	52 % = 10,4 Mio. Frauen
und	48 % = 9,6 Mio. Männer

- Marktpotenzial:

Von den 9,6 Mio. Männern sind	85 % = 8,16 Mio. 14 Jahre und älter
Laut einer Marktuntersuchung gelten davon	70 % = 5,71 Mio.

als Verwender solcher Produkte.
(30% können als Nicht-Verwender eingestuft werden.)

- Theoretisch errechnetes Absatzvolumen:

Die Marktuntersuchung sagt auch aus, dass der durchschnittliche Verbrauch bei den Verwendern bei jährlich 4,5 Mengeneinheiten mittlerer Größe liegt.

D. h. das mengenmäßige Absatzvolumen dürfte etwa 5,71 × 4,5 = 25,70 Mio. Einheiten sein. Weitere Differenzierungen nach möglichen Zielgruppen folgen.

- Ziel-Marktanteil

Das Unternehmen plant für den Markteinstieg einen Marktanteil von 5 % = 1,28 Mio. Einheiten

- Distribution
  Da etwa 1.000 Outlets für die Distribution vorhanden sind und das Unternehmen bereits zu 250 Outlets Kundenbeziehungen aufrechterhält,
  ist mit einer numerischen Distribution von bis zu 25 % zu rechnen. Das
  neue Produkt soll eher im hochpreisigen Segment angesiedelt werden,
  so dass nach den bisherigen Erfahrungen die gewichtete Distribution
  mit etwa 55 % angenommen werden kann.

Für Aufbereitung und Auswertung reichen in den meisten Fällen
betrieblicher Anwendungen die am Markt angebotenen Office-Produkte oder eine andere Standardsoftware aus, um den Anforderungen der Praxis zu genügen. Spezialsoftware für Marktforschungsaufgaben, wie z. B. von SPSS und anderen Software-Unternehmen,
bleiben dagegen umfangreicheren Datenbeständen und den Instituten vorbehalten.

Grafische Darstellungen

Eine weitere Möglichkeit, Ergebnisse der Marktforschung ver-
dichtet und übersichtlich zu präsentieren, ist neben den Tabellen
jede Form von grafischer Visualisierung. Handeln Sie dabei nach
dem Motto: Ein Bild sagt mehr als tausend Worte (Zahlen) und verwenden Sie – wenn irgend möglich – Grafiken und Schaubilder. Sie
vermeiden „Zahlenfriedhöfe" und machen Zusammenhänge deutlicher und verständlicher. Außerdem sprechen Sie damit das meist
besser ausgeprägte visuelle, optische Wahrnehmungsvermögen vie-
ler Menschen an und tragen zur besseren Merkbarkeit bei. Haben
Sie für Ihre Diagramme schon einmal einen logarithmischen Maßstab verwendet? Im Gegensatz zum linearen Maßstab hat der loga-
rithmische Maßstab Vorteile:
- Die Dynamik von Entwicklungen ist leichter zu erkennen. Jede
  Wachstumsrate erscheint als eine Gerade mit einem bestimmten
  Anstiegswinkel und ist unmittelbar aus der Grafik abzulesen.
- Mengen- und wertmäßige Entwicklungen werden unabhängig
  von ihrer absoluten Höhe miteinander vergleichbar und sind an-
  schaulich darzustellen.

Aus der Vielzahl der möglichen Schaubilder habe ich eine Auswahl der am häufigsten verwendeten getroffen und sie in folgenden
Abb. zusammengestellt. Mit Hilfe von handelsüblichen Software-

programmen ist die Umsetzung von Tabellen in Grafiken heutzutage ein leichtes. Normalerweise sind diese Schaubilder zweidimensional, aber 3-D-Diagramme machen die Grafiken noch plastischer.

In der Praxis werden folgende Diagramme besonders gerne eingesetzt: Linien oder Kurven eignen sich besonders für Zeitverläufe, Säulen und Kreise für Struktur- und Anteilswerte, Balken für Profile, Landkarten, um regionale Gegebenheiten zu visualisieren, sowie Koordinatensysteme und Matrizes, um Abhängigkeiten zu verdeutlichen. Wenn Sie Ihre Wahl treffen, beachten Sie, dass manche Führungskräfte aus Gewohnheit eine Vorliebe für ganz bestimmte Darstellungsformen haben. Tragen Sie diesem Tatbestand Rechnung, aber versäumen Sie nicht, auch mal etwas Neues auszuprobieren.

Beispiele für grafische Darstellungen

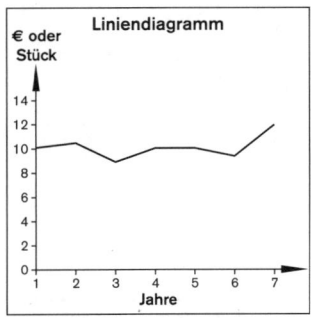

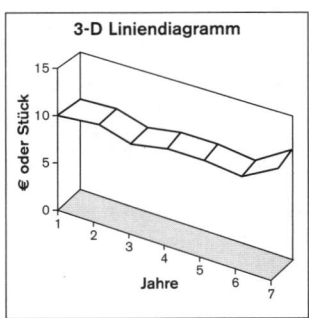

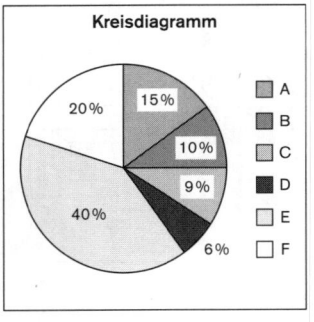

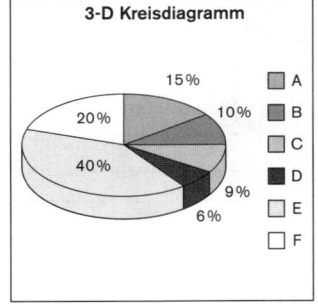

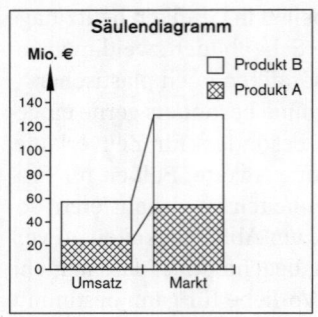

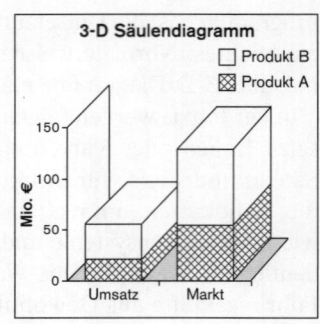

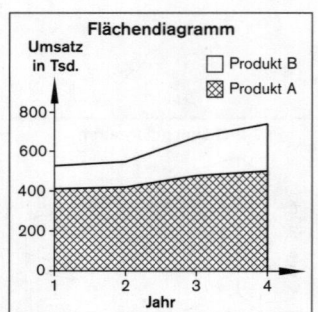

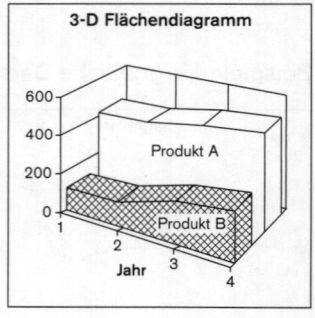

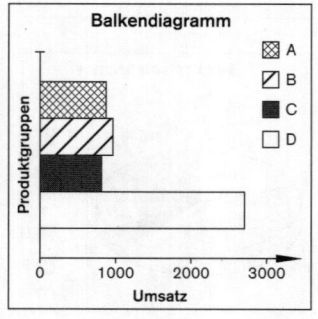

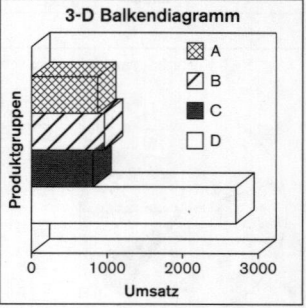

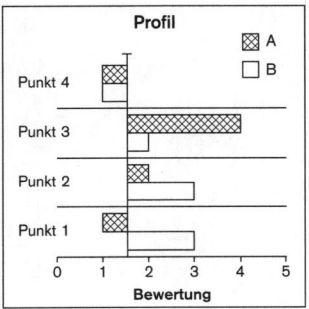

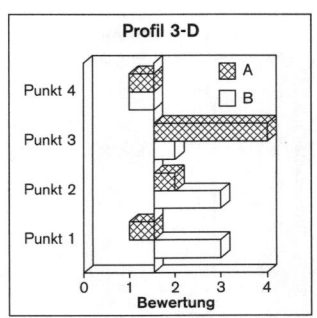

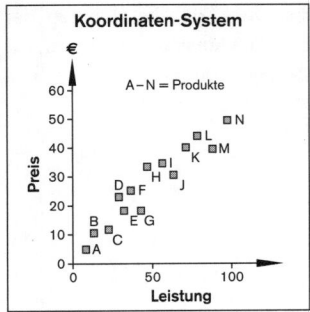

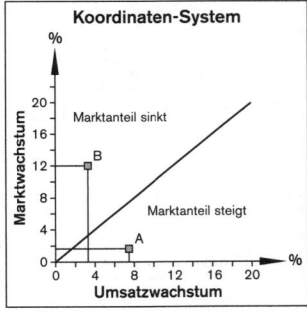

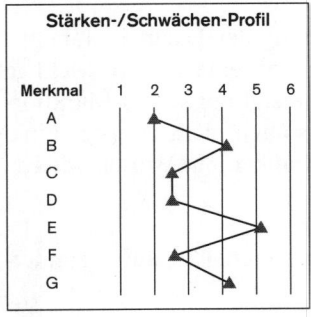

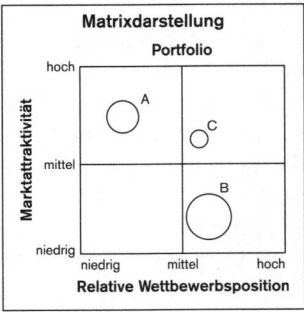

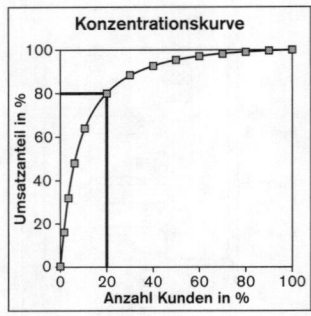

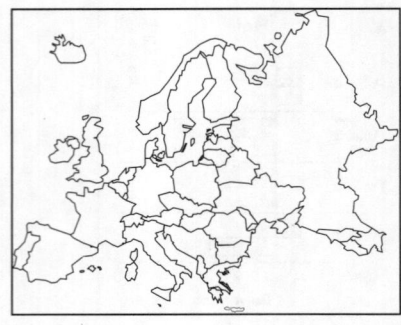

Natürlich darf auch das Spinnennetz (spider web), das im Rahmen der Office-Produkte angeboten wird, zur Darstellung von Ergebnissen nicht fehlen.

9.2 Präsentieren und Berichten: Keine Untersuchung ohne mündliche Präsentation

Neben der Auswertung und Darstellung der Daten in Tabellen und Grafiken ist die verbale Interpretation eine weitere wichtige Säule und der Schlussstein der Berichterstattung in der Marktforschung. Diese interpretierenden Texte sollten nicht in erster Linie die Tatbestände in den Tabellen und Grafiken mit Worten wiedergeben, sondern vielmehr

• Querverbindungen aufzeigen,
• Schwerpunkte und das Wesentliche herausstellen, auf Besonderheiten hinweisen sowie letztlich
• zu Schlussfolgerungen anregen und Entscheidungen untermauern helfen.

Trennen Sie auch eindeutig zwischen Fakten, Schätzungen/Vermutungen und eigener Meinung. Niemand wird Ihnen Ihre eigene Meinung übelnehmen, wenn Sie diese als solche deklarieren und nicht mit vermeintlichen Prozenten, z. B. aus einer Befragung, schmücken. Oft kann man feststellen, dass Marktforschungsergebnisse zweierlei Reaktionen auslösen:

- **„Na-klar-Effekt"**: Die Ergebnisse bringen eine Bestätigung vermuteter oder früherer Erkenntnisse. „Das haben wir schon längst gewusst". Übersehen Sie jedoch nicht, dass auch diese Tatsache, nämlich zu erfahren, dass man richtig liegt oder auf dem richtigen Weg ist, eine Untersuchung rechtfertigt und den Wert der Marktforschung keineswegs schmälert.
- **„Aha-Effekt"**: Man ist von den Ergebnissen überrascht und sollte vor allem bei Schwächetendenzen unbedingt und schnell handeln. Die Untersuchung war ihr Geld wert und hilft, weitere Schäden zu vermeiden.

Wie soll nun eine Berichterstattung aussehen? Die beiden Wege der Kommunikation,
- die mündliche Präsentation und
- der schriftliche Bericht,
haben einiges gemeinsam, weisen aber auch Besonderheiten auf, die es zu nutzen gilt.

Grundsätzlich gilt für beide Formen, dass klare und verständliche Botschaften den Zuhörer/Leser erreichen, ihn neugierig machen, sein Interesse wecken und ihn zu Handlungen veranlassen. Beteiligte müssen Sie zu Betroffenen machen. Wenn Ihnen dies gelingt, haben Sie gewonnen.

Dies spricht für eine mündliche Präsentation:
- Sie können zusätzlich zum Vortragsmaterial durch Ihre Rede und weitere Argumente überzeugen und den Zuhörer in Ihren Bann ziehen.
- Sie fördern den Dialog und die Diskussion.
- Sie können an Ort und Stelle erläutern, Hinweise geben und Unklarheiten sofort beseitigen.
- Außerdem ist bekannt, dass die Merkfähigkeit erheblich steigt, wenn wir gleichzeitig hören und sehen. Wir behalten nämlich

50 % von dem, was wir hören und sehen, gegenüber nur 30 % von dem, was wir sehen/lesen.

Das spricht für den schriftlichen Bericht:

- Der Leser kann sich länger und in Ruhe mit der Thematik auseinandersetzen.
- Er kann nicht sofort Verstandenes nachvollziehen und seine Anmerkungen festhalten.
- Er ist bei seiner Lektüre unbeeinflusst und kann sich so zunächst seine eigene Meinung bilden.

Die mündliche Präsentation

Egal, ob Sie nun einen schriftlichen Bericht anschließen oder nicht, mündlich sollten Sie Ihre Ergebnisse auf jeden Fall präsentieren. Folgende vier Punkte sind für Ihren Erfolg entscheidend:

(1) Präsentationstechniken
- Die einzusetzenden Präsentationstechniken hängen von den technischen Möglichkeiten und der Präsentationskultur im Unternehmen ab.
- Die gebräuchlichsten Hilfsmittel sind: Flipchart, Pinnwand, Folien für den Overheadprojektor, Dias für den Diaprojektor oder heutzutage am häufigsten mit Powerpointfolien Online über einen Beamer direkt vom PC aus.

(2) Erstellen der Vortragsunterlagen (Aufbau und Stil)
- Achten Sie auf klare Gliederung und beim Layout auf optisch ansprechende Gestaltung.
- Ob Sie Hoch- oder Querformat wählen, ist nicht so entscheidend, obwohl heutzutage Querformate bevorzugt werden. Versuchen Sie jedoch einheitliche Formate zu verwenden und achten Sie auf den Schriftrahmen.
- Arbeiten Sie bei Folien mit einer Kopfzeile, die die Kernaussage und evtl. Schlussfolgerungen enthält sowie mit einer Fußzeile, die den Sachinhalt wiedergibt, z. B. nach folgendem Muster:

Kopfzeile: Kernaussage, Schlussfolgerung

- Tabelle, Daten
- Text
- Grafik, Bilder

Fußzeile: Titel, Sachinhalt   Quelle:
                                                   Verfasser:
                                                   Datum:

- Das Office-Produkt Powerpoint bietet Ihnen eine Reihe von Möglichkeiten inkl. verschiedener Hintergrundgrafiken.
- Wählen Sie grafische Darstellungen oder bildhafte Vergleiche, wo immer es geht. Sie bringen Ihre Botschaften besser rüber und aktivieren Ihre Zuhörer.
- Verwenden Sie einfache, allgemein verständliche Aussagen und Grafiken. Diese sollten auch noch vom Ende des Raumes aus gut zu lesen sein, Schriftgröße etwa 14 bis 18 pt. Auf die Folien gehören nur bis zu fünf oder sechs Kernaussagen.

(3) Einladung zur Präsentation
- Laden Sie zu Ihrer Präsentation all die Leute ein, die Ihre Aussagen hören müssen und danach auch entscheiden können.
- Sie sollten zwar mit der Einladung noch keine Ergebnisse verschicken, aber doch die Bedeutung Ihrer Untersuchung hervorheben.
- Wählen Sie den richtigen Zeitpunkt und sorgen Sie für einen angemessenen äußeren Rahmen.
- An Zeit sollten Sie im Minimum eine halbe Stunde reservieren, aber Ihre Zuhörer auch nicht länger als $1^1/_2$–2 Stunden beanspruchen. Rechnen Sie mit ca. 3 Minuten je Folie.

(4) Die eigentliche Präsentation
- Geben Sie am Anfang einen kurzen Überblick über Ihr Thema, und verlieren Sie nie den roten Faden. Machen Sie zwischendurch und vor allem zum Schluss eine Zusammenfassung mit Fazit und leiten Sie Lösungsvorschläge ab.
- Bereiten Sie sich gut vor, und überzeugen Sie mehr durch Sachkompetenz als durch Eloquenz.

- Stellen Sie sich auf Ihre Zuhörergruppe ein. Sprechen Sie die Sprache Ihrer Zuhörer.
- Seien Sie so flexibel, dass Ihr Vortrag immer interessant bleibt und die Aufmerksamkeit nicht nachlässt. Lassen Sie auch mal Folien weg, wenn es die Zeit gebietet. Bereiten Sie sich auf mögliche Gegenargumente vor.
- Arbeiten Sie weitgehend mit vorbereiteten Folien, aber scheuen Sie sich nicht davor, Sachverhalte vor den Zuhörern zu entwickeln und zu erläutern.
- Beleben Sie Ihren Vortrag durch Animationen – aber in Maßen.

Der schriftliche Bericht

Nach Abschluss einer Untersuchung sollten Sie die Ergebnisse schriftlich dokumentieren. Sie können hierzu zwei Wege wählen:

(1) Wenn eine mündliche Präsentation vorausgegangen ist und Vortragsfolien vorliegen, können Sie diese komplett, ergänzt um weitere Erkenntnisse oder in Auszügen den Zuhörern und anderen Interessierten aushändigen.

(2) Hat keine mündliche Präsentation stattgefunden, müssen Sie auf jeden Fall eine schriftliche Dokumentation anfertigen, in der Sie die Ergebnisse darstellen und erläutern, und diese an die Interessenten verteilen.

In beiden Fällen, vor allem aber für den zweiten Fall, gilt es, einige Regeln zu beachten, die Ihnen helfen, die Aufmerksamkeit und das Interesse des Lesers zu steigern.

(1) „In der Kürze liegt die Würze"

- Der Meister zeigt sich im Auslassen. Weniger ist oft mehr. Wenn Sie nicht genau wissen, ob Ihre Botschaften auch ankommen, lassen Sie sie lieber weg.
- Da wir heutzutage mit Informationen vielfach überflutet werden, gewinnen Sie beim Leser, wenn Sie ihn kurz und bündig informieren.
- Stellen Sie auch Tabellen in den Anhang.

(2) Wählen Sie eine „normale" Sprache

- Denken Sie immer an Ihre Leser. Schreiben Sie verständlich und zielgruppengerecht.

- Vermeiden Sie „Fachchinesisch", wenn es in der Alltagssprache besser auszudrücken ist.
- Kurze Wörter und Sätze sind besser als lange.
- Verwenden Sie die Aktivform statt der Passivform, wo immer es geht.

(3) Gestalten Sie Ihren Bericht „formal ansprechend"
- Teilen Sie ihn in klar gegliederte Abschnitte und Absätze auf. Heben Sie durch unterschiedliche Schriftgrößen, Fettdruck, Schraffuren usw. hervor, worauf es ankommt. Vermeiden Sie, wenn möglich, unterschiedliche Schriftarten sowie Unterstreichungen.
- Weisen Sie den Leser darauf hin, wo er sich gerade befindet, und machen Sie auch zwischendurch Zusammenfassungen. Lassen Sie in Ihren Ausführungen stets den roten Faden (story line) erkennen.
- Entwerfen Sie Ihren Bericht mit einer abwechslungsreichen und ausgewogenen Mischung von Tabellen, Kennziffern, Grafiken und Text.
- Versuchen Sie beim gleichen Format (quer oder hoch) zu bleiben. Wählen Sie Din-A4-Format und verwenden Sie keine A3-Faltblätter, da diese oft unübersichtlich wirken und Desinteresse hervorrufen. Sie können auf A4 verkleinern, aber achten Sie auf Lesbarkeit.

(4) Beginnen Sie mit der „Pointe", Sie schreiben ja keinen Roman. Bringen Sie in jedem Fall eine kurze Zusammenfassung (management summary) am Anfang. Der eilige Leser, der schnell das Wichtigste erfassen möchte, wird es Ihnen danken. Ich habe für diesen Zweck oft auch farbiges Papier verwendet.

(5) Gönnen Sie sich beim Schreiben zwischendurch eine „schöpferische Pause". Oft kommen gute Gedanken, wenn man gar nicht intensiv darüber nachdenkt. Am nächsten Tag fällt einem manches vielleicht leichter als am Vortag.

Zusammenfassung zur Auswertung und Präsentation:

- Aufbereitung, Auswertung und Darstellung der gewonnenen Daten und Informationen sind der Schlussstein und gleichzeitig Prüfstein Ihrer Marktforschungsarbeit. Danach werden Ihre Bemühungen bewertet.

- Damit Sie nach getaner Recherche-Arbeit nicht in der Informationsflut ersticken und den Wald vor lauter Bäumen nicht mehr sehen, fassen Sie die Ergebnisse übersichtlich zusammen und erarbeiten Sie kurzgefasste und prägnante Aussagen und Statements. Verfahren Sie nach dem Grundsatz: Weniger ist oft mehr. Das heißt, Sie bieten weniger Informationen, aber mit mehr Informationsgehalt. Denn die Nutzung von Informationen steigt mit sinkender Informationsmenge.
- Fragen Sie sich stets: „Welchen Wert haben diese Informationen für unser Unternehmen?" Sie erhalten so Anstöße für Ihre weitere Marketingarbeit. Geben Sie auch Empfehlungen und drängen Sie auf Entscheidungen. Ihre Arbeit soll ja nicht umsonst gewesen sein.
- Denken Sie dabei immer an Ihre Zuhörer und die Leser Ihrer Tabellen, Grafiken und verbalen Ausführungen. Verfahren Sie nach dem KISS-Prinzip: Keep it simple and stupid, d. h., halten Sie Ihre Ausarbeitungen einfach und verständlich.
- Wählen Sie, so oft es geht, grafische Darstellungen. Sie sind anschaulicher, kompakter und einprägsamer und werden eher verstanden. Vermeiden Sie auf jeden Fall „Zahlenfriedhöfe". Visualisieren statt verbalisieren!
- Qualitative Aussagen sagen oft mehr als nur Zahlen.
- Präsentieren Sie Ihre Ergebnisse mündlich, wann immer es möglich ist. Eine schriftliche Dokumentation ist ohnehin ein Muss.
- Ergreifen Sie bei Aufgaben, die sich gut mit Marktforschung lösen lassen, selbst die Initiative und warten Sie nicht, bis man Sie beauftragt – auch bei begrenztem Zeit- und Kostenbudget.
- Befolgen Sie das Motto von Max Planck: „Wirklich ist, was man messen kann." Versuchen Sie, zunächst nicht Messbares z. B. durch quantitative Bewertungen und Kennziffern messbar zu machen.

Nach der Lektüre der ersten neun Kapitel dieses Buches schlage ich Ihnen vor, anhand dieses Arbeitsbogens eine Bilanz zu ziehen und einige Nutzanwendungen für Ihr Unternehmen zu testen.

Arbeitsbogen

Bitte listen Sie hier auf, welche Anregungen Sie bisher durch die Lektüre dieses Buches erhalten haben.

(1) Fragestellungen, die Sie eigentlich schon längst einmal durch Marktforschung klären wollten. Welche Themen könnten das sein?

_____

_____

_____

_____
_____
_____
_____

(2) Ihr derzeit brennendes Problem. Wo drückt der Schuh derzeit am
meisten?

_____
_____
_____
_____
_____
_____

(3) Methodische Ansätze zur Lösung dieses aktuellen Problems. Welche
Methoden und Techniken würden Sie dafür einsetzen und welche halten Sie für sich am geeignetsten?

_____
_____
_____
_____
_____
_____

III. Spezialanwendungen in der Marktforschung

> Es ist nicht genug zu wissen
> Man muss es auch anwenden
> Es ist nicht genug zu wollen
> Man muss es auch tun
>
> *Goethe*

Die folgenden Kapitel 10 bis 15 sollen über die bisherigen Ausführungen hinaus, nach Sachgebieten zusammengefasst, Auskunft geben über einige spezielle und typische Anwendungsbereiche. Erfahrungen haben gezeigt, dass vor allem folgende Fragestellungen im Vordergrund des Interesses stehen:

Fragestellung (wird behandelt in Kapitel)
- Wie können im Unternehmen bereits vorhandene oder dort speziell zu erfassende Daten und Informationen für die Marktforschung genutzt werden? (**4. Interne Informationsquellen**)
- Wie können das wirtschaftliche, politische und sonstige Umfeld des Unternehmens, die Branche, in der Sie sich betätigen, und Ihre Mitbewerber erfasst und beurteilt werden? (**10. Umfeld, Branche, Konkurrenz**)
- Welche Möglichkeiten gibt es, Bedarfspotenziale und Marktvolumina zu ermitteln und die zukünftige Marktentwicklung vorauszuschätzen? (**11. Bedarf, Marktvolumen, Trends**)
- Wie kann die eigene Leistung – Produkte und Preise – mit dem Angebot Ihrer Mitbewerber verglichen und beurteilt werden? Wie kann die Marktforschung helfen, wenn Produkte verbessert oder neue innovative Produkte getestet in den Markt eingeführt werden sollen? (**12. Produkte, Preise und Konditionen**)
- Wie sind Struktur, Verhalten, Einstellungen und Kaufmotive der Zielgruppen zu erfassen und zu bewerten? Wie bilden Sie effektive, nutzenorientierte Zielgruppensegmente und lernen Ihre Kunden besser kennen und verstehen? (**13. Kunden und Zielgruppen**)
- Wie können regionale Teilmärkte im Inland und ausländische Märkte besser und differenziert erfasst sowie besser ausgeschöpft werden? (**14. Regionalforschung**)

- Welche Fakten und Möglichkeiten gibt es, um den Einsatz von Werbe-
  und Verkaufsförderungsaktivitäten besser in den Griff zu bekommen
  und den Erfolg, zumindest auf Teilgebieten, wirtschaftlich zu messen?
  (15. Werbeforschung)

Folgt man einer Umfrage unter betrieblichen Marktforschern, so
liegen deren Schwerpunkte bei folgenden Arbeiten:

		Nennungen
1.	Marktanalysen, allgemein	50 %
2.	Verbraucheranalysen	36 %
3.	Konkurrenzbeobachtung	35 %
4.	Werbemittelforschung	31 %
5.	Strategische Unternehmensplanung	28 %
6.	Tests von Marketingkonzeptionen	27 %
7.	Absatzmittler-, Vertriebsforschung	27 %
8.	Prognosen	26 %
9.	Produkttests	19 %
10.	Werbeträgerforschung	12 %
11.	Packungstests	9 %
12.	Testmärkte	8 %

Damit sich die Marktforschung im praktischen Einsatz bei diesen
Anwendungsbereichen auch bewähren kann, muss sie

- Umwelt- und Spielregelveränderungen in der Branche frühzeitig
  aufspüren,
- sich an Gesamtzusammenhängen orientieren und einen Schulter-
  schluss zwischen den Funktionsbereichen – Einkauf, Entwicklung, Fertigung und Vertrieb – herbeiführen,
- komplexe Situationen verdichten, Schlüsselfaktoren herausarbeiten und vereinfacht, zusammen mit Empfehlungen, an das Management weitergeben,
- ganzheitlich denken und vor allem die Wechselbeziehungen aller
  Geschäftspartner im Markt berücksichtigen,
- Schnittstelle zwischen Innen- und Außenwelt des Unternehmens,
  Sprachrohr des Unternehmens als auch der Kunden sein.

10. Umfeld, Branche, Konkurrenz: Was Sie über die Rahmenbedingungen, die „Spielregeln" in Ihrer Branche und Ihre Konkurrenten wissen müssen

> Wenn du ein Schiff bauen willst,
> dann lehre nicht, wie man einen Hammer führt
> und Holz schneidet, sondern erzähle von der Größe
> des Meeres und der Sehnsucht nach der Ferne.
>
> *nach Antoine de Saint Exupéry*

Das Geschäftsumfeld eines Unternehmens wird im wesentlichen durch vier Perspektiven geprägt:

- im weitesten Sinne durch allgemeine volkswirtschaftliche, politische, gesetzliche, administrative und ökologische Rahmenbedingungen und Vorschriften: **„Kirchturm-Perspektive"** (Gesamtschau ohne Details)
- im weiteren Sinne durch Spielregeln, Geschäftsbedingungen und Besonderheiten der Branche, in der Sie tätig sind: **„Wanderer-Perspektive"** (Herausarbeiten wichtiger Zusammenhänge)
- im engeren Sinne duch die unmittelbaren und mittelbaren Wettbewerber, die sich mit Ihnen um den Kunden bemühen: **„Lupen-Perspektive"** (Detailanalysen von wichtigen Wettbewerbern und deren Verhalten).

Führt man diesen bildhaften Vergleich fort, so ist

- im engsten Sinne das eigene Unternehmen zu verstehen, das im Rahmen der Absatzforschung (s. Kapitel 4.4) zu untersuchen ist: **„Mikroskop-Perspektive"** (Tiefer gehende Analysen im eigenen Unternehmen).

Man könnte sich diese vier Betrachtungsebenen auch als Schichten vorstellen – ähnlich den Schalen einer Zwiebel:

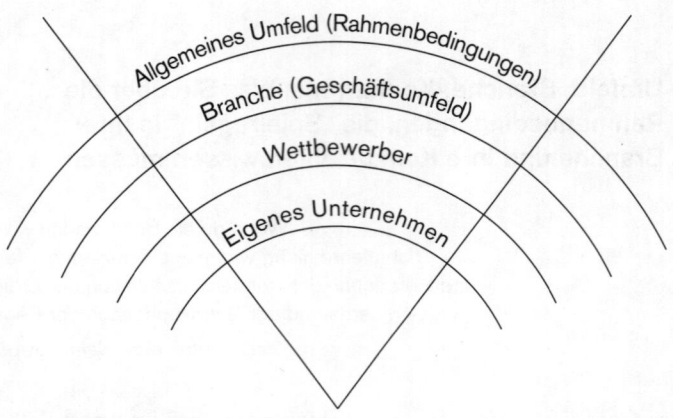

10.1 Allgemeines Umfeld

Während die Branche, der Sie angehören, mehr oder weniger von Ihnen mitgestaltet werden kann, sind die allgemeinen Rahmenbedingungen des wirtschaftspolitischen und gesellschaftlichen Umfeldes als feste und weitgehend unbeeinflussbare Größen anzusehen. Man muss sie als gegeben hinnehmen und kann sich eigentlich nur darauf einstellen. Die folgenden Informationen sind eine Auswahl solcher Fakten:

---

(1) Gesamtwirtschaftliches Umfeld
- Bevölkerung, Arbeitsstätten (Unternehmen, öffentliche Haushalte)
- Beschäftigung: Erwerbstätige, Arbeitslose, Arbeitszeiten
- Bruttoinlandsprodukt (BIP)
- Auftragseingänge in der gewerblichen Wirtschaft
- Produktion und Umsätze des produzierenden Gewerbes
- Einzelhandelsumsätze
- Baugenehmigungen, Bautätigkeit
- Investitionen
- Preise (Industrie-, Großhandelspreise, Preisindex für die Lebenshaltung)
- Außenhandel (Ein- und Ausfuhr)
- Kaufkraft (Einnahmen und Ausgaben der privaten Haushalte)
- Finanzen (Währungs- und Zinspolitik) und Steuern
- Betriebsgründungen und Firmeninsolvenzen

- Internationale und weltwirtschaftliche Faktoren
  usw.
  Diese Daten stammen weitgehend aus der amtlichen Statistik und sind den Veröffentlichungen der Statistischen Ämter, der Behörden und internationalen Organisationen zu entnehmen. Einige dieser Daten sind aktuell, z. B. die Arbeitslosenzahl kurz nach Monatsende, andere wiederum erst nach einem Viertel- oder Halbjahr bzw. in Jahresfrist verfügbar.

(2) Gesetze und behördliche Vorschriften
z. B. Aus- und Einfuhrbeschränkungen, Zölle, staatliche Regulierungen, Zulassungsbedingungen, administrative Vorschriften
Diese sind den Veröffentlichungen der Ministerien und Behörden zu entnehmen.

(3) Ökologische und Umweltschutzauflagen
Diese sind entweder in Gesetzestexten oder behördlichen Verlautbarungen enthalten.

(4) Soziokulturelle, gesellschaftliche Faktoren
z. B. Zeitgeist, Modetrends, Einstellungen zur Freizeit und Arbeit, Flexibilisierung der Arbeit, gewerkschaftliche Forderungen, Lebensstile, Bürgerinitiativen, Mitbestimmung, individuelle Wertvorstellungen.

(5) „Stimmungsbarometer"
Subjektive Einschätzungen von Verbrauchern und Unternehmen, dargestellt in sog. Klimaindizes, wie Konsum- und Geschäftsklima.

Im Folgenden sollen einige wesentliche Fakten näher erläutert werden.

Das magische Viereck der Wirtschaftspolitik: Die wohl entscheidendste Leitgröße einer Volkswirtschaft und gleichzeitig ein Indikator für die konjunkturelle Entwicklung eines Landes ist zweifellos das Bruttoinlandsprodukt (BIP). Das BIP ist der Gesamtwert aller in einer Periode hergestellten Waren und erbrachten Dienstleistungen.

Interessant für die konjunkturelle Entwicklung ist nicht so sehr die absolute Höhe des Gesamtvolumens dieser Leistungen als vielmehr die prozentuale Veränderung zum Vorjahreszeitraum. Sie spiegelt das Auf und Ab in der Wirtschaft wider und beeinflusst so auch die wirtschaftliche Stimmung im Lande. Andererseits ist diese Stimmung als psychologische Größe nicht ohne Einfluss auf den wirtschaftlichen Verlauf der Konjunktur.

Bruttoinlandsprodukt	Preise/Inflationsrate
• Wachstumsrate: Veränderung in % zumVorjahr (real) • Ziel: angemessenes Wachstum	• Teuerungsrate: Veränderung der Verbraucherpreise in % zum Vorjahr/Vormonat usw. • Ziel: Preisniveau-/Geldwert-stabilität
Beschäftigung	**Leistungsbilanz**
• Arbeitslosenquote: Arbeitslose in Mio. bzw. in % der Erwerbs-tätigen • Ziel: hoher Beschäftigungs-stand	• Überschuss/Defizit in Mrd. Euro im Verkehr mit dem Ausland (Güter und Leistungen) • Ziel: außenwirtschaftliches Gleichgewicht

Neben einem angemessenen Wirtschaftswachstum sind drei weitere Faktoren – Preisniveaustabilität, niedrige Arbeitslosenquote und außenwirtschaftliches Gleichgewicht – wichtige wirtschaftspolitische Zielsetzungen. Sie gleichzeitig zu verwirklichen und sie ins Gleichgewicht zu bringen, ist außerordentlich schwierig, was ihnen auch den Namen „Magisches Viereck der Wirtschaftspolitik" eingebracht hat. Außerdem werden im internationalen Vergleich oft Anleihenrendite oder Zinsniveau zur Beurteilung der Wirtschaftslage herangezogen.

Neben diesen gesamtwirtschaftlichen Größen sollten Sie vor allem auf Veränderungen in folgenden Bereichen achten, damit Sie Chancen, aber auch Risiken rechtzeitig erkennen und für Ihr Unternehmen nutzen können:

• Politik: Steuer- und Abgabenpolitik, Gesetze, Unruhen
• Gesellschaft: ökologisches Bewusstsein, Bürgerinitiativen, Wertvorstellungen
• Technologie: neue Werkstoffe, Mikrobausteine, Verfahren, Erfindungen und Patente

Klima-Indizes und Frühindikator für die wirtschaftliche Gesamtentwicklung: Das Bruttoinlandsprodukt (BIP) und dessen Wachstumsrate sind zwar zentrale Kennzahlen der wirtschaftlichen Entwicklung, aber leider auch „späte" Größen, da sie erst im Nachhinein, meist vierteljährlich, ermittelt werden können. Die Auftragseingänge für das Verarbeitende Gewerbe dagegen sind schon eher verlässliche Frühindikatoren für die konjunkturelle Verfassung.

Darüber hinaus sind die sog. Klimaindizes gute Stimmungsbarometer, die aus subjektiven Einschätzungen von Verbrauchern, Unternehmen und Experten aus der Wirtschaft gewonnnen werden. Sie sind zukunftsweisend, da sie einen „Vorlauf" zum realen Wirtschaftswachstum von etwa drei bis sechs bzw. sogar neun Monaten haben und damit frühzeitig wahrscheinliche konjunkturelle Wendepunkte anzeigen.

Die wichtigsten dieser Leading Indicators sind:

(1) **ZEW-Konjunkturerwartungen** (Zentrum für Europäische Wirtschaftsforschung, Mannheim). Sie sind das Ergebnis einer monatlichen Umfrage bei 350 Finanzexperten (Finanzanalysten, Banken, Versicherungsfachleute). Als Indikator ausgewiesen wird die Differenz der positiven und negativen Erwartungen für die künftige Wirtschaftsentwicklung – auf Sicht von sechs Monaten. Neben Deutschland werden auch die Erwartungen für die Eurozone, Japan, Großbritannien und die USA abgefragt.

(2) Das **Ifo-Geschäftsklima** – seit 1972 regelmäßig veröffentlicht – ist der vom Ifo-Institut in München ermittelte und in der Öffentlichkeit wohl meist beachtete Stimmungspegel. Er basiert auf ca. 7.000 monatlichen Meldungen von Unternehmen des Verarbeitenden Gewerbes, des Bauhauptgewerbes sowie des Groß- und Einzelhandels. Zu beurteilen sind die gegenwärtige Geschäftslage in den Unternehmen sowie die Erwartungen für die nächsten sechs Monate. Die Geschäftslage wird als Saldowert der Prozentanteile gut und schlecht und die Erwartungen als Differenz zwischen günstiger und ungünstiger ausgewiesen. Die Mittelwerte „befriedigend" bzw. „gleich bleibend" werden dabei nicht berücksichtigt. Das Geschäftsklima wiederum ist ein Mittelwert aus den Salden der Geschäftslage und der Erwartungen. Eine Trendwende bei der Konjunktur ist mit hoher Wahrscheinlichkeit nach der sogenannten Dreimal-Regel erst nach dreimaligem Ausschlagen des Geschäftsklima-Indikators in die betreffende Richtung zu erwarten.

Da diese Werte nach Warengruppen und Branchen erhoben werden, sind diese auch für Ihre Branche aussagekräftig. Sie können die einzelnen Branchenwerte vom Ifo-Institut beziehen sich aber auch direkt an diesen Umfragen beteiligen.

(3) Der **BBE-Index Einzelhandelsklima** der BBE Unternehmensberatung, Köln, basiert auf einer monatlichen Panelbefragung von ca. 300 Betrieben des klassischen Einzelhandels (kleine bis mittelständische Unternehmen) in verschiedenen Produktgruppen. Erstmals 1994 im Auftrag des Handelsblattes ermittelt, schätzen die Befragten sowohl die Lage in der Branche als auch im eigenen Unternehmen ein. Außerdem wird nach der Ausgabefreudigkeit der Verbraucher und nach der Entwicklung von Umsatz und Gewinn in den nächsten sechs Monaten gefragt. Monatlich alternierend werden auch Fragen zum Investitionsverhalten, den Werbeausgaben und Kreditaufnahmen usw. gestellt. Veröffentlicht werden die Ergebnisse im Internet (www.bbeberatung.com) und in diversen Fachzeitschriften.

(4) Die Gesellschaft für Konsumforschung, Nürnberg, ermittelt und veröffentlicht seit 1993 monatlich den **GfK-Indikator Konsumklima** aus der Befragung von 2000 Verbrauchern – nach dem CAPI-Verfahren – im Auftrag der EU-Kommission. Gefragt wird nach den Erwartungen der allgemeinen wirtschaftlichen Lage, der eigenen Einkommensentwicklung, der Konsum-, Spar- und Anschaffungsneigung in den kommenden zwölf Monaten. Daraus wird das Konsumklima berechnet.

(5) Basierend auf den Befragungsergebnissen der GfK ermittelt die icon Wirtschafts- und Finanzmarktforschung, Nürnberg, aufgrund von weiteren Daten der Deutschen Bundesbank und eigenen Berechnungen das **icon-Konsumbarometer**, das schwergewichtig auf der Anschaffungsbereitschaft der Konsumenten für langlebige Gebrauchsgüter beruht. Diese Art der Konsumentenstimmung wird in allen EU-Ländern (außer Luxemburg) in Form des Consumer Confidence Index ausgewiesen. Ein Indexwert von 100 stellt dabei das Gleichgewicht zwischen optimistischen und pessimistischen Einschätzungen der Konsumenten dar. Bei einem Indexwert von über 100 überwiegen die Optimisten, bei einem Wert darunter die Pessimisten.

(6) Der einzige, der neben subjektiven Faktoren auch noch harte Fakten beinhaltet, ist der seit 1992 ermittelte **Handelsblatt Frühindikator**. Er berücksichtigt neben den Ifo-Geschäftserwartungen und

den ZEW-Konjunkturerwartungen (mit einem Gewicht von 54 %) auch die Auftragseingänge der Industrie und des Bauhauptgewerbes sowie Einzelhandelsumsätze (mit einem Gewicht von 46 %, Stand 2006).

Umfeldveränderungen: Ob es sich um die Entwicklung der Bevölkerung oder der gewerblichen Abnehmer, weltwirtschaftliche und politische Umbrüche, steigende Verflechtungen und zunehmende Abhängigkeiten der Volkswirtschaften untereinander oder um den beschleunigten technischen Fortschritt, Umwelt- und Energiefragen oder um veränderte Konsumgewohnheiten handelt, stets müssen Sie sich fragen, inwieweit Ihr Unternehmen davon betroffen ist oder inwieweit Sie davon profitieren können.

Betrachten Sie daher Ihr Umfeld und vor allem die Umfeldveränderungen als Herausforderung und versuchen Sie das Beste daraus zu machen. Je früher sie sich darauf einstellen, um so eher können Sie die Chancen nutzen. Insgesamt gesehen, können Sie in den nächsten Jahren von folgenden Gesetzmäßigkeiten ausgehen. Denken Sie darüber nach, wie Sie darauf reagieren können.

(1) **Gesetz des beschleunigten Strukturwandels** – Ihre Reaktion darauf könnte sein:
- Marktorientierung muss zur Umweltorientierung erweitert werden, Umweltschutz muss zum Unternehmensziel gehören, ökonomisch denken und handeln heißt gleichzeitig ökologisch denken und handeln;
- langfristiges Vorausdenken und eine auf Visionen und Leitbildern aufbauende Unternehmensführung;
- verstärkte Markt- und Produktinnovationen in immer kürzeren Abständen gepaart mit einem Bündel von kundenorientierten Leistungen.

(2) **Gesetz der zunehmenden Internationalisierung und Globalisierung** – Ihre Reaktion könnte sein:
- verstärkte Konkurrenzbeobachtung, nicht nur im Inland;
- regionale Konzentration, nationale und internationale bzw. transnationale Kooperationen im Sinne von strategischen Allianzen;
- Analyse und Einstellung auf größere Wirtschaftsräume;

- Überprüfung von Standortfaktoren für Entwicklung und Fertigung, Analyse und Einbeziehung weltweiter Beschaffungsquellen.

(3) **Gesetz des verstärkten Konkurrenzdrucks** – Ihre Reaktion könnte sein:
  - laufende Kostensenkungsprogramme, um bei eskalierenden Preiskämpfen zu bestehen;
  - laufende Überprüfung der Zeiten von der Entwicklung bis zur Produktbereitstellung und Vermarktung (time to market) bei gleichzeitig immer kürzer werdenden Produktlebenszyklen;
  - ständige Produkt- und Qualitätsverbesserungen, um der zunehmenden Produktvergleichbarkeit entgegenzuwirken.

(4) **Gesetz des anhaltenden Wertewandels** – Ihre Reaktion könnte sein:
  - verstärkter Einsatz qualitativer Verfahren in der Marktforschung;
  - Analyse und laufende Beobachtung von Zeitströmungen und Trends (mit Hilfe von sog. Trend Scouts);
  - Analyse und Erschließung neuer sich bildender Zielgruppen (Seniorenmarkt, Einkaufsgewohnheiten, neue Anwendungen usw.);
  - Anpassung an den Wandel in den Vertriebskanälen;
  - Flexibilisierung der Arbeit, ständige Schulung und Weiterbildung der Mitarbeiter.

(5) **Gesetz der zunehmenden und weltweiten Kommunikation** – Ihre Reaktion könnte sein:
  - Prüfung und Einsatz neuer Medien und das Ausprobieren neuer Wege zu den Abnehmern; beschleunigte Logistik;
  - technisch fortschrittliche Lösungen für die Sprach- und Datenkommunikation weltweit, zunehmende Mobilität;
  - Überprüfung des Einsatzes von Telearbeit.

Auf all diese Fragen und Veränderungen muss die Marktforschung rechtzeitig hinweisen, analytische Vorarbeit leisten und Lösungsansätze bieten.

Mit Szenarien, Trends und Thesen für die nahe und fernere Zukunft beschäftigten sich auch eine Reihe von Studien und Veröffentlichungen, z. B. die Shell-Studien (www.shell.com), wie z. B. Shell Pkw-Szenarien; Prognosen zur Bevölkerungsentwicklung vom Statistischen Bundesamt (www.destatis.de); Branchen- und Wirtschaftsanalysen der Prognos AG, Basel und Berlin (www.prognos.com), wie z. B. Deutschland Report 2030 oder World Reports; sowie weitere Institutionen.

Weitere Informationsquellen zum wirtschaftlichen Umfeld und der Branche sind in folgender Übersicht gelistet.

Informationsquellen zum wirtschaftlichen Umfeld und der Branche
Sekundärquellen

- Daten aus dem eigenen Unternehmen, wie Auftragsbewegung, Reichweite des Auftragsbestandes, Umsatzentwicklung, Kapazitätsauslastung, Lagerbestandsentwicklung usw.
- Amtliche Statistik: Statistisches Bundesamt und Statistische Landesämter, Bundesagentur für Außenwirtschaft (bfai)
- Veröffentlichungen und Berichte der Ministerien und Behörden, z. B. Bundesbank, Bundesagentur für Arbeit
- Allgemeine Wirtschaftspresse
- Fachpresse der einzelnen Branchen
- Rundfunk und Fernsehen, insbesondere Wirtschaftsmagazinsendungen
- Mitteilungen der Verbände und Kammern
- Informationen der Banken: Konjunktur-, Branchen- und Firmenberichte
- Serviceleistungen der großen Verlage für ihre Anzeigenkunden, insbesondere Branchen- und Konjunkturberichte
- Veröffentlichungen und Studien der Wirtschaftsforschungsinstitute
- Patentanmeldungen bei den Patentämtern
- Datenbanken
- Internationale Organisationen und Gremien, z. B. EU, OECD, Weltbank, FAO.

Primärquellen

- Gespräche mit Ihren Geschäftspartnern: Kunden, Lieferanten, Mitbewerber, Banken usw.
- Gespräche mit Meinungsbildnern und -führern (opinion leader) bei den Medien, Journalisten, Experten der Wirtschaft, den beratenden Berufen, den Verbänden und sonstigen Interessenvertretungen
- Gespräche mit Ihren Mitarbeitern
  usw.

10.2 Branche

Branchenattraktivität: Die Informationen über das allgemeine Umfeld gehen zwar als Randbedingungen in das Branchenumfeld mit ein, sie sind jedoch für die Analyse und Beurteilung einer Branche zu grob und zu allgemein (Makrobetrachtung). Bei der Analyse einer Branche geht es im Wesentlichen darum,

- die ökonomischen Spielregeln zu erfahren und zu verstehen,
- eine integrierte Sicht des Marktes zu erhalten sowie
- die Wettbewerbsvorteile auszuloten und für Ihr Unternehmen zu sichern bzw. zu verteidigen.
- Gleichzeitig soll die Branchenanalyse klären, wie Ihr Unternehmen im Wettbewerb auftreten soll: konzentriert auf wenige Teilbereiche oder über die Breite des Marktes, angepasst an die etablierten Regeln der Branche oder davon abweichend.

In Anlehnung an die Arbeiten des Harvard-Professors M. Porter lassen sich fünf Wettbewerbskräfte (Five Forces) und Bedrohungsfelder definieren. Sie sollen Ihnen helfen, die Attraktivität einer Branche zu erkennen und Ihr allgemeines Geschäftsverständnis zu festigen bzw. aufzubauen.

Five Forces von Michael Porter

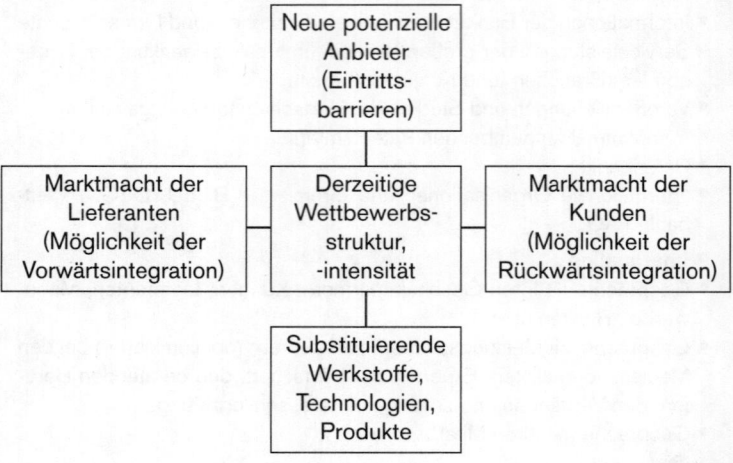

Zur Erläuterung seien einige Beispiele zur Charakterisierung der fünf Felder genannt:

- **Neue Anbieter** (Eintrittsbarrieren)
  - Ziel: Verteidigung der eigenen Stellung gegenüber neuen Eindringlingen in die Branche.
  - Fragen: Gibt es bindende Barrieren: Gesetze, Vorschriften, Genehmigungen? Wie ist der Zugang zum technologischen Knowhow (Patente), zu den Abnehmergruppen, zur installierten Basis (Markentreue, Herstellerimage)? Wie hoch ist der Kapitalbedarf für technische und Marketinginvestitionen (Werbung, Vertriebsorganisation)?
- **Substitutionsprodukte**
  - Ziel: Mögliche Bedrohungen frühzeitig erkennen.
  - Fragen: Wie groß sind die Preis-/Leistungsunterschiede zu bestehenden Produkten? Wie stark wird die Substitutionsmöglichkeit vom Käufer wahrgenommen? Wie hoch ist das Risiko einer Umstellung beim Kunden?
- **Kundenmacht**
  - Ziel: Eigene Verhandlungsposition festigen oder ausbauen, Keyaccount-Programme einführen.
  - Fragen: Wie groß ist die Zahl der Kunden? Wie sind die Kundengruppen organisiert? Wie groß ist die Wahrscheinlichkeit, dass Kunden bisher eingekaufte Produkte selbst herstellen (Rückwärtsintegration)? Wie groß ist die Firmentreue der Kunden (Lieferantenwechsel)? Wie sensibel reagieren Kunden auf Preisveränderungen?
- **Lieferantenmacht**
  - Ziel: Abhängigkeiten steuern.
  - Fragen: Gibt es eine genügend große Auswahl an Lieferanten? Wo liegen die besonderen Stärken der Lieferanten? Wie groß ist die Wahrscheinlichkeit, dass Lieferanten unseren Markt als Wettbewerber betreten (Vorwärtsintegration)?
- **Wettbewerbsstruktur/-intensität**
  - Ziel: Eigene Wettbewerbsstellung (Marktanteil) in der Branche festigen.
  - Fragen: Wie groß ist das Marktvolumen? Wie groß ist das Marktwachstum in den nächsten Jahren (wachsender, stagnierender,

Übung zu Ihrer Wettbewerbsstruktur:
Versuchen Sie nun auf der Basis der Porterschen Five Forces in die Kästchen Namen einzutragen. Wie sehen Sie Ihr eigenes Wettbewerbsumfeld?

New Entries
Neue potenzielle Anbieter
....
....
....
....

Substituierende Produkte,
Werkstoffe, Technologien
....
....
....
....

Derzeitige Wettbewerber

Spezialist
....
....
....
....

Generalist
....
....
....
....

Marktmacht der Lieferanten
(Vorwärtsintegration)
....
....
....
....

Marktmacht der Kunden
(Rückwärtsintegration)
....
....
....
....

schrumpfender Markt)? Wie ist die Struktur der Wettbewerber, gibt es strategische Gruppen (Spezialisten/Generalisten, Groß-, Mittel-, Kleinbetriebe, spezielle Strategien)? Wie hoch sind die Kapazitäten ausgelastet? Wie ist das Preisniveau, wie stark ist der Preiswettbewerb? Wie hoch ist die Branchenrendite (im Durchschnitt aller Anbieter)? Wie schnell und mit welchen Kosten kann man sich aus dem Markt zurückziehen (Austrittsbarrieren, z. B. vertragliche Verpflichtungen)?

Dieses **Übungsbeispiel** soll Ihnen bewusst machen, wie Ihr aktueller Wettbewerb strukturiert ist, welche Marktform vorherrscht und mit welchen konkreten Wettbewerbern Sie es derzeit zu tun haben. Außerdem – und das ist die weitaus schwierigere Aufgabe – gilt es abzuschätzen, aus welcher Richtung weiterer Wettbewerb drohen könnte.

Seien Sie daher auf der Hut und beobachten Sie genau schlummernde potenzielle Gefahren, z. B. mögliche neue Anbieter aus einer ganz anderen Branche oder neue Werkstoffe, Materialien, Technologien und Verfahren, die Ihr gegenwärtiges Umfeld verändern könnten.

Am **Beispiel** des Telefonmarktes lässt sich sehr gut nachweisen, wie New Entrys das Wettbewerbsgefüge verändern können. Waren es in der Entstehung eines liberalisierten und globalisierten Telefonmarktes zu Beginn der 90er Jahre des vorigen Jahrhunderts die Hersteller aus der Unterhaltungselektronik, wie z. B. Sony, Panasonic, Samsung, LG usw., die den etablierten Telefonherstellern Konkurrenz machten, so sind es heute neue Rivalen aus der IT-Branche, wie z. B. Google, Apple usw., die den Handyherstellern zu Leibe rücken werden.

Bewertungsschema: Wollen Sie nun in einem konkreten Fall eine Branche beurteilen, so können Sie sich z. B. des folgenden Bewertungsschemas bedienen.

Bevor Sie zu einer Bewertung schreiten, müssen Sie sich zunächst im Klaren sein, wie Sie den Markt oder die Branche abgrenzen. Außerdem können Sie, vor allem für die Kriterien Marktgröße, Marktwachstum und Branchenrendite, Bandbreiten festlegen, die z. B. besagen, bei welchem Volumen ein Markt klein oder groß ist.

Checkliste: Bewertungsschema zur Branchenattraktivität

Bewertungskriterien/
Dimensionen der
Branchenattraktivität

Ausprägungen und Attraktivitätswert
– Auswirkung auf das Renditepotenzial –

		--	-	0	+	++	
1. Marktgröße	sehr klein						sehr groß
2. Marktwachstum/ Dynamik	negativ						sehr hoch
3. Möglichkeit der Angebotsdifferenzierung	keine						sehr viele
4. Wettbewerbsintensität	sehr hoch						sehr niedrig
5. Eintrittsbarrieren	sehr niedrig						sehr hoch
6. Austrittsbarrieren	sehr hoch						sehr niedrig
7. Kundenmacht	sehr hoch						sehr niedrig
8. Lieferantenmacht	sehr hoch						sehr niedrig
9. Substitutionsgefahr	sehr groß						sehr niedrig
10. Preisniveau	sehr niedrig						sehr hoch
11. Branchenrendite	sehr niedrig						sehr hoch

Als Ergebnis erhalten Sie dann ein Profil, das Sie erkennen lässt, ob eine Branche attraktiv ist oder nicht. Mit einer Branchenbewertung erhalten Sie auch ein besseres Geschäftsverständnis und vor allem einen Maßstab dafür, ob es sich lohnt, evtl. in diesen neuen Markt einzutreten oder nicht. Die Branchen- oder Marktattraktivität geht übrigens auch in eine Portfoliobetrachtung ein.

In Beispielen aus der Wirtschaftspraxis der letzten Jahre kann nachgewiesen werden, wie sich Spielregeln und Strukturen verändern können, wenn Marktregulierungen und Angebotsmonopole aufgehoben werden, wie z. B. im Telefonmarkt, bei Postdienstleistungen, Energieversorgung usw.

Dabei kann man grundsätzlich folgende Veränderungen feststellen:

• Die Zahl der Anbieter nimmt zu, das Angebot wird international
• Die Marktanteile des/der Monopolisten gehen gravierend zurück
• Die Abnehmer können ihren Anbieter auswählen
• Das Angebot wird vielfältiger und zum Teil auch preisgünstiger

- Der technische Fortschritt wird stimuliert, führt aber bei den Anbietern zu einem erhöhten Innovationsdruck

---

Typische Gliederung eines Branchenberichtes
(1) Der Markt
- Marktvolumen, Teilmärkte/Marktsegmente
- Inländische Produktion, Ausfuhr, Einfuhr
- Besonderheiten und Probleme der Branche, „Spielregeln" der
  Branche
- Leistungskennziffern der Branche
- Potenzialabschätzungen, Infrastruktur, Standortfaktoren
(2) Die Produkte
- Produkte und Produktkategorien, Technologien, Standards
- Testergebnisse
- Preisklassen, Handelsspannen
- Preis-Leistungs-Klassifizierung
(3) Die Abnehmer/Anwender/Verbraucher
- Zielgruppensegmente/Abnehmerbranchen, Typologien
- Einkaufsgewohnheiten (wer entscheidet?), Nutzungsgewohnheiten
- Kaufentscheidende Kriterien (Kaufmotive, Hauptnutzen)
- Bestand/Besitz/Einsatz/Ausstattung/Pro-Kopf-Verbrauch/Sätti-
  gungsgrad
- Ausgaben, Kaufbereitschaft, Anschaffungspläne
- Markenbekanntheit
(4) Die Hersteller/Anbieter
- Anbieterstruktur, Anbietergruppen, Marktanteile, Image
- Betriebsgrößen, Beschäftigte, Produktivität, Regionalstruktur
- Kapazitäten, Kapazitätsauslastung, maschinelle Ausstattung, Ferti-
  gungsverfahren, Patente
- Kooperationen, Verflechtungen
- Kurzcharakteristik wichtiger Anbieter: Hauptstrategien, Finanzda-
  ten, Kostenstruktur, Produktstruktur usw.
(5) Absatzwege
- Absatzmittlerstruktur, Einkaufszusammenschlüsse
- Marktanteile, Leistungskennziffern, Image
- Einkaufsgewohnheiten
- Sortimente und Dienstleistungsangebot
(6) Werbung und Verkaufsförderung
- Werbeaufwendungen und Nutzung der Medien
- Beispielhafte Aktionen, Gemeinschaftswerbung

---

(7) Branchenerwartungen
(8) Verbände und Institutionen der Branche
  Sonstige Informationsquellen über die Branche

10.3 Konkurrenz

Hintergrund und Anlässe: Die Konkurrenzanalyse (vom lateinischen concurrere = zusammenlaufen) befasst sich im Gegensatz zur Branchenanalyse mit den einzelnen Konkurrenten im Detail. Warum ist gerade heutzutage die Konkurrenzanalyse so wichtig?

• Schnellere und immer weniger vorhersehbare Veränderungen im Umfeld,
• verschärfter Wettbewerb, vor allem auf internationaler, globaler Ebene,
• volatile Märkte,
• Kapazitätsanpassungen und Beschäftigungsveränderungen

usw. machen es um so dringender, sich mit Informationen über Wettbewerber zu beschäftigen, damit Wettbewerbsvorteile erkannt und genutzt werden können. Denn solange es keine Marktengpässe gibt, kann sich auch ein schlecht informiertes Unternehmen am Markt behaupten. Die konkreten Anlässe für eine Konkurrenzanalyse sind vielschichtig und reichen

• von der laufenden Beobachtung des operativen Verhaltens der Mitbewerber bis
• zu strategischen Sonderanlässen, wie z. B. Eintritt in einen neuen Markt, Entwicklung eines neuen Produktes, größere Investitionen, Kooperationsvorhaben usw.

Ziele und Aufgaben: Die Wettbewerber unter die Lupe zu nehmen heißt im Wesentlichen, ihr Verhalten abschätzen und verstehen lernen, um daraus die Auswirkungen auf das eigene Unternehmen ableiten zu können. Daraus ergeben sich eine Reihe von Einzelzielen und Aufgaben für die Konkurrenzbeobachtung:

• Stärken und Schwächen der Mitbewerber aufdecken
• Leistungsfähigkeit der Mitbewerber ermitteln
• Ziele und Strategien von Mitbewerbern erkennen
• Kooperationsmöglichkeiten durchdenken
• und letztendlich die Mitbewerber kennen und verstehen lernen

Fragestellungen: Alles in allem sind die Konkurrenzbeobachtung und der Wettbewerbsvergleich keine Selbstdarstellung Ihrer Mitstreiter, sondern ein wesentlicher Ausgangspunkt, um Ihre eigenen Leistungen zu messen und zu verbessern. Was interessiert nun den Konkurrenzforscher am meisten? Im Wesentlichen sind es vier Fragestellungen, die im Vordergrund seiner Bemühungen stehen.

---

(1) **Wer** sind die Hauptkonkurrenten, und woher droht Gefahr?

(2) **Was** ist an Informationen erforderlich?

(3) **Woher** bekommt man diese Informationen?

(4) **Wozu** dienen diese Informationen?

In der Übersicht auf Seite 252 sind diese Fragestellungen mit möglichen Lösungsansätzen dargestellt.

Hauptkonkurrenten und Bedrohungsfelder

Ermitteln Sie Ihre unmittelbaren Wettbewerber und stellen Sie systematisch Fakten über sie zusammen. Die Wettbewerber-Matrix auf Seite 212 kann Ihnen dabei helfen. Wenn es Ihnen gelingt, dieses Mosaik von derzeitigen Wettbewerbern und deren Absatzmengen, Umsätzen bzw. Marktanteilen in den Produktmärkten zu füllen, sind Sie schon ein gutes Stück weiter.

Vor einem sei jedoch gewarnt. Gehen Sie vorsichtig mit Marktanteilen um, die Wettbewerber in der Öffentlichkeit bekanntgeben, denn die Zahlen sind meist geschönt. Außerdem wissen Sie nie genau, wie der Konkurrent seinen Markt abgrenzt. Wenn Sie nicht genau wissen, wer sonst noch zu Ihren Mitbewerbern gehört, fragen Sie doch einfach Ihre Kunden, z. B.: „Welche Lieferanten für das Produkt XY kennen Sie und von welchen beziehen Sie?" Versuchen Sie, aus den Ihnen zur Verfügung stehenden Informationen eine Einteilung und Segmentierung Ihrer Wettbewerber nach sog. strategischen Gruppen vorzunehmen. Diese könnten z. B. über folgende Fragestellungen ermittelt werden:

- Wer ist als Spezialist und Nischenanbieter anzusehen, wer als Generalist mit breitem Programm und gestreutem Programmrisiko und mit welchen Sortimentsschwerpunkten?
- Wie ist die Bedeutung und Stellung in der Branche, vor allem aus-

Die vier Fragestellungen der Konkurrenzforschung

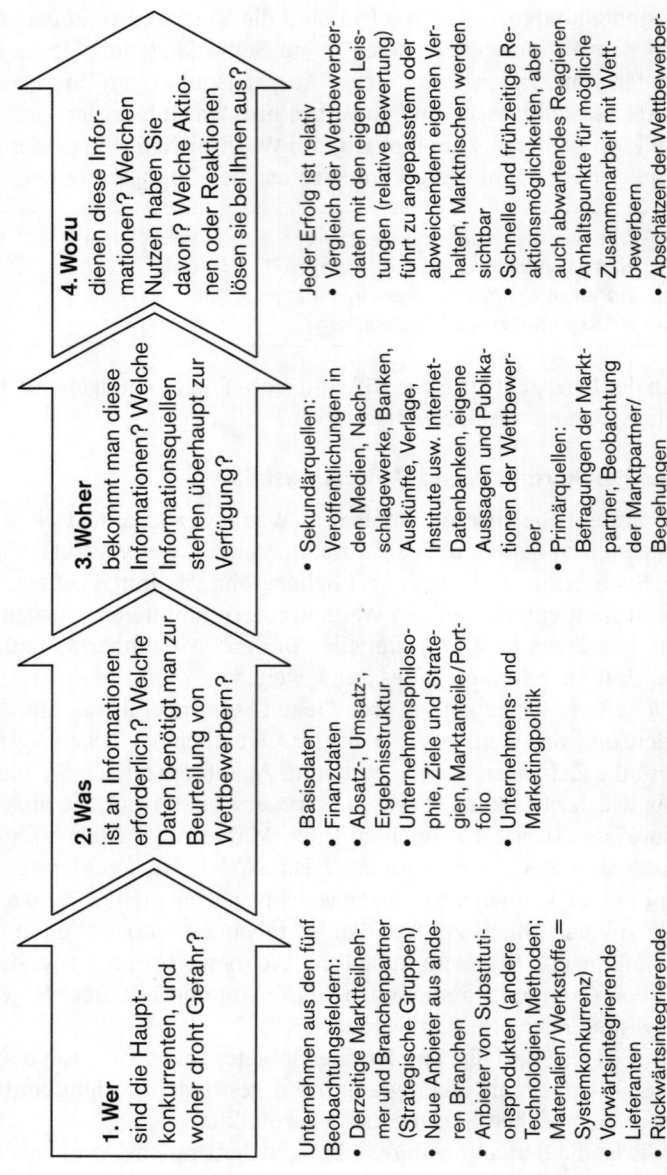

1. Wer sind die Hauptkonkurrenten, und woher droht Gefahr?

Unternehmen aus den fünf Beobachtungsfeldern:
- Derzeitige Marktteilnehmer und Branchenpartner (Strategische Gruppen)
- Neue Anbieter aus anderen Branchen
- Anbieter von Substitutionsprodukten (andere Technologien, Methoden; Materialien/Werkstoffe = Systemkonkurrenz)
- Vorwärtsintegrierende Lieferanten
- Rückwärtsintegrierende Kunden

2. Was ist an Informationen erforderlich? Welche Daten benötigt man zur Beurteilung von Wettbewerbern?

- Basisdaten
- Finanzdaten
- Absatz-, Umsatz-, Ergebnisstruktur
- Unternehmensphilosophie, Ziele und Strategien, Marktanteile/Portfolio
- Unternehmens- und Marketingpolitik

3. Woher bekommt man diese Informationen? Welche Informationsquellen stehen überhaupt zur Verfügung?

- Sekundärquellen: Veröffentlichungen in den Medien, Nachschlagewerke, Banken, Auskünfte, Verlage, Institute usw. Internet-Datenbanken, eigene Aussagen und Publikationen der Wettbewerber
- Primärquellen: Befragungen der Marktpartner, Beobachtung der Marktpartner/ Begehungen

4. Wozu dienen diese Informationen? Welchen Nutzen haben Sie davon? Welche Aktionen oder Reaktionen lösen sie bei Ihnen aus?

Jeder Erfolg ist relativ
- Vergleich der Wettbewerberdaten mit den eigenen Leistungen (relative Bewertung) führt zu angepasstem oder abweichendem eigenen Verhalten, Marktnischen werden sichtbar
- Schnelle und frühzeitige Reaktionsmöglichkeiten, aber auch abwartendes Reagieren
- Anhaltspunkte für mögliche Zusammenarbeit mit Wettbewerbern
- Abschätzen der Wettbewerberreaktionen auf Ihre Aktionen

gedrückt in dem jeweiligen Marktanteil? Wie ist die Marktform generell: Oligopol mit einigen wenigen großen und vielen kleinen Anbietern oder Polypol mit vielen kleinen Anbietern? Welcher Konzentrationsgrad ergibt sich daraus?

- Wie ist die regionale Ausrichtung der Anbieter? Regionaler Fokus? Nationale/internationale/globale Präsenz? Aus welchen Ländern stammen die Anbieter, wo liegen Gemeinsamkeiten der Herkunft (z. B. Lohnniveau)?
- Wer sind die führenden Mitbewerber in Kosten oder Leistung/ Technologie, Vertriebssystemen/Absatzmethoden? Wer ist nur Me-too-Anbieter ohne besondere Alleinstellungsmerkmale im Angebot? Wer ist Mitläufer, wer Herausforderer?

Neben diesen angestammten Konkurrenzfirmen gibt es aber noch andere potenzielle und noch „schlummernde" Mitbewerber, wie z. B.

- neue Anbieter aus anderen Branchen, die ihr Know-how und ihre Ressourcen nutzen, in neue Märkte einzusteigen
- Anbieter von Substitutionsprodukten oder -leistungen, die Ihre Produkte ersetzen und zu denen die Käufer jederzeit wechseln können. Diese Systemkonkurrenten setzen zum Teil lediglich andere Materialien oder Technologien ein.
- Lieferanten oder Kunden, die Aufgaben im Wettbewerbsumfeld übernehmen, die ursprünglich zu Ihrer Domäne gehörten. **Beispiele** dafür sind: ein Lieferant von Zulieferteilen, der plötzlich selbst die Endprodukte herstellt, oder ein Händler, der selbst in die Fertigung einsteigt oder speziell für sich fertigen lässt.

Konkurrenzinformationen

Welche Informationen sind zur Beurteilung der Wettbewerber erforderlich, und welche können überhaupt ermittelt werden? Folgt man einer Befragung der Harvard Business Review bei 1200 Industrie- und Handelsfirmen zum Thema: „Welche Informationen über die Konkurrenz benötigt das Management?", so ergeben sich folgende Aussagen:

Nennungen		Nennungen	
Preisgestaltung	79 %	Formgebung	31 %
Produktplanung	52 %	Produktionsverfahren	30 %
Verkaufsförderungspolitik	49 %	Patente	22 %
Kostenstruktur	47 %	Finanzierungspraxis	20 %
Umsatzzahlen	46 %	Management-	
Forschung & Entwicklung	41 %	Entlohnungssysteme	20 %

Sieht man von den Basisdaten einmal ab, die sowieso vorhanden sein müssen, stehen die Marketing-Aktivitäten eindeutig im Vordergrund. Aus der Fülle der möglichen Einzelinformationen habe ich die wichtigsten in folgender Übersicht dokumentiert.

Gliederung eines Wettbewerberprofils

Basisdaten (Daten zu einem bestimmten Stichtag)
- Firmenname, Rechtsform, Gründungsjahr bzw. Firmenmeilensteine
- Anschrift, Firmensitz
- Betriebsgröße: Umsatz, Kapital, Beschäftigte, Materialeinsatz, Fläche
- Verflechtungen: Kapitaleigner/Beteiligungsverhältnisse, Beteiligungen, Kooperationen
- Organisationsstruktur, Führungskräfte, evtl. Kontaktpersonen
- Produktions- und Vertriebsprogramm, Leistungsübersicht usw.
- Fertigungsstätten
- Vertriebsorganisation

Finanzdaten (variable Daten im Zeitverlauf, Schätzwerte für die Zukunft)
- Umsatzentwicklung, Umsatzwachstum
- Beschäftigte, gegliedert nach Funktionsbereichen
- Produktivität: Umsatz oder Wertschöpfung (Umsatz – Material) je Beschäftigten. Beim Handel zusätzlich: Umsatz je m² Verkaufsfläche
- Gewinn/Verlust, Umsatzrendite: Ergebnis in % vom Umsatz
- Cash-flow (Ergebnis + Abschreibungen ± Rückstellungen) in % der Investitionen oder in % der Verbindlichkeiten (= Innenfinanzierung)
- Gesamtkapital, Eigenkapital, Kapitalrendite: Ergebnis + Zinsen in % des Gesamtkapitals oder Ergebnis in % des Eigenkapitals
- Investitionen, in % vom Umsatz u. evtl. differenziert nach Projekten
- Kostenstruktur: nach Funktionen (Herstellkosten, Forschung & Entwicklung, Vertrieb und Verwaltung), in % der Kosten bzw. in % vom Umsatz
- Kapital-/Vermögensstruktur; Kennziffern, z. B.
  - Eigen-, Fremdkapital (lang-, kurzfristig), in % von Bilanzsumme
  - Anlage-, Umlaufvermögen, insbesondere Bestände und Forderungen, in % der Bilanzsumme und in % vom Umsatz

– Anlagendeckung = $\dfrac{\text{Eigenkapital (+ langfristiges Fremdkapital)}}{\text{Anlagevermögen}}$

– Kapitalumschlag = $\dfrac{\text{Umsatz}}{\text{Bilanzsumme}}$

– Liquidität = $\dfrac{\text{kurzfristige Forderungen + Barmittel}}{\text{kurzfristige Verbindlichkeiten}}$

– Lagerdauer Fertig- und Handelswaren in Tagen = $\dfrac{\varnothing \text{ Bestand} \times 360}{\text{Umsatz}}$

– $\varnothing$ Zahlungsziel in Tagen = $\dfrac{\varnothing \text{ Forderungen} \times 360}{\text{Umsatz}}$

• Bei Aktiengesellschaften: Börsenkursentwicklung; Börsenwert des Unternehmens (= Aktienkurs × Anzahl Aktien)

Absatz-/Umsatz-/Ergebnisstruktur
• nach Produkten bzw. Produktgruppen
• nach Regionen
• nach Absatzwegen/Kundengruppen

Unternehmensphilosophie, Ziele und Strategien
• Vision, Leitbild, Ziele
• Führungsstil, Unternehmenskultur
• Marktanteile, differenziert nach Produkten und Regionen
• Produkt-/Länderportfolio
• Stärken-/Schwächen-Profil im Vergleich zu Ihren eigenen Stärken und Schwächen – Kernkompetenzen, Wettbewerbsvorteile
• Aussagen, erkennbare Daten und Absichten über Ziele und strategische Ausrichtungen in den nächsten Jahren

Unternehmens- und Marketingpolitik (Verhalten und Auftreten am Markt)
• Kundenpolitik: Hauptzielgruppen und deren Kaufmotive
• Produktpolitik: Produktbeschreibungen, wichtige Eigenschaften/Alleinstellungsmerkmale, Qualitätsniveau, Programmplanung/Innovationsverhalten, Patente/Lizenzen, eingesetzte Technologien, Produktmanagement
• Preispolitik: Preisniveau, Preisverhalten/Aggressivität, Preisnachlass- und Konditionenpolitik, Preisdifferenzierungen
• Distributionspolitik: Vertriebssystem, Zahl und Art der Außendienstmitarbeiter (Reisende, Vertreter), Niederlassungen, Filialen/Geschäfte, Servicestationen, Vertriebskanäle, wichtige Vertriebspartnerschaften, Beurteilung des Außendienstes durch die Kunden usw.
• Kommunikationspolitik: Image, Bekanntheitsgrad, Bevorzugung als Lieferant, Werbebudget, Werbekonzept, Informationspolitik/Marktforschungsaktivitäten, Schwerpunkte der Mediennutzung, Messeauftritt, Verkaufsförderungsaktivitäten, Argumentation und Stil der Werbung, PR

Checkliste: Wettbewerbsbeobachtung im Handel

Teil (1): Erkenntnisse sammeln					Teil (2): Schlussfolgerungen + Maßnahmen	
Konkurrenz-Beurteilung A = B = C = D = Rundgang durch: Datum: *Stärken und Schwächen der anderen*	A	B	C	D	Eigene Stärken und Schwächen imVergleich zum Besten	Maßnahmen zur Angebotsverbesserung
1. Standortsituation (Parkmöglichkeit)						
2. Sortiment/Zubehör (Auswahl)						
3. Fachhandelsleistung (Service, Lieferung, Beratung)						
4. Anzahl/Qualität des Personals						
5. Verkaufsfläche						
6. Warenpräsentation/Vorführung (Einkaufsatmosphäre)						
7. Schaufenster						
8. Preispolitik (Preisniveau)						
9. Werbung/Verkaufsförderung						
10. Abdeckung meiner Zielgruppen						
Gesamtbewertung Summe „+"						

Wie Sie mit dieser Checkliste arbeiten können:

• Gehen Sie die Kriterien von 1. Standortsituation bis 10. Zielgruppe kritisch durch, ändern oder ergänzen Sie nach Ihren Bedürfnissen.

• Tragen Sie die Namen Ihrer Konkurrenten von A – D ein.

• Bewerten Sie nach folgendem Schema:

Wettbewerber ist

besser		gleich	schlechter	
++	+	=	–	– –

jeweils im Vergleich zu Ihrem Unternehmen. Halten Sie Begründungen schriftlich fest.

• Lassen Sie mehrere Personen diese Bewertungen durchführen und vergleichen Sie anschließend, bilden Sie einen Durchschnitt und diskutieren Sie größere Abweichungen

Quelle: H. Riedel, Marketing selbst gemacht

Beim Handel zusätzlich: Lage und Ausstattung der Geschäfte

- Fertigungspolitik: Kapazitäten, Fertigungsprogramm, Fertigungsverfahren, maschinelle Ausstattung in den einzelnen Fertigungsstätten, Ausstoß, Beschäftigte
- Forschungs- und Entwicklungspolitik: Forschungsschwerpunkte, strategische Allianzen
- Mögliche finanzielle Belastungen und Risikenabschätzung, Umwelteinflüsse, Stellung in der Branche, Hauptprobleme

Sie sollten diese Daten vor allem im Zeitverlauf erfassen und sie stets aktuell ergänzen. Nur so bleiben Sie auch schlagkräftig genug. Aus den Veränderungen erkennen Sie noch besser Verhalten, Stoßrichtungen und evtl. frühzeitig auch Schieflagen.

Auch wenn Sie Wettbewerberinformationen nicht sofort verarbeiten, sollten Sie alles anfallende Material (Geschäftsberichte, Firmenbroschüren, Prospekte, Kataloge, Preislisten, Werbematerial, Presseartikel usw.) einfach sammeln, damit sie im Bedarfsfall schnell auszuwerten sind. Auf drei Informationspakete, die im Rahmen der Konkurrenzbeobachtung richtungsweisend sind, möchte ich Sie besonders hinweisen, und zwar:

(1) Stärken-/Schwächen- oder SWOT-Analyse
(2) Produktvergleiche
(3) Leistungsvergleiche.

Zu (1) Stärken-/Schwächen-Analyse: Woran lassen sich nun Stärken und Schwächen messen? Eigenschaften, einzelne Leistungen und Funktionen sowie das Unternehmen als Ganzes müssen am besten aus der Sicht des Kunden bewertet werden. Kennt man die Stärken der Konkurrenz, kann man ihnen ausweichen oder sich selbst noch stärker machen und dem Konkurrenten bewusst entgegentreten. Schwachstellen eines Mitstreiters bieten hingegen Angriffsflächen.

Die **Praxisbeispiele** auf den Seiten 256, 258 und 260 zeigen, wie man Mitbewerber bewerten kann.

Zu (2) Produkt- und Leistungsvergleiche: Sie haben in der Konkurrenzbeobachtung einen hohen Stellenwert, da unsere Produkte und Dienstleistungen doch das Beste sind, was wir anzubieten haben. Produktvergleiche kommen in verschiedenen Formen vor:

Stärken-/Schwächen-Portfolio eines Wettbewerbers in der Schuhindustrie

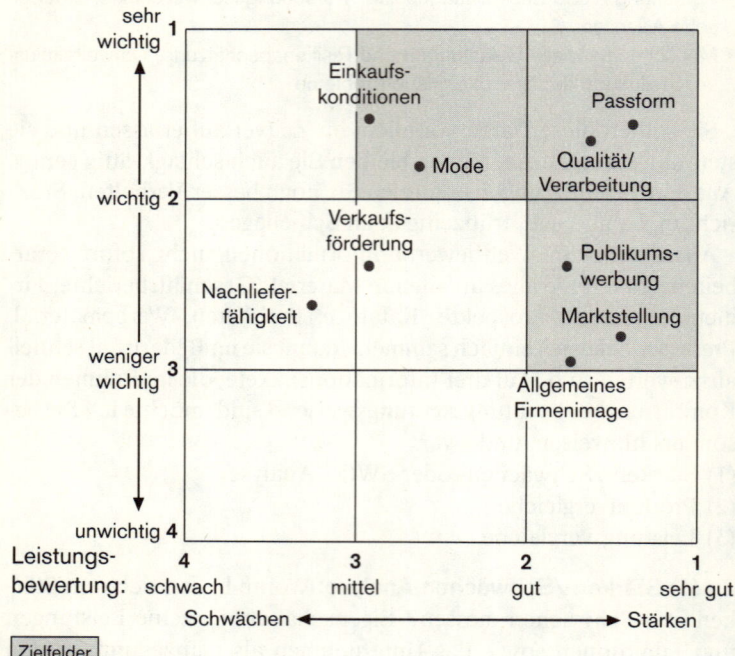

- Einfache Produktvergleiche durch eine Auswertung von schriftlichem Material: Prospekte, Produkt- und Leistungsbeschreibungen usw. Die verschiedenen Leistungsmerkmale, Funktionsweisen und dergleichen mehr können Sie anschließend in einer Vergleichstabelle gegenüberstellen und nach einem Noten- oder Punktesystem bewerten.
- Produktbewertungen auf der Basis von Befragungen spiegeln die reale Kunden- und Marktsicht wider.
- Vergleichende Produkttests, wie sie beispielsweise von der Stiftung Warentest durchgeführt werden, haben durch ihre Neutra-

lität offiziellen Charakter. Wenn man sich dabei genau an die Vorschriften hält, können solche Ergebnisse auch in der Werbung genutzt werden.

• Ein Produktvergleich besonderer Art ist das unter dem Namen „Reverse Engineering" bekannte Verfahren einer wertanalytischen Untersuchung von Produkten. Die analysierten Kostenbestandteile fremder Produkte werden mit den eigenen Kosten verglichen.

Wenn Sie Konkurrenzprodukte selbst nicht beschaffen können oder dabei nicht in Erscheinung treten wollen, erhalten Sie Hilfestellung von Beratungsunternehmen oder von Kunden Ihres Vertrauens.

Bei allen Produktvergleichen ist es wichtig, die Produkteigenschaften nicht nur zwischen den einzelnen Wettbewerbern zu vergleichen und zu bewerten, sondern auch an der Bedeutung für die Kunden zu messen, wie es z. B. im vorausgegangenen Stärken-/Schwächen-Portfolio gezeigt wird.

Zu (3) Leistungsvergleiche: Neben den Produkten und Dienstleistungen eines Konkurrenten sind Daten über seine gesamte Leistungsfähigkeit von großem Interesse. Hierbei handelt es sich vorrangig um

• finanzielle Geschäftsergebnisse sowie um
• die Ergebnisse der Marketingaktivitäten (siehe vorangegangenes Wettbewerberprofil).

Diese Leistungszahlen schlagen sich im Rechnungswesen und in den Vertriebsstatistiken des Wettbewerbers nieder. Die Marketingaktivitäten können Sie außerdem durch das Verhalten im Markt feststellen.

Besonders transparent sind die Werbe- und Verkaufsförderungsaktionen der Wettbewerber. Sie können diese aus dem Werbematerial und der Werbung in den Medien selbst beobachten. Oder Sie lassen sich dabei von professionellen Dienstleistern helfen.

Soweit Ihre Wettbewerber Kapitalgesellschaften sind, tun Sie sich bei den Nachforschungen etwas leichter. Sie erhalten dann nämlich Informationen aus den Geschäftsberichten und aus den bei den Registergerichten hinterlegten Jahresabschlüssen. Für einen Leistungsvergleich gibt es grundsätzlich drei Wege:

Individualvergleich von Wettbewerbern: Leistungsübersicht von fünf Anbietern in einer Industriebranche.

A ist das eigene Unternehmen.

Firma / Leistungsgrößen	A	B	C	D	E
Rechtsform	KG	GmbH & Co	AG	GmbH	KG
Umsatz (Mio. Euro)	100	75	72	50	45
Mitarbeiter	1150	780	?	500	100
Umsatzrendite (Nettoergebnis in % v. Umsatz)	0	?	1%	3–5%	1–3%
Produktlinien	X, Y, Z	Y, Z	X, Y, Z	Z	X, Z
Marktanteile insgesamt	13%	1%	12%	3%	5%
davon bei X	10%	–	23%	–	?
Y	17%	13%	12%	–	–
Z	5%	14%	?	8%	18%
Umsatzkapazität (Mio. Euro)	130	100–110	100–110	50	65
Auslastung der Produktionskapazität	65%	70%	70%	80%	70%
Einfluss von Meinungsträgern auf die Modellpolitik	hoch	mittel	hoch	–	–
Exportanteil (in % vom Umsatz)	20%	10%	10–15%	60%	15–20%
Hauptexportmärkte	FKR, OES BEL	SPA, FKR	ITL, BEL OES	FKR, BEL	?
Auslandsfertigungen	FKR	SPA	–	–	–

• den Vergleich mit Gesamtwerten und Kennziffern einer Branche
  – den Betriebs- oder Unternehmensvergleich. Hier messen Sie
  sich am Durchschnitt oder an einer definierten Gruppe von Wett-
  bewerbsunternehmen. Entsprechende Werte hierzu finden Sie
  entweder in Veröffentlichungen oder durch Teilnahme an Betriebsvergleichen, wie sie z. B. vom Institut für Handelsforschung,
  Köln (www.ifhkoeln.de), oder von Banken und Steuerberatern
  (DATEV) durchgeführt werden. Es bleibt Ihnen überlassen, Ihren
  Verband und Ihre Kollegenfirmen davon zu überzeugen, einen Betriebsvergleich in Ihrem Umfeld zu arrangieren. Lesen Sie hierzu
  auch das Praxisbeispiel auf Seite 156
• Vergleich von individuellen Leistungsdaten. Er ist besonders effektiv, da Sie sich an konkreten Unternehmen messen (siehe ne-
  benstehendes **Praxisbeispiel** „Individualvergleich").
• Eine Besonderheit des Individualvergleichs, der weit über einen
  einfachen Leistungs- und Wettbewerbsvergleich hinausgeht, ist
  das mit dem Begriff **„Benchmarking"** belegte Verfahren zur Leis-
  tungsmessung.

Ursprünglich dienten „benchmarks" (= Höhenmarken, Latten-
punkte) als verlässliche Ausgangswerte für die Ermittlung von
Höhenunterschieden. Beim Benchmarking werden nicht nur Firmen der eigenen Branche zum Vergleich herangezogen. Grundsätzlich orientiert sich diese Managementtechnik am jeweils „klassen-
besten" Unternehmen (BIC = Best In Class) bezüglich einer bestimmten Leistung, Funktion, Kundenzufriedenheit und anderer
Zielgrößen. Anhand eines festen Bewertungsschemas, z. B. 0–5,
werden Vorteile und Defizite, Stärken und Schwächen offengelegt.
Benchmarking – und das ist die große Stärke dieses Verfahrens – ist
an Umsetzung orientiert. D. h., es werden Wege aufgezeigt, wie Prozesse und Methoden effizienter gestaltet werden können – und nicht
nur Rückstände festgestellt. Besonders interessant ist Benchmarking auch deshalb, weil es eine Methode ist, die kurzfristig, projekt-
orientiert und mit relativ kleiner Mannschaft konkrete Verbesserungen bringt. Leistungsführer ausfindig zu machen und sie zu bewerten ist ureigene Aufgabe der Konkurrenzforschung. Dabei sind
von der Sache her am ehesten eigentlich Nicht-Konkurrenten –

Konkurrenzinformationen in zeitlicher Bewertung

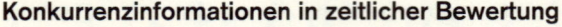

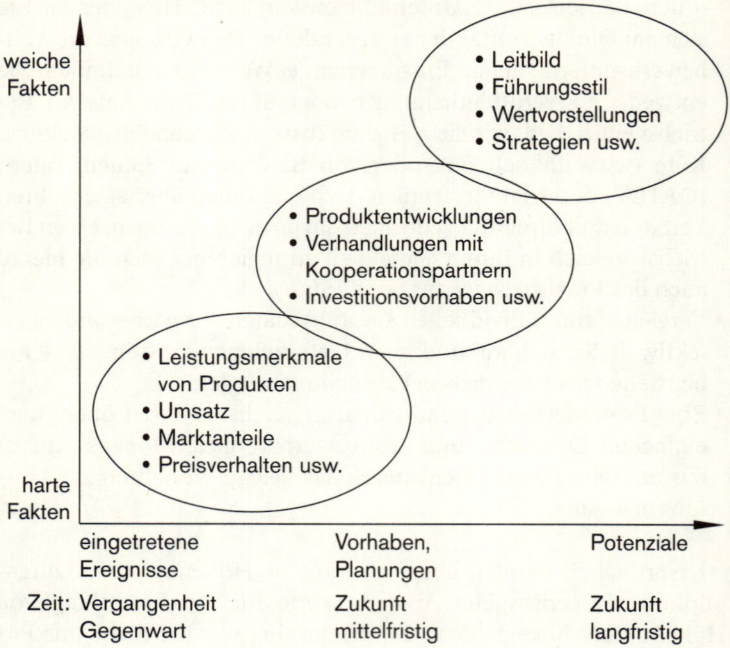

weiche
Fakten

- Leitbild
- Führungsstil
- Wertvorstellungen
- Strategien usw.

- Produktentwicklungen
- Verhandlungen mit
  Kooperationspartnern
- Investitionsvorhaben usw.

- Leistungsmerkmale
  von Produkten
- Umsatz
- Marktanteile
- Preisverhalten usw.

harte
Fakten

	eingetretene Ereignisse	Vorhaben, Planungen	Potenziale
Zeit:	Vergangenheit Gegenwart	Zukunft mittelfristig	Zukunft langfristig

auch Kunden und Lieferanten – zur Preisgabe von Informationen über Leistungsgrößen bereit.

Bei der generellen Bewertung von Konkurrenzinformationen sind zwei Aspekte von Bedeutung:
(1) wie „hart" die Daten sind und
(2) in welcher zeitlichen Dimension und mit welcher Wahrscheinlichkeit sie wirken können.

Die oben stehende Grafik soll dies verdeutlichen. Die Tendenz ist klar, je weiter man von den Ist-Ergebnissen entfernt ist, um so weicher werden die Fakten bis hin zu unsicheren Absichten und potenziellen Verhaltensweisen.

Quellen für Konkurrenzinformationen

Ihr Informationsproblem ist erst dann gelöst, wenn Sie auch die Informationsquellen kennen – wie sie auf den folgenden Seiten zusammengestellt sind – und dort fündig geworden sind. Doch wie kommt man am ehesten und wirtschaftlichsten an die Informationen heran? Dazu sei nochmals die Umfrage der Harvard Business Review zitiert, die von Firmen wissen wollte, woher sie ihre Konkurrenzinformationen beziehen.

Die Antworten lauteten:	Nennungen
• Vom Außendienst	36 %
• Aus Veröffentlichungen	30 %
• Aus persönlichen und beruflichen Kontakten mit Konkurrenzfirmen	22 %
• Von Kunden	21 %
• Aus der Marktforschung	18 %
• Aus der Untersuchung von Konkurrenzprodukten	18 %
• Von Handelsvertretern, Maklern und Großhändlern	15 %
• Von Lieferanten	10 %

Interessant dabei ist, dass die direkten, primärstatistischen Quellen überwiegen, und die Informationen aus „zweiter Hand" in den Hintergrund treten. Trotzdem ist – wie bei fast allen Marktforschungsaufgaben – die Sekundärforschung der erste Einstieg in die Konkurrenzbeobachtung.

Sekundärquellen: Im Wesentlichen können Sie bei der Wettbewerbsbeobachtung auf die gleichen zwölf Gruppen zurückgreifen, wie sie in Kapitel 4 beschrieben sind.

Eine besonders aufschlussreiche Quelle, um an der New Yorker Börse notierte Firmen zu analysieren, sind die von der Börsenaufsichtsbehörde SEC (Securities and Exchange Commission) geforderten sehr umfangreichen Jahres- (Form 10-K) bzw. Quartalsberichte (Form10-Q). Sie finden diese Berichte auch online unter www.sec.gov. Eine ähnliche Quelle gibt es für kanadische Firmen unter SEDAR (System for Electronic Document Analysis and Retrieval; www.sedar.com).

Primärquellen: Als Methoden bieten sich sowohl die Beobachtung als auch die Befragung an. Sehr vielfältig sind dabei die Beschaffungswege.

- Die Methode der **Beobachtung** – im Sinne der Feststellung von Verhaltensweisen und Sachverhalten – ist ein sehr erfolgreicher Weg. Die volle Breite der Einsatzfelder ist auch für die Konkurrenzforschung geeignet.
- Für eine **Befragung** bieten sich die bereits in Kapitel 3 aufgezeigten Gesprächspartner an.

Inwieweit Sie für diese Befragungsgespräche – einzeln oder in einer festgelegten Stichprobe – Marktforschungsunternehmen, Berater oder andere unbeteiligte Dritte einschalten, hängt weitgehend von finanziellen, personellen und terminlichen Gegebenheiten ab.

Der direkte Austausch von Informationen unter den Mitbewerbern ist eine sehr effiziente – leider noch zuwenig genutzte – Methode. Wie Sie dabei Zeit gewinnen und sich Arbeit ersparen können, zeigen Ihnen die folgenden **Praxisbeispiele**:

(1) Ca. 20 Kfz-Händler tauschen regelmäßig (dreimal im Jahr) aktuelle Marktinformationen über ihre jeweiligen Produkte (Ersatz- und Zubehörteile) aus.

(2) Zwei Hersteller der Informationstechnik lassen jeweils den anderen Partner frühzeitig wissen, welche neuen Produkte in absehbarer Zeit auf den Markt kommen werden.

(3) Anlässlich einer geplanten Zusammenarbeit werden zwischen den Partnern Geschäftsinformationen ausgetauscht.

Aber Vorsicht. Achten Sie dabei unbedingt auf die Bestimmungen des deutschen und europäischen Kartellrechts. Im Zweifelsfall erkundigen Sie sich bei einem Rechtsberater.

Für die Recherchearbeit bei einer Konkurrenzanalyse hat sich die Vorgehensweise in fünf Schritten als sinnvoll und effizient erwiesen. Sie ist vor allem auch gut für die Durchführung in eigener Regie geeignet.

1. Schritt: Auswertung aller im eigenen Unternehmen bereits vorhandenen Informationen aus den verschiedenen Quellen, z. B.
- vom Außendienst und von Mitarbeitern mit Außenkontakt

- aus der Befragung anderer Mitarbeiter, z. B. ehemaliger Mitarbeiter von Konkurrenzfirmen
- aus den bisher sporadisch gesammelten Informationen, wie Presseartikeln, Werbematerial usw.

2. Schritt: Beschaffung weiterer veröffentlichter Unterlagen, soweit noch nicht vorhanden, wie z. B.

- aus Presseberichten in Fachzeitschriften und Wirtschaftszeitungen
- aus Nachschlagewerken und Branchenbüchern
- Firmenpublikationen der Konkurrenz, wie z. B. Geschäftsberichte, Kataloge usw.
- Sichtung der Informationen aus dem Internet und speziellen Datenbanken

3. Schritt: Recherchen bei quasiöffentlichen und offiziellen Stellen und Organisationen, wie z. B. Handelsregister, IHK, Verbände und andere Organisationen

4. Schritt: Interviews mit „Nicht-Wettbewerbern", wie z. B. Lieferanten, Anwender, Händler, Meinungsbildner usw.

5. Schritt: Interviews mit Wettbewerbern. Als Interviewer eignen sich gut zeitlich begrenzt im Unternehmen Beschäftigte, wie Werkstudenten, Praktikanten, Diplomanden.

Sie werden gemerkt haben, diese Vorgehensweise entspricht in etwa dem Beschaffungsprinzip der konzentrischen Kreise.

In der folgenden Übersicht sind die wichtigsten Daten zu den Informationen und Quellen zusammengefasst.

Schlussfolgerungen aus der Konkurrenzanalyse

Jeder Vergleich mit den Konkurrenten relativiert Ihre Leistungen hin zum Kunden und stellt Wettbewerbsvorteile heraus, die nun aber auch – wenn sie zum Erfolg führen sollen – vom Kunden als seine Vorteile und mit Nutzen für ihn erkannt werden müssen.

Eine Konkurrenzanalyse ist nur soviel wert, wie sie letztlich auch zu Schlussfolgerungen im Unternehmen führt. Aus den Ergebnissen der Analysen lassen sich verschiedene **Handlungsalternativen** ableiten:

Konkurrenzinformationen und ihre Quellen

Informationen	Informationsquellen	Orientierungshilfen

(1) Strukturdaten der Branche u. des Wettbewerbs, z.B.
• Anzahl Arbeitsstätten, Betriebe
• regionale Verteilung
• Betriebsgrößen (Beschäftigte, Umsatz)
• Produktion, Außenhandel
Nur nach Wirtschaftszweigen möglich, nicht nach einzelnen Firmen
	• Amtliche Statistik
	  – Statistisches Bundesamt,
	  – Statistische Landesämter
	  – Bundesagentur für Außenwirtschaft (BfAI)
	• Verbände, Kammern
	• Serviceleistungen der Verlage, Banken usw.
	• Datenbanken und Internet
		• Verzeichnisse der Veröffentlichungen des Statistischen Bundesamtes der Landesämter u. internationaler Organisationen,
		• bfai-Publikationsverzeichnis
		• Verzeichnis der Serviceleistungen der Verlage

(2) Basisdaten einzelner Firmen, z.B. • Firmennamen, Adressen usw. • Betriebsgrößen • Organisation, Führungskräfte • Produktprogramm/Sortiment/Leistungen • Fertigungsstätten, Niederlassungen, Filialen • Kapazitäten und deren Auslastung, Ausstattung	• Handelsregister • Verbände, Vereinigungen (Mitgliederverzeichnisse) • Kammern • Wirtschaftsauskunfteien • Adressenverlage • Nachschlagewerke, Bezugsquellennachweise, Telefonbücher • Messekataloge • Datenbanken und Internet • Gespräche mit Marktpartnern	• Verlagsverzeichnisse, z.B. Hoppenstedt, Darmstadt; Kompaß, Freiburg u.a. • Kataloge der Adressenverlage • Verbände, Organisationen der Wirtschaft vom Hoppenstedt-Verlag • Mitgliederverzeichnis des Verbandes deutscher Adressbuchverleger • AUMA-Handbuch
(3) Finanzdaten, z.B. • Umsatz, Beschäftigte • Absatz-, Umsatz-, Ergebnisstruktur nach Produkten, Regionen, Kundengruppen	• Betriebsbegehungen • Handelsregisterauszüge, Jahresabschlüsse • Banken, Auskunfteien, Firmenanalysten	• Hinweise aus veröffentlichen Firmeneintragungen • Betriebsvergleiche, Branchenkennziffern • Presseausschnittbüros

– Bilanz- und Leistungskennziffern	• Presseveröffentlichungen • Firmenpublikationen • Datenbanken • Gespräche mit Geschäftspartnern	• Geschäftsberichte, Kunden- und Werkszeitschriften

(4) Ziele, Strategien, Vorhaben, z.B.
• Leitbild, Strategien
• Marktanteile, Distribution
• Stärken, Schwächen
	• Verlautbarungen in den Medien
	• eigene Veröffentlichungen der Konkurrenten
	• Einzelgespräche mit Marktpartnern
	• Marktstudien, Befragungen
	• Paneluntersuchungen
	• eigene Ermittlungen durch den Außendienst
	• Beobachtungen im Handel
	• Produktvergleiche, Testberichte
		• Speziell für Marktanteile, Distribution:
		  – Kapazitätsabschätzungen
		  – Aussagen der Konkurrenten
		  – Schätzung von Marktforschungsunternehmen
		  – Betriebsvergleiche im Handel: Schätzung über Kennziffer Umsatz/Mitarbeiter oder Umsatz je m² Verkaufsfläche
		  – direkte Befragung von Kunden und Mitbewerbern

(5) Unternehmens- und Marketingpolitik, z.B. • Aktivitäten, generell • aktuelles Verhalten im Markt • Innovationskraft, Produktpolitik	• Geschäftsberichte • Mitteilungen in den Medien, Presseberichte • Kataloge/Preislisten u.a. Werbematerial • Beobachtungen bei Wiederverkäufern • eigener Außendienst • Panelerhebungen u. andere Marktstudien • Gespräche mit Marktpartnern • Messeauftritte • Patentanmeldungen • Ausschreibungsunterlagen	• Stellenanzeigen der Wettbewerber (Anzeichen für Fluktuation oder Expansion) • Analyse der Werbeaktivitäten • Nielsen Werbeforschung • Ergebnisse aus der jährlich stattfindenden Mediaanalyse (MA) sowie Verbraucheranalyse (VA) • Produkteinführungen • Betriebsbegehungen, Standortbesichtigungen • Patentrecherchen durch Externe, z.B. World Patent Service (www.deparom.de)

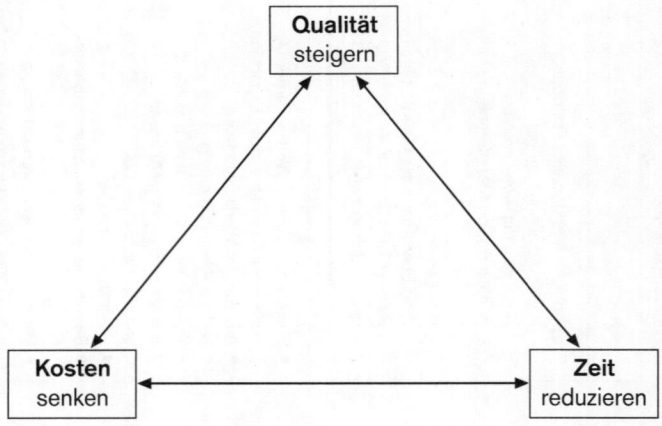

- **Vorwegnehmen:** Sie nehmen Ihrem Hauptkonkurrenten den Wind aus den Segeln, indem Sie seinen möglichen Aktionen durch eigene Aktionen zuvorkommen (offensives Vorgehen). Sie können aber auch Aktionen abwehren und den Einstieg für die Konkurrenten uninteressant machen, z. B. durch niedrigere Einführungspreise, Patentschutz, Besetzen eines Vertriebskanals/Region.
- **Nichts tun:** Die Feststellung einer Verhaltensweise eines Ihrer Konkurrenten löst bei Ihnen keine Reaktion aus. Dies ist dann der Fall, wenn die Schritte des Konkurrenten unbedeutend und belanglos oder wenn Sie machtlos sind und seine Handlungen auch nicht umgehen können.
- **Anpassen:** Sie verhalten sich wie ein Me-too-Anbieter und kopieren die Strategie des Wettbewerbers.
- **Sich bewusst abheben:** Sie versuchen, Ihre Wettbewerbsvorteile noch stärker zu propagieren. Ihre Bemühungen richten sich in erster Linie auf das magische Wettbewerbsdreieck (siehe oben).
  Sie werden alles daransetzen, sich hierbei zu differenzieren sowie Alleinstellungsmerkmale (USP) aufzubauen und zu sichern.
- **Moderat gegensteuern:** Sie umgehen die Stärken Ihrer Konkurrenten, setzen andere Akzente und versuchen auf Teilgebieten anzugreifen. Ihre Schwächen haben Sie klar erkannt und arbeiten intensiv daran, diese auszugleichen.

- **Aggressiv gegensteuern:** Die Strategie Ihres Konkurrenten trifft Ihren Lebensnerv. Sie müssen gezielt und schnell reagieren, z. B. durch Preis- und Produktanpassungen oder durch verstärkte Aktivitäten bei Werbung und Verkaufsförderung sowie durch intensive Außendienstarbeit.
- **Zusammengehen mit dem Wettbewerber:** nach dem Motto: „Kooperation statt Konfrontation". Die Konkurrenzanalyse liefert Ihnen dazu Hinweise, mit wem und auf welchen Gebieten/Funktionsbereichen (Beschaffung, Marktforschung, Entwicklung, Fertigung, Vertrieb, Service) eine Zusammenarbeit überhaupt infrage kommt und sinnvoll ist. Nicht immer kooperieren Konkurrenten aus freien Stücken. Oft stehen ernsthafte wirtschaftliche Zwänge der Existenzsicherung im Vordergrund der Zusammenschlüsse. Für die Realisierung einer Kooperation nach solch einer „Brautschau" (Due Diligence) steht Ihnen eine Reihe von Vertragsformen zur Verfügung, angefangen bei einer mündlichen Vereinbarung zu einer losen Zusammenarbeit über einen umfassenden Kooperationsvertrag bis hin zu einer Kapitalbeteiligung, Fusion oder Gründung einer gemeinsamen Firma (Joint Venture).

Marktforschung im Umfeld, in der Branche, über die Konkurrenten

- Bei der **Umfeldbetrachtung** ist vor allem wichtig zu erkennen: wo liegen Chancen, wo droht Gefahr (*SWOT-Analyse* = $\underline{S}$trengths, $\underline{W}$eaknesses, $\underline{O}$pportunities, $\underline{T}$hreats).
- Beständig ist nur die Veränderung! Beobachten Sie daher jeden Wandel der Rahmenbedingungen in Ihrem Umfeld und in Ihrer Branche. Beachten Sie besonders die frühen und schwachen Signale, die nur ungenau einen möglichen Wechsel andeuten.
- Die **Konkurrenzanalyse** (*Competitive Intelligence*) bildet die Schnittstelle, wo Sie Daten und Informationen aus Ihrem Unternehmen mit denen der Konkurrenten vergleichen und relativieren (*Business Intelligence*, unter Einbeziehung firmeninterner Daten). Sie ist damit gleichsam der Härtetest für Ihre Wettbewerbsfähigkeit und wichtige Voraussetzung für effiziente Marketingentscheidungen. Verfallen sie daher nicht in Selbstherrlichkeit, indem Sie Wettbewerbsfakten ignorieren oder einfach nicht ermitteln.
- Der absolute und relative **Marktanteil** auch Ihrer Mitbewerber ist dabei ein wichtiger Beurteilungsmaßstab für Wettbewerbsstärke und Kostenposition, was letztlich auch für die Positionierung im Portfolio ausschlaggebend ist.

- Beobachten Sie dabei nicht nur Ihre unmittelbaren Wettbewerber, sondern auch die aus den übrigen vier **Bedrohungsfeldern:** die Anbieter von Substitutionsprodukten, die neuen Anbieter aus anderen Branchen sowie das Wettbewerbsverhalten von Lieferanten und Kunden (*Five Forces*).
- Sie stehen bei den Recherchen nicht allein auf freiem Feld. Sie können auf eine Vielzahl von Daten und Informationen zurückgreifen. Viele davon sind auch veröffentlicht. Unersetzlich bleibt jedoch das **Gespräch**, die Befragung von Geschäftspartnern oder der direkte Kontakt zu Mitbewerbern.
- Nutzen Sie vor allem die Informationswege über Ihre eigenen Mitarbeiter im Außendienst und Service. Fördern Sie die Begeisterung für die Beschaffung von Branchen- und Konkurrenzinformationen durch persönliche Anreize und Formblätter. Weisen Sie nach, welchen Nutzen Sie aus solchen Hinweisen gezogen haben.
- Die Konkurrenzanalyse hat letztlich zum Ziel, eigene **Kernkompetenzen** zu erkennen und besser auszuschöpfen. Unter Kernkompetenzen versteht man nicht, wettbewerbsfähige Produkte und Dienstleistungen anbieten zu können, sondern fundierte Fähigkeiten und Funktionen in einem Unternehmen. Sie sollen dazu führen, die Probleme der Kunden richtig zu verstehen und sie besser oder anders als andere lösen zu können. Das heißt, die Konsequenzen aus der Wettbewerberbeobachtung sind: sein eigenes Verhalten zu überdenken und die Reaktionen der Wettberwerber besser in den Griff zu bekommen und beachten Sie: wer überholen will muss die Spur wechseln.
- Trotz aller Begeisterung dürfen aber die **Grenzen der Konkurrenzanalyse** nicht übersehen werden. Sie lernen zwar Ihre Mitstreiter besser verstehen, berechnen können Sie ihr Verhalten aber nicht.
- Ein Ziel der Konkurrenzbeobachtung ist auch, Möglichkeiten einer Zusammenarbeit mit Wettbewerbern zu sondieren. Die Vision „if you can't beat them, join them" kann vielleicht eine Anregung sein.

11. Bedarf, Marktvolumen, Trends: Was Sie wissen müssen, um den Bedarf im Markt und seine künftige Entwicklung besser abschätzen zu können

> Nicht weil es schwer ist wagen wir es nicht,
> sondern weil wir es nicht wagen ist es schwer.
>
> *Seneca*

- Wie ermittelt man überhaupt Bedarfs-/Marktvolumen?
- Wie lässt sich dieses Volumen gliedern bzw. segmentieren?
- Wie wird sich der Markt in Zukunft entwickeln, wie kann man das Volumen von morgen am besten abschätzen?

11.1 Bedarfs-/Marktvolumen, Marktpotenzial

Bedarfs- bzw. Marktvolumen sind wie die zwei Seiten ein und derselben Medaille. Während sich

- das Bedarfsvolumen an der Nachfrage orientiert und Einzel- oder Gesamtbedarf von Unternehmen, Verwaltungen, privaten Haushalten und Einzelpersonen erfasst, ist
- das Marktvolumen angebotsorientiert und umfasst die Summe der in einem Zeitraum realisierten Absatz-/Umsatzvolumina eines Produktes von allen Anbietern in einem Land.

Letztlich müssen diese korrespondierenden Volumina in etwa übereinstimmen – wenn man Lagerbewegungen außer acht lässt.

Beim Bedarfs- bzw. Marktvolumen handelt es sich immer um quantitative Größen, die

- in konkreten Wert- (= Umsatz) oder Mengeneinheiten (= Absatz) für ein Produkt oder eine Dienstleistung gemessen,
- für eine bestimmte Periode – meist ein Jahr – oder projektbezogen,
- für eine definierte Region – meist ein Land – sowie
- für einzelne Wirtschaftssubjekte und deren Gruppierungen oder für die Gesamtheit ermittelt werden.

Aus dem
- **Marktvolumen**, dem tatsächlichen Absatz/Umsatz aller Anbieter, ist der
- **Marktanteil**, d. h. der Absatz/Umsatz eines Anbieters, ausgedrückt in % vom Gesamtvolumen, zu berechnen.

Darüber hinaus ist ein weiterer – dem Marktvolumen vorgelagerter – Begriff von Bedeutung, nämlich das
- **Marktpotenzial** (oder je nach Abgrenzung Marktkapazität). Darunter versteht man die Aufnahmefähigkeit eines Marktes, das theoretisch mögliche Absatz-/Umsatzvolumen für ein Produkt. Dieser Definition liegen alle potenziellen – bis zu einem bestimmten Zeitpunkt erreichbaren – Abnehmer zugrunde (= Sättigungsgrenze).

Beispiele: für Zahnarztstühle Zahnärzte in Praxen und Kliniken; für Rasierapparate männliche Personen ab etwa 16 Jahre usw.

Bildlich kann man diese Zusammenhänge wie folgt darstellen:

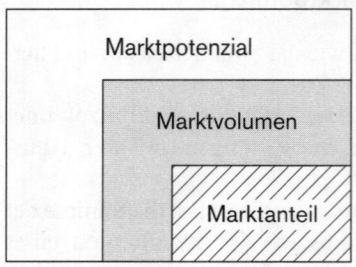

Aus Marktvolumen und Marktpotenzial errechnet sich dann auch ein sog. Sättigungswert:

$$\text{Sättigungswert} = \frac{\text{Marktvolumen bzw. Bestand}}{\text{Marktpotenzial}}$$

Er besagt, bis zu welchem Grad das Marktpotenzial bereits ausgeschöpft ist.

Zum **Beispiel** weist das Statistische Bundesamt für 2005 folgende ausgewählte Ausstattungs- und Sättigungswerte in deutschen Haushalten auf (…% der Haushalte besitzen …):

Telefon	99 %	DVD-Player	59 %
Auto	77 %	Internetzugang	58 %
Gefriertruhe	72 %	MP3-Player	23 %
PC	72 %	Navigationssystem	8 %
Mikrowelle	68 %		

Dabei muss das Potenzial bzw. die Sättigungsgrenze nicht immer bei annähernd 100 % einer angestrebten Zielgruppe liegen, denn bei manchen Produkten kommen nur bestimmte Haushaltstypen als potenzielle Abnehmer infrage. Oder nicht jeder Betrieb einer bestimmten Zielgruppe ist ein potenzieller Bedarfsträger und künftiger möglicher Abnehmer Ihrer Produkte. Betriebsgröße, fehlende Kaufkraft und Einstellungen sowie das Produktionsprogramm oder das Sortiment eines Händlers können einer möglichen Nachfrage im Wege stehen.

Es ist nun Aufgabe der Marktforschung, die zutreffenden Zielsegmente nach Einkommen, Bildung, Käuferschicht usw. bzw. nach Betriebsgröße, Bedarf, Kaufkraft zu ermitteln, um daraus Grenzwerte für das Marktpotenzial abzuschätzen.

Marktpotenzialschätzungen sind eine wichtige Voraussetzung bei der Planung, Entwicklung und Einführung neuer, innovativer Produkten. Denn oft existieren dafür noch keine erfassbaren Märkte. Die grundsätzliche Frage dabei lautet: „Wieviel % der Verbraucher, Haushalte, Arbeitsstätten usw. kommen überhaupt als künftige Bedarfsträger und Abnehmer für das neue Produkt infrage und wie viel davon in nächster Zeit?" Annahmen und Erfahrungen aus ähnlich gelagerten Fällen bilden die Grundlage für solche Schätzungen.

Fallbeispiel: Marktpotenzialschätzung für eine Freizeitanlage
Die geplante Anlage liegt etwa 60 km von einer Großstadt entfernt. Man geht davon aus, dass die Besucher der Anlage eine 2–3-stündige Autofahrt in Kauf nehmen. Unter dieser Voraussetzung leben in diesem Umkreis 16 Mio. Menschen, davon zwei Mio. jenseits der Landesgrenze. Eine Marktanalyse hat ergeben, dass die Besucher inkl. Anreise etwa 100 € pro Kopf auszugeben gedenken. Man rechnet mit 2,4 Mio. Besuchern jährlich, die zu 60–70 % aus dem beschriebenen Umfeld kommen werden, die übrigen 30–40 % – so schätzt man – kommen von weiter her. Bei einem angenommenen Preisgefüge für Eintritte und Verzehr (vier Stunden Aufenthalt, Familienticket, Früh- und Spätpreise) dürfte der errechnete Break even bei ca. 1,5 Mio. Besuchern liegen.

Bei der Potenzialschätzung geht man nun davon aus, dass diese Verbraucher- bzw. Betriebstypen am ehesten für ein neues Produkt zu gewinnen sind. Ihr Marketing ist dann erfolgreich, wenn es Ihnen gelingt, Akzeptanzhindernisse durch echten Nutzen zu überwinden, um möglichst bald aus Potenzial Volumen zu generieren.

Warum ist nun die Kenntnis von Bedarfs-/Marktvolumen sowie Marktpotenzial so wichtig, worin liegt der Nutzen für Ihre Entscheidungen im Marketing?

(1) Sie müssen die Grenzen kennen, die der Markt setzt. Nur so können Sie den Umfang Ihrer Entscheidungen besser und sicherer bemessen und die Risiken Ihrer Aktionen eingrenzen. Die Ausweitung eines errechneten Marktpotenzials ist zwar möglich, z. B. durch ansprechende Angebote, neue Anwendungsmöglichkeiten, Technologien, Werkstoffe usw., sie müssen jedoch, um erfolgreich zu sein, den Nutzenvorstellungen der Abnehmer entsprechen und echte Nutzenvorteile bieten.

(2) Zur Berechnung Ihres Marktanteils müssen Sie das Gesamtvolumen – die Basisgröße – ermitteln. Außerdem gibt erst das Marktvolumen die Möglichkeit, bei Ihrer Absatzplanung einen Ziel-Marktanteil und Ihr Absatzvolumen daraus abzuleiten und damit marktgerecht zu planen nach der Formel: Marktvolumen x Ziel-Marktanteil = Absatzvolumen.

(3) Selbst bei recht kleinen Marktanteilen ist es wichtig, das Marktvolumen und dessen Wachstum abzuschätzen, weil Sie z. B. bei einem schrumpfenden Markt genauso mit einer zurückgehenden Nachfrage für Ihre Produkte zu rechnen haben.

(4) Viel wichtiger als das Gesamtvolumen eines Produktmarktes sind die einzelnen Teilmärkte oder Produktsegmente, wie sie sich z. B. nach Leistungs-/Größenklassen, Qualitätsstufen/-ausführungen, Materialien usw. bilden lassen. Nur so können Sie auch differenziert und gezielt vorgehen.

(5) Insbesondere beim Einzelbedarf Ihrer Kunden oder einer Kundengruppe müssen Sie deren Bedarfsgrenzen kennen. Denn nur so können Sie beurteilen, inwieweit es sich lohnt, den Konkurrenten Lieferanteile abzujagen. Denn wenn Sie den Bedarf eines Ihrer Kunden bereits zu 80 % decken, ist dieser kundenspezifi-

sche Marktanteil kaum noch zu steigern. Nur über das Wachstum dieses Kunden sind zusätzliche Liefermengen unterzubringen.

Auch wenn Sie nach mehreren Anläufen das Marktvolumen immer noch nicht ermitteln konnten, sollten Sie nicht verzweifeln. Die Schätzung des Absatz-/Umsatzvolumens Ihrer wichtigsten Wettbewerber kann Ihnen hier weiterhelfen. Erstens erlaubt Ihnen dieser direkte Vergleich, Ihre relative Wettbewerbsstärke und Kostenposition zu ermitteln, und zweitens können Sie die einzelnen Angebotsvolumina aufaddieren und sich so an das Marktvolumen herantasten.

Dies leitet unmittelbar über zu der Frage: „Wie kann man überhaupt dieses Volumen ermitteln?" Grundsätzlich gibt es hierzu zwei Ansätze, die in etwa zu dem gleichen Ergebnis führen sollten. Lagerbewegungen sind dabei allerdings außer Acht gelassen.

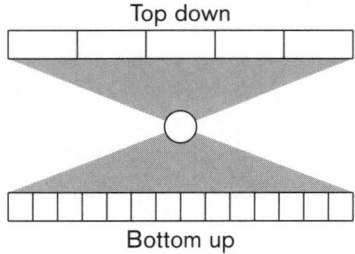

Top down

Bottom up

- **Der Top-down-Ansatz:** Er erfasst das Volumen von oben, im wesentlichen von der Angebotsseite, von den Anbietern aus, oder von übergeordneten wirtschaftlichen Größen (Bedarfsindikatoren).
- **Der Bottom-up-Ansatz:** Hier wird das Volumen von unten nach oben, von der Bedarfsseite, den nachfragenden Bedarfsträgern aus, ermittelt. Minutiös zusammengefasste Einzelaussagen bilden oft die Basis für eine Hochrechnung auf das Gesamtvolumen.

Ganz allgemein sollten Sie beachten, dass es sich bei der Ermittlung von Marktvolumina um Annäherungs- und teilweise Schätzwerte ohne buchhalterische Genauigkeit handelt. Geht man vom Zweck und der Nutzanwendung dieser wirtschaftlichen Größe aus, reichen oft sogar Größenordnungen. Einige **praxisbewährte Bei-**

spiele für die Berechnung von Volumina sowie für die entsprechenden Informationsquellen finden Sie in der folgenden Darstellung.

Bedarfs-/Marktvolumen

(Informationsquellen und Berechnungsmöglichkeiten)

Top down

- direkt aus der amtlichen Statistik: (Produktion ./. Export + Import)
- Ableitung aus einer Bestandsstatistik: (Neubedarf aus Bestandszuwachs + Ersatzbedarf aus den Anschaffungen vor x Jahren. x entspricht der durchschnittlichen Nutzungsdauer der Produkte)
- Meldungen der Anbieter an eine neutrale „Clearingstelle": (Clearingstelle kann sein: Verband, Notar, Rechtsanwalt, Institut, Berater)
- externe Berechnungen von Instituten, z. B. aus der Abfrage bei den Anbietern, aus Modellrechnungen usw.
- Veröffentlichungen in der Fach- und Wirtschaftspresse, Recherchen der Journalisten oder Bericht über Studien
- Berechnungen der Verbände und Kammern, meist aus der amtlichen Statistik und aus Abfragen bei den Mitgliedsfirmen
- Schätzungen von Experten
- Schätzung des Angebotsvolumens der wichtigsten Anbieter, z. B. auf Basis von Kennziffern, wie Umsatz je Beschäftigten, Umsatz je m^2 Verkaufsfläche im Handel; Kapazitäten auf Basis des installierten Maschinenparks bzw. Materialeinsatz usw. und entsprechende Hochrechnung
- Aussagen der Anbieter in der Öffentlichkeit und Hochrechnung
- Abfrage bei Datenbanken
- Abfrage bei Lieferanten
- für den Einzelhandel: aus Käuferpotenzial (Einwohner/Abnehmer im Einzugsgebiet x Anteil des betreffenden Absatzkanals) x durchschnittliche Ausgaben in Euro oder Kaufmenge für das Produkt aus der amtlichen Statistik. Siehe auch das Fallbeispiel Seite 156.
- indirekt über Bedarfsindikatoren (sog. Retro-Analyse): Ableitung aus einem bekannten Marktvolumen einer übergeordneten bedarfsbestimmenden Größe, z. B. Bedarf für Baustoffe, Bauteile wie Fenster, Türen usw. aus Bauvolumen/Baugenehmigungen; Zulieferteile, Bauelemente aus dem Volumen der Zwischen- oder Endprodukte. Von diesen wird dann auf die zu analysierenden Einzel- oder Bauteile geschlossen.

Bottom up

- direkte Befragung von wichtigen Bedarfsträgern über deren Bedarf/Investitionsabsichten/Kaufbereitschaft und Hochrechnung (Kunden und potenzielle Kunden)

- Zahl der potenziellen Bedarfsträger als Annäherung an den Grenzwert für Potenzial und Volumen
- mögliches Volumen aus der Zahl der Bedarfsträger, Hochrechnung aus einem Ø-Bedarf je Bedarfsträger (Pro-Kopf-Verbrauch, Ø-Verbrauch oder Investition je Betrieb/je 100 Beschäftigte/je Einheit hergestellter Produkte usw.)
- Einzelbedarf aus Ausschreibungen, Projekten, Baugenehmigungen oder Ähnlichem (Quellen: Veröffentlichungen in der Fach- und Wirtschaftspresse, Datenbanken, Bundesagentur für Außenwirtschaft für Auslandsprojekte, Verbände und Kammern, Bundesausschreibungsblatt)
- aktueller Bedarf aus der Fortschreibung von bekannten Vergangenheitswerten
- Analogien aus anderen Ländern mit ähnlicher Struktur
- Panelerhebungen der Institute bei einer Stichprobe von repräsentativ ausgewählten Haushalten gezielte Aufzeichnungen der Einkäufe; Hochrechnung auf die Grundgesamtheit
- Panelerhebungen bei ausgewählten Einzelhandelsunternehmen (einige hundert Betriebe), Erfassung der Bestände, Einkäufe und Verkäufe; Hochrechnung auf die Grundgesamtheit
- Befragung von Verbrauchern und Führungskräften in der Wirtschaft im Rahmen der Mediaanalyse (ma) und Verbraucheranalyse (VA) sowie durchgeführt von Instituten im Auftrag der großen Verlage und anderer Werbeträger über Besitz und Kauf-/Investitionsabsichten

Hierzu einige Erläuterungen:

Für die **rechnerische Ermittlung des Marktvolumens** aus der amtlichen Statistik kann Ihnen diese Zusammenstellung helfen (www.destatis.de/klassifikationen):

Rechenschema	Quelle	Orientierungshilfe
Produktion	Amtliche Produktionsstatistik	Güterverzeichnis für Produktionsstatistiken
./. Export + Import	} Amtliche Außenhandelsstatistik	Warenverzeichnis für die Außenhandelsstatistik (WA) sowie Internationales Warenverzeichnis für den
= Marktvolumen		Außenhandel (SITC)*

---

* SITC = Standard International Trade Classification

Die Gretchenfrage ist jedoch – und dazu benötigen Sie eben die oben erwähnten Systematischen Verzeichnisse/Klassifikationen –, ob Ihre Produkte überhaupt eine eigene Melde-Nr. haben oder ob sie in einer Sammelposition „untergehen". In den Bibliotheken der Landesämter, bei Ihrem Verband oder Ihrer Kammer sind diese Verzeichnisse einzusehen bzw. auch unter www.destates.de/klassifikationen herunterzuladen.

Als produzierendes Unternehmen kennen Sie diese Ziffern sowieso aus Ihren regelmäßigen Produktionsmeldungen an das Statistische Landesamt sowie aus Ihren Ausfuhrmeldungen. Je mehr sich eine Melde-Nr. mit Ihren Produkten deckt, um so einfacher können Sie nach obigem Rechenschema verfahren. Andernfalls können Sie sich helfen mit der nächstliegenden übergeordneten Meldeeinheit. Es ist auf jeden Fall einen Versuch wert.

Soweit dieses Rechenverfahren, wenn Sie es selbst ausprobieren wollen. In vielen Fällen jedoch unterstützt Sie dabei Ihr Verband und nimmt Ihnen diese Rechenarbeit ab. Wenn nicht, sollten Sie ihn dazu anregen.

Ableitung des Marktvolumens aus einer Bestandsstatistik: Dies setzt natürlich voraus, dass es sich um Produkte handelt, die bestandsmäßig erfassbar und in Bestandsstatistiken nachweisbar sind. Bestandskurven, vor allem wenn sie über mehrere Jahre verfügbar sind, lassen aufgrund ihres Verlaufs und der Erkenntnisse über Produktlebenszyklen sehr gut Trend- und Sättigungswerte erkennen. Außerdem bieten sie eine gute Basis für die Berechnung von Ersatzanschaffungen. Ein hoher Sättigungswert bedeutet übrigens noch lange nicht, dass kein Markt mehr vorhanden ist, sondern lediglich, dass kaum noch Neubedarf entsteht und die Nachfrage sich eben verlagert. Es eröffnen sich vielmehr neue Chancen dadurch, dass

• vorhandene Geräte und Maschinen nach einer bestimmten Nutzungsdauer ersetzt werden müssen, es entsteht **Ersatzbedarf**.

• Außerdem werden die Nutzer durch neue Anwendungen und Produktvariationen dazu angeregt, Produkte mehrfach und anders einzusetzen (Mehrfachbesitz) oder Erweiterungen an bestehenden Anlagen vorzunehmen, es entsteht **Erweiterungsbedarf**.

• Andererseits werden völlig neue Produkte auf den Markt gebracht, die entweder bestehende Produkte substituieren und damit vorhandene Bestände „anknabbern", oder gänzlich neuen Bedarf schaffen. Es entstehen **neue Märkte**.

Diese Tatbestände hat der Marktforscher zu berücksichtigen, wenn er aus der Bestandsentwicklung seine Schlüsse zieht.

Meldungen der Anbieter an eine neutrale „Clearingstelle": Diese Art der Volumensberechnung ist – wenn sie funktioniert und ein Großteil der Anbieter mitspielt – eigentlich die beste und genaueste Methode. Wie ist nun das Vorgehen dabei im Einzelnen?

(1) Die Anbieter müssen an einen Tisch und sich einig sein, dass sie mitmachen wollen. Der Leidensdruck, nicht über entsprechende Daten im Detail zu verfügen, muss bei allen Beteiligten gleich groß sein. Vielleicht gibt aber auch ein Verband, ein Institut oder dergleichen den nötigen Anstoß.

(2) Die Beteiligten legen fest, wer die Datensammlung durchführen, wer als „Clearingstelle" fungieren soll, in welchem Detaillierungsgrad (z. B. Produktkategorien/Größenklassen, Absatzkanäle, Absatzregionen usw.) und in welchem Zeitraum sie die Daten erfassen wollen.

(3) Die Daten werden an die „Clearingstelle" gemeldet. Als „Clearingstelle" kann fungieren: ein Notar, Rechtsanwalt, Institut, Berater oder Verband.

(4) Die Teilnehmer erhalten von dort eine Zusammenfassung auf Marktebene bei gleichzeitiger Detaillierung der Informationen, wie festgelegt. Das einzelne Unternehmen kann sich daraus seinen segmentspezifischen Marktanteil berechnen. Im Normalfall werden keine einzelnen Wettbewerberdaten ausgetauscht, z. B. die Marktanteile der Mitanbieter, aber das ist letztlich Sache der Abmachungen im Teilnehmerkreis. In einigen Branchen – u. a. in der Elektroindustrie und bei Baumaschinen – wird dieses Verfahren seit Jahren und zur vollen Zufriedenheit der Teilnehmer erfolgreich angewandt (Ein Beispiel ist im Abschnitt 7.2 beschrieben.) Ich empfehle dieses Vorgehen zur Nachahmung.

Abfrage bei Lieferanten: Lieferanten können eine interessante Quelle für den Bedarf Ihrer Wettbewerber sein, deren Nachfrage sie bündeln. Lieferanten können so über ihr Absatzvolumen Hinweise geben, wie sich möglicherweise Ihr Marktvolumen zusammensetzt. Ein **Beispiel:** Eine Maschinenfabrik, die auch Ihr Lieferant ist und die ganze Welt beliefert, kann Angaben darüber machen, welche Kapazitäten und damit Produktionsvolumen Ihre Wettbewerber aufweisen und demnächst aufbauen werden.

Ableitung des Marktvolumens aus einem übergeordneten Bedarf (Retro-Analyse): Dies trifft zum einen die klassische Zulieferindustrie. Ihre Produkte sind Bestandteile eines anderen Produktes und gehen praktisch in diese Zwischen- oder Endprodukte ein. Zulieferer haben in der Regel

• einen eng begrenzten Abnehmermarkt,
• stehen oft unter starken Produktabhängigkeiten zu meist großen Abnehmerbetrieben, Beispiel Kfz-Industrie, und
• sehen ihre Aktivitäten vorwiegend in einem Erstausrüstergeschäft.
• Informationen über die Nachfolgemärkte sind meist über die Abnehmer detailliert verfügbar.

Zum anderen sind es beispielsweise folgende Produkte, deren Volumina über Bedarfsindikatoren ermittelt werden können. Hierzu aus meiner praktischen Arbeit einige **Beispiele:**

Produkt	Übergeordneter Bedarf
• Ventilatoren	• Lufttechnische Anlagen
• Lichtkuppeln	• Bauvolumen, Dachfläche, feuerpolizeiliche Vorschriften über Lichtkuppeln pro x m^2 Dachfläche
• Metalldosen	• Abfüllgut
• Lackieranlagen	• Branchen mit Lackierereien, Lackindustrie
• Formfedern	• Anwenderbranchen, Fertigprodukt
• Bäckereimaschinen	• Maschinelle Ausstattung in Bäckereien, Backwaren
• Kaolin in Papiermasse	• Papierproduktion nach Papierarten, Ø-Menge Kaolin pro Tonne Papier

Die Liste kann beliebig fortgeführt werden. In diesen und ähnlichen Fällen können oft in Kooperation mit der bedarfsbestimmenden vor- oder nachgelagerten Industrie oder anderen gewerblichen Abnehmern gemeinsame Recherchen angestellt werden.

Sehr eng damit verbunden ist die Bedarfsermittlung auf der Basis von Gesprächen mit wichtigen Bedarfsträgern über deren Bedarf. Befinden sich diese Bedarfsträger bereits in Ihrem Kundenkreis, dürfte die Befragung nicht schwer fallen. Anders ist es bei potenziellen Abnehmern. Hier greifen am ehesten Befragungsmethoden auf Stichprobenbasis. Besonders geeignet sind telefonische Abfragen – auch gut in Eigenregie zu bewältigen. Haben Sie z. B. im Rahmen einer solchen Befragungsaktion die Kaufbereitschaft bzw. die Investitionsabsichten ermittelt, so müssen Sie wissen, dass diese Werte noch lange keine hochrechenbare Basis darstellen, vor allem bei neuartigen Produkten.

Die pure Zahl der Bedarfsträger ist oft ein guter Annäherungswert an das Bedarfspotenzial und zeigt Grenzen auf, z. B. bei der Planung neuer Produkte.

Ein **Praxisbeispiel** soll dies verdeutlichen: Ein Unternehmen der Informationstechnik wollte ein spezielles Softwarepaket für eine bestimmte Zielgruppe, sagen wir Elektroinstallateure, entwickeln und vermarkten. Man hatte sich, um erfolgreich zu sein, vorgestellt, insgesamt etwa 40 000 solcher Pakete zu verkaufen. Ein einfacher Blick in den Katalog eines Adressverlages ließ die Produktplaner aufhorchen und auf den Boden der Tatsachen zurückkehren. Denn es gibt in Deutschland insgesamt nur etwa 30 000 dieser Handwerksbetriebe.

Bedarfsträger und Durchschnittsbedarf: Gelingt es Ihnen, ausgehend von der Zahl der möglichen Verwendergruppen deren Ø-Bedarf zu schätzen, können Sie durch einfache Multiplikation eine gute Annäherung an das Gesamtvolumen erreichen. Siehe auch das Fallbeispiel unter Marketingkennziffern

Alles in allem ist die Ermittlung von Bedarf und Marktvolumen eine herausfordernde und lohnende Aufgabe für bessere Entscheidungen im Marketing. Aber man muss sich auch im Klaren sein, dass oft viele Details und auch Annahmen erforderlich sind, die gegengecheckt und plausibilisiert werden müssen. Ein Stein auf den anderen gibt erst den Gesamtbau, das Gesamtvolumen.

Fallbeispiel für eine Marktstruktur: Im Land Abaco möchten Sie mehr Gewissheit bekommen über die Marktstruktur und Ihre eigene Stellung. Es handelt sich um ein Gebrauchsgut für Konsumenten. Aus der amtlichen Statistik stehen Ihnen folgende Werte zur Verfügung:

Bevölkerung (auch differenziert nach
soziodemografischen Merkmalen)   7,5 Mio.
Produktion im Inland   20 Mio. Einheiten
Exporte nach verschiedenen Ländern   6 Mio. Einheiten
Importe aus verschiedenen Ländern   22 Mio. Einheiten
Marktpotenzial (Verbrauchseinheiten pro
Kopf der Bevölkerung als Sättigungsgrenzwert) 6 Einheiten

Daraus werden folgende Werte ermittelt:

		Markt Mio. Einh.	Unternehmen Mio. Einh.	Markt- anteil
Marktvolumen:				
Produktion		20	2,0	10 %
./. Export		6	0,5	8 %
+ Import		22	0,1	0,5 %
= Marktvolumen		36	1,6	4,5 %
Exportquote	6 : 20	= 30 %	0,5 : 2,0 = 25 %	
Importquote	22 : 36	= 61 %		
Anteil aus inländ. Produktion	14 : 36	= 39 %		
Pro-Kopf-Verbrauch	36 : 7,5	= 4,8 Einheiten		
Sättigungswert	4,8 : 6	= 80 %		
Marktpotenzial, gesamt	6 x 7,5	= 45 Mio. Einheiten		
Marktreserve, gesamt	45 ./. 36	= 9 Mio. Einheiten		
pro Kopf	6 ./. 4,8	= 1,2 Einheiten		

Wie kommen Sie nun am ehesten an solche Werte?

(1) Sie machen es selbst. Sie schätzen, befragen Andere im Detail
und rechnen diese Daten letztlich hoch.

(2) Sie finden entsprechende Informationen in der Fachliteratur, in
der Wirtschafts- und Fachpresse, in Datenbanken/Internet oder
in anderen Veröffentlichungen – zufällig oder durch systematische Recherchen. Andere haben sich bereits darüber Gedanken
gemacht, und Sie sind nun der Nutznießer.

(3) Sie machen es gemeinsam mit Hilfe einer neutralen Stelle. Sie
und Ihre Mitanbieter werfen die Daten in einen Topf und lassen
über eine „Clearingstelle" das Gesamtvolumen ermitteln.

(4) Sie lassen andere für sich arbeiten. Sie beauftragen ein Institut,
einen Berater oder andere Fachleute, für Sie das Marktvolumen
zu ermitteln. Oder Sie beteiligen sich an einer Gemeinschafts-
untersuchung, z. B. an einer Panelerhebung.

11.2 Wachstum, Trends

Ist schon die Berechnung eines Marktvolumens nicht immer einfach, so trifft dies in erhöhtem Maße auf die Schätzung der künftigen Entwicklung zu. Hier stellt sich die Frage: Wie ermittelt man überhaupt Wachstum, wie stellt man Trends und vor allem Trendveränderungen rechtzeitig fest? Dabei ist zu beachten, dass Wachstum und Trends nicht immer nur von außen auf Sie zukommen müssen. Ihr eigenes unternehmerisches Potenzial und Ihre Unternehmenspolitik sollten Sie in die Lage versetzen, die Zukunft mitzubestimmen und Trends zu setzen, z. B. in Form von

- Bedarfstrends: Veränderungen durch Produktinnovationen und rechtzeitiges Eingehen auf den Zeitgeist,
- Produkttrends durch technischen Fortschritt: verbesserte Leistungsmerkmale und Anwendungen sowie in Form von
- Designtrends durch veränderte äußere Gestaltung der Produkte.

Zukunft und Wachstum kann man in einer Welt, die sich ständig und immer rascher verändert, wohl kaum mehr mit Verfahren von gestern, z. B. durch schlichtes Extrapolieren von Vergangenheitswerten, ermitteln. Trotzdem ist es für eine Vorausschätzung von Bedarf und Marktvolumen unerlässlich, die Vergangenheit zu analysieren und zu bewerten. Es müssen daher Verfahren herangezogen werden, die mehr auf qualitativen Aussagen und Meinungen von Experten statt auf rein quantitativen Berechnungen basieren. Im ersten Ansatz können Sie, um Wachstum zu ermitteln, auf die gleichen Quellen zurückgreifen, wie sie bereits bei der Bedarfsermittlung zugrunde gelegt wurden. Im einzelnen haben sich in der Praxis folgende Quellen und Methoden bewährt:

(1) Analyse von Veröffentlichungen: Hier finden Sie zum Nachlesen „fertige" Aussagen über die Zukunft, aus denen Sie die relevanten Daten herausfiltern müssen, immer mit der Fragestellung: „Was kann ich damit anfangen?"

- Spezielle Trendstudien, wie z. B. von Prognos, Basel, mit der aktuellen Trendstudie „Deutschland Report 2030"; Ifo-Institut, München; Statistisches Bundesamt, vor allem für Bevölkerungsprognosen; Shell-Studien zur Motorisierung; regionale Infrastruktur- und Entwicklungsplanungen von Bund, Ländern und Kommunen

- Branchenszenarien, wie Sie sie meist in den diversen Branchenberichten der großen Verlage, der Banken usw. finden. Hier ist sowohl die Entwicklung der eigenen Branche als auch die der vor- und nachgelagerten Märkte (Sekundärmärkte) und Bedarfsindikatoren von Interesse.

- Fachliteratur, wie z. B. Veröffentlichungen der Trendforscher (Popcorn-Report), Naisbitt u. a., sowie spezielle Branchenzeitschriften

- Spezielle Informationsdienste, z. B. Trendletter von Prognos, Manager Magazin, „Radar für Trends" von Trendforscher Gerd Gerken, u. a. sowie unter den Suchbegriffen „Trendforschung" oder „Trendletter" im Internet

- Allgemeine Berichterstattung in der Wirtschaftspresse und den elektronischen Medien, wie Hörfunk und Fernsehen

- Publikationen von und über Wettbewerbsfirmen, u. a. Patentrecherchen, Messe- und Ausstellungskataloge

- Tagungs- und Kongressberichte.

(2) Befragungen: Diese direkte Methode, Meinungen von Fachleuten, Kunden, Absatzmittlern, Lieferanten, Endverwendern und Mitarbeitern einzuholen, bringt zwar subjektive, aber doch fachmännische Einschätzungen der künftigen Geschäftsentwicklung der unmittelbar Betroffenen. Intuition und Fachkenntnis dieser Geschäftspartner lassen fundierte Urteile erwarten. Als Methoden und Gesprächspartner sind vor allem interessant:

- Eigene Außendienstmitarbeiter, die entweder als Interviewer fungieren oder Zukunftseinschätzungen aus ihrer Sicht wiedergeben.

- Brainstorming, Gruppendiskussionen, Arbeitsbesprechungen und Einzelgespräche mit betroffenen Mitarbeitern im eigenen Unternehmen. Diese Methoden spiegeln oft die vielschichtigen Meinungen wider und regen zum konstruktiven Nachdenken an.

- Pilot-, Schlüssel- oder Leitkunden, Trendsetter: Es ist ratsam für solche und andere Zwecke der Marktforschung, einen Pool von Kunden aufzubauen, die eine kompetente Meinung haben und offen sind für innovative Ideen (Lead User Konzept).

- Lieferanten, die im allgemeinen einen guten Überblick über Ihre Branche haben und Meinungen Ihrer Konkurrenten einfangen.
- Branchenexperten, wie Fachjournalisten (Branchen-Gurus), Berater, Institute, Meinungsführer usw., die durch ihre ständigen Kontakte oft „das Gras wachsen hören".
- Gruppendiskussionen, Einzelexplorationen mit Verwendern und Verbrauchern.
- Sonstige Außenkontakte, wie anlässlich von Verbandstagungen, Kongressen, Messen und Ausstellungen, Mitgliedschaften in Berufsverbänden usw.

(3) Beobachtungen: Bei diesem Verfahren halten Sie Tatsachen und Ereignisse fest, die auf künftige Entwicklungen schließen lassen:
- auf Messen und Ausstellungen, die aufgrund der angebotenen Waren und Dienstleistungen Trends erkennen lassen;
- bei Kundenkontakten. Hier sind Ihre Außendienstmitarbeiter gefordert, die jedwede Veränderung bei den Kunden und den Wettbewerbsbemühungen festhalten und ins Unternehmen berichten sollen;
- bei Reisen, insbesondere ins Ausland in fortschrittliche Länder (Lead-Länder);
- Beobachtung der Verhaltensweisen, Strategien und Ziele der Wettbewerber, aus denen Absichten abgeleitet werden können;
- allgemeine Beobachtungen im Alltag, insbesondere bei Trendsettern und den frühen innovativen Verwendern und Verbrauchern (Early Adapters).
- **Trendscouts.** Sie sind die Beobachter par excellence. Sie haben das Ohr direkt am Markt, beobachten und spüren Trends auf, vor allem in der Zielgruppe, zu der sie selbst gehören. (Man bezeichnet sie auch als „Trüffelschweine" des Marktes.) Sie müssen heute erkennen, was morgen „in" ist. Eigentlich können sie in vielen Branchen und Marktsegmenten eingesetzt werden, doch vor allem in diesen Branchen trifft man sie häufig an: Mode, Schmuck, Software, Lifestyle, Möbel und Spielwaren. Trendscouts findet man vorwiegend auf Messen, auf Modenschauen, bei Besuchen im Einzelhandel, bei Trendsettern, in Trendshops und auf Partys.

(4) Spezielle Rechenverfahren und Prognosetechniken

• **Analogieschluss:** Die Entwicklung in Ländern mit ähnlicher Wirt-
schaftsstruktur und einem entsprechenden „Vorlauf" sowie bei
bestimmten Zielgruppen mit Vorreiterrolle (Early Adapter) dient
als Basis für eine vorsichtige Übertragung auf andere Regionen,
Länder oder Zielgruppen. Aber auch für die Absatzprognose
neuer Produkte können Analogien zu früheren ähnlichen Produkten gezogen werden. Je ähnlicher sich dabei das Umfeld gestaltet und je verwandter die Anwendungen sind, um so eher können vorhandene Erfahrungen übernommen werden. Auf jeden
Fall ist bei allen Analogien Vorsicht geboten, und der Transfer der
Daten und Erfahrungen darf nicht ungeprüft erfolgen. Handeln
Sie nach dem Grundsatz: nicht einfach kopieren, sondern kapie-
ren.

• **Indikatormethode oder Retro-Analyse:** Die künftige, bekannte
Entwicklung von Leit- und Strukturgrößen wird als Indikator für
die Zukunft von daraus abgeleiteten Märkten betrachtet. Solche
Leitgrößen können sein:
– Allgemeine Entwicklung von Konjunktur, Kaufkraft und Be-
schäftigung
– Schluss vom Endprodukt auf Zwischen- oder Vorprodukte,
z. B. Aufzüge – Steuerelemente; Schuhe – Leder; Bauvolumen –
Fenster

• **Korrelations- und Regressionsanalyse:** Die Veränderung einer bekannten Zeitreihe A lässt Rückschlüsse zu auf die zu erwartende
Veränderung der Zeitreihe B, z. B. Korrelation zwischen Bruttoinlandsprodukt (BIP) je Einwohner und Pro-Kopf-Verbrauch von
bestimmten Konsumgütern). Anhand einer Prognose des BIP je
Einwohner kann dann auf die zu vermutende Verbrauchsdichte in
einem Land geschlossen werden.

• **Zeitreihenverfahren:** Der künftige Bedarf ergibt sich aus Ereignis-
sen, die vor einem bestimmten Zeitraum eingetreten sind, **Beispiel:** Die Geburten von heute führen in sechs Jahren zum Schul-
bedarf; Anschaffungen von heute führen nach x Jahren zum Ersatzbedarf.

• **Bestandsfortschreibung:** Aus Bestandsverläufen lassen sich, wenn
ausreichende Vergangenheitswerte verfügbar sind und die Take-

off-Phase (Zeitpunkt z in der folgenden Darstellung) zumindest begonnen hat, recht gut Bestandsprognosen – grafisch – ableiten.

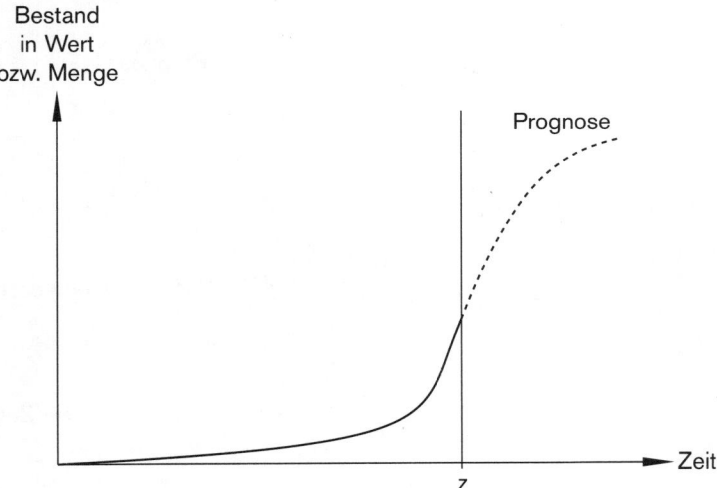

Aus den Bestandsprognosen lassen sich dann definieren

Neubedarf	= Bestandszuwachs
+ Ersatzbedarf	= Anschaffungen vor x Jahren
= künftiges Marktvolumen	

- **Potenzialabschätzungen, Sättigungsprognosen:** Insbesondere für die Beurteilung von neuen innovativen Produkten ist es wichtig, die Bedarfspotenziale, die theoretisch möglichen Absatzmengen, zu schätzen und Annahmen darüber zu treffen, wann wohl ein Markt als gesättigt angesehen werden kann, z. B. wenn x % aller Betriebe einen PC besitzen oder x % aller Haushalte über ein Mikrowellengerät verfügen.
- **Extrapolationen:** Darunter versteht man das tendenzielle Weiterführen von Vergangenheitswerten. Dabei plädiere ich nicht für das rechnerische Verfahren, bei dem die in der Vergangenheit auf den Bedarf einwirkenden Kräfte einfach in die Zukunft verlängert werden (Trendextrapolation), sondern für ein Verfahren, das eine plausible Abschätzung der Zukunft auf grafische Weise vorsieht. Nach dem Muster von Szenarien wird ein optimistischer (best

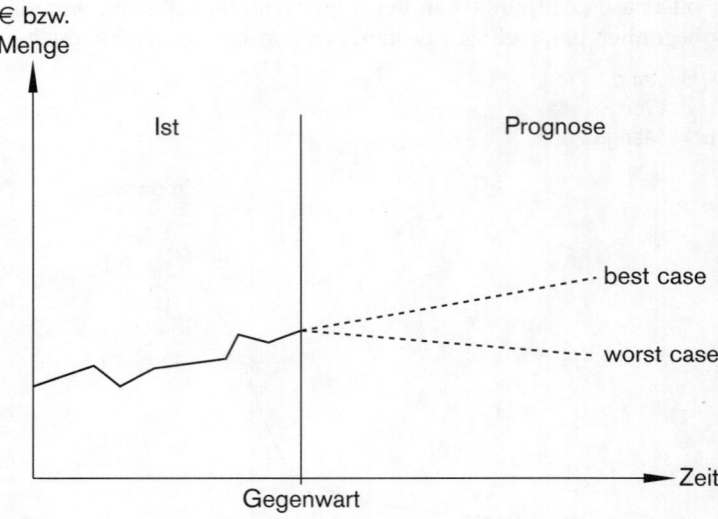

case) und ein weniger optimistischer Wert (worst case) ermittelt. In dieser Bandbreite wird dann die wahrscheinliche Entwicklung vermutet.

• **Szenariotechnik:** Hierbei werden über zukünftige Umweltentwicklungen alternative Annahmen getroffen. Auf Basis dieser – die Zukunft beschreibenden – Faktoren (Deskriptoren) werden unterschiedliche Vorhersagen getroffen. Z. B. werden in den Shell-Studien zur Motorisierung solche Szenarien beschrieben. Insbesondere werden bei den Szenarien die möglichen Einfluss- und Störgrößen, die Chancen und Risiken und die Vernetzungen eingehend analysiert.

Insbesondere für kurz- und mittelfristige Absatzprognosen sind folgende Verfahren geeignet:

• **Hochrechnung:** Von einer Teilmenge (Stichprobe) wird auf die Gesamtmenge geschlossen.

Beispiel: Ein Hersteller von Saisonartikeln ermittelt regelmäßig seinen Planabsatz und die Zusammensetzung seines Sortimentes aufgrund des Orderverhaltens seiner Leit-Kunden auf den jeweiligen Saisonmessen (= Teilmengen). Aus diesen ersten Erfahrungen stellt er dann sein Sorti-

ment (= Gesamtmenge) zusammen. Sie bieten ihm ausreichend Anhaltspunkte für die endgültige Sortimentsgestaltung und für weitere betriebliche Dispositionen, z. B. bei der Materialbeschaffung.

Aber Vorsicht: Erste Eindeckungen im Handel sind noch keine
Abverkäufe an Endkunden. Diese Erkenntnis ist vor allem wichtig
für die Disposition der Nachliefermengen.

- **Indizes für Saisons, Monate oder Wochentage:** Die Umsätze, vor allem im Einzelhandel, oder Auftragseingänge in Industrie und
Handwerk werden saisonal, monatlich und täglich ermittelt und
in Prozentwerte – bezogen auf das Jahr, das Quartal, den Monat
oder die Woche – umgerechnet. Zeigen sich diese Werte über mehrere Jahre hinweg einigermaßen stabil, so können für die kommenden Monate bzw. Wochentage Prognosen gewagt werden.

Wenn also die Geschäftswerte mindestens für eine Zeitperiode bekannt sind, kann somit auf die übrigen Perioden geschlossen werden.

Sie haben mit Sicherheit für Ihr Geschäft eigene Erfahrungswer-
te, die davon abweichen werden. Ich denke, es lohnt sich, diese zu
berechnen und für Ihre Absatzprognosen zu verwenden.

Marktforschung für den Bedarf

- Marktpotenzial – die Aufnahmefähigkeit eines Marktes – und Marktvolumen
  – das realisierte Absatzvolumen aller Anbieter in einem Jahr – sind wichtige
  Größen, um die Grenzen des Marktes und damit Ihre eigenen Möglichkeiten in Form des Marktanteils abschätzen zu können.

- Für die Berechnung eines Marktanteils gibt es eine Annäherungsformel, die
  besagt:

Produkt-abdeckung	x	Vertriebskanal-abdeckung	x	Trefferquote (Hitrate)	= Marktanteil
0,4	x	0,5	x	0,3	= 0,06
Sie decken mit Ihren Produkten 40% des Marktes ab.		Sie sind in 50% der Vertriebs-kanäle ver-treten.		Die Wahrschein-lichkeit, einen Auftrag zu er-halten, liegt bei 30%.	Möglicher Marktanteil 6 %, wenn Sie sonst alle Kun-denanforderun-gen erfüllen.

- Die Ausschöpfung eines Marktpotenzials durch das erreichte Marktvolumen
  zeigt Ihnen, inwieweit ein Markt gesättigt und von einem geschätzten Sätti-

gungsgrenzwert entfernt ist. Sättigungsgrenzwerte sind übrigens nicht absolut festgeschrieben. Sie können sich im Laufe der Jahre und der Entwicklung einer Volkswirtschaft verändern.

- Für Ihre Marketingpolitik müssen Sie wissen, in welcher Phase sich ein Markt befindet. Denn in der Wachstumsphase gilt es Marktanteile zu erobern, damit in gesättigten oder schrumpfenden Märkten bzw. bei einsetzendem Ersatzbedarf das aufgebaute Kundenvertrauen Ihnen hilft, Marktanteile zu sichern.

- Die Informationsquellen und Verfahren zur Berechnung und Schätzung von Marktvolumen sind vielfältig, so dass auch Sie eine geeignete Methode finden werden.

- Die Kernfrage bei der Beurteilung von Bedarfs-/Marktvolumen ist zweifellos: Wie geht es weiter? Unterschätzen Sie dabei nicht die Psychologie des Marktes und die Erwartungshaltungen Ihrer Abnehmer, die ihrerseits wieder von ihren Abnehmern (Kundes-Kunden) abhängig sind. Betrachten Sie daher die Märkte und ihre Trends im „Durchstich" und beobachten Sie neben den engeren auch die weiteren Bestimmungsfaktoren für die Bedarfsentwicklung (Sekundärmärkten).

- Wachstum – bzw. Schrumpfung – wird entweder als Veränderungsprozentsatz zum vorangegangenen bzw. folgenden Jahr oder als durchschnittliche jährliche zukünftige Veränderung über einen Zeitraum von 3–5 Jahren angegeben. Zukünftiges Marktwachstum ist ja bekanntlich im Portfolio das wichtigste Kriterium für die Marktattraktivität und ein Beurteilungsmaßstab für die Differenzierung von Geschäftsfeldern.

12. Produkte, Preise und Konditionen: Was Sie wissen müssen, um neue Produkte erfolgreicher platzieren und vorhandene Produkte verbessern zu können

> Wenn wir wollen, dass alles bleibt wie es ist,
> dann ist es nötig, dass sich alles verändert
>
> *Lampedusa*

- Wie kann die Marktforschung helfen, die Produkte und Dienstleistungen noch erfolgreicher zu machen?
- Mit welchen Methoden und Techniken kann die Marktforschung preispolitische Entscheidungen untermauern?
- Wo liegen die Grenzen des Beitrags aus der Marktforschung?

12.1 Produktforschung

Der Begriff Produktforschung soll hier sowohl für Produkte in Form der materiellen Leistungen als auch für jegliche Art von Dienstleistungen gelten. Damit die Marktforschung bei der Produktpolitik auch einen entscheidenden Beitrag leisten kann, ist es wichtig, dass

- die Kosten dafür budgetiert und als „Investition in den Markt" gewertet werden und dass sie
- frühzeitig, d. h. bei der Ideensuche und -prüfung, und
- ständig, d. h. in jeder Phase des Produktlebenszyklus, eingeschaltet und nicht erst dann gerufen wird, wenn das „Kind schon in den Brunnen gefallen" ist.

Wo liegen nun die Aufgaben der Marktforschung im Bereich der Produktpolitik? Sie orientieren sich einerseits an den einzelnen Phasen des Produktlebenszyklus und andererseits an den produktpolitischen Entscheidungen im Marketingkonzept. Hierbei stehen im Wesentlichen vier produktstrategische Entscheidungen im Vordergrund:

Produktstrategische Entscheidung	betrifft folgende Phase im Produktlebenszyklus
N – Neue Produkte schaffen, bereitstellen und in den Markt einführen (Produktinnovation, Produkt-Launch)	Entstehung/ Einführung
V – Vorhandene Produkte verändern/ verbessern (Produktvariation/Produkt- differenzierung, Produkt-Relaunch)	Wachstum/Reife
A – Ausscheiden von bestehenden Produkten (Produktelimination)	Abschwung
S – Sortiment/Programm zusammenstellen (Produktmix)	alle Phasen

N – Neue Produkte schaffen, bereitstellen und in den Markt einführen (Produktinnovation, Produkt-Launch)

Dies ist im Marketing wohl die Aufgabe mit der größten, aber auch mit einer risikoreichen Herausforderung, denn wie schnell wird aus einem neuen Produkt ein Flop. Um dieses Risiko zu mindern, muss die Marktforschung einen wesentlichen Beitrag leisten. Neue Produkte sollen innovativ sein. Doch was heißt das? Der Begriff Innovation wird heutzutage sehr schillernd, vieldeutig und leider zu oft am falschen Platz in der Werbung verwendet. Jedes Unternehmen nennt sich innovativ, doch wie viele sind es wirklich? Das Neue und Innovative am Produkt ist auf jeden Fall eine wesentliche Verbesserung oder gänzliche Neuerung und muss eine Weiterentwicklung zum Vorteil Ihrer Kunden und Ihres Unternehmens darstellen. Dabei gilt als Innovation sowohl

- eine Neuheit, die ein Unternehmen als Erstes auf den Markt bringt (**objektive Innovation**, das Unternehmen ist „Innovator"), als auch
- Produkte und Leistungen, die lediglich für das betreffende Unternehmen neu sind und eine Erweiterung der Produktlinie darstellen (**subjektive Innovation**). Denn auch diese Innovationen als „Nachahmer" haben Einfluss auf Produktivität, Ertrag und Wachstum. Sie sollten aber darauf achten, daß sich diese neuen Produkte durch Alleinstellungsmerkmale (USP = unique selling proposition) von den Wettbewerbsprodukten abheben und nicht nur reine „me-too"-Produkte sind.

Warum ist diese Unterscheidung überhaupt wichtig? Weil sich dadurch unterschiedliche Aufgaben für die Marktforschung ergeben. So stößt man z. B. bei der objektiven Innovation sehr schnell an die Grenzen der Marktforschung. Denn oft versagen hier die herkömmlichen Befragungstechniken. Zukunftsweisende Produkte lassen sich nur selten dadurch kreieren, indem man die Anwender danach fragt, ob sie etwas gut oder schlecht finden und wie hoch ihre Kaufbereitschaft sei.

Es müssen daher andere Wege und Verfahren gefunden werden, die zum einen mehr auf das Umfeld – Zeitgeschmack, allgemeine Trends, neue Technologien und Materialien, Dialog mit innovationsfreudigen Kunden usw. – gerichtet sind und zum anderen aus der eigenen unternehmerischen Vision und Überzeugungskraft im Markt stammen. Diese sollten eher geeignet sind, auf den Markt einzuwirken, den Bedarf zu lenken, neuen Bedarf zu wecken – aber jeweils verbunden mit Nutzenvorteilen – oder die Spielregeln in der Branche neu zu gestalten.

Hingegen liegen bei der subjektiven Innovation bereits Erfahrungen im Markt, bei den Abnehmern und mit den Wettbewerbsprodukten, vor. Die Wettbewerber sind vielleicht auf erste Hindernisse und Akzeptanzprobleme gestoßen oder müssen „Kinderkrankheiten" überwinden, die man als „Nachahmer" umgehen oder beseitigen kann. Allerdings dürfte es hier schwerer fallen, neue Spielregeln im Markt zu etablieren.

Zu beachten ist, dass die Marktforschung in einem frühen Stadium des Produktplanungsprozesses eingeschaltet und nicht ausgeschaltet bleibt. Dies gilt vor allem bei folgenden Meilensteinen:

(1) Ideensuche und -prüfung: Hier ist der Marktforscher in zweierlei Hinsicht gefordert. Zum einen muss er aufgrund des Studiums der Fachliteratur und der Internet-Recherchen Hinweise und Anregungen an das Produktmanagement weitergeben und Neuentwicklungen anstoßen. Zum anderen muss er sich an internen Kreativsitzungen beteiligen und die wichtigsten Kreativitätstechniken, wie z. B. Brainstorming, Brainwriting (Methode 6-3-5: Sechs Personen schreiben je drei Lösungsvorschläge nieder, die fünfmal aufgegriffen und weiterentwickelt werden), Synektik, morphologisches Vorgehen, Problemlösungstechniken usw., beherrschen und sie als Moderator anwenden.

Dabei sollten Sie beachten, dass operationale Kreativität zu 90 % reine Systematik und zu 10 % das ist, was wir gemeinhin darunter verstehen. Wir wissen heute, dass diese operationale Kreativität bedeutend gesteigert werden kann, wenn man sich bei der Lösung von Innovationsproblemen strikt an einen logischen Ablauf hält, eben wie er in diesen Kreativitätstechniken festgelegt ist. Leider werden diese Techniken in der Praxis noch zu wenig genutzt. Untersuchungen sprechen von etwa 20 % Anwendern unter den mittelständischen Unternehmen.

Die bekannteste und in der Praxis am meisten geübte Technik ist das **Brainstorming**. Sie ist am leichtesten erlern- und anwendbar (geringe Kosten, Zeitaufwand ca. eine Stunde). Die Teilnehmer sollten aus verschiedenen Bereichen des Unternehmens oder von außen stammen, die Gruppe sollte etwa 5–12 Personen und einen neutralen Moderator umfassen. Kritik und „Killerphrasen" („geht nicht", „haben wir schon ausprobiert", „unverkäuflich") bleiben vor der Tür. Ist das Problem definiert, kann alles gesagt werden, was einem dazu einfällt – auch scheinbar Unsinniges und Phantasievolles. Der andere kann und soll die Idee aufgreifen und weiterspinnen. Die Anregungen hält der Moderator schriftlich fest. Die eigentliche Arbeit mit der Auswertung in einem Grobraster beginnt jetzt: Im Vordergrund stehen die Marktaussichten und die eigenen Möglichkeiten und Ressourcen. Kommen aus dieser oder einer ähnlichen Auswertung nur noch einige wenige Vorschläge in die engere Wahl, so startet der nächste Schritt.

(2) Bewertung der Produktvorschläge: Hierbei ist es vor allem wichtig, die Gefahr des „Overengineering" rechtzeitig zu bannen, d. h., die Produkte nicht von vornherein mit zu vielen und ausgeklügelten Leistungsmerkmalen zu überladen. Auf jeden Fall sollten Sie die berüchtigte „eierlegende Wollmilchsau" vermeiden. Zur Bewertung von Produktvorschlägen und -konzepten muss der Marktforscher zusammen mit dem Produktmanager folgende Fragen klären:

• Mit welchen Eintrittsbarrieren muss man rechnen? Zum Beispiel

Schutzrechte und Patente, niedrige Marktpreise der vorhandenen Konkurrenzprodukte usw.

• Welche Produkt- und Technologiealternativen liegen vor und sollen in die Bewertung einbezogen werden?
• Wie werden sie aus Kundensicht beurteilt? (Siehe dazu das folgende Schema)

Bewertung von Technologiealternativen am Beispiel von Bildsensoren für Büroscanner

Kriterium	Gewich-tungs-faktor[1]	Technologie							
		A		B		C		D	
		Bew.[2]	gew.[3] Bew.	Bew.	gew. Bew.	Bew.	gew. Bew.	Bew.	gew. Bew.
Auflösung	10	2	20	9	90	8	80	6	60
Baugröße	9	6	54	8	72	10	90	10	90
Integrationsgrad	9	5	45	4	36	10	90	1	9
Preis	8	4	32	6	48	5	40	10	80
Verfügbarkeit	7	7	49	10	70	6	42	9	63
Abtastzeit	6	10	60	6	36	6	36	2	12
Handling	6	2	12	9	54	10	60	2	12
Farbfähigkeit	5	6	30	8	40	8	40	4	20
Summe			302		446		478		346
Rangfolge			4.		2.		1.		3.

1) Gewichtungsfaktoren: 1 bis 10 (höchstes Gewicht)
2) Bewertung nach Punkten: 10 = gut, 1 = schlecht
3) Gewichtete Bewertung = Bewertungspunkte x Gewichtungsfaktor

• Wie kann das Produkt mit Anforderungen und Nutzenerwartungen der Kunden grob definiert werden? Wo liegen die Hauptvorteile gegenüber bisherigen Produkten?
• Wie soll das Produkt im Preis-Leistungsverhältnis im eigenen Sortiment und wie im Konkurrenzumfeld positioniert werden?
• Welche Zielgruppen kommen überhaupt dafür infrage und wie groß wird ihr Bedarfspotenzial geschätzt, wie seine künftige Entwicklung?
• Wie können daraus für die wirtschaftliche Produktplanung Absatzmengen und Preise, regional und nach Produktarten, abgeleitet werden? Wo liegen die Benchmarks für Herstellkosten, Vertriebs- und Verwaltungskosten bei wichtigen Wettbewerbern?

Insbesondere zur **Potenzialschätzung** und zu den Kundenanforderungen können Sie folgende Techniken anwenden:
- Analyse von Veröffentlichungen über Produkt- und Technologietrends in der einschlägigen Fachliteratur, in Branchen- und Firmenberichten
- Ableitung von Zielgruppenpotenzialen aus der infrage kommenden Zahl der Abnehmer und der möglichen Durchdringungsrate im Zeitverlauf mit den neuen Produkten.
- Intensive Zusammenarbeit mit kompetenten und innovationsfreudigen Kunden und Experten der Branche in einem sehr frühen Stadium der Produktbereitstellung (Lead user group, Anwendervereinigungen, Kundenclubs, Händlerbeirat usw.). Denn je enger eine Produktentwicklung im Dialog mit diesen Gruppen entsteht, um so eher dürfte der Erfolg gesichert sein.
- Beobachtung von Konkurrenzprodukten auf Messen, bei Kundenkontakten, Veröffentlichungen in den Medien und in firmeneigenen Werbe- und Verkaufsunterlagen der Konkurrenz, „Auseinandernehmen" und Bewerten von Konkurrenzprodukten (Reverse engineering).

Diese Ergebnisse und die Antworten auf die obigen Fragen gehen unmittelbar ein in einen Anforderungskatalog/Pflichtenheft und sind gleichzeitig Vorgaben für die Entwicklungsabteilung und die Produkt- und Verpackungsgestaltung sowie für die Lieferlogistik und den Kundendienst. Zum anderen können diese Informationen für verschiedene Alternativen in ein Bewertungsschema zur Erfolgsprüfung etwa nach folgendem Muster einfließen (siehe folgende Seite). Die Alternative mit der höchsten Bewertungsziffer wird dann für die Produktentwicklung und Markteinführung ausgewählt. Es ist dies eine Entscheidungshilfe, die Alternativen in eine Rangordnung bringt.

(3) Produkttest: Hierbei handelt es sich um eine sehr typische und sehr häufig praktizierte Marktforschungsaufgabe. Liegen Prototypen oder funktionsfähige Produkte vor, so werden diese in Produkt-, Konzept- oder Designtests auf Herz und Nieren geprüft. Diese Tests erfolgen zunächst im Unternehmen (In-house-Test), dann im Studio und im Markt als Feldversuch bei Pilot- oder Panelkunden bzw. ausgewählten Testpersonen. Auch ist es denkbar, dass neue Produkte zunächst auf regional abgegrenzten Teilmärkten ge-

Auswahlkriterien für neue Produkte	Gewich-tungsfaktor	Bewertung gering 1 | 2 | 3 | 4 | 5 groß		Gewichtete Bewertung
Markt und Wettbewerb				
• Marktwachstum				
• Marktvolumen/-potenzial				
• Wettbewerbsstärke				
• Umweltbedingungen				
Zwischensumme:	20% ×	Punktzahl		=
Absatzerwartung				
• Ziel-Marktanteil				
• Absatzmengen (kumuliert)				
• Preise				
• Umsatz (kumuliert über den Lebenszyklus)				
• Vertriebliche Chancen/Risiken				
Zwischensumme:	30% ×	Punktzahl		=
Eigene Ressourcen				
• Patente/Lizenzen				
• Entwicklungs-Know-how (eigen/fremd)				
• Kapazitäten				
• Technische Risiken in der Fertigung				
• Kostenstruktur				
• Preis-Leistungs-Verhältnis				
• Realisierungszeit von der Entwicklung bis zur Markt-einführung (time to market)				
Zwischensumme:	20% ×	Punktzahl		=
Wirtschaftlichkeit des neuen Produktes				
• Finanzieller Aufwand				
• Ergebnis kumuliert über den Lebenszyklus				
Zwischensumme:	30% ×	Punktzahl		=
		Gesamtbewertung:		

testet (Testmarkt) und erst bei Erfolg auf weiteren Teilmärkten bundesweit oder international eingeführt werden. Weitere Ausführungen zum Produkttest finden Sie im Kapitel 3.1.

(4) Unterstützung bei der Markteinführung: Die Marktforschung hilft ferner bei der Erarbeitung des Vermarktungskonzeptes, bei der Fixierung von Preisen, bei der Gestaltung von Vertriebswegen und bei der Einführungswerbung – unmittelbar abgeleitet aus der Wettbewerbsanalyse. Vor allem aber stellt sie aus den Vergleichen mit Konkurrenzprodukten Akquisitionshilfen und Argumentationslisten zur Verfügung und arbeitet mit bei der Erstellung von Produktdokumentationen und Vertriebshandbüchern. Außerdem beobachtet sie die Penetration der neuen Produkte in den Vertriebskanälen – z. B. durch Paneluntersuchungen – und ermittelt durch Befragungen die Akzeptanz und die Einstellung zu den neuen Produkten bei den Endverwendern.

V – Vorhandene Produkte verändern/verbessern (Produktvariation/Produktdifferenzierung/Produkt-Relaunch)

Diese Entscheidungen kommen vorwiegend in der Wachstums- und Reifephase eines Produktlebens zum Tragen. Es handelt sich dabei um eine Änderung, meist in Verbindung mit einer qualitativen Verbesserung der Produkte, oder nur um ein „face-lifting". Aber auch sog. „abgestrippte" Produktversionen mit entsprechender Anpassung an Kundenbedürfnisse sind denkbar. Mit solchen Wiederbelebungsmaßnahmen (Produkt-Relaunch) sollen müde Produkte, vor allem in der zu Ende gehenden Wachstumsphase, wieder munter gemacht und veränderten oder neuen Anwendungen zugeführt werden.

Auslöser für solche Produktvariationen können demnach sein:
- sich noch besser vom Wettbewerb abheben oder sich auf Produkte in Nischenmärkten zurückziehen
- neue Märkte, Zielgruppen oder Regionen, überhaupt oder noch zielführender erschließen
- Anregungen von Kunden und Anpassungen an geänderte Kundenanforderungen
- die Umsatz- und Ergebnisanalyse zeigt Schwächen und Einbußen auf
- die Zahl und das Ausmaß von Reklamationen
- Verbesserungsvorschläge aus den eigenen Reihen
- verbesserte Rohstoffe, Materialien und Bauelemente sowie Fertigungsverfahren
- der technische Fortschritt ganz allgemein
- Modetrends
- Konkurrenzdruck usw.

In verschiedenen Umfragen zu den Einflussfaktoren für Produktveränderungen werden immer wieder genannt (in der Reihenfolge ihrer Bedeutung):

- **Kunden:** Kundenwünsche, Kundenreklamationen
- **Mitarbeiter:** Mitarbeiter mit neuen Ideen, betriebsinternes Vorschlagswesen
- **Konkurrenz:** Konkurrenzprodukte, Konkurrenzpreise
- **Produktmerkmale:** gesetzliche oder Sicherheitsvorschriften, Umweltschutz, veränderte Patentsituation
- **Externes Wissen:** Wissen und Erfahrungen von Hochschulen und Forschungsinstituten sowie anderen Experten

Die Marktforschung konzentriert sich bei Produktveränderungen auf folgende Aufgabenstellungen:

- Sie überprüft den Bekanntheitsgrad, das Image, die Zufriedenheit der Kunden allgemein und speziell mit den Leistungen des Unternehmens, die Wiederkaufrate/Markentreue usw.
- Sie hilft mit bei der Auswertung der Beschwerden und Reklamationen.
- Sie untersucht laufend die Stärken und Schwächen der eigenen Produkte und vergleicht sie mit denen der Wettbewerber.
- Sie hilft mit bei der Erschließung neuer Zielgruppen und Regionen.

Vor allem in der Reifephase:

- Sie zeigt Wachstumsgrenzen und Vermarktungshemmnisse auf.
- Sie verweist auf erneute Produktänderungen zum wiederholten Relaunch, oder sie empfiehlt die Einleitung des Ausstiegs.

Der Marktforscher muss vor allen Dingen Hinweise liefern, in welcher Richtung sich die Produkte entwickeln sollen und wie sich das Unternehmen durch differenzierte Produkte anpassen kann.

A – Ausscheiden von bestehenden Produkten (Produktelimination)

- Wann ist die Zeit gekommen, ein Produkt aus dem Markt zu nehmen und es aus dem Programm oder Sortiment zu streichen? (Sortimentsbereinigung)

• Was ist bei diesem Ausstiegsprozess zu beachten und darf auf keinen Fall vergessen werden? (Nachfolgelasten)

Zur Beantwortung dieser Fragen kann die Marktforschung wesentlich beitragen. Was den zeitlichen Aspekt betrifft, gilt es, vor allem die frühen Signale aus dem Markt zu erkennen und sie für das Marketing zu nutzen. Bevor Sie mit einem Produkt aussteigen, muss Folgendes berücksichtigt werden:

Wie reagieren die Kunden auf einen Ausstieg? Muss mit imageschädigenden Folgen gerechnet werden?

Insbesondere bei Gebrauchs- und Investitionsgütern müssen Sie genauestens prüfen, inwieweit vertragliche Verpflichtungen einzuhalten sind, z. B.

• zur Lieferung bis zu einem bestimmten Zeitpunkt,
• zur Versorgung der Kunden mit Ersatzteilen und Zubehör,
• zur Pflege von Hard- und Software,
• zu gesetzlichen Auflagen, z. B. Entsorgung,
• gegenüber Vorlieferanten wegen Abnahmeverpflichtungen,
• zum Service und zur Wartung der im Markt installierten Produkte, Systeme und Anlagen.

Intern müssen Sie den Ausstieg organisieren. Im Unternehmen muss Einigkeit zur endgültigen Streichung des Erzeugnisses bestehen. Nicht selten haben Produkte – obwohl unwirtschaftlich – ein zähes Leben. Mitarbeiter, die mit viel Engagement das Produkt zum Laufen gebracht haben, sollen sich nun davon verabschieden? Solchen Beharrungstendenzen müssen Sie durch ein konsequentes Auslaufkonzept – mit Maßnahmen, genauen Terminen und Verantwortlichkeiten – entschieden entgegenwirken, um die Gefahren eines zu späten Ausstiegs zu bannen. Auf der anderen Seite muss dieses Konzept auch der innerbetrieblichen Umschichtung von Menschen und Maschinen sowie den erwähnten vertrieblichen Verpflichtungen genügend Rechnung tragen. Dazu gehört auch eine rechtzeitige und offene Information Ihrer Geschäftspartner.

S – Sortiment/Programm zusammenstellen (Produktmix)

Ein Sortiment oder Angebotsprogramm soll so gestaltet sein, dass es

- sowohl markt- und kundengerecht
- als auch für das Unternehmen wirtschaftlich ist.

Der Marktforscher liefert dazu vor allem die Markt- und Kundensicht. Markt- und kundengerecht ist ein Programm dann, wenn es die Bedürfnisse der Kunden optimal trifft. So stehen Produkte und Dienstleistungen Ihres Programms in einem engen Zusammenhang mit dem Bedarf Ihrer Kunden (Komplementärgüter), z. B.

- Maschinen + Zubehör (u. a. Verbrauchsmaterial) + Dienstleistungen (Schulung, Installation, Wartung, Service).
- Auf dem Büromaschinen- und Computersektor gilt die Erfahrungstatsache, dass im Laufe von oft weniger als fünf Jahren genau so viel an Zubehör, Erweiterungen usw. zugekauft wird, wie der ursprüngliche Kaufpreis der Maschine ausmacht.

Denken Sie auch an die unterschiedlichen Anforderungen (technisch, preislich) Ihrer Kunden. Differenzieren Sie Ihr Programm z. B. nach Vertriebskanälen, Regionen, Kundengruppen, so dass der erwartete Kundennutzen und die Leistungsfähigkeit Ihrer Produkte bestens aufeinander abgestimmt sind. Analysieren Sie, welches Image Sie im Markt haben und welche Kompetenz zur Angebotskombination man Ihnen zutraut. Gestalten Sie Ihr Programm beispielsweise über einen

- **Imagetransfer**, indem Sie ihre Marke von einer Produktgruppe (z. B. Mode) auf eine andere (z. B. Kosmetik) übertragen oder Ihre Marke lizenzieren, wie die Firmen *Aigner, Boss, Jil Sander, Joop* und andere zeigen.
- **Erfahrungstransfer** liegt vor, wenn Sie z. B. Ihre Kompetenzen zur Bedienung eines Vertriebsweges (Logistik, Beziehungen) dazu nutzen, weitere Produkte anzubieten. Das Gleiche gilt, wenn Sie Ihre Kompetenz zur Verarbeitung eines bestimmten Materials – Holz, Aluminium usw. – für Sortimentserweiterungen einsetzen.

Insbesondere wenn Sie im **Handel Sortimente** gestalten, müssen Sie sich Klarheit verschaffen über:

- Produktarten, führen zur Sortimentsbreite sowie
- Ausführungen/Leistungsabstufungen, führen zur Sortimentstiefe.

Damit eng gekoppelt ist der Sortimentsaufbau nach Qualitäts- und Preislagen sowie nach Kern- und Randsortiment. Die Abgrenzung der Handelssortimente nach zielgruppenspezifischen Merkmalen und Lebensstilen (Life-style-Orientierung) hat vielfach zu unterschiedlichen Betriebsformen und Geschäftstypen geführt, die sich in Produkten und Dienstleistungen, Einrichtung/Aufmachung, Bedienungsform und Verkaufspersonal z. T. wesentlich unterscheiden. Beispiele: Discounter, Fachgeschäfte, Fachmärkte, Boutiquen, Hyperspezialisten, die nicht selten vom gleichen Unternehmen eingerichtet werden und damit meist unterschiedliche Wachstumsraten abdecken. Diese Doppelstrategie, mit unterschiedlichen Betriebstypen im Markt aufzutreten, wird außerdem von der Erkenntnis gestützt, dass der Kunde heute seinen Bedarf oft betriebstypenübergreifend deckt, d. h., ein und derselbe Käufer deckt seine Grundbedürfnisse beim Discounter oder Fachmarkt und seinen gehobenen Bedarf beim prestigeorientierten Fachgeschäft oder Spezialisten (hybrider Konsument).

Folgende **Fallbeispiele** sollen Ihnen die praktische Nutzanwendung und den Einsatz der Marktforschung bei der Programm- und Sortimentsgestaltung vor Augen führen.

(1) Ein Hersteller von Modeartikeln, der zweimal jährlich eine Kollektion zusammenstellen muss, gestaltet diese gemeinsam mit einer Auswahl von Händlern. Er hat dazu ein Mode-Panel „Quick Response" eingerichtet. 100 repräsentativ ausgewählte Händler, die etwa 20 % seines Händlerumsatzes umfassen, berichten monatlich über ihre Abverkäufe, Mode- und Preistrends sowie sonstige Beobachtungen, insbesondere aus dem Wettbewerbsumfeld, haben doch alle mehrere Lieferanten, die sie in ihre Beurteilungen vergleichend einbeziehen können. Sie geben damit einen wertvollen Input für die Produkt- und Sortimentsgestaltung, von dem beide Partner – Hersteller und Händler – gleichermaßen profitieren.

(2) Ein Bürogroßhändler im süddeutschen Raum hat einen 12-köpfigen Händlerbeirat ins Leben gerufen. Dieser hilft ihm u. a. Sortiment und Angebot markt- und kundengerecht zu gestalten und liefert außerdem eine Menge Ideen für neue Produkte, die vorrangig umgesetzt werden. Aus dieser Zusammenarbeit entstand auch die Idee, für die gewerbliche Kundschaft – Freiberufler, Ärzte, Steuerberater, Rechtsanwälte – ein maßgeschneidertes Sortiment mit attraktiven Preisen zu-

sammenzustellen. Unterstützt wird dieser Händlerbeirat durch ein jährliches Händlerforum, auf dem alle Händler zu Wort kommen können.

(3) Ein Hersteller von Gebrauchsgütern für den privaten Haushalt will sich Klarheit darüber verschaffen, wie sein derzeitiges Programm bei den Kunden ankommt. Er wählt dazu eine Stichprobe von 50 Händlern aus, die er regional (Nord/Süd) und nach Umsatzgrößenklassen (größere/mittlere Händler) grob gliedert. Diese Händler werden vom Unternehmen aus durch eigene Mitarbeiter telefonisch befragt, das Gespräch dauert etwa 10 Minuten und wird in der geschäftsarmen Zeit am frühen Vormittag, um die Mittagszeit oder kurz nach Ladenschluss geführt. Die Interviews deuten ziemlich eindeutig darauf hin, dass das vorhandene Sortiment Schwächen aufweist und die Kunden eine Erweiterung um aktuellere Artikel mit besserem Design wünschen.

12.2 Preisforschung

Die Preispolitik ist das faszinierendste, aber auch das am schwierigsten zu handhabende Marketinginstrument. Die Preisforschung soll Ihnen dabei helfen. Im Wesentlichen geht es darum, Hinweise und Fakten aus dem Markt zu bekommen, die für die eigene Preisfindung und -differenzierung Grundlage und Messlatte sein können. Preise werden einerseits von den Kosten und Zielsetzungen (Optimierung von Absatz oder Umsatz bzw. Gewinn) im eigenen Unternehmen geprägt. Sie sind andererseits aber weitgehend „fremdbestimmt" und somit abhängig

• von der Preis-, Nutzen- und Wertvorstellung, der Preisbereitschaft und der Kaufkraft der Käufer (Nachfrage) sowie

• von den Verhaltensweisen der Wettbewerber (Angebot).

Die Preisforschung muss ermitteln, wie diese Faktoren im Markt gestaltet sind, Konkret heißt das, sie muss

(1) die aktuelle Preissituation im Konkurrenzumfeld erkunden,

(2) die Preis-Leistungs-Positionierung von Konkurrenz- und eigenen Produkten bei unterschiedlichen Leistungskategorien ermitteln sowie

(3) die Preis-/Wertvorstellungen und die Preisbereitschaft der potenziellen Käufer erfragen und testen.

Zu (1) Marktpreiserkundung: Diese Aufgabe setzt natürlich voraus, dass es überhaupt Marktpreise gibt und diese auch transparent genug sind. Zum Beispiel werden Preise im Projektgeschäft, bei Ausschreibungen und bei Auftragsfertigungen individuell, objektbezogen gebildet, so dass sie sich einer Marktpreisbeobachtung weitgehend entziehen. Bei innovativen Produkten, bei denen es im Grunde genommen noch gar keine Marktpreise geben kann, müssen Sie auf die zu ersetzenden Produkte oder irgendwie vergleichbaren Produkte ausweichen. Von diesen Ausnahmen einmal abgesehen, können Sie Marktpreise sowohl aus vorhandenem Material (Sekundärforschung) als auch durch Beobachtung und Befragung (Primärforschung) ermitteln. Die gebräuchlichsten Formen der Marktpreiserkundung, die Sie überwiegend selbst durchführen können, sind in folgender Übersicht dargestellt.

Informationsquellen für die Marktpreiserkundung – Wie kann man Marktpreise ermitteln?

- aus Werbematerial der Konkurrenten
  - Anzeigen mit Preisangaben in Tageszeitungen und Zeitschriften
  - Beilagen, Prospekte, Broschüren, Kataloge
  - Preislisten (Achtung: meist Listen- = Bruttopreise)
  - Werbung in Hörfunk und Fernsehen, Teleshopping, Internet
- am Verkaufsort (POS = point of sale)
  - Beobachtung der Preisangaben in den Geschäften und an der Ware, Preisauszeichnungen
  - Befragung des Verkaufspersonals beim Händler
  - Testkäufe
    Diese Verfahren werden auch angewandt, um bei vereinbarten Preisen die „Preistreue" der eigenen Händler zu testen.
- unmittelbar aus Informationen von der Konkurrenz
  - „verdeckte" Angebotseinholung über Partnerfirma
  - offene Anfrage bei den Konkurrenten
  - vereinbarter, gegenseitiger und regelmäßiger Austausch von Preisinformationen zwischen den Wettbewerbern
  - Nennung von Preisen in den Medien durch die Wettbewerber selbst
- Befragung von Kunden über Preise der Mitbewerber. Dies setzt eine gute, vertrauensvolle Zusammenarbeit mit den Kunden voraus.
- aus Projektveröffentlichungen und Ausschreibungen. Leider erhalten Sie diese Preisinformationen in aller Regel nach Angebotseröffnung oder

Auftragsvergabe, es sei denn, Sie verfügen über intime Informationswege.

• kostenfreie Preisvergleiche im Internet. Hierzu geben Sie in eine Suchmaschine den Begriff „Preisvergleich" ein, und Sie erhalten eine Vielzahl von Internet-Adressen mit Preisvergleichen, Produktbeschreibungen, Bewertungen und Erfahrungsberichten für viele Gebrauchs- und Verbrauchsgüter sowie Dienstleistungen von A–Z.

• Gekaufte Preisinformationen
  – von professionellen Preisermittlern aus offiziell zugänglichen Werbeunterlagen der Mitbewerber/ Händler u. a. folgende Daten: Marke, Modell, Werbeträger, Art der Werbung (z. B. Größe der Anzeige), Datum, Anbieter, in der Werbung genannter Preis.
  – von exklusiv beauftragten Marktforschungsinstituten oder anderen Dienstleistern
  – von offiziellen, amtlichen Stellen
    Solche Preisangaben erhalten Sie jedoch nicht nach Anbietern, sondern nur nach Produktarten und in zeitlicher, aber regelmäßiger Folge, z. B.
  – Statistisches Bundesamt, Wiesbaden, in Form von effektiven Preisen oder Preisindizes (www.destatis.de; Thema Preise)
  – ZMP, Zentrale Markt- und Preisberichtsstelle für Erzeugnisse der Land-, Forst- und Ernährungswirtschaft GmbH, Bonn, laufende Berichterstattung über Agrarprodukte nach Wochen/Monaten und Herkunft (www.zmp.de)
  – Bundesministerium für Ernährung, Landwirtschaft und Forsten (www.bmelp.de)

Die folgende Abbildung zeigt Ihnen die Ergebnisse einer Preiserhebung bei Händlern für ein bestimmtes Konkurrenzprodukt, so wie sie ein Institut durchgeführt hat, sowie einige Auswertungsmöglichkeiten.

Praxisbeispiel für eine Preisbeobachtung im Handel für ein bestimmtes Konkurrenzprodukt
In einer Abverkaufs- und Preiserhebung bei 200 repräsentativ ausgewählten Händlern für ein technisches Gebrauchsgut werden für ein bestimmtes Konkurrenzprodukt folgende Werte ermittelt.

Datenerhebung

Preis-stufen	Verkaufspreis des Produktes in € (Merkmal) (a)	Anzahl der verkauften Stück pro Quartal (Häufigkeit) (b)	Preis x verkaufte Menge (Umsatz in Tsd. €) (c)
1	500	300	150
2	510	400	204
3	530	16000	8480
4	550	1000	550
5	570	1500	855
6	580	100	58
7	590	600	354
8	600	800	480
9	670	300	201
10	680	1000	680
Summe	6430	22500	12337

Auswertung

(1) Grafische Darstellung

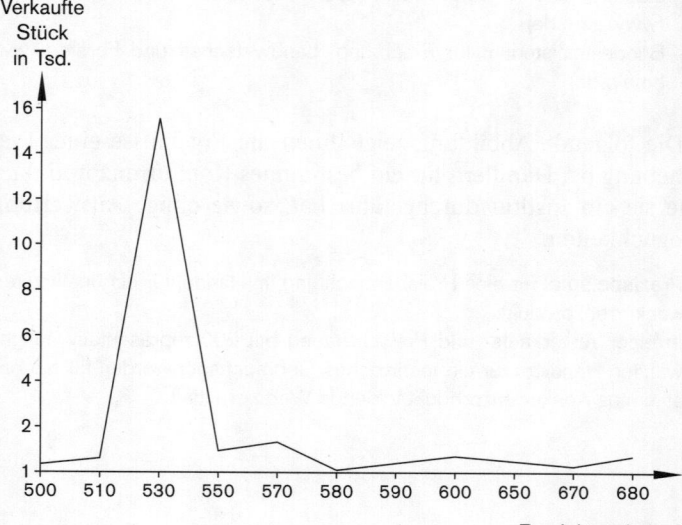

(2) 70 Händler führten das beobachtete Produkt.

numerische Distribution: $\dfrac{70}{200} = 35\,\%$

(3) Diese Geschäfte haben einen Umsatzanteil in dieser Produktgruppe von 80% = gewichtete Distribution.

(4) Gewogenes arithmetisches Mittel für ø-Preis

$\dfrac{12\,337\,000}{22\,500} = 548{,}-\,€$ (Spalte c : Spalte b)

(5) Häufigster Wert = 530,– €
(zu 530,– wurden die meisten Geräte verkauft)

Streubreite: 500,– € bis 680,– €

(6) Median = Zentralwert; bei gerader Anzahl der Werte = Durchschnitt aus beiden Zentralwerten, d. h. $\dfrac{570 + 580}{2} = 575\,€$

(7) Durchschnittl. Verkauf pro Geschäft (Spalte b : 70)

$\dfrac{22\,500}{70}$ = 321 Stück/Quartal bzw. 107 Stück/Monat

Preisangaben von mehreren Produktmarken führten schließlich zu folgender Preislandschaft:

Marktpreisermittlung für eine bestimmte Produktkategorie nach Produktmarken

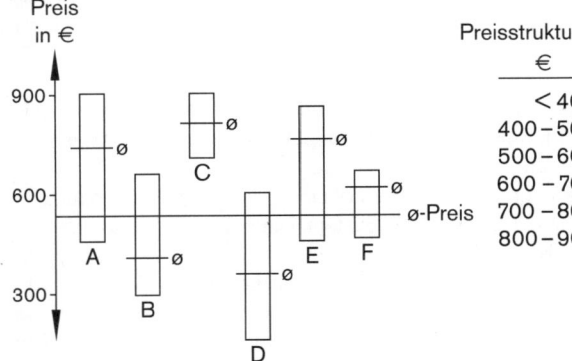

€	%
< 400,–	13
400 – 500,–	35
500 – 600,–	24
600 – 700,–	16
700 – 800,–	10
800 – 900,–	2

Preisstruktur insgesamt

A = Produkt des eigenen Unternehmens
B – F = Produkte der Mitbewerber
Die Säule zeigt die Bandbreite und Streuung der jeweiligen Preise je Marke, der Strich (–) den jeweiligen Durchschnittspreis je Marke.

Zu (2) Preis-Leistungs-Positionierung: Während es bisher darum ging, Produkte gleicher Art und annähernd gleicher Qualität und Leistung preislich miteinander zu vergleichen, richtet sich nun der Blick

- zwar weiterhin auf gleichartige Produkte, aber
- in unterschiedlichen Qualitätsstufen und Leistungsklassen.

Sinn und Zweck dieser Übung ist es, dem eigenen Produkt zur Markteinführung den richtigen Stellenwert innerhalb eines vorgefundenen oder zu schaffenden Leistungsumfeldes zu verleihen. Mit anderen Worten, das Produkt ist so zu positionieren, dass es eindeutig einem Produkt- bzw. Zielgruppensegment zuordenbar ist und dabei die angestrebte Einzigartigkeit noch betont.

Dies setzt voraus, dass diese Leistungsklassen und Produktsegmente erst sauber abgegrenzt und definiert werden müssen, was nicht immer ganz einfach ist. Sie tun sich leicht, wenn es klare, physikalische Grenzen und Meßgrößen gibt, wie Geschwindigkeit, Größe, Hubraum, Qualitätsstufen usw. In anderen Fällen, wo mehrere oder psychologische (z. B. Kundennutzen) Kriterien zur Bewertung vorliegen, müssen Sie in einem Mehrschichtverfahren diese Leistungsklassen erst bilden.

Die entscheidende Frage lautet also: „Welche Leistungsklassen liegen vor, und welche Preise werden für die jeweiligen Produkte bezahlt?" Vielleicht ist dies auch für Sie ein gangbarer Weg.

Praxisbeispiel: Vorgehensweise zur Fixierung und Bewertung von Leistungsklassen am **Beispiel** tragbare Computer, von mehreren Mitarbeitern im Team durchzuführen:

1. Schritt: Festlegen von Kriterien, die die Leistung dieser Produkte im allgemeinen widerspiegeln, z. B. Systemeinheit, Display, Anwendersoftware, Kommunikationsfähigkeit usw.

2. Schritt: Festlegen der Bedeutung dieser Kriterien (Gewichtungsfaktoren) beim Kaufentscheid. Insgesamt sollten in diesem Beispiel 100 Gewichtungspunkte vergeben werden. Sie sind für alle zu bewertenden Produkte gleich.

3. Schritt: Bewertung nach einem Punktesystem von 0 bis 10 (Höchstpunktzahl) für jedes einzelne Produkt

4. Schritt: Errechnen der Gesamtpunktzahl (Gewicht x Punkte)

5. Schritt: Addieren der Gesamtpunktzahl. Das Produkt mit der höchsten

Punktzahl erhält den Indexwert 100. Alle anderen Produkte werden darauf bezogen (dargestellt auf der x-Achse).

6. **Schritt:** Ermitteln der jeweiligen Preise und Eintragen ins Diagramm (dargestellt auf der y-Achse, siehe Grafik Seite 310).

Rechenbeispiel: Bewertung von tragbaren Computern

Produkt/Marke: _____

| Bewertungskriterien

(1) | Gewicht
%
(2) | Bewertung
(0–10 Punkte)
(3) | Gesamt-
punktzahl (2 x 3)
(4) |
|---|---|---|---|
| Systemeinheit* | 17 | 7 | 119 |
| Sekundärspeicher* | 7 | 3 | 21 |
| Gewicht | 2 | 4 | 8 |
| Laufzeit ohne Laden | 3 | 6 | 18 |
| Display* | 20 | 7 | 140 |
| Kommunikationsfähigkeit* | 14 | 7 | 98 |
| Systemsoftware | 8 | 9 | 72 |
| Kompatibilität | 6 | 8 | 48 |
| Anwendersoftware | 20 | 10 | 200 |
| Mobiler Drucker | 3 | 0 | 0 |
| | 100 | | (5) 724 = 100% |

* Bei diesen Kriterien sind aus Vereinfachungsgründen mehrere Einzelkriterien zusammengefasst.

Als Informationsquellen stehen Ihnen im Prinzip die gleichen zur Verfügung wie unter (1) beschrieben. Hinzu kommen – vor allem für die Leistungsbewertung – Handbücher, Bedienungsanleitungen, Produktbeschreibungen, offizielle Produkttests von Fachzeitschriften u. Ä. Neben diesen mehr objektiven Unterlagen gehen natürlich auch eine Reihe subjektiver Einschätzungen durch das Bewerterteam in die Produktanalyse mit ein. Grafisch lassen sich die Zusammenhänge dann etwa so darstellen:

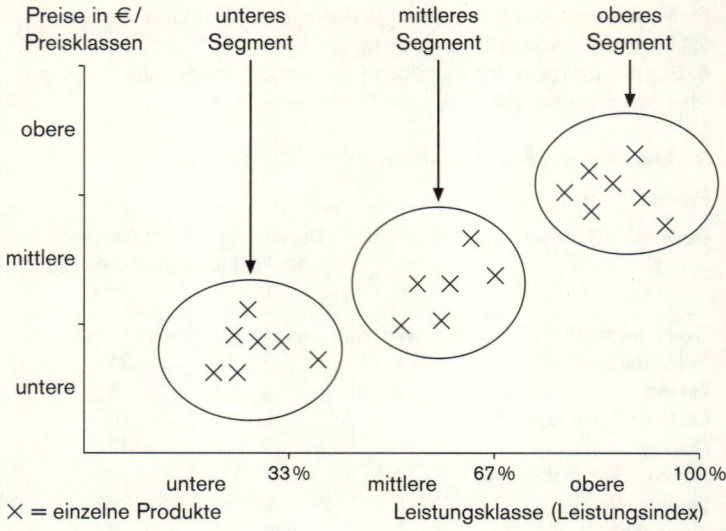

× = einzelne Produkte

Zu (3) Preisvorstellungen, Preisbereitschaft: Sind Preise neu fest-zulegen, zu verändern oder für eine bestimmte Mehrleistung zu fi-xieren, tauchen folgende Fragen auf, die nur über eine Primärerhe-bung zu klären sind:

● Allgemeine Preisvorstellung: Fragen mit mehr projektivem Cha-rakter: „Was kann dieses Produkt Ihrer Meinung nach im Laden kosten?" als offene Frage oder als geschlossene Frage: „Bitte ge-ben Sie mir anhand dieser Skala an, was dieses Produkt im Laden kosten kann?"
Oder: „Bei welcher Preisgrenze würden Sie glauben, dass das Pro-dukt von minderer Qualität ist?" „Ab welcher Preisgrenze würden Sie glauben, dass das Produkt zu teuer ist?"

● Konkrete Preisbereitschaft: „Was sind Sie bereit, für dieses Pro-dukt zu zahlen?" (offen oder geschlossen mit Vorgabe von Prei-sen oder Preisklassen). Dies ist wohl die einfachste Form, Preis-bereitschaft zu testen. Sie ist jedoch nicht immer zielführend und liefert manchmal keine brauchbaren Ergebnisse, da sie allgemein gehalten und wenig differenziert ist. Hinzu kommt – ähnlich wie bei der Frage nach der Kaufbereitschaft (siehe auch unter Kapitel

3.2, Fragenbeispiele (8)) – dass sie auch urteilsfähige Befragte voraussetzt, was bei völlig neuen, innovativen Produkten besonders schwierig ist. Außerdem befindet sich der Befragte in der Regel nicht in einer konkreten Kaufsituation. Trotz dieser Einwände erhalten Sie auch bei dieser Frage diskutierfähige Wertvorstellungen und Hinweise, wie der vom Kunden noch akzeptierte Preisrahmen abzustecken ist.

- Differenziertere Fragen zur Preispolitik: „Wie hoch schätzen Sie den Nutzen bestimmter Produkt-/Serviceeigenschaften?" Hierbei kommt es nicht darauf an, die Preisbereitschaft für ein ganzes Produkt zu testen, sondern vielmehr die Wertigkeit einzelner Produktelemente festzustellen. Das gleiche gilt für die folgende Frage: „Auf welche Leistungsmerkmale und Produkteigenschaften sollte man verzichten, welche sollten auf jeden Fall angeboten werden?" Dies soll dazu führen, Ihre Produkte auf die Leistungen auszurichten, die der Kunde wünscht und akzeptiert und nicht darauf, was technisch machbar ist.

- Konkret wird es dann mit dieser Frage: „Wären Sie bereit, für diese Eigenschaft (z. B. Leistungsverbesserung, Zuverlässigkeit, Design usw.) einen Mehrpreis zu zahlen?" Wenn Ja: „Wieviel mehr wären Sie bereit dafür zu zahlen?" (zweistufige Frage). Die Antworten lassen zwar oft eine große Bandbreite erkennen, im Durchschnitt bieten sie jedoch ganz brauchbare Anhaltspunkte.

Sehr oft ergibt sich daraus der in der Abb. auf S. 312 dargestellte oder ein ähnlicher Kurvenverlauf.

Letztendlich will man die Königsfrage schlechthin beantwortet wissen: „Wie wirken sich Preis- und Qualitätsveränderungen auf den Absatz der Produkte aus?" Diese Preis-Absatz-Funktion – oft Gegenstand von Modellrechnungen in den Wirtschaftswissenschaften – ist in der Praxis nur schwer fassbar. Der Marktforscher kann dazu anhand von Befragungen der Kunden Hinweise und Eingrenzungen liefern, die Ihre Entscheidungen erleichtern. Um hierbei zielführende Antworten zu bekommen eignet sich auch das Verfahren der Conjoint-Analyse, ein Verfahren, das neben dem Preis weitere kaufentscheidende Produktelemente untersucht und damit das Preisargument relativiert.

Mehrpreis
in € oder %
für eine
Mehrleistung

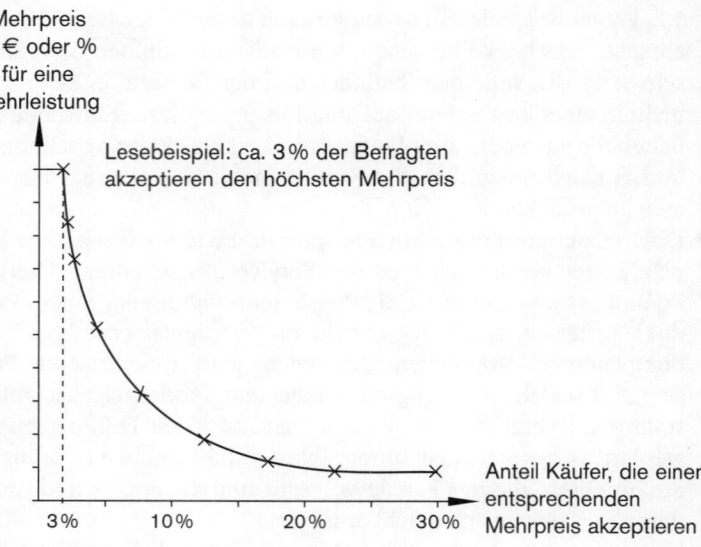

Preissensibilität für eine Mehrleistung

Damit können Sie auch auf Stärken oder Schwächen, wie Image, Treueverhalten der Kunden, Konkurrenzverhalten, Stellenwert des Preises beim Kaufentscheid, verweisen, die bei den Auswirkungen einer Preisänderung entscheidend mitschwingen. Und schließlich hängt ja die Absatzänderung auch davon ab, wie elastisch die Nachfrage, wie dringlich der Bedarf und wie transparent das Angebot überhaupt ist.

Ein Verfahren, Preisbereitschaft im Konsumgüterbereich empirisch zu testen ist der Einkauf von Testpersonen in einem Testgeschäft, das in einem Produktstudio nachgebaut wird. Im Gegensatz zu den üblichen Befragungsmethoden wird eine Versuchsperson mit einem Testpreis konfrontiert und wählt wie in einem normalen Geschäft aus mehreren realen Möglichkeiten aus.

Dieses Verfahren gibt u. a. Antwort auf folgende Fragen: Wie stark muss der Preis gesenkt werden, damit neue Kunden kaufen und bestehende Kunden mehr kaufen? Gibt es Preisschwellen, deren Überschreitung die Konsumenten nicht akzeptieren? Reagieren bestimmte Teil-Zielgruppen besonders preissensibel? Wird ein Produkt unabhängig vom Preis abgelehnt?

Bei der Bewertung von Ergebnissen aus Preistests müssen Sie generell beachten:

- In der Regel liegen nur geringe Fallzahlen vor, die sich einer exakten Hochrechnung entziehen.

- Das Interesse wird bei solchen Fragen viel stärker auf den Preis gelenkt, als es in einer konkreten Entscheidungssituation der Fall ist. Eine ergänzende Frage beim Preistest kann hierbei nützlich sein: „Welche Rolle spielt überhaupt der Preis bei der Kaufentscheidung, und an welcher Rangstelle steht er bei den Kaufmotiven?"

- Manchmal führen indirekte, projektive Fragstellungen eher zum Ziel, um die Preissensibilität zu testen, z.B. anhand einer gezeichneten ‚Blasenfrage': „Wie würde diese hier abgebildete Person auf eine Preiserhöhung reagieren?" oder eine andere preisbezogene Frage.

- Die Befragungssituation ist meist nicht real genug, da normalerweise keine unmittelbare Kaufentscheidung vorliegt.

Trotz dieser Einschränkungen sollten Sie es nicht versäumen, Marktpreise laufend zu beobachten und hie und da auch mit Preistests zu arbeiten, da sie genügend Anhaltspunkte für Ihre eigene Preisgestaltung bieten.

Marktforschung für Ihre Produkt- und Preispolitik

- Fällen Sie keine produkt- oder preispolitischen Entscheidungen, ohne dass Sie ausreichend Marktinformationen eingeholt haben. Dies sollte Sie jedoch nicht daran hindern, eigenen Erfindergeist und innovative Kreativität auch einmal gegen gutgemeinte Befragungsergebnisse und Meinungen einzusetzen.

- Wenn Sie sich für Marktforschung entschieden haben, sollten Sie darauf achten, dass Produkt- und Preisforschung sowohl den Planungsprozess für neue Produkte als auch die einzelnen Lebenszyklusphasen stets begleiten und Ihre Entscheidungen untermauern.

- Vor allem in der Entstehungsphase von neuen Produkten müssen die Kundenanforderungen und der Produktnutzen ermittelt und profilierend im Vordergrund stehen – auch damit Sie nicht „zuviel" anbieten, was letztlich der Kunde nicht will oder nicht braucht.
Vermeiden Sie die berüchtigte „eierlegende Wollmilchsau".

Lassen Sie Ihre Kunden sprechen, aktivieren Sie den Dialog, ob im Einzelgespräch oder im ‚Kundenclub'. Verwandeln Sie Ihre Mitarbeiter drinnen und Ihre Kunden draußen in mitspracheberechtigte Mitglieder bei Innovationen oder Produktverbesserungen. Es zahlt sich aus.

- Die Marktforschung mit ihren Konzepten wie Portfolio, Produkt-Markt-Matrix und Produktlebenszyklus soll Ihnen helfen, markt- und kundengerechte Programme und Sortimente zu kreieren. Prüfen Sie stets, ob und inwieweit Sie mit Ihrer Sortimentspolitik Kunden nicht nur behalten, sondern auch Ihren Anteil an den Ausgaben der Kunden erhöhen können.

- Lassen Sie Argumente aus der Marktbeobachtung sprechen, wenn Produkte nicht über ihr wirtschaftliches Maß hinaus im Sortiment verbleiben sollen. Erkennen Sie rechtzeitig die Frühwarnsignale für Veränderungen im Produkt- und Serviceangebot.

- Laufende Marktpreisbeobachtung ist ein unersetzliches Element, um die eigene Preispolitik zu untermauern und frühzeitig Veränderungen im Preisgefüge der Mitbewerber zu erkennen.

- Die Preis-Leistungs-Analyse soll Sie dabei unterstützen, Ihre Produkte und Dienstleistungen segment- und preisgerecht zu platzieren und Ihren USP (unique selling proposition) zu stärken.

- Preisvorstellungen und Preisbereitschaft zu testen, ist nicht immer einfach. Wenn Sie statt einer ganzheitlichen Preisabfrage einzelne Produktelemente und -eigenschaften in den Vordergrund stellen, kommen Sie schon eher zu verwertbaren Erkenntnissen.

Vor allem beherzigen Sie: Qualität bleibt in Erinnerung, wenn der Preis schon längst vergessen ist!

13. Kunden und Zielgruppen: Wie Sie Ihre derzeitigen und zukünftigen Kunden noch besser kennenlernen können, um wirklich kundennah zu agieren

Products come and go,
customers are forever

- Wie ist die Struktur, die Segmentierung Ihrer Kunden und Zielgruppen?
- Wissen Sie, welche Einstellungen und Verhaltensweisen, welche Kaufmotive Ihre Kunden haben und warum sie gerade bei Ihnen kaufen?
- Wissen Sie, was Ihre Kunden über Ihre Produkte und Ihr Unternehmen denken, warum die einen zufrieden sind und die anderen nicht?
- Wo liegen neue Erfolg versprechende Zielgruppenpotenziale, wie können sie am besten erschlossen und bearbeitet werden?

Im Leitbild von Siemens heißt es u. a.: „Der Kunde bestimmt unser Handeln. Herausragender Kundennutzen ist das oberste Ziel. Unser Erfolg hängt von der Zufriedenheit der Kunden ab. Mit unseren Lösungen erreichen sie ihre Ziele schneller, besser und einfacher."

Der amerikanische Wissenschaftler Th. Levitt sagt es so: „Expectations are what people buy, not things." Je mehr Sie also den Kundenwünschen auf den Grund gehen, desto besser können Sie Ihre Kunden verstehen und auf den echten Nutzen eingehen. Sie werden dabei erkennen, dass Sie z. B. keine Kühlschränke verkaufen (produktorientiertes Verständnis) und auch nicht die Tatsache im Vordergrund steht, dass der Kunde seine Lebensmittel kühlen kann (tätigkeitsorientiertes Verständnis), sondern allein das Erlebnis wichtig ist, immer frische Produkte essen zu können (erlebter Nutzen). Und im Falle gewerblicher Kunden müssen Sie Ihren Kunden fragen, wie Sie ihm bei der Lösung *seiner* Probleme und der Verbesserung *seiner* Marktposition helfen können.

Die folgenden Ausführungen beziehen sich auf diese Themen: Segmentierung, Klassifizierung, Portfolio, Milieu-Modelle, Kaufkriterien, Zufriedenheit und Erschließung neuer Kunden.

13.1 Informationen und Informationsquellen

Das richtige Kundenverständnis ist der Schlüssel für eine bessere Kundenbedienung, für mehr zufriedene und treue Kunden und letztlich für bessere Kundenbeziehungen. Auch in diesem Zusammenhang muss der Marktforscher möglichst viele und detaillierte Informationen über Kunden und Zielgruppen in Erfahrung bringen und bewerten. Damit er dieser Aufgabe gerecht werden kann, stehen ihm Informationsquellen zur Verfügung, deren wichtigste der Kunde selbst ist. Er ist derjenige, der Ihre Produkte und Leistungen am besten beurteilen kann und daraus seine Schlüsse zieht, indem er wieder oder nicht mehr bei Ihnen kauft. Wenn Sie es richtig anstellen, ist er auch der kompetente Partner, der Ihnen für die Verbesserung Ihres Leistungsangebotes wertvolle Impulse und Anregungen geben kann.

In der Zulieferindustrie und vielfach im Handwerk ist diese direkte Absprache sowieso der einzige Weg, Produkte und Leistungen zu gestalten. Denn zeichnungsgebundene Teile und individuelle Kundenausführungen entstehen ja erst durch diesen Dialog. Was Ihnen sonst noch an Informationsquellen zur Verfügung steht, finden Sie in den Kapiteln 3 und 4.

Welche sind nun die wichtigsten Informationen über Kunden und Zielgruppen, und was soll damit erreicht werden? Sie lassen sich in drei Themenbereiche – strukturelle, individuelle und potenzielle – gliedern:

Informationsinhalt	Zielsetzung
(1) **Struktur, Einstellungen**, Verhaltensweisen und Meinungen von Kunden und Zielgruppen	Segmentierung in weitgehend homogene Gruppen; bessere segmentspezifische Kenntnisse über Produktanforderungen und Nutzenvorstellungen
(2) **Individuelle Kundendaten**; Einzelinformationen, wie sie normalerweise in Karteien und Dateien ihren Niederschlag finden	gezieltere Bearbeitung, die dem jeweiligen Kunden bzw. der Kundengruppe angepasst ist

(3) **Potenziale** sowie Chancen und Risiken für neue Zielgruppen	Kenntnisse über die Aufnahmefähigkeit neuer Zielgruppen und ihre Produktanforderungen; effektivere Erreichbarkeit und Ansprache mit geringeren Streuverlusten

Nutzen Sie auch hierfür die bereits beschriebenen Möglichkeiten, Quellen und Methoden der Primär- und Sekundärforschung.

13.2 Kundensegmentierung, Kundenmeinung

Kundensegmente

Der Kunde ist ein nicht-bilanzierter Vermögenswert eines Unternehmens. Er steht im Mittelpunkt des strategischen Dreiecks.

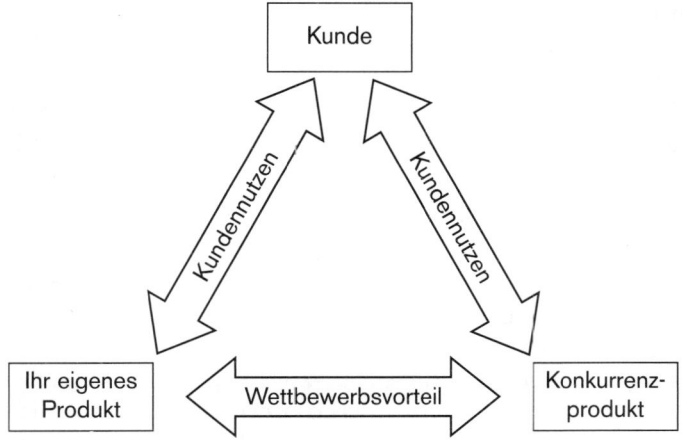

Er lässt sich im Bedarfsfall von seinen Nutzenvorstellungen und Motiven (Kundennutzen) leiten. Sodann muss er sich entscheiden, welches der angebotenen Produkte im Wettbewerbsvergleich für ihn vorn liegt (Wettbewerbsvorteil). Wettbewerbsvorteile zu ermitteln und diese zu bewerten ist Aufgabe der Konkurrenzbeobachtung. Kundennutzen, spezifische Produktanforderungen und Kaufkriterien zu erfassen ist Angelegenheit der Kunden- und Zielgruppenforschung.

Die dabei zu klärenden Fragen sind etwa folgende:

- Wie lassen sich Ihre Zielgruppen (also Kunden und Nichtkunden), die für Ihre Produkte und Leistungen infrage kommen, abgrenzen und segmentieren?
- Wie sind darin Ihre Kunden strukturiert (ähnlich oder abweichend)?
- Wie groß ist der Bedarf heute und in Zukunft, wie steht es mit den Investitionsabsichten in nächster Zeit?
- Welche Nutzenvorstellungen und Anforderungen an die Produkte haben Ihre Kunden und die Anwender generell? Wo liegt der Engpassfaktor?
- Inwieweit entsprechen Ihre Produkteigenschaften und Ihr Leistungsangebot den geforderten Nutzen/Teilnutzen der jeweiligen Kundengruppe (deckungsgleich, über- oder untererfüllt)?
- Welchen Beitrag zum Kundennutzen liefern einzelne Leistungselemente, z. B. Leistungsmerkmale, Qualität/Ausführung, Belieferung, Betriebskosten, Service usw.?
- Wie können Ihre Kunden am besten erreicht (Werbung/Verkaufsförderung) und bedient werden (Akquisition und Betreuung)?
- In welchem Ausmaß sind Ihre Kunden mit Ihren Leistungen zufrieden, und wie ist die Einstellung zum Wiederkauf und zur Weiterempfehlung bzw. warum wird ein erneuter Kauf abgelehnt?

Die meisten dieser Fragen sind nur im direkten Dialog mit den Kunden zu ermitteln, andere wiederum aus der Statistik und Ihren eigenen Aufzeichnungen, so z. B. die Frage nach der Struktur, nach der Segmentierung der Kunden und Zielgruppen. Zunächst müssen Sie hierfür Kriterien festlegen, nach denen die Kunden gegliedert werden können. Beispiele sind in folgender Abb. enthalten. Eine Unterscheidung nach Konsumenten (K-Märkte) und gewerblichen Abnehmern und Organisationen (O-Märkte) ist dabei notwendige Voraussetzung. Ihre eigene Verkaufsstatistik liefert Ihnen das in Ihrem Hause übliche und bewährte Gliederungsschema, das Sie nun mit diesen Kriterien abgleichen können.

Nach welchen Merkmalen/Kriterien lassen sich Kunden und Zielgruppen segmentieren?

K-Märkte: Konsumenten

- demografische Merkmale („das Volk beschreibend")
  Alter, Geschlecht, Ortsgröße, Stadt/Land, Region
- soziografische Merkmale („die soziale Stellung beschreibend")
  Beruf, Einkommen, Schulbildung (kombiniert ergeben diese drei Merkmale die soziale Schicht, das Milieu), Haushaltsgröße, Familienstand, Konfession
- psychografische Merkmale („die Einstellung beschreibend")
  Persönlichkeitstypen, Lebensstile, Lebensabschnittphasen, Grundorientierung, Lebensziel (traditionell/materiell/postmateriell)
- verhaltensrelevante Merkmale („das Verhalten beschreibend")
  Verwender/Nicht-Verwender, Besitzverhältnisse, Kaufabsicht, Kaufvolumen, Kaufmotive, Kaufanlässe, Kunde/Nicht-Kunde, Einkaufs-/Konsumgewohnheiten, Markenbewusstsein, Entscheidungsprozess (wer entscheidet mit), Kommunikationsverhalten

O-Märkte: Organisationen

- Art des Unternehmens, der Behörde, der Organisation
- Branche, Wirtschaftszweig, Betriebsform (insbesondere beim Handel)
- Betriebsgröße (Beschäftigte, Umsatz, Bedarf, Einsatzmengen usw.)
- Nicht-Kunde/Interessent/Kunde (eigener Umsatz mit den Kunden – A,B,C-Klasifizierung)
- Region, Standort/Lage
- Stellung innerhalb der Wertschöpfungskette, z. B. Absatzmittler/Wiederverkäufer (Groß-, Einzelhandel), Weiterverarbeiter, Endabnehmer/Anwender; Meinungsbildner/Berater
- Besitz/Anwendung, Einsatzhäufigkeit; Nicht-Anwender
- Einkaufsverhalten
  Entscheidungsprozess (Entscheidungsträger/Beeinflusser/Anwender), Auftragsgrößen, Kauffrequenz, Kaufmotive, Kauf-/Investitionsabsicht, Kommunikationsverhalten (nutzt welche Medien)

Diese Kriterien sollen Ihnen helfen, Ihre Kunden besser zu unterscheiden und in den einzelnen definierten Gruppen Gemeinsamkeiten zu finden. Drei **Beispiele** zur Segmentierung:

(1) Ein Hersteller von Steuerungselementen für Aufzüge (Zulieferer) hat seine Kunden/Zielgruppen wie folgt gegliedert:

Zielgruppe	Hauptanliegen
• Hersteller von Aufzügen	Kosten, Funktionsfähigkeit, Ausfallsicherheit Produkthaftung
• Architekten	Funktion, Sicherheit,
• Verwender von Aufzügen	einfache Bedienung, störungsfrei
• Bauträger (Wohnungs-/ Gewerbebau, öffentliche Hand)	passend zum Baukonzept, gute Einbaumöglichkeit
• Montage-/Servicefirmen	Installation, Wartungskonzept
• Technische Überwachungs- vereine	Sicherheit, Störmeldung, Überwachungsmöglichkeiten

(2) Ein Einzelhändler hat für Computerspiele folgendes Käuferprofil erstellt:

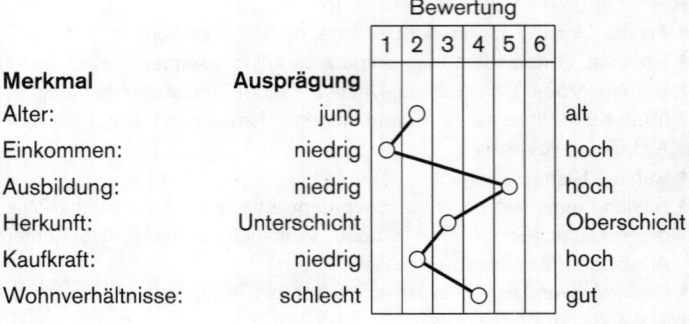

Dies ist das Ergebnis einer Schätzung seiner Mitarbeiter. Die Käufer sind demnach jung, mit guter Ausbildung und wollen vom Preis überzeugt werden.

(3) Ergebnisse von Befragungen machen deutlich, welche Zielgruppensegmente vorrangig zu den Intensiv-Verwendern – hier z. B. von Schmerzmitteln – gehören.

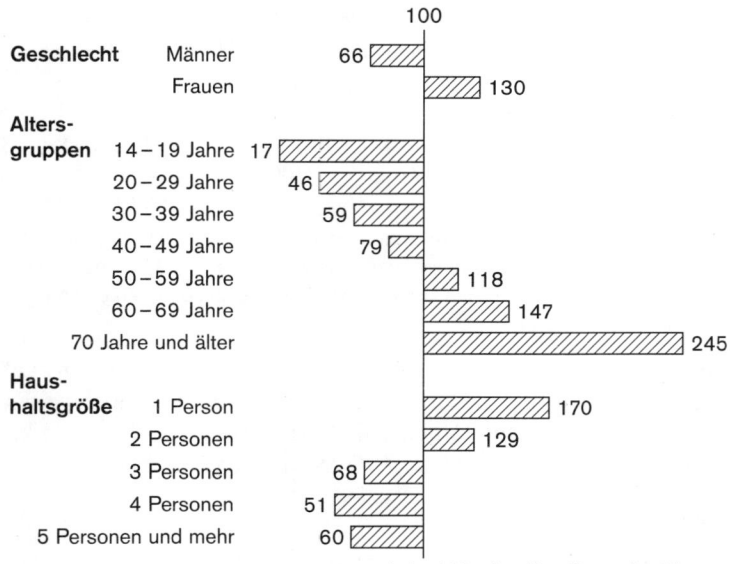

Index 100 = jeweilige Gesamtbevölkerung

Intensiv-Verwender von Schmerzmitteln (mindestens einmal pro Woche).
Quelle: Bauer Verlag

Kundenklassifizierung

Eine weit verbreitete und beliebte Form der Segmentierung ist die A,B,C,D-Klassifizierung der Kunden, in der Regel nach dem Umsatz, den das Unternehmen mit dem Kunden derzeit tätigt. Basis ist entweder der Umsatz des vergangenen Jahres oder bei schwankenden Umsätzen der durchschnittliche Umsatz der letzten 2–3 Jahre. Die Schwäche des Systems liegt auf der Hand:

- Zum einen werden nur die gegenwärtigen und nicht die in Zukunft zu erwartenden bzw. möglichen Umsätze berücksichtigt, und
- zum anderen gibt es keinen Hinweis auf die Größe des beim Kunden vorhandenen bzw. zu erwartenden Bedarfs an einem bestimmten Produkt und damit keinen Anhaltspunkt für die Geschäftsaussichten und die eigene Wettbewerbsposition.

Ein einfaches **Rechenbeispiel** soll diesen Zusammenhang verdeutlichen:

	Umsatz	Einstufung	Bedarfsvolumen	Kundenspez. Marktanteil
Kunde 1	100 Einheiten	A	1000 Einh.	10 % (Mitanbieter)
Kunde 2	100 Einheiten	A	100 Einh.	100 % (Alleinlieferant)

Obwohl beide Kunden als A-Kunden eingestuft wurden, ist bei Kunde 2 das Potenzial voll ausgeschöpft, während Kunde 1 noch Aufholpotenzial besitzt. Bei einer einseitigen Umsatzklassifizierung bleibt Ihnen diese Erkenntnis verschlossen.

Es muss also ein dringliches Anliegen des Marktforschers sein, auf Bedarfsvolumen und Bedarfspotenzial beim Kunden hinzuweisen und die Außendienstmitarbeiter dazu zu ermuntern, diese Marktgrößen zu erfassen und sie zur Auswertung bereitzustellen.

Kundenportfolio

Eine Methode, die darüber hinaus noch weitere Merkmale zur Klassifizierung vorsieht, ist die **Portfoliotechnik**. Dabei spiegelt

- die eine Achse der Matrix – die Abszisse, x-Achse – immer die eigene Position beim Kunden (Umsatz, Ergebnis oder Wettbewerbsposition) und
- die andere Achse – die Ordinate, y-Achse – die Attraktivität des Kunden bzw. der Kundengruppe wider.

Die nebenstehenden **Praxisbeispiele** zweier verschiedener Hersteller von Gebrauchsgütern für den Haushalt sollen dies veranschaulichen. In beiden Fällen ist der Handel – gegliedert nach Betriebsformen und Betriebsgrößen – unmittelbarer Abnehmer.

Insbesondere, wenn Sie Ihre Kundschaft gemäß Beispiel 2 (Marktwachstum-/Ergebnis-Matrix) analysieren, werden Sie möglicherweise überrascht sein über die unterschiedliche Attraktivität und Erfolgsträchtigkeit einzelner Kundensegmente.

Kundenattraktivität (y-Achse): Wie kann man nun die Attraktivität von Kunden bzw. Kundengruppen messen? Sie wird auf jeden Fall unabhängig von Ihrer eigenen Position beim Kunden – „objektiv" – ermittelt. Im Mittelpunkt der Bewertung stehen die heutige und zu-

Beispiel 1: Kundenportfolio

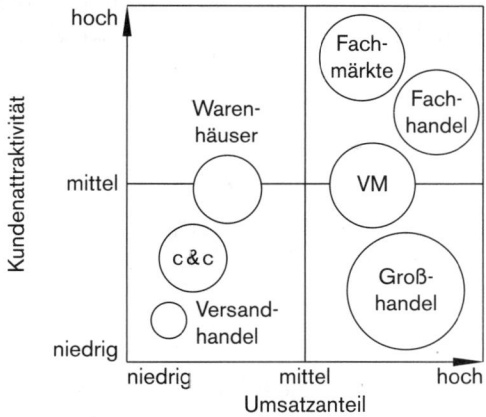

Kreisgröße ≙ Umsatz als dritte Dimension
VM = Verbrauchermärkte / c & c = cash & carry

Beispiel 2: Kundenportfolio

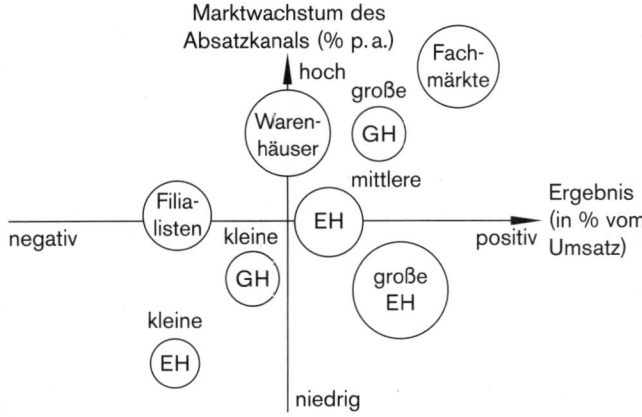

EH = Einzel-, GH = Großhändler
Ergebnis = Bruttospanne des Absatzkanals
./. Erlösschmälerungen
./. Bedienungskosten

323

künftige Bedeutung der Kunden sowie deren Verhalten, beispielsweise entsprechend dem nachfolgend abgedruckten Muster.

Kundenattraktivität	\multicolumn{6}{c}{Punktebewertung}

Kundenattraktivität	1	2	3	4	5	6
• Bedarfsvolumen, heute	☐	☐	☐	☐	☐	☐
• Wachstumserwartungen	☐	☐	☐	☐	☐	☐
• Kooperationsbereitschaft	☐	☐	☐	☐	☐	☐
• Bindung an Wettbewerber	☐	☐	☐	☐	☐	☐
• Qualitätsbewusstsein	☐	☐	☐	☐	☐	☐
• Preisbewusstsein (Preisdruck)	☐	☐	☐	☐	☐	☐
• Zahlungsverhalten (Bonität)	☐	☐	☐	☐	☐	☐

usw.

Ø Punktezahl ☐

Wählen Sie die Kriterien nach Ihren speziellen Bedürfnissen aus
und beschränken Sie sich auf fünf bis sieben.

Wettbewerbsposition (x-Achse): Wie kann die eigene Position
beim Kunden gemessen werden? Will man mehr als Umsatz oder
Ergebnis beim Kunden in eine mehr qualitative Bewertung einbeziehen, so bieten sich die nachfolgend abgedruckten Faktoren an.

Wettbewerbsposition	1	2	3	4	5	6
• Umsatz	☐	☐	☐	☐	☐	☐
• Umsatzerwartungen	☐	☐	☐	☐	☐	☐
• Kundenspezifischer Marktanteil (Umsatz in % vom Bedarfsvolumen)	☐	☐	☐	☐	☐	☐
• Deckungsbeitrag/Ergebnis	☐	☐	☐	☐	☐	☐
• Produkt- bzw. Leistungsvorteile gegenüber Hauptwettbewerber	☐	☐	☐	☐	☐	☐
• Akzeptanz unserer Marketingmaßnahmen (z.B. Preis, Werbung/Verkaufsförderung, Service usw.)	☐	☐	☐	☐	☐	☐
• Unser Image beim Kunden, Dauer der Kundenbeziehung	☐	☐	☐	☐	☐	☐

usw.

Ø Punktezahl ☐

Addiert man jeweils die vergebenen Punkte und dividiert sie durch die Zahl der ausgewählten Kriterien, so erhält man zwei durchschnittliche Punktzahlen, die als Koordinaten die Position der jeweiligen Kundengruppe im Portfolio wiedergeben. Die sich daraus ergebenden Portfoliokategorien K 1–K 4 (s. folgende Abb.) lassen fundierte Schlüsse für die weitere Behandlung des Kunden/der Kundengruppe zu. So können Sie Ihre Marketingaktivitäten und Verkaufsanstrengungen nach Erfolgsaussichten besser steuern und dosieren.

Kundenportfolio mit Grundstrategien

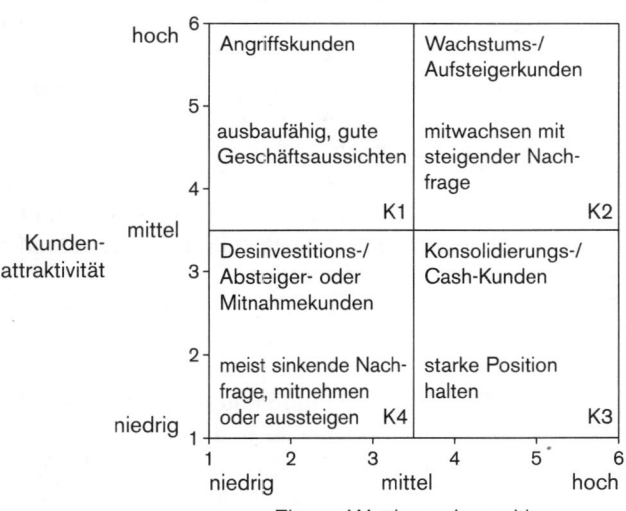

Eigene Wettbewerbsposition

Selektion von Handelspartnern

Ein Sonderthema der Segmentierung ist die Bewertung und Selektion von Handelspartnern. Denn wenn Sie Ihre Produkte über Handelskanäle vertreiben, stehen Sie oft vor diesen Distributionsentscheidungen:
• Wie viele der vorhandenen Händler sollen bzw. können mit vertretbarem Aufwand beliefert werden?

- Welche Segmente – Branchen, Betriebsformen, Betriebsgrößen – sollen Sie dabei bevorzugen und versprechen Erfolg?
- Nach welchen Kriterien sollen Sie Ihre Partner auswählen?

Ein Ziel könnte sein, mit möglichst wenig Händlern (geringe numerische Distribution) ein Optimum an Umsatz (hohe gewichtete Distribution) zu erreichen. (Anzustreben ist ein Faktor ≥ 2, z. B. eine Belieferung von 20 % der möglichen Händler, die mindestens 40 % Umsatzbedeutung haben sollen.)

Einstellungen und Verhaltensweisen – Milieu-Modelle

Die am häufigsten verwendeten Segmentierungsansätze nach soziodemografischen Merkmalen wie Alter, Geschlecht, Haushaltseinkommen, Beruf, Bildungsniveau, Familiengröße, Ortsgröße usw. sind wichtige Grundlagen, um Absichten und Bedingungen im Leben der Verbraucher zu beschreiben. Sie reichen aber nicht aus, da sie nichts darüber aussagen, wie sich Konsumenten verhalten und was ihre Denkweisen, Ziele, Motive und Gefühle sind. Daher haben insbesondere die psychologisch typologischen Merkmale, in denen Lebensstile und Lebensorientierungen zum Ausdruck kommen, die Forscher immer wieder herausgefordert.

Von Instituten bzw. Verlagen ermittelt bzw. herausgegeben gibt es eine Reihe von Segmentierungsansätzen, in erster Linie bei Konsumenten, wie z. B.

- Die Schober Lifestyle Segmentation unterteilt Deutschlands Konsumenten in sechs Hauptsegmente und 63 genau beschriebene Typen (www.segmentation.schober.de), eine Kombination aus Einkommen und Altersklasse. Ferner bietet die Firma auch eine Business Segmentierung deutscher Unternehmen an, indem sie alle werberelevanten Unternehmen zu einheitlichen Clustern zusammenfasst.
- AWA-Lebensphasen des Instituts für Demoskopie Allensbach (www.ifd-allensbach.de)
- Segmentierungen der großen Verlage von Publikumszeitschriften.

Zwei Forschungsansätze und Modelle haben grundsätzlichen und wegweisenden Charakter:

(1) Die **Sinus-Milieus** von Sinus-Sociovision, Heidelberg (www. sinus-sociovision.de und www.sociovision.com) und

(2) Die **Euro-Socio-Styles** (ESS) der GfK, Nürnberg (www.gfk.de/ lebensstilforschung)

Zu (1) Sinus-Milieus: Die Milieus und damit die Zielgruppenbestimmung von Sinus Sociovision orientieren sich an der Analyse von Lebenswelten in unserer Gesellschaft. Die 10 Sinus-Milieus, die 2001 komplett überarbeitet wurden, fassen Menschen zusammen, die sich in ihrer Lebensauffassung und Lebensweise ähneln, quasi als „Gruppen Gleichgesinnter". Dabei gehen grundlegende Wertorientierungen ebenso in die Analyse ein wie Alltagseinstellungen zur Arbeit, Familie, Freizeit sowie zu Geld und Konsum, koordiniert in einem Bezugssystem von Grundorientierung und sozialer Lage. Die Menschen werden somit ganzheitlich betrachtet und bieten der Marktforschung und dem Marketing mehr Informationen und bessere Entscheidungsgrundlagen als herkömmliche (eindimensionale) Zielgruppensegmentierungen.

Sinus-Milieus gibt es mittlerweile für eine Reihe europäischer Länder und den USA, China ist geplant.

Dargestellt werden diese Cluster – mit relativen Anteilen in einer Schwankungsbreite zwischen 5 und 16 % – in einer strategischen Landkarte, in denen Produkte, Marken und Medien entsprechend positioniert werden können. Für Ihre Anwendung können Sie versuchen, die Gruppierungen zu kennzeichnen, die für Ihr Angebot am ehesten infrage kommen. Sie erfahren dabei gleichzeitig, wie groß Ihr erreichbares Marktpotenzial sein könnte. Die Sinus-Milieus werden seit Beginn der 80er Jahre von führenden Markenartikel-Herstellern und Dienstleistungsunternehmen für das strategische Marketing, für Produktentwicklung und Kommunikation erfolgreich genutzt.

Zu (2) Euro-Socio-Styles: Dieses Modell, das sich ebenfalls an Werten, Einstellungen und Emotionen orientiert, teilt in 26 west- und osteuropäischen Ländern die Konsumenten in 8 differenzierende Lebensstilgruppen ein. Euro-Socio-Styles spiegeln damit ein multidimensionales Porträt des Menschen – mit europaweiter Gültigkeit – wider, anwendbar für internationale Marketingstrategien und ver-

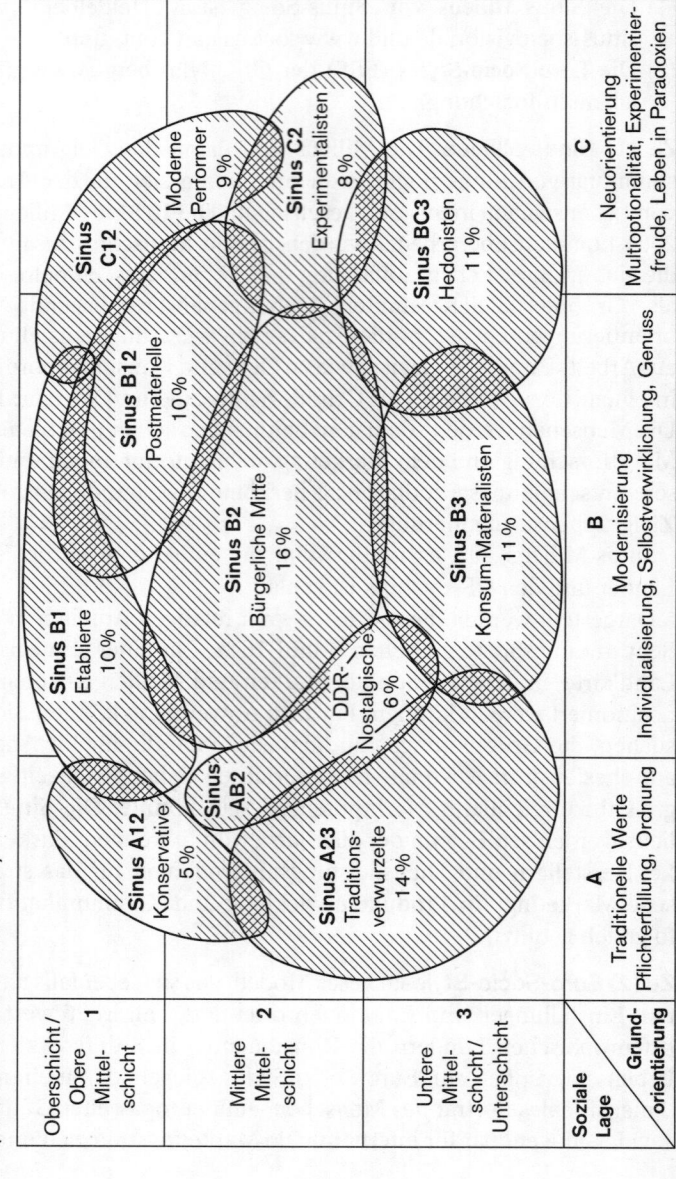

Die Sinus-Milieus® in Deutschland – Soziale Lage und Grundorientierung
(Quelle: Sinus Sociovision)

Soziale Lage \ Grundorientierung	A Traditionelle Werte Pflichterfüllung, Ordnung	B Modernisierung Individualisierung, Selbstverwirklichung, Genuss	C Neuorientierung Multioptionalität, Experimentierfreude, Leben in Paradoxien
Oberschicht / Obere Mittelschicht **1**		Sinus B1 Etablierte 10% / Sinus B12 Postmaterielle 10%	Sinus C12 Moderne Performer 9%
Mittlere Mittelschicht **2**	Sinus A12 Konservative 5% / Sinus AB2 DDR-Nostalgische 6%	Sinus B2 Bürgerliche Mitte 16%	Sinus C2 Experimentalisten 8%
Untere Mittelschicht / Unterschicht **3**	Sinus A23 Traditionsverwurzelte 14%	Sinus B3 Konsum-Materialisten 11%	Sinus BC3 Hedonisten 11%

Die 8 Euro-Socio-Styles® – Internationale und deutschsprachige Bezeichnungen: Anteile in Deutschland (Quelle: GfK AG, Lebensstilforschung)

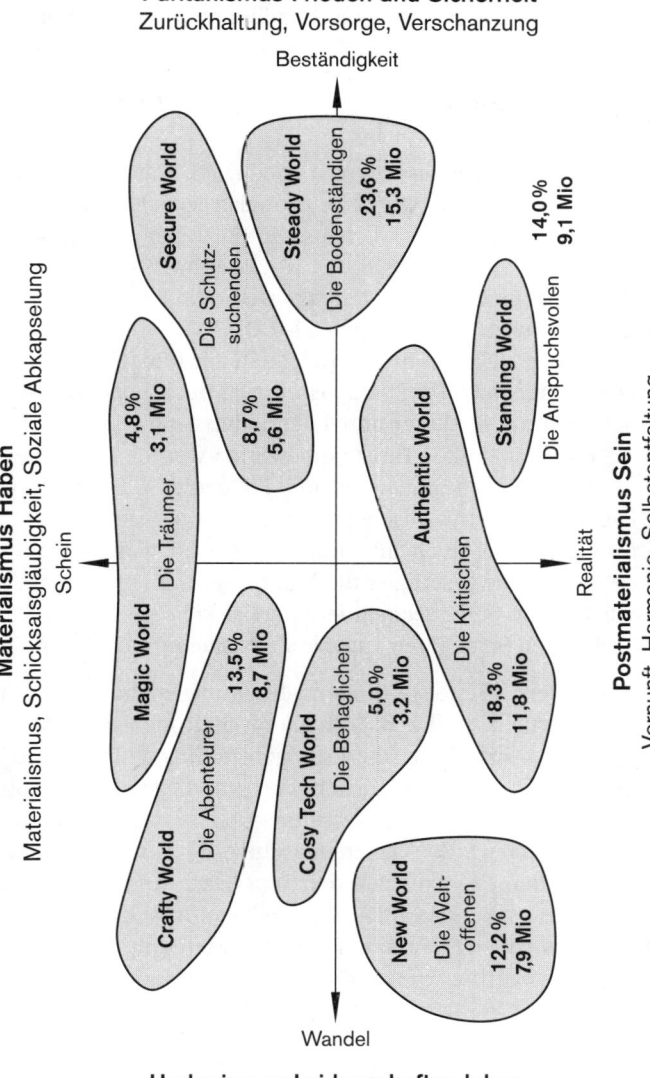

Puritanismus Frieden und Sicherheit
Zurückhaltung, Vorsorge, Verschanzung
Beständigkeit

Materialismus Haben
Materialismus, Schicksalsgläubigkeit, Soziale Abkapselung
Schein

Postmaterialismus Sein
Vernunft, Harmonie, Selbstentfaltung
Realität

Hedonismus Leidenschaften leben
Dynamik, Freiheit, Erfolgsstreben
Wandel

Secure World
Die Schutz-suchenden
8,7 %
5,6 Mio

Steady World
Die Bodenständigen
23,6 %
15,3 Mio

Standing World
Die Anspruchsvollen
14,0 %
9,1 Mio

Magic World
Die Träumer
4,8 %
3,1 Mio

Authentic World
Die Kritischen
18,3 %
11,8 Mio

Crafty World
Die Abenteurer
13,5 %
8,7 Mio

Cosy Tech World
Die Behaglichen
5,0 %
3,2 Mio

New World
Die Welt-offenen
12,2 %
7,9 Mio

helfen dazu, dass Zielgruppen greif- und verstehbarer werden. Sie sind in jedem der betrachteten Länder anzutreffen, nur die prozentualen Verteilungen sind länderspezifisch.

Die Zuordnung zu den einzelnen Lebenswelten und deren prozentuale Verteilung erfolgt anhand einer Befragung.

Die derzeitige Diskussion geht noch einen Schritt weiter und sieht nach den bisherigen zweidimensionalen sozialen Milieus multidimensionale individuelle Lebensstile entstehen, die in elf Konsumententypen der Lebensstile 2020 einmünden – und als CSF-Methode (Consumer-Society-Forcast-Methode) bezeichnet wird (marketing journal 10/2007, Seiten 14–17).

Wie lassen sich nun diese Modelle in der Praxis anwenden?

• Die Käufer Ihrer Produkte lassen sich nach Lebenseinstellungen besser und multidimensional charakterisieren,

• die Käuferschichten Ihrer Mitbewerber werden transparenter,

• und vor allem können Sie mit Hilfe dieser Lebensstilgruppen leichter innovative Nischen für neue Produkte finden, da die Cluster gleichzeitig auch quantitativ gemessen werden können. Bedenken Sie, je gesättigter die Märkte werden, umso mehr müssen Sie sich um tiefer segmentierte, meist kleinere Märkte kümmern und diesen Segmenten angepasste Nischenprodukte anbieten.

Auch wenn Sie diese Modellbetrachtung nicht unmittelbar verwerten können, weil z. B. Ihre Kundschaft nicht in K-Märkten zu finden ist, so sind diese Überlegungen zu Einstellungen und Verhaltensweisen in zweierlei Hinsicht von grundlegender Bedeutung:

• Erstens gehören viele Investitionsgüter in das Umfeld von Konsummärkten (z. B. Bäckereimaschinen – Brot und Backwaren) und werden ebenfalls von den Tendenzen und Segmentierungen auf diesen sekundären K-Märkten beeinflusst und

• zweitens haben Sie es auch in O-Märkten mit Menschen als Verhandlungspartner zu tun, die „menschlich-individuellen" Einstellungen und Verhaltensweisen unterliegen und sich damit ähnlich segmentieren lassen.

Im Vordergrund dieser Überlegungen steht die Erkenntnis, dass Sie umso schneller Zugang zu Ihren Kunden finden, je mehr Sie über deren Verhalten und Einstellungen in den verschiedensten Facetten Bescheid wissen. Sie lernen damit Ihre Kunden besser als bisher verstehen und können sie besser voneinander unterscheiden.

Kaufkriterien, Kaufmotive

Die Frage zu ergründen, warum ein Kunde gerade dieses Produkt und warum gerade bei uns kauft, ist wohl ein Hauptanliegen jedes marktorientierten Unternehmens. Die wirkliche Antwort darauf zu finden, ist nicht immer leicht, da es dem Käufer manchmal selbst nicht offenkundig und bewusst ist, warum er so und nicht anders entschieden hat und welches Motiv letztlich den Ausschlag gegeben hat. Meist sind es auch mehrere Gründe gleichzeitig, die zum Kaufentscheid geführt haben.

Die Kaufkriterien sind natürlich in erster Linie vom Produkt und den oft individuellen Nutzenvorstellungen des Käufers abhängig. Trotzdem versucht die Marktforschung den Motiven allgemein auf den Grund zu gehen. Einen besonderen Stellenwert hat dabei der Preis. Vergleicht man mehrere Untersuchungen zum Kaufentscheid, so kann man dabei folgende Tendenz feststellen:

- Der Preis steht meist an erster Stelle bei Produkten des täglichen Bedarfs sowie bei nahezu gleichen oder in Leistung und Qualität vergleichbaren Produkten. Er wird jedoch vielfach auf den 2.–4. Platz verdrängt – oder spielt gar eine untergeordnete Rolle –, wenn andere Entscheidungskriterien in den Vordergrund treten, die den speziellen Nutzenvorstellungen eher entsprechen bzw. besser an der Problemlösung orientiert sind. Solche Kriterien und Motive können u. a. sein:
- Technik, technische Leistungsfähigkeit, Leistungs- und Funktionsmerkmale, Verbrauchskosten, Material, Bedienungsfreundlichkeit der Produkte, Geschmack, Duft usw.
- Qualität, qualitative Ausführung, Verarbeitung, Ausstattung
- Service, spezielle Service- und Vertriebsleistungen, wie z. B. Beratung, Auftragsbearbeitung, Logistik, Kunden- und Reparaturdienst, Auftreten der Vertriebs- und Servicemitarbeiter, Garantie und Kulanz, Betreuung nach dem Kauf, Kundennähe usw.
- Lieferzeit und pünktliche, termingerechte Lieferung
- Programm, Auswahl, Sortiment, z. B. ‚Alles aus einer Hand'

- Design, äußere Form und Gestaltung, Mode, Farben, Muster
- Image, Bekanntheit der Firma bzw. der Produktmarke
- Erlebter Nutzen, Erlebniskauf, Einkaufsspaß, insbesondere im Handel.

Besonders im stationären Handel können noch weitere Faktoren kaufentscheidend sein, wie z. B. die Nähe eines Geschäftes, gute Parkmöglichkeit, freundliche Bedienung, Aussehen des Geschäftes, Erlebnisatmosphäre/Ambiente usw. Die Liste kann beliebig fortgesetzt und Ihren Belangen angepasst werden. Zu beachten ist auch, ob der Kaufentscheid allein von einer Person oder von einem Team, einer Gruppe (Familie, Unternehmen), getroffen wird.

Die Umweltverträglichkeit von Produkten sowie der biologische Anbau bei Lebensmitteln treten oft auch in den Vordergrund der Kaufentscheidung.

Der Marktforscher muss nun die spezifischen Gründe und deren Gewichtung für seine Produkte herausfinden. Seine Hilfsmittel sind: Befragungen, Einzelexplorationen und Gruppendiskussionen nach dem bereits beschriebenen Muster.

Kundenzufriedenheit

Ein anderes Thema der Kundenforschung ist die Kundenzufriedenheit, das gerade in letzter Zeit immer mehr an Bedeutung gewonnen hat, vor allem im Zusammenhang mit dem zentralen Marketinganliegen, Kunden an das Unternehmen zu binden. Denn nur zufriedene Kunden kaufen wieder. Um möglichst viele zufriedene Kunden zu bekommen müssen Sie zunächst die Unzufriedenheit der Kunden erkennen und verstehen, wann und warum sie entsteht. Erst mit solchen Einsichten ist es möglich, Verbesserungen zu erreichen.

Vor allem diese Erkenntnis ist von Bedeutung: Je länger eine Kundenbeziehung andauert, um so anhaltender und gesicherter ist der Erfolg dieser Beziehung, z. B. durch Erweiterungs-, Austausch- und Zubehörgeschäfte, Weiterempfehlungen sowie durch Verringerung der operativen Kosten, wie z. B. geringere Werbeausgaben, geringere Bearbeitungskosten usw.

Das Wichtigste zur Kundenzufriedenheit ist in folgender Übersicht zusammengefasst:

Kundenzufriedenheit

Definition: Qualität oder Güte der Beziehung eines Unternehmens (differenziert nach einzelnen Leistungskriterien) zu seinen Kunden

(1) Problem hat mindestens 3 Facetten

* Messsystem
  Festlegung von Leistungs- und Bewertungskriterien
* Feedback-System
  Wie erfahren Sie Kundenzufriedenheit vom Kunden? aktiv-passiv
* Vergütungssystem
  Incentives für Verbesserung der Ergebnisse im eigenen Unternehmen

(2) Was wird gemessen?

* Erfahrungen der Kunden mit Ihren Produkten/Dienstleistungen
* Erfahrungen der Kunden mit vergleichbaren Produkten/Dienstleistungen der Konkurrenz
* Entwicklung des Anspruchsniveaus (Erwartungen)
* Zufriedenheit mit einzelnen Leistungskriterien
* Loyalität: Wiederkauf, Weiterempfehlung
* Beschwerdehäufigkeit und -verhalten

(3) Wie wird gemessen?

* Wie wichtig sind folgende Kaufkriterien?
  sehr wichtig / wichtig / weniger wichtig / unwichtig
* Wie zufrieden mit einzelnen Leistungskriterien?

– **Alternative A**	– **Alternative B**
(Telekommunikation)	(Kundenmonitor Deutschland)
1 = absolut zufrieden	1 = vollkommen zufrieden
bis	2 = sehr zufrieden
6 = absolut unzufrieden	3 = zufrieden
oder 1–10	4 = weniger zufrieden
	5 = unzufrieden

– **Alternative C**	– **Alternative D**
(Servicequalität/PKW)	(Servicezufriedenheit/Bank)
sehr zufrieden	rundum zufrieden
zufrieden	Erwartungen erfüllt
unzufrieden	Erwartungen nicht erfüllt
sehr unzufrieden	schon oft geärgert

* Werden Sie wieder kaufen?
  – auf jeden Fall / wahrscheinlich / vielleicht / wahrscheinlich nicht / auf keinen Fall

  – Sonderfall: Ausschreibung
- Werden Sie das Unternehmen, das Produkt/die Dienstleistung weiterempfehlen?
  auf jeden Fall / wahrscheinlich / vielleicht / wahrscheinlich nicht / auf keinen Fall

(4) Warum sollten Sie die Kundenzufriedenheit messen?
- Sie erhalten Kennziffern für die zukünftige Unternehmenspolitik
- Defizite in Ihrem Leistungsangebot werden deutlich gemacht
- Sie werden sensibilisiert für noch mehr Kundenorientierung
- Ihr Angebot wird stärker an den Kundenerwartungen ausgerichtet
- Sie sichern sich noch mehr Stammkunden

(5) Warum sind Stammkunden so wichtig?
Stammkunden sichern den Ertrag
- durch höhere Wiederkaufrate (Kundenbindung)
- durch Weiterempfehlungen (Stammkunden sind potenzielle Werbeträger)
- durch schnellere Akzeptanz von Preisangleichungen
- durch geringeren Akquisitions- und Betreuungsaufwand im Vergleich zur Gewinnung von Neukunden

Wie Kundenzufriedenheit über eine ganze Volkswirtschaft gemessen werden kann, zeigt das Beispiel des „Kundenmonitor Deutschland" (www.servicebarometer.com), das als umfassendste Benchmarking-Studie zur Kundenzufriedenheit in Deutschland seit 1992 jährlich durchgeführt wird.

Der Kundenmonitor Deutschland misst die Kundenorientierung von Unternehmen im deutschen Business to Consumer-Markt (B2C). Im Mittelpunkt stehen die einzelnen Aspekte der Kundenzufriedenheit und die Qualität der Kundenbeziehung sowie deren Auswirkungen auf die Kundenbindung. Ferner untersucht der Kundenmonitor das aktuelle Nutzungsverhalten sowie Beschwerden und Störfaktoren – bis auf Unternehmensebene. Dazu werden jedes Jahr ca. 21.000 Kunden ab 16 Jahren, repräsentativ für die deutsche Bevölkerung, zur Kundenorientierung in zurzeit 21 Branchen befragt. Das Ergebnis von 2007 zeigt deutlich, dass die Kundentreue auf breiter Front sinkt, d. h. Unternehmen müssen sich auf eine zunehmende Wechselbereitschaft ihrer Kunden einstellen.

Kundenzufriedenheit in Deutschland 2007
(Quelle: Kundenmonitor Deutschland)

Gesamtbasis der Studie: 21.026 Befragte ab 16 Jahren
Befragungszeitraum: 2. April 2007 bis 3. September 2007
Mittelwerte der Globalzufriedenheit von „vollkommen zufrieden"
(= 1) bis „unzufrieden" (= 5)
In Klammern: Veränderung zum Vorjahr 2006 in Basispunkten
* Signifikante Veränderung gegenüber dem Vorjahr (90%-Niveau)
1 In 2005 und 2006 nicht untersucht
2 Veränderung gegenüber 2005

- Optiker (±0) 1,96
- Buchversand und -clubs (+11*) 1,99
- Reiseveranstalter (–5) 2,12
- Kfz-Prüfstellen[1] / Hörgeräteakustiker[1] 2,14
- Elektrohaushaltsgroßgeräte (Kundendienst) (+8*) 2,18
- Kaffeefachgeschäfte (+1)[2] 2,19
- Drogeriemärkte (–1) 2,23
- Krankenkassen und Versicherungen (+5*) 2,25
- Schuhfachgeschäfte (+5)/ Banken und Sparkassen)–2) 2,29
- Lebensmittelmärkte (±0) 2,33
- Bausparkassen (–1) 2,36
- Briefpost (+14*) 2,38
- Bau- und Heimwerkermärkte (–1) 2,48
- Mobilfunkanbieter (+9*) 2,50
- Postfilialen (–1) 2,53
- Internetanbieter[1] 2,54
- Fondsgesellschaften (+14*) 2,59
- Finanzämter[1] 2,71
- Stromversorgungsunternehmen (–1) 2,73

Fragebogen zur Kundenzufriedenheit

Firma		Jahr										Kunde:		
												Ansprechpartner:		
												Tel.Nr.:		
												Datum:		

Analyse Kundenzufriedenheit

Wie zufrieden sind Sie mit unserem Unternehmen in Bezug auf:	Merkmale	1 sehr zufrieden	2 zufrieden	3 teilw. zufrieden	4 unzufrieden	5 sehr unzufrieden	Welche Bedeutung haben für Sie die einzelnen Merkmale? ☺ ☺ ☹			Welche Benotung geben Sie unserem besten Wettbewerber? ☺ ☺ ☹			Bemerkungen
Qualität der Lieferung	Sauberkeit												
	Begleitpapiere												
	Stückzahlen												
	Verpackung												
	Termintreue												
Erstmuster/ Prototypen (Vorserien)	Maßhaltigkeit												
	Prüfberichte												
	Termintreue												
Betreuung	Besuche												
	Telefonate												
Ansprechpartner	Kompetenz												
	Kooperation												
	Freundlichkeit												
	Erreichbarkeit												

Wie beurteilen Sie uns im Vergleich zum Wettbewerb?	Jahr		
Besser			
Gleich			
Schlechter			

Welche Abweichungen von Ihren Anforderungen treten besonders häufig auf?

Was machen unsere Wettbewerber besonders gut?

Welche zusätzlichen Anforderungen sehen Sie für unser Unternehmen in der Zukunft?

Zum Abschluss ein **Fragebogenmuster** eines Herstellers von Präzisionsdrehteilen (s. S. 336) und drei **Praxisbeispiele** aus mittelständischen Unternehmen für Befragungen zur Kundenzufriedenheit:

Beispiel 1: Hersteller von Ventilatoren (350 Beschäftige). Schriftliche Befragung – auch online – im Abstand von zwei Jahren, 300 Aussendungen, Rücklauf ca. 35 %; Anreiz: die ersten 50 Einsendungen bekommen ein kleines Geschenk im Wert von 20 €

Beispiel 2: Hersteller von medizinischen Geräten. Schriftliche Befragung mit 200 Aussendungen, alle zwei Jahre, Umfang eine Seite, Rücklauf mehr als 50 %, Anreiz: Verlosung.

Beispiel 3: Hersteller von LKW-Aufbauten. Stichprobe: Kunden, die in den letzten 6 Monaten ein Produkt gekauft haben, jährliche Durchführung, Adressen stammen aus Direktvertrieb bzw. von den Händlern, ca. 1.000 Aussendungen, Rücklauf ca. 30 %, Maßnahmen, z. B. für Schulungen, werden daraus abgeleitet, Wiederkaufrate bei 80 %

Und so könnte die Auswertungsgrafik zur Kundenzufriedenheit aussehen, hier am Beispiel eines Softwareunternehmens.

Zufriedenheit der Kunden im Jahresvergleich

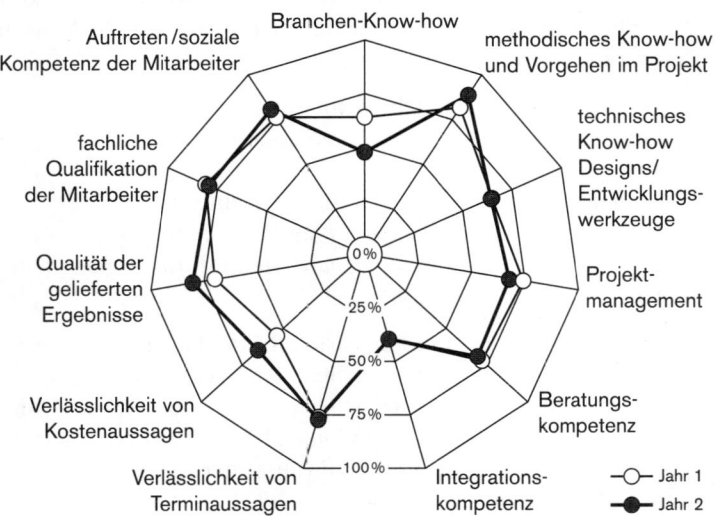

Zur Erläuterung: Rücklauf: 61 % der online ausgesendeten Fragebogen, bewertet wurden 11 Kriterien nach dem Schulnotensystem von 1–6. TopTwo heißt in diesem Fall, dass die Prozentanteile der Befragten gezählt wurden, die die Note 1 oder 2 gegeben haben. Das äußere Ende jedes Astes des Spinnennetzes stellt 100 % dar. (Quelle: Internet)

Kundenmitsprache, Kundendialog

Eine besonders intensive Form der Kundenforschung und Kundenpolitik ist der direkte Dialog zwischen Unternehmen und Kunden. Auch und gerade wenn Sie als Hersteller von Ge- und Verbrauchsgütern Ihre Produkte über Absatzmittler vertreiben, versäumen Sie nicht, Ihre Kommunikationsdaten auf Produkt, Verpackung oder Beipack anzugeben. Sie fördern damit den unmittelbaren Kontakt zum Endverbraucher. Die Möglichkeiten, die sich generell für einen Kundendialog bieten, reichen

• von einem sporadisch losen Kontakt über den regelmäßigen Meinungsaustausch mit einzelnen Kunden
• bis hin zu einer festen Einrichtung in Gestalt von Kunden-/ Händlerbeiräten, Kundenclubs, Konferenzen, Anwendervereinigungen, Abteilungen für Kundenbetreung/Hotline für Rückfragen, Beschwerden usw. (customer care division).

Der Beitrag des Marktforschers könnte darin bestehen,
• Gesprächsrunden, Diskussionen vorzubereiten und evtl. zu moderieren,
• Fragebogen/Gesprächsleitfaden für Befragungen zu erstellen,
• Befragungsergebnisse auszuwerten und zu präsentieren sowie
• Kunden als Feedback mit marktrelevanten Informationen zu versorgen.

Ausgewählte Kunden in einem frühen Stadium der Produktbereitstellung mitreden und mitentscheiden zu lassen, hat sich bezahlt gemacht und zu weniger Flops geführt. Neue Produktideen kommen so schneller an Sie heran, und neue Produkte können so konsequenter auf die Probleme und Bedürfnisse der Kunden ausgerichtet und frühzeitig realisiert werden.

Damit Sie Ihren Kundendialog – sei es durch Akquisition oder

Werbung – möglichst effizient gestalten können, sollten Sie bestimmte Informationen über Ihre Kunden oder Interessenten recherchieren und dokumentieren. Hinweise und Anregungen für eine solche Datenbasis, geben Ihnen die folgenden Übersichten.

Welche Daten sollte eine Datei für Privatkunden (Business-to-Consumer) enthalten?

A: Allgemeine Daten
- Name, Titel, Anschrift, Telefon, Fax, E-Mail usw.
- Telefon während der Arbeitszeit
- Beruf, Stellung im Beruf
- Partner, Kinder
- Geburtstage
- Hobbys
- Wohnverhältnisse (Miete/Eigentum)
- Einkommensklasse, soziale Schicht

B: Produktbezogene Daten
- Beschwerdeverhalten
- Wichtige Kaufkriterien: z. B. Sortiment/Auswahl, Beratung, Kundendienst/ Lieferservice, Preis/Sonderangebote, langjährige Kontakte
- Kundenbeziehung, seit wann?
- Innovations-/Einkaufsverhalten, z. B. kauft Neues, kauft Erprobtes
- Reaktion auf Werbe-, Verkaufsförderungsaktionen (z. B. liest welche Zeitungen/Zeitschriften, Anzeigenblätter, kann auch angerufen werden; wann am besten?, akzeptiert Direktwerbemaßnahmen usw.)
- Bevorzugt weitere Geschäfte, welche? Für welche Warengruppen?

C: Bewertung
- Klassifizierung/Attraktivität, z. B. A = starke Kunden, ausbaufähig, B = starke Kunden, wenig ausbaufähig, C = schwache Kunden, ausbaufähig, D = schwache Kunden, wenig ausbaufähig

Welche Daten sollte eine Kunden-/Interessentendatei im gewerblichen Bereich (Business-to-Business) enthalten?

	Kunden- datei	Interessenten- datei
A: Allgemeine Daten		
• Name, Anschrift usw.	×	×
• **Ansprechpartner** (z. B. Name, Funktion, Abteilung, Entscheider oder Beeinflusser, persönliche Daten: Geburtstag, Hobbys usw.)	×	(×)

	Kunden- datei	Interessenten- datei
• Sonstige wichtige Personen	×	(×)
• Betriebsgröße: Beschäftigte, Umsatz	×	×
speziell beim Handel: Verkaufsfläche,		
Ausstattung, Lage des Geschäftes usw.	×	×
• Abhängigkeiten, Unternehmensver-	×	×
flechtungen, Zugehörigkeit zu Einkaufs-		
verbänden usw.	×	×
• Branche, Programm-/Sortimentsstruktur	×	×
• Kundenkreise, Zielgruppensegmente		
des Kunden/Interessenten	×	×

B: Produktbezogene Daten

• Jahresbedarf des Kunden	×	(×)
• Unsere Umsatzentwicklung, aufge-	×	–
gliedert nach Produktgruppen	×	×
• Kundenspezifische Marktanteile	×	–
• Weitere Lieferanten/Mitbewerber	×	×
(Namen, Stellung beim Kunden,		
Konditionen usw.)	×	×
• Konditionen, Zahlungsweise, Rabatte usw. . . .	×	–
• Kenntnisse und Fähigkeiten des Kunden	×	–
• Einkaufsgewohnheiten (z.B. Rahmenaufträge) .	×	(×)
• Verwendungsgewohnheiten, z.B. Art		
und Häufigkeit des Produkteinsatzes	×	–
• Einstellung zu unseren Produkten und		
Leistungen (Zufriedenheit, Loyalität)	×	–
• Beschwerdeverhalten	×	–
• Wichtige Kaufkriterien/Hauptanliegen		
(Engpassfaktor, Produktqualität,		
rasche Lieferung, Preis/Konditionen usw.) . . .	×	(×)
• Besondere Kundenanforderungen	×	–
• Reaktion auf Werbe-/Verkaufsförderungs-		
reaktionen	×	–
• Kaufentscheidungsprozess	×	–

C: Bewertung

• Klassifizierung/Kundenattraktivität in		
Anlehnung an den eigenen Umsatz mit dem		
Kunden sowie ganz wichtig: an das heutige		
und künftige Bedarfspotenzial des Kunden . . .	×	–

13.3 Neue Kunden und Zielgruppen erschließen

Bisher ging es darum, vorhandene Kunden besser kennenzulernen. Nun soll im Mittelpunkt der Analysearbeit stehen:

Fall A: Neue Kunden in bereits bedienten Zielgruppen und Marktsegmenten kennenlernen. Sie wollen damit das vorhandene Potenzial besser ausschöpfen (**Marktdurchdringung**).

Fall B: Neue Kunden aus einer neuen – bisher nicht bearbeiteten Zielgruppe oder Region – erschließen, z. B. neuer Absatzkanal/Vertriebsweg, neue Branche, neue Länder (**Markterschließung**).

Der wichtigste Unterschied dabei ist, dass Sie im Fall A Ihre Zielgruppe bereits kennen und damit entscheidendes Know-how über die Marktbearbeitung und die Gepflogenheiten in diesem Marktsegment besitzen, während Sie im Fall B erst neues Wissen aufbauen müssen. Ansonsten ist die Vorgehensweise (Ausnahme Schritt 1) die gleiche. Wenn Sie also an dieser Problemstellung arbeiten, können sie sich an den Schritten in der folgenden Abbildung orientieren. Mit Schritt 1 und 2 haben Sie eingegrenzt, mit welcher Zielgruppe Sie in Kontakt treten wollen und mit welchem wahrscheinlichen Erfolg Sie dabei rechnen können.

Die Schritte 3 und 4 sind dann die Basis für die Gestaltung der Kommunikation. Zur weiteren Bearbeitung der Zielgruppe benötigen Sie konkrete Adressen und in den O-Märkten die Namen der Ansprechpartner. Diese Informationen bereitzustellen ist das Endziel der Analyse.

- Für die Ermittlung der Adressen empfehle ich Ihnen die in den ersten Kapiteln aufgeführten Quellen. Bei einem Teil dieser Adressen erhalten Sie auch gleichzeitig die Ansprechpartner.
- Ansonsten, wenn die infrage kommenden Kontakt- und Gesprächspartner noch nicht verfügbar sind, müssen diese in „Knochenarbeit", am besten übers Telefon, recherchiert werden. Dieser erste Kontakt kann auch dazu dienen, überhaupt eine Bedarfssituation zu klären und Verkaufschancen abzustecken. Aber Vorsicht! Vermeiden Sie bei solchen Recherchen auch nur den Anschein eines Verkaufsgesprächs.

Vorgehensweise bei Neukundengewinnung, insbesondere in O-Märkten

Analyse				Aktionen			
1. Schritt: Zielgruppendefinition	**2. Schritt: Bewertung**	**3. Schritt: Adressen**	**4. Schritt: Ansprechpartner**	**5. Schritt: Ziele festlegen**	**6. Schritt: Aktionsprogramm erstellen**	**7. Schritt: Maßnahmen durchführen**	**8. Schritt: Erfolg messen**
Frage: Welche Zielgruppen kommen überhaupt in frage? **Ziel:** Anzahl der Bedarfsträger und deren Struktur feststellen	**Frage:** Wie sind die ausgewählten Zielgruppen bezüglich Bedarfspotenzial und Bedeutung einzuschätzen? Wo liegt das brennende Problem der Zielgruppe? **Ziel:** Bedarfspotenzial und Risiken ermitteln, Auswahl für die weitere Bearbeitung, Basis für die „anonyme" Werbung und Auswahl von Zielgruppenmedien	**Frage:** Welche konkreten Adressen stehen für die Marketingarbeit zur Verfügung? **Ziel:** Basis für werbliche Ansprache im Direktmarketing, z. B. direct mailing, Telefonmarketing	**Frage:** Welche Partner können bei den potenziellen Interessenten angesprochen werden? **Ziel:** Basis für die individuelle werbliche Ansprache, Bedarfsermittlung und Akquisition, Besuche	**Ziel:** Messbare und detaillierte Sollgrößen festlegen, z. B. ... Kontakte schaffen, ... Besuche durchführen, ... neue Kunden gewinnen mit ... € Auftragswert	**Ziel:** Grundsätzliche Vorgehensweise (Strategie) und Einzelmaßnahmen planen, zielgruppengerecht	**Ziel:** Aktionen zielorientiert umsetzen	**Ziel:** Soll-Ist-Vergleich: Ergebnisse mit Zielgrößen vergleichen, Abweichungen analysieren

Damit ist die Analysearbeit – unter Federführung des Marktforschers – beendet. Die folgenden Schritte 5–8 sind der Vollständigkeit halber erwähnt. Sie sind in erster Linie Aufgabe der Marketing- und Verkaufsabteilung (Außen- und Innendienst). Das heißt jedoch nicht, dass sich der Marktforscher aus der Verantwortung ziehen kann. Er sollte auch weiterhin als Coach mitreden und mitgestalten helfen bis hin zur Erfolgsmessung. Dies ist vor allem dann der Fall, wenn Marktanalysen von Vertriebsleuten erstellt werden und nicht in den Händen spezialisierter Mitarbeiter liegen, was für die meisten Mittelständler zutrifft.

Marktforschung für Ihre Kunden- und Zielgruppenpolitik

- Schaffen Sie sich eine effiziente Datenbasis über Ihre Kunden mit den für Ihr Geschäft relevanten Informationen. Durch mehr Wissen lernen Sie Ihre Kunden besser kennen und verstehen. Besseres Kundenverständnis wiederum ist der Schlüssel zu noch mehr zufriedenen und treuen Kunden sowie die Basis für bessere Kundenbeziehungen. Kunden zu besitzen ist besser als Produkte zu besitzen.

- Versäumen Sie nicht, Ihre Datenbank ständig zu aktualisieren, denn nichts ist schlimmer, als nicht mehr zutreffende Daten zu verwenden. Sie können davon ausgehen, dass jährlich etwa 20 % der Informationen in einer Datenbank veralten.

- Nutzen sie jeden Kundenkontakt zu einem Daten-Check, sei es durch Beobachten, Befragen oder aktiv Zuhören (!). Sie erfahren dabei oft mehr, als Sie zunächst vermuten.

- Einzeldaten von Kunden werden in erster Linie von Vertriebsmitarbeitern im Außendienst (persönlich) und im Innendienst (telefonisch) ermittelt. Schaffen Sie für diese Arbeiten die richtigen Voraussetzungen: Gesprächsleitfaden, Erfassungsformulare, Checklisten und ganz besonders wichtig eine Motivation durch Information und „Belohnung".

- Das A und O einer gezielten Kundenansprache und Produktgestaltung ist eine nach bestimmten marktrelevanten Kriterien durchgeführte Kundensegmentierung. Je homogener ein Kundensegment, um so eher treffen Sie auf gleichartige Kundenbedürfnisse und können den spezifischen Kundenanforderungen besser entsprechen. Je mehr Sie bei Ihren Kunden unterscheiden lernen, desto besser und vielseitiger können Sie handeln.

- Machen Sie Ihre Kunden zu mithelfenden und mitgestaltenden Partnern (Lead user). Durch ihre frühzeitige Einbindung bei Produktverbesserungen und Innovationen in den verschiedensten Formen – Einzelgespräch, Stichprobenbefragungen, Kundenbeiräte, Anwendervereinigungen, Kundenclubs – kommen Sie schneller zu besseren und erfolgreichen Produkten. Nicht ohne Stolz können innovative Firmen, wie z. B. Hilti und Würth, darauf verweisen, daß mehr als $3/4$ ihrer Produktinnovationen von Kundenbeiräten stammen.

- Die – zumindest sporadische oder besser laufende – Feststellung der Zufriedenheit und der Einstellungen Ihrer Kunden sollte zu einem zentralen Thema ihrer Kundenpolitik werden.

- Sind Sie auf der Suche nach neuen Kunden und Zielgruppen, so kommen Sie mit einem schrittweisen analytischen Vorgehen oft schneller ans Ziel, als wenn Sie aufs Geratewohl losrennen auf der Jagd nach der berühmten Stecknadel im Heuhaufen. Zufallstreffer können – und das bestätigt die Praxis – auch erfolgreich sein, sind aber im Geschäftsleben immer seltener.

- Manchmal ist es halt nicht schlecht, wenn Sie sich selbst dazu zwingen, bei qualitativen Aussagen über Ihre Kunden und Zielgruppen eine Zahl – ein Punktwert – hinzuschreiben, z. B. beim Kundenportfolio oder der Zielgruppenbewertung, nach dem Motto: Was Sie nicht messen können, können Sie auch nicht managen.

14. Regional- oder Geoforschung: Was Sie über inländische regionale Teil- und ausländische Märkte wissen müssen

> Um besser zu sehen genügt oft
> ein Wechsel der Blickrichtung
>
> *Antoine de Saint Exupéry*

- Wie groß ist das regionale Marktvolumen für ein bestimmtes Produkt?
- In welchen Regionen/Ländern gibt es noch nicht ausgeschöpfte regionale Marktpotenziale für unser Unternehmen?
- Welchen Nutzen kann man in diesem Zusammenhang aus sog. Absatzkennziffern ziehen?
- Welche regionalen Besonderheiten sind bei der Erschließung neuer bzw. bei der Bearbeitung bisheriger regionaler Einheiten zu berücksichtigen?
- Inwieweit müssen Strategien regional differenziert bzw. inwieweit können standardisierte Marketingkonzepte in den Regionen verwendet werden?

Mit der Devise „Think global – act local" kann man auch die Aufgabenstellung der Regionalforschung sehr anschaulich und plakativ umschreiben. Der Forscher sollte sein Augenmerk

- sowohl auf globale – oder zumindest europaweite – Vorgänge und Zusammenhänge richten, auch wenn das Unternehmen nur im Inland anbietet,
- als auch die Besonderheiten regionaler Einzelmärkte im Inland unter die Lupe nehmen. Für den regional anbietenden Hersteller und Dienstleister sowie für den stationären Handel und das Handwerk ist dies sowieso eine unabdingbare Voraussetzung für das Marketingkonzept.

Expandieren, d. h. das Geschäft in andere Regionen und Länder ausdehnen, ist für viele genauso wichtig wie der strategische Ansatz des **Fokussierens,** d. h. das Geschäft auf die regionalen Einheiten lenken und konzentrieren, die die bessere Wirksamkeit der Maßnahmen versprechen. Regional- oder Geoforschung dient also dazu, auf einzelne Regionen bezogene detaillierte Daten zu ermitteln und zu bewerten, um spezifische regionale Gegebenheiten zu erkennen und die Marketingmaßnahmen differenziert und zielgenau auf die Region ausrichten zu können.

14.1 Regional- oder Geoforschung im Inland

Verwaltungsgliederung, Nielsengebiete

Wer braucht Regionaldaten? Nach Regionen abgrenzbare bzw. auf Regionen beschränkte Daten sind vor allem wichtig für:

- Nationale und internationale Anbieter, die sich über die Unterschiede in den Regionen allgemein und über einzelne Regionen im Besonderen informieren möchten. Sie benötigen diese Daten für die Feinbestimmung von Märkten und zur regionalen Differenzierung von Marketingmaßnahmen, z. B. Vertretereinsatz, Werbemittelstreuung.
- Regionale Anbieter, die von vornherein nur auf lokalen und regionalen Märkten agieren, z. B. Handel, Handwerk, Dienstleistungen. Ihre Region, ihr Einzugsgebiet, ist der relevante Markt.

Welche Regionalgliederung findet man in Deutschland vor? Basis für eine funktionierende Regionalforschung ist

- die regionale Gliederung in politische Verwaltungseinheiten, in Postleitzahlengebiete der Deutschen Post bzw. eine nach strategischen Marktgesichtspunkten relevante Zusammenfassung dieser Einheiten, z. B. Nielsen-Gebiete, Ballungsräume und Einzugsgebiete;
- die Verfügbarkeit von statistischen Daten in diesen regionalen Einheiten.

Als kleinste Einheit arbeitet die weltweit größte Marktforschungsgesellschaft, Nielsen, mit politischen Kreisgebieten. Die übergeordneten größten Unterteilungseinheiten – die **Nielsen-Gebiete** (s. Seite 348) – gibt es übrigens nicht nur für Deutschland (www.acnielsen.de), sondern auch für die wichtigsten Auslandsmärkte.

Was ist nun der Vorteil von Nielsen-Gebieten?

(1) Regionale Unterschiede, wie etwa in Einstellungen, Kauf- und Verbrauchsgewohnheiten, spielen sich meist in anderen Gebietseinteilungen ab als nur in Bundesländergrenzen. Es sind dies eher „landsmannschaftlich" geprägte Verhaltensweisen, denen die Nielsen-Gebiete eben besser entsprechen.

(2) Aus der gröberen Einteilung folgt, dass sich regionale Unterschiede in den Marktforschungsdaten signifikanter herausarbeiten lassen und damit für das Marketing „handlicher" werden, z. B. Gebiet 1, in dem gleich vier Bundesländer, und die Gebiete 3a und 6, in denen jeweils drei Bundesländer zusammengefasst sind.

Es gibt kaum einen Anbieter in K-Märkten, der sich in seinem Marketingmix nicht an den Nielsen-Gebieten orientiert. Man kann mit Fug und Recht behaupten, dass sich die Nielsen-Gebiete als die allgemeine geografische Aufteilung der Wirtschaft in Deutschland durchgesetzt haben.

Etwa nach dem gleichen Muster, wie Ballungsräume abgegrenzt werden, können Sie auch im Handel, Handwerk oder Dienstleistungsgewerbe Ihr eigenes **Einzugsgebiet**, Ihren lokalen oder regionalen Markt, geografisch definieren: Straßen, Straßenzüge, Stadtbezirke/Ortsteile, Postleitzahlengebiete (5stellig) bis zur gesamten Stadt/Gemeinde plus umliegende Gemeinden bzw. Kreise unter Berücksichtigung der amtlich ermittelten Pendlerstatistik. (Ein Praxisbeispiel zur Definition und dem Potenzial eines Einzugsgebietes finden Sie auf Seite 155.) Diese Regionalgliederungen nach politischen Verwaltungseinheiten sind auf jeden Fall die Basis für statistisches Material aus amtlichen Quellen der Statistischen Ämter des Bundes und der Länder (www.destatis.de) im Rahmen der Sekundärforschung. In der Primärforschung wiederum sind die anfallenden Daten von vornherein tief gegliedert lokalisierbar und damit – bei ausreichender statistischer Masse – in jeder gewünschten Mikroebene auswertbar.

Nielsen-Gebiete	Nielsen-Standard-Regionen	Nielsen Ballungsräume
Gebiet 1: Hamburg, Bremen, Schleswig-Holstein Niedersachsen	**Nord:** Schleswig-Holstein, Hamburg **Süd:** Niedersachsen Bremen	① Hamburg ② Bremen ③ Hannover
Gebiet 2: Nordrhein-Westfalen	**Ost:** Westfalen **West:** Nordrhein	④ Ruhrgebiet
Gebiet 3a: Hessen, Rheinland-Pfalz, Saarland	**Ost:** Hessen **West:** Rheinland-Pfalz, Saarland	⑤ Rhein-Main ⑥ Rhein-Neckar
Gebiet 3b: Baden-Württemberg	**Nord:** Reg. Bez. Stuttgart, Karlsruhe **Süd:** Reg. Bez. Freiburg, Tübingen	⑦ Stuttgart
Gebiet 4: Bayern	**Nord:** Ober-, Mittel-, Unterfranken, Oberpfalz **Süd:** Ober-, Niederbayern, Schwaben	⑧ Nürnberg ⑨ München
Gebiet 5: Berlin		⑩ Berlin
Gebiet 6: Mecklenburg-Vorpommern, Brandenburg, Sachsen-Anhalt		⑪ Halle/Leipzig
Gebiet 7: Thüringen, Sachsen	**West:** Thüringen **Ost:** Sachsen	⑫ Chemnitz/Zwickau ⑬ Dresden

Regionalstrukturen in Deutschland nach Nielsen

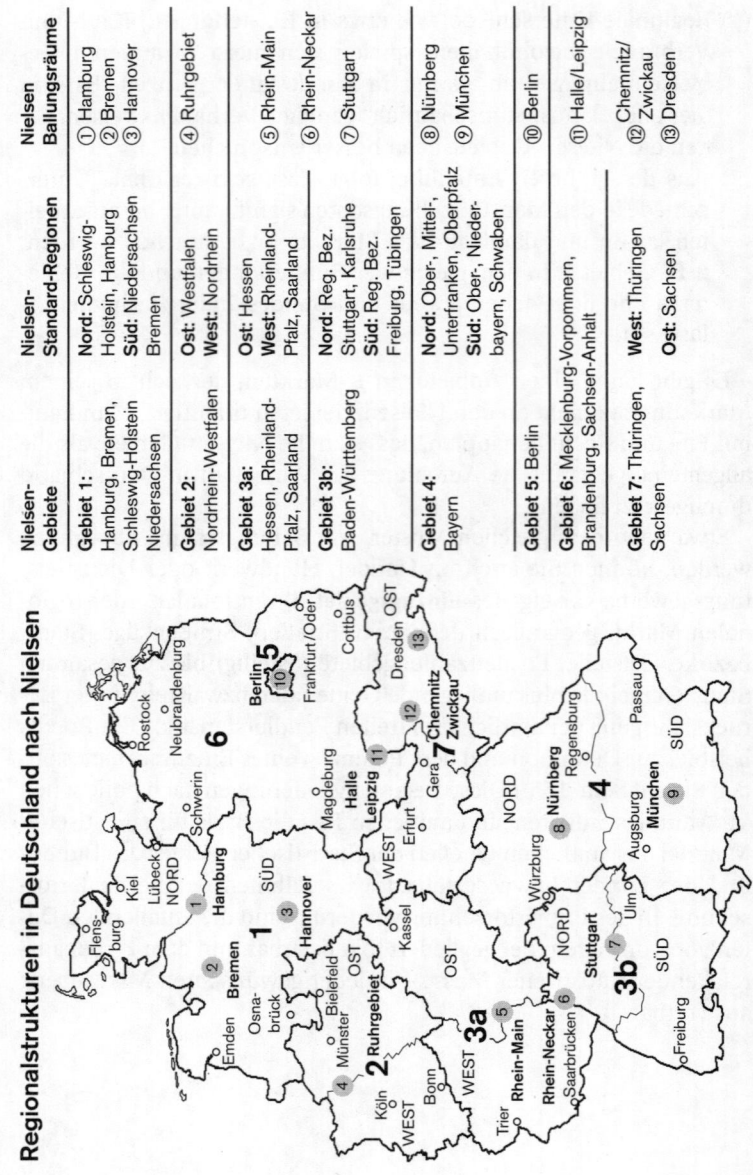

Welche amtlichen Regionaldaten stehen in Deutschland zur Verfügung?

Diese Aufstellung gibt einen Überblick über die verfügbaren amtlichen regionalen statistischen Unterlagen bis auf Kreisebene und zum Teil auch bis auf Gemeinde- bzw. Stadtbezirks- sowie Wahlbezirksebene:

(1) Wohnbevölkerung
  - Soziodemografische und sozioökonomische Daten
    – Fläche; Bevölkerungsdichte; Bevölkerungsentwicklung
    – Bevölkerung nach Geschlecht, Alter, Gemeindegrößenklasse; Ausländer nach Herkunft
    – Geburten, Sterbefälle (Überschuss Geborene/Gestorbene)
    – Wanderungen (Zuzüge, Fortzüge, Wanderungssaldo)
    – Ehesachen (Eheschließungen, Ehescheidungen)
  - Haushalte, insgesamt und nach Haushaltsgröße
    – Kaufkraft, Lohn- und Einkommensteuerpflichtige
    – Erwerbstätigkeit (Erwerbstätige, Arbeitslose)
    – Erwerbstätige in den 10 Wirtschaftsabteilungen nach Alter, Geschlecht, Staatsangehörigkeit und Stellung im Beruf
    – Sozialversicherungspflichtige Beschäftigte nach Branchen
    – Personal des öffentlichen Dienstes
    – Ausbildung
    – Pendlerstatistik

(2) Generelle Wirtschaftsindikatoren
  - Bruttowertschöpfung absolut und je Einwohner nach ausgewählten Branchen
  - Kommunale Steuereinnahmen

(3) Wohnungsbestand und Bautätigkeit
  - Baugenehmigungen (Wohn- und Nichtwohnbau)
  - Baufertigstellungen nach Wohnungsarten und -größen
  - Wohnungsbestand nach Baualter, Ausstattung und Größe
  - Baulandveräußerungen

(4) Kfz-Bereich
  - Kfz-Bestand nach Kfz-Arten
  - PKW-Bestand nach Hubraum und Klassen
  - LKW-Bestand nach Nutzlast und Arten
  - Kfz-Neuzulassungen: PKW, LKW, sonstige Fahrzeuge

(5) Produzierendes Gewerbe
  - Produzierendes Gewerbe und Baugewerbe: Betriebe, Beschäftigte, Umsatz, geleistete Arbeitsstunden
  - Betriebe und Beschäftigte, Umsatz nach Branchen

(6) Einzelhandel/Großhandel
  • Betriebe, Umsätze Beschäftigte, Geschäftsfläche nach diversen Branchen
(7) Dienstleistungen/Verkehr
  • Unternehmen und Umsätze nach Branchen
  • Gastronomie: Betriebe, Umsätze Beschäftigte und Betriebsgröße (Betten, Zimmer, Übernachtungen) nach verschiedenen Branchen
(8) Öffentliche Einrichtungen
  • Bildungswesen: Kindergärten, Schulen
  • Gesundheitswesen: Krankenhäuser (nach Betten), Ärzte, Apotheken
(9) Landwirtschaft
  • Betriebe und Betriebsgrößen (ha-Fläche)
  • Flächennutzung, Viehhaltung
(10) Bodennutzung
  • Gebäude- und Freiflächen; Betriebs-, Erholungs-, Verkehrs-, Wald-, Wasser- und Landwirtschaftsfläche

An die speziellen Daten kommen Sie entweder über die Statistischen Ämter oder über die folgenden kommerziellen Anbieter.

Geodaten und Geomarketing-Angebote

Der Begriff „Geomarketing" stammt aus jüngerer Vergangenheit und beinhaltet die Analyse von aktuellen und potenziellen Märkten nach räumlichen Strukturen und liefert damit geografische Informationen für einen differenzierten Einsatz des Marketing-Mix.

Es gibt einige Institutionen, die kommerziell regionale oder Geodaten anbieten, Sie bei der Ermittlung solcher Daten unterstützen bzw. die Daten analysieren und Sie in der Anwendung beraten. In deren Angeboten sind neben den regionalen Marktinformationen digitale Landkarten und SW-Programme enthalten. Die wichtigsten Anbieter sind:

– BBE Handelsberatung, München (www.bbe.de)
– GfK Geomarketing, Nürnberg, ein Zusammenschluss von mehreren Firmen wie GfK Macon, Gfk Prisma und GfK Regionalforschung (www.gfk-geomarketing.de),
– infas Geodaten, Bonn und München, ein Unternehmen im Verbund der Schober Information Group (www.infas-geodaten.de)

– microm, Neuss, ein Unternehmen der Creditreform Gruppe (www.microm-online.de)

Insbesondere GfK und infas-Geodaten stellen umfangreiches Informationsmaterial mit einer Reihe von Praxisbeispielen zur Verfügung. Einige Adressenverlage bieten im Rahmen einer sog. mikrogeografischen Marktsegmentierung Adressen an, die nach Wohnumfeld selektierbar sind und die gleichartige soziale Strukturen sowie Konsumstil und Konsumverhalten erkennen lassen.

Regionale Kennziffern

Welche speziellen Kennziffern zur Regionalforschung gibt es, und welchen Nutzen können Sie daraus ziehen? Es ist eines der Ziele der Regionalforschung, auf geografische Gebiete bezogene Messgrößen und Richtwerte bereitzustellen, die eine realistische Einschätzung der Absatzpotentiale in den Regionen ermöglichen. Damit sollen vor allem die Verkaufs- und Serviceorganisationen bedarfsorientiert sowie Standorte möglichst kundennah ausgerichtet werden. Diese Indikatoren für regionale Absatzchancen beziehen sich sowohl

- direkt auf Einkommen und Ausgaben (sog. Kaufkraftkennziffern) als auch
- indirekt auf Bevölkerung, Betriebe und Beschäftigte (sog. Absatzkennziffern).

Prinzipiell können alle aufgezeigten Regionaldaten als bedarfsbestimmende Faktoren infrage kommen. Im Vordergrund der Berechnung solcher Kennziffern stehen jedoch folgende Messgrößen:

- Bevölkerung
  - Einwohner, gegliedert nach Alter, Geschlecht usw.
  - Anzahl der Haushalte, gegliedert nach Haushaltsgröße
- Kaufkraft
  - verfügbare Nettoeinkommen insgesamt und je Einwohner
  - Ausgaben für bestimmte Produktgruppen
- Bestandsgrößen, z. B. Wohnungen, PKW, Haushaltsgeräte
- Baugenehmigungen
- Arbeitsstätten/Betriebe/Unternehmen

- Anzahl Arbeitsstätten, Betriebe allgemein, gegliedert nach Wirtschaftszweigen
- Beschäftigte, gegliedert nach Wirtschaftszweigen speziell: z. B. Bürobeschäftigte
- Handelsbetriebe
  Anzahl Betriebe, Beschäftigte nach Branchen, Jahresumsatz insgesamt und pro Kopf der Bevölkerung, Handelsdichte (Einwohner je Handelsbetrieb)

Kaufkraftkennziffern:

Der dieser Kennziffer zugrundeliegende Begriff Kaufkraft umfasst alle Einkommensteile, die den privaten Haushalten zur Verfügung stehen, also neben dem Nettoeinkommen aus selbstständiger und unselbstständiger Arbeit auch Einkommen aus Kapital und Vermögen, Vermietung und Verpachtung usw., auch sog. Transfereinkommen, wie Kindergeld, Renten, Arbeitslosengeld und -hilfe, Wohngeld, Sozialhilfe usw. Bei der Kaufkraft handelt es sich somit um das verfügbare Einkommen der Wohnbevölkerung.

In den Kaufkraftzahlen nicht berücksichtigt sind die regional z. T. erheblich unterschiedlichen Lebenshaltungskosten, die zu einer Relativierung der Kaufkraftunterschiede führen können.

In den dazu erstellten Tabellenwerken – inkl. digitaler Landkarten und entsprechender Software – werden bis auf Gemeindeebene herab u. a. folgende Daten ausgewiesen:

- Einwohner und Haushalte absolut und in Promille von Deutschland
- Kaufkraft in Mio. Euro und in Promille von Deutschland bzw. in Euro je Einwohner/Haushalt in der jeweiligen regionalen Einheit
- Kaufkraftkennziffern je Einwohner/ Haushalt als Index von Deutschland bzw. Europa = 100. Ferner
- Kaufkraft nach Altersgruppen und nach weiteren demosoziografischen Elementen
- Einzelhandelsrelevante Kaufkraft allgemein und nach Branchen usw.

Einen Auszug aus diesem Tabellenwerk finden Sie auf der folgenden Seite.

Auszug aus den Kaufkraft-Tabellen der GfK GeoMarketing
(Quelle: GfK GeoMarketing 2007)

Bundesland	Einwohner in Tsd	Einwohner in Promille	Kaufkraft in Mio. Euro	Kaufkraft in Promille	Kaufkraft je Einw. Euro	Kaufkraftkennziffer Index DEU	Kaufkraftkennziffer Index Europa
Schleswig-Holstein	2.833	34,365	52.076	34,988	18.382	101,8	153,2
Hamburg	1.744	21,151	33.522	22,522	19.225	106,5	160,2
Niedersachsen	7.994	96,969	142.452	95,708	17.820	98,7	148,5
Bremen	663	8,048	11.162	7,500	16.824	93,2	140,2
Nordrhein-Westfalen	18.058	219,051	333.025	223,747	18.442	102,1	153,7
Hessen	6.092	73,902	118.575	79,666	19.463	107,8	162,2
Rheinland-Pfalz	4.059	49,235	73.442	49,343	18.094	100,2	150,8
Baden-Württemberg	10.736	130,228	207.035	139,099	19.285	106,8	160,7
Bayern	12.469	151,250	243.099	163,329	19.497	108,0	162,5
Saarland	1.050	12,740	17.632	11,846	16.788	93,0	139,9
Berlin	3.395	41,185	56.048	37,656	16.508	91,4	137,6
Brandenburg	2.559	31,047	39.913	26,816	15.594	86,4	130,0
Mecklenburg-Vorpommern	1.707	20,710	24.913	16,738	14.592	80,8	121,6
Sachsen	4.274	51,842	64.699	43,469	15.139	83,8	126,2
Sachsen-Anhalt	2.470	29,958	36.080	24,241	14.609	80,9	121,8
Thüringen	2.335	28,319	34.728	23,333	14.876	82,4	124,0
Deutschland gesamt	82.438	1.000,000	1.488.400	1.000,000	18.055	100,0	150,5

Angeboten werden diese Daten von den bereits erwähnten Instituten für Deutschland und weitere ca. 40 europäische Länder mit jährlicher Aktualisierung.

Bei der Ermittlung der **einzelhandelsrelevanten Kaufkraft** werden alle die Teile der verfügbaren Einkommen abgezogen, die nicht beim ortsgebundenen Einzelhandel ausgegeben werden, wie z. B. für Mieten, kommunale Abgaben, Telekom-Gebühren, für Reisen usw., sowie Ausgabenanteile, die anderen Betriebsformen – wie Versandhandel, Großhandel, Gaststätten usw. – zufließen. Nach der derzeitigen Ausgabenstruktur der deutschen Haushalte bleibt nur knapp die Hälfte der verfügbaren Einkommen für den stationären Einzelhandel übrig, nach Branchen allerdings ist dieser Anteil sehr unterschiedlich.

Bevor Sie Kaufkraftkennziffern als Indikatoren für regionale Absatzchancen verwenden, sollten Sie sorgfältig prüfen, ob der Absatz Ihrer Produkte oder Dienstleistungen auch tatsächlich, primär und ursächlich vom verfügbaren Einkommen der Wohnbevölkerung abhängt. In den meisten Fällen dürfte dies jedoch für Konsumgüter zutreffen.

Absatzkennziffern

Überall, wo diese Zusammenhänge und Abhängigkeiten nicht eindeutig sind, empfiehlt es sich, weitere Einflussfaktoren zu untersuchen und daraus spezielle „Absatzkennziffern" zu berechnen. Hierbei werden die bedarfsbestimmenden Indikatoren (s. Kapitel 11), die mit den angebotenen Produkten und Dienstleistungen eher korrelieren, zur Berechnung herangezogen. Hier einige Beispiele von Absatzkennziffern der vorgenannten Institute:

- Absatzkennziffern für den optischen Bedarf
- Absatzkennziffern für Bürobedarf, Potenziale für Büroausstattung (allgemein, Telekommunikation, PC und Peripheriegeräte, Büromöbel, Organisationsmittel usw.), ausgehend von den Büroarbeitsplätzen und –beschäftigten in ausgewählten, signifikanten Branchen (siehe auch die folgende Tabelle „Büropotenzialkennziffern")
- Regionaldaten über den Baumarkt, Baukraftkennziffern, Bautätigkeit und Wohnumfeld. Teilweise erhalten Sie von einigen Insti-

Büropotenzial-Kennziffern 2005 – Angaben in Promille von Deutschland (Quelle: GfK GeoMarketing 2007)

Stadt- und Landkreis	Ein- wohner	Kaufkraft je Ein- wohner	Büropotenzial speziell für			
			gesamt	T-komm	PC	Möbel
Frankfurt/Main	7,91	8,85	31,84	30,88	35,00	30,97
München Stadt	15,28	20,88	40,38	39,32	43,37	40,23
München Land	3,75	5,17	10,51	10,29	10,22	10,46
....	.....	.....	.....	.....	.....	
Deutschland ges.	1000,00	1000,00	1000,00	1000,00	1000,00	1000,00

tuten anhand der Baugenehmigungen auch einen Aufriss für den Bedarf an Baumaterialien

• Kraftfahrzeuge (Bestand, Nutzung, Struktur)

• Umsatzkennziffern für den Einzelhandel (POS- und Fachhandels-umsätze insgesamt und speziell für Bekleidung und Möbel sowie die Kennziffer Kaufkraftbindung aus der Relation von Einzelhan-delsumsatz und einzelhandelsrelevanter Kaufkraft)

• Finanzmarktdaten (Altersvorsorge, Versicherungen, Geldanlage)

• Industrie- und Gewerbedaten (Anzahl Betriebe und Beschäftigte, speziell Industrie und Handwerk, Industriepotenzial und Brutto-wertschöpfung)

Neben diesen Standard-Kennziffern ist eine individuelle Berech-nung von unternehmensspezifischen Regionalziffern, die die Belan-ge eines Unternehmens besser wiedergeben, möglich. Dies erfolgt oft auch durch Gewichtung bereits verfügbarer Kennziffern.

Wo liegt nun der Nutzen dieser Regionalkennziffern? Sie sind überall dort von Nutzen, wo es darum geht, das Bedarfspotenzial einer Region, eines Absatzgebietes oder eines Verkaufsbezirkes zu berechnen, um daraus Sollwerte für das regional erzielbare Absatz-volumen oder ein Steuerungsinstrument für regionale Marketing-maßnahmen zu erhalten.

Im Einzelnen sind diese Kennziffern wertvolle Entscheidungskri-terien für die folgenden 5 Anwendungen (siehe Tab. S. 357).

(1) Verkaufsanalyse und -kontrolle (s. Spalten 1–5): „Wie verteilen sich Absatzpotenziale auf die Regionen? Wo sind vorhandene Marktpotenziale ungenügend ausgeschöpft?" Die Verkaufsleistung

der Außendienstmitarbeiter wird so „objektiv" messbar, ausgedrückt durch den sog. Marktanteilskoeffizienten (MAKO). Dieser
errechnet sich aus dem Vergleich zwischen Absatzkennziffer und
dem Firmenumsatz in der Region (s. Spalte 5).

$$MAKO = \frac{\text{Firmenumsatz in \% von Deutschland}}{\text{Absatzkennziffer in \% von Deutschland}}$$

Die Absatzkennziffern (AKZ) könnten dabei z. B. eine gewichtete Zahl aus Betrieben und Beschäftigten der infrage kommenden
Zielgruppen darstellen.

Der MAKO deckt regionale Schwächen auf und zeigt die starken
Seiten. Liegt der MAKO über 1, so wird das Marktpotenzial über-
durchschnittlich, bei Werten unter 1 unterdurchschnittlich genutzt.
Ein Wert von 0,75 (wie in Gebiet A) besagt, dass die Potenzialausschöpfung um 25 % unter dem Durchschnitt des Gesamtgebietes
liegt.

Natürlich ist es auch wichtig, sich zunächst einmal zu fragen: Was
sind denn die Ursachen der Abweichung? Denn Sie wollen ja nicht
gleich „verurteilen", sondern evtl. Barrieren erkennen, um gezielter
reagieren zu können.

(2) **Verkaufsplanung** (s. Spalten 1–8): „Welche künftigen Umsätze
sollte der einzelne Außendienstmitarbeiter realisieren? Wie können
Schwachstellen sukzessive ausgeglichen werden?" Im obigen Beispiel soll der Gesamtumsatz um 10 % gesteigert werden. Würde man
jedes Gebiet mit 10 % beaufschlagen (s. Spalte 6), so würde man
Schwachstellen fortschreiben. Angebracht ist hier vielmehr, die
Umsatzsteigerung in den schwachen Gebieten (MAKO < 1) höher
und in den guten Gebieten (MAKO > 1) niedriger zu veranschlagen,
etwa im Verhältnis der AKZ oder auf Basis des MAKO (s. Spalten 7
und 8). Zum Beispiel muss dann Gebiet A von der geplanten Umsatzsteigerung von 15 Mio. € 40 % – gemäß der AKZ von 40 – gleich
6 Mio. € erbringen, was einer überdurchschnittlichen Erhöhung des
Regionalumsatzes um 13 % entspricht. Zum gleichen Ergebnis
kommt folgende Rechnung:

$$\frac{10\,\% \text{ Umsatzsteigerung}}{MAKO\ 0{,}75} = 13{,}3\,\%$$

Anwendungsbeispiel für Verkaufskontrolle und Absatzplanung
mit Hilfe regionaler Absatzkennziffern

Verkaufs-gebiet/ ADM	Analyse/Kontrolle			Planung		Umsatz Folgejahr, gemäß AKZ
	IST-Umsatz Mio. €	AKZ %	MA-KO	Mehrumsatz Folgejahr auf Basis Vorjahr Mio. €	AKZ	
1	2	3	4	5 = 3 : 4	6	7	8
A	45,0	30	40	0,75	+4,5	+6,0 (+13%)	51,0
B	30,0	20	30	0,67	+3,0	+4,5 (+15%)	34,5
C	60,0	40	20	2,00	+6,0	+3,0 (+ 5%)	63,0
D	15,0	10	10	1,00	+1,5	+1,5 (+10%)	16,5
Insgesamt	150,0	100	100	1,00	+ 15 = 10%	+15 = 10%	165,0

ADM = Außendienstmitarbeiter
AKZ   = Absatzkennziffer
MAKO = Marktanteilskoeffizient

Mit diesen differenzierten Soll-Vorgaben können Sie die Gebiete sukzessive an das Marktpotenzial anpassen und vorhandene Defizite durch konsequente Marktbearbeitung ausgleichen, sofern dies überhaupt möglich und die Hürden nicht allzu hoch liegen. Dies führt allerdings auch dazu, dass in Gebieten mit bisher überdurchschnittlicher Potenzialausschöpfung die MAKOs zunächst zurückgehen. Für die folgenden Jahre werden die Umsatzvorgaben wieder erhöht und der Markt durch Leistungssteigerungen aller Vertriebsmitarbeiter besser erschlossen.

(3) Planung und Einteilung marktgerechter Verkaufsbezirke: „Wie müssen chancengleiche Absatzgebiete dimensioniert sein? Welche Gebietsabgrenzungen bieten einem Außendienstmitarbeiter genügend Auslastung und zusätzliches Steigerungspotenzial, auch unter Berücksichtigung der Verkehrsbedingungen?"

(4) Optimierung regionaler Marketingmaßnahmen: „Wo ist der Werbeeuro am sinnvollsten eingesetzt? Wo lohnen sich Verkaufsförderungsmaßnahmen am ehesten? Welche Kunden in welchen Gebieten sind dabei am effektivsten zu unterstützen?" Regionale Potenzialdaten helfen Ihnen, den richtigen Ansatz für differenzierte und schwerpunktmäßige Aktionen zu finden.

(5) Standortforschung: „Wo soll – unter dem Aspekt der Markt- und Kundennähe – eine Filiale, ein Vertriebsbüro, ein Lager oder ein Servicestützpunkt errichtet oder erweitert werden?"

Trotz dieser nützlichen Anwendungsmöglichkeiten sollte man nicht übersehen, dass hohe Kaufkraft- oder Absatzkennziffern noch lange kein Garant für regionale Absatzerfolge sind. Denn es gibt außerhalb der Vertreterleistung Umfeldeinflüsse, wie z. B. regionale Alleinstellung Ihres Unternehmens, Konkurrenzsituationen vor Ort, regionale Einstellungen, Verhaltensweisen und Bevorzugungen der Abnehmer, die Sie genauso zur Analyse und Bewertung regionaler Marktpotentiale heranziehen sollten.

Ein **Beispiel** soll dies erläutern: Ein bestimmter Landkreis in Niederbayern gehört zu den kaufkraftschwachen Gebieten der Republik, also unter nationalen Gesichtspunkten kein allzu idealer Standort für ein Einzelhandelsgeschäft. Trotzdem hatte ein Textilhändler in der Kreisstadt eine Filiale eröffnet – mit großem Erfolg. Was war passiert? Er hatte am Ort eine Art Alleinstellung und konnte ohne nennenswerte Konkurrenz seine Verkaufserfolge erzielen.

14.2 Regionalforschung Ausland

Regionalforschung Ausland bedeutet
• den Blick weiten, ihn auf andere Länder und Regionen richten,
• aber auch Anstrengungen und Kräfte bündeln, sich konzentrieren auf effektive – von wirtschaftlichen Gesichtspunkten getragene – Engagements in ausgewählten ausländischen Märkten.

Mit dem Zusammenwachsen der Staaten in Europa, der Bildung von Wirtschaftsblöcken außerhalb Europas sowie generell mit der

Internationalisierung und Globalisierung unserer Wirtschaft wird es unabdingbar, sich mit ausländischen Märkten auseinanderzusetzen. Diese Herausforderung gilt dabei nicht nur für exportierende Unternehmen, sondern auch für rein nationale Anbieter, da sie auch im Inland immer mehr mit ausländischer Konkurrenz konfrontiert werden. Und so ist es zumindest im Rahmen der Wettbewerbsanalyse wichtig, sich über die Herkunft und Wettbewerbsvorteile dieser Partner klarzuwerden.

Ein anderer Aspekt, der zu einer verstärkten europäischen bzw. globalen Betrachtung der Märkte führt, liegt in Ihren Kunden begründet. Viele von ihnen organisieren sich international, so dass Sie auf diese Weise „automatisch" auf andere Märkte gelockt werden.

Worin besteht nun die Aufgabe und Verantwortung der Marktforschung? Sie muss – ähnlich wie bei anderen Marketingentscheidungen, wie z. B. bei Produkteinführungen – von Anfang an mit dabeisein und umsetzungsorientierte Informationen liefern. Sie hat ein gewichtiges Wort mitzureden, wenn es um diese Entscheidungen geht:

(1) In welchem Land, in welchen Ländern soll ein Engagement auf- oder ausgebaut werden? Welche Ziele sind erreichbar?

Informationen und methodisches Vorgehen: allgemeines politisches, gesellschaftliches, wirtschaftliches Umfeld, Rahmenbedingungen, Eintrittsbarrieren, Produktangebot, Wettbewerbssituation, Marktattraktivität (z. B. Marktvolumen, Marktwachstum, Preisniveau), Länderportfolio, Bewertung der Länderrisiken

(2) Welche Regionen (geografisch) bzw. welche Kunden-/Zielgruppen (sektoral) im Land sind vorzuziehen? Wo liegen Schwerpunkte für die Marktbearbeitung, wo können die einheimischen und die ausländischen Mitbewerber am besten angegriffen werden?

Informationen und methodisches Vorgehen: Standort- und Distributionsanalysen der Wettbewerber, Regionalkennziffern (Kaufkraft, Ballungsräume, Industriezentren), Zielgruppenanalysen (regional und strukturell)

(3) Wie ist in einem bestimmten Land grundsätzlich vorzugehen, welche Strategien und Maßnahmen, welches Marketingkonzept, versprechen am ehesten Erfolg?

Informationen und methodisches Vorgehen: Analyse des Produkt- und Leistungsangebotes im Land (Länderanpassung nötig?), Verhalten und Vorgehen der einheimischen und ausländischen Mitbewerber, Werbung und Verkaufsförderung (Was ist üblich?), Analyse der Vertriebskanäle, Einstellungen und Einkaufsverhalten der Absatzmittler, Mentalitäten und Kaufmotive der Endabnehmer (buy national?)

Im Wesentlichen sind es die gleichen Marktinformationen, die Sie auch für Ihr Inlandsgeschäft benötigen. Die entscheidende Frage für den Marktforscher aber lautet: Was ist anders als im Inland?

Im Einzelnen sind daher zu prüfen

- **Grundsätzliches:** Was steht bei der Markterschließung bzw. Marktbearbeitung im Vordergrund: Volumen/Marktanteile/Markteintritt oder Ertrag? Oder welche anderen Ziele bestimmen das Auslandsengagement? Welche eigenen Ressourcen sind verfügbar? Woher können Sie Hilfe und finanzielle Unterstützung erwarten (z. B. Auslandsmesseförderung, steuerliche Vorteile im ausländischen Markt)? Welche Risiken gehen Sie ein und sind gerade noch tragbar?

- **Produkte:** Inwieweit haben Ihre Produkte und Dienstleistungen überhaupt eine Chance im Land? Inwieweit sind sie auslandsmarktfähig? Können Sie Ihre Produkte wie im Inland, also einheitlich, anbieten, oder müssen Sie die Produkte abändern, um sie den unterschiedlichen Bedürfnissen der Abnehmer anzupassen? Welche Gesetze, Vorschriften und Einfuhrbedingungen müssen Sie beachten? Inwieweit können mögliche Alleinstellungsmerkmale den Charakter des ausländischen Anbieters verstärken, auf welche Präferenzen können Sie als deutscher Mitbewerber bauen (z. B. made in Germany, das „fremdländische" Angebot usw.)?

- **Zielgruppen:** Welche Zielgruppen kommen infrage, wie ist ihre Struktur und ihr Verhalten? Welche Nutzenerwartungen haben sie an die Produkte, wo liegen ihre Engpassfaktoren? Wie müssen die Zielgruppen bearbeitet werden? Wie sind generell die Gepflogenheiten und Spielregeln auf dem jeweiligen Markt?

- **Distribution:** Welche Vertriebskanäle sind üblich, wie stark sind diese bereits durch Mitbewerber besetzt? Wie ist die Struktur der Absatzmittler? Was erwartet man von einem deutschen Anbieter? Wie flexibel und wie strukturiert muss die Exportorganisation im Stammhaus, wie im Land sein? Welche Absatzform soll und kann man wählen (z. B. Exporthändler, General-/Regionalimporteur, Kooperation vor Ort/Joint-venture, eigener Stützpunkt, Niederlassung/Tochtergesellschaft)? Welche Form ist wirtschaftlich sinnvoll für den Einstieg, welche für den flächendeckenden Vertrieb? Wie steht es mit Lizenzvergabe, wie mit eigener Produktion im Land, wo wird es evtl. sogar von den Länderregierungen gefordert (local content)? Wie muss die Logistik aufgebaut werden? Welche Lieferzeiten sind zu berücksichtigen?

• **Preise:** Welches Preisniveau ist anzutreffen, welche Konditionen und Zahlungsmodalitäten gelten im Land? Wie ist die Devisen- und Währungssituation?

• **Marketing-Kommunikation:** Welche Werbemittel und Werbeträger werden genutzt und kommen bei den Zielgruppen an? Wie ist auf die unterschiedliche Mentalität der Abnehmer einzugehen (z. B. Gestaltung von Prospekten, Anzeigen usw.)?

Die Beantwortung dieser und weiterer Fragen können Sie z. B. in sog. Länderdatenblättern (s. Abb. S. 364) zusammenfassen und dokumentieren. Sie erhalten damit eine systematische Sammlung von Fakten (Marketing-Fact-Book) und eine wichtige Grundlage für Ihren Marketingplan zum Auf- und Ausbau ausländischer Märkte. Sie haben damit gleichzeitig eine Datenbank, auf die jeder Betroffene im Bedarfsfall zugreifen kann, vorausgesetzt Sie aktualisieren diese Datenbestände mindestens einmal jährlich und dokumentieren diese in Ihrem „Intranet".

Um die Fakten zusammentragen zu können, müssen Sie natürlich wissen, woher Sie die entsprechenden Informationen bekommen können. Hier eine Auswahl der wichtigsten Quellen:

Informationsquellen für ausländische Märkte

Woher bekommt man Informationen über ausländische Märkte?
Welche Methoden sind Erfolg versprechend?
(In Anlehnung an das Beschaffungsprinzip der „konzentrischen Kreise")

(1) **Aus dem eigenen Unternehmen** (interne Quellen)
  • Erfahrungen und Meinungen eigener Mitarbeiter, Vertreterberichte, Lieferanten-/Kundenkontakte bisherige Exporterfolge, Vertriebsstatistiken über Anfragen/Angebote usw.
  • Eigenes Archivmaterial (z. B. Länderdatenblätter)
  • Vorhandene Nachschlagewerke, Branchenadressbücher, Adresskataloge von Auslandsmärkten
    Stärken-Schwächen-(SWOT)-Analyse

(2) **Aus regionalen Quellen**
- Industrie- und Handelskammern, insbesondere Euro-Info-Centre (EIC): www.ihk.de
  Außenwirtschaftszentren/Außenwirtschaftsportale der IHKs, z. B. www.auwi-bayern.de, mit Links zum Außenhandel und Publikationen, u. a. Literatur für Exporteinsteiger, auch im Handwerks- und Dienstleistungsbereich; Außenwirtschaftszentrum Hamburg: www.aussenwirtschaftszentrum.de
  Handwerkskammern: www.zdh.de
- Landesverbände, Landesministerien (z. B. für Auslandsmesseförderung)
- Statistische Landesämter (Informationen aus den Präsenzbibliotheken)
- Banken (z. B. Außenhandelsnachrichten, Ausfuhrbestimmungen, Länderberichte, Kooperationsvermittlung)
- Regionale Wirtschaftspresse, Publikationen von Unternehmen
- Konsulate der ausländischen Staaten
- Exportberater, Seminarveranstaltungen
- Wissenstransfer von Firmen aus dem regionalen Umfeld – auch branchenfremde – mit Auslandserfahrungen

(3) **Aus nationalen Quellen**
- BfAI, Köln, fast sämtliche Informationen, die das Auslandsgeschäft betreffen (www.bfai.de); Statistisches Bundesamt, Wiesbaden, z. B. Statistisches Jahrbuch für das Ausland, Fachserie 7: Außenhandel, Länder- und Warenverzeichnisse für die Außenhandelsstatistik, Länderberichte usw. (www.destatis.de)
- Außen- und Wirtschaftsministerium, (www.auswaertiges-amt.de; www.bmwi.de)
- AUMA, Köln, z. B. internationales Messeverzeichnis, internationale Messen und Ausstellungen im Inland (z. B. für Wettbewerbsbeobachtung)
- Forschungsinstitute, z. B. Institut für Weltwirtschaft, Kiel (www.uni-kiel.de; HWWA-Institut, Hamburg (www.hwwa.de); Ifo-Institut, München (www.cesifo-group.de)
- Wirtschafts- und Fachverbände, Ländervereine
- Botschaften der ausländischen Staaten in Deutschland
- Fachzeitschriften und Wirtschaftspresse
- Branchen- und Adressbücher fürs Ausland, z. B. www.europages.com; www.thomas-global.de; www.dnb.com
- Marktforschungsinstitute, (www.bvm.org; www.adm-ev.de)
- Datenbanken, z. B. Genios (www.genios.de), Internet
- Erfahrungen von Kollegenfirmen

(4) **Aus internationalen Quellen**
- Europa-Portal der Europäischen Union: www.europa.eu
- Statistisches Amt der Europäischen Gemeinschaften: www.epp. eurostat.ec.europa.eu sowie: www.mygeo.info/statistiken
- OECD (Organisation for Economic Co-operation and Development): www.oecd.org
- Vereinte Nationen, www.uno.de bzw. www.un.org
- Weltbank: www.worldbank.org
- World Trade Organization: www.wto.org
- Internationale Handelskammer (International Chamber of Commerce): www. iccwbo.org
- Internationale Datenbanken, z. B. Dialog Information Services und Datastar System: www.dialog.com und www.datastarweb.com
- Internationaler Währungsfond IWF: www.imf.org

Weitere Adressen finden Sie entweder beim Statistischen Bundesamt oder im Verzeichnis Verbände, Behörden, Organisationen der Wirtschaft, herausgegeben vom Hoppenstedt Verlag, Düsseldorf (hoppenstedt.com)

(5) **Aus nationalen Quellen des ausländischen Marktes**
- Nationale Statistische Ämter (deren statistische Jahrbücher sind teilweise in den Statistischen Landesämtern in Deutschland einsehbar)
- Ministerien, Verbände im Land
- Amtliche deutsche Auslandsvertretungen (Botschaften und Konsulate)
- Deutsche (bilaterale) Auslandshandelskammern (www.ahk.de)
- Regionale Kammern des Landes
- Messen und Ausstellungen im Ausland
- Ausländische Adress- und Branchenbücher
- Ausländische Fachzeitschriften und Wirtschaftspresse
- Deutsche Unternehmen vor Ort mit ihren Erfahrungen und Landeskenntnissen
- Ausländische Marktforschungsinstitute bzw. deutsche Institute mit meist internationalen Verflechtungen

Befragungen können auf allen Informationsebenen erfolgen, also bei Experten und Informationsträgern in Deutschland wie auch bei nationalen Verbänden und internationalen Organisationen und insbesondere bei Branchenkennern, Meinungsführern und Bedarfsträgern in den ausländischen Märkten.
Beobachtungen und Tests versprechen am ehesten Erfolg, wenn sie vor Ort bei den potenziellen Zielgruppen oder auf Messen durchgeführt werden.
Für Primärerhebungen reichen oft kleine Stichproben.

Länderdatenblatt als Bestandteil eines Marketing-Fact-Book

Land: Region:

Allgemeine Indikatoren

(volkswirtschaftliches Umfeld)	Einheit	Jahre		
• Fläche	km²			
• Arbeitsstätten (Struktur)	1000			
• Bevölkerung	Mio.			
• Ø Wachstumsrate p.a.	%			
darunter:				
– Erwerbstätige gesamt	Mio.			
– Erwerbstätige Industrie	Mio.			
• Bevölkerungsstruktur	Mio.			
• Bruttoinlandsprodukt	Mio €			
Ø Wachstumsrate p.a.	%			
BIP/Einwohner	€			
• Inflationsentwicklung p.a.	%			
• Außenhandel				
– Einfuhr	Mio. €			
– dar. aus Deutschland	Mio. €			
– Ausfuhr	Mio. €			
– dar. nach Deutschland	Mio. €			
• Währungsrelation	€/Währung			

Spezifische Indikatoren (branchen-/produktabhängig) z. B.

- • Importvorschriften
- • Branchenentwicklung
- • Marktvolumen
  - – Prod. X ⎱ in Menge
  - – Prod. Y ⎰ und Wert
- • Marktpotenzial/Sättigungs-
  tendenzen
- • Abnehmerstruktur
  - – Anzahl/Potenzial
  - – regionale Verteilung
- • Absatzwege
  - – Handelsstruktur
- • Einkaufsgewohnheiten

- • Wettbewerber
  - – Inland (Marktanteile)
    - – ...
    - – ...
  - – Ausland (Land, Marktanteile)
    - – ...
    - – ...
  - – Hauptkonkurrenzprodukte
    und deren Preise
    - – ...
- • Werbung
- – wichtige Werbeträger

Eigene Aktivitäten: (Ziele, Strategien, Maßnahmen, Budget)

Auskünfte und Informationen erhalten Sie von diesen Stellen in der Regel in schriftlicher Form oder bereits online zum Herunterladen. Versäumen Sie jedoch nicht, hin und wieder Ihre Fragen im persönlichen Gespräch mit den Fachleuten zu klären (Schneeballsystem!) Sie werden erstaunt sein, was Ihnen auf diese Weise alles an Informationen und Erfahrungen zufließt.

Die von Prognos bei 330 Unternehmen durchgeführte Befragung zum Informationsverhalten im Auslandsgeschäft zeigt deutlich die gute Betreuung und umfassende Bereitstellung von Informationen

Helfer für's Auslandsgeschäft (Quelle: Prognos, schriftliche Befragung von 330 Unternehmen)

vonseiten der Kammern und der Bundesagentur für Außenwirtschaft (bfai).

Die Angebote an Beratungsleistungen und Informationen dieser und weiterer Institutionen haben sich in den letzten Jahren stark verbessert und ausgeweitet, so dass dem Exporteur heutzutage eine ganze Reihe nützlicher und aussagekräftiger Dienstleistungen zur Verfügung stehen.

Allerdings verändern sich die Informationsansprüche mit zunehmenden Erfahrungen eines Unternehmens. So nutzen auslandserfahrene Unternehmen mehr und speziellere Informationsquellen – z. B. direkt im Ausland vor Ort und durch persönliche Kontakte auf Messen und Auslandsreisen – als Unternehmen, die erst am Anfang ihres Auslandsengagements stehen.

Länderselektion

Ein Raster zur strategischen Beurteilung von Märkten ist das **Länderportfolio**. In einem Portfolio kann man entweder Produkte, Kunden oder eben Länder übersichtlich darstellen und segmentieren. Bewerten können Sie anhand eines Punktesystems oder aufgrund Ihrer persönlichen Erfahrung und Einschätzung (z. B. bei der Chancenbeurteilung):

• die Marktattraktivität, z. B. auf der Basis von Marktvolumen, Marktwachstum, vorhandenem Angebot der Mitbewerber, Preisniveau, allgemeinem Umfeld, Devisen- und Währungssituation, Zugang zu den Absatzmittlern bzw. Endabnehmern,

• die eigene Position im jeweiligen Markt, z. B. auf der Basis von evtl. schon erreichtem Marktanteil und Geschäftsvolumen, marktfähigem Produktangebot, Image und Kontakten.

Wie ein solches Länderportfolio aussehen kann, ersehen Sie aus folgender Abbildung. Statt der Kennzeichnung der Länder durch ein Kürzel können Sie auch in einer dritten Dimension die Größe des Marktes, das Marktvolumen, oder Ihren eigenen Umsatz durch einen entsprechend großen Kreis symbolisieren.

Bei der Erstellung des Portfolios können Sie so vorgehen:

(1) In einem ersten Schritt bestimmen Sie im Ist-Portfolio die Marktattraktivität und Ihre derzeitige eigene Marktstellung als gute Schätzung.

Beispiel: Länderportfolio Europa, Ist-Situation und Erfolgschancen – Wie ist unsere Marktposition in den einzelnen Ländern, und wo lohnt es sich, einzusteigen bzw. auszubauen?

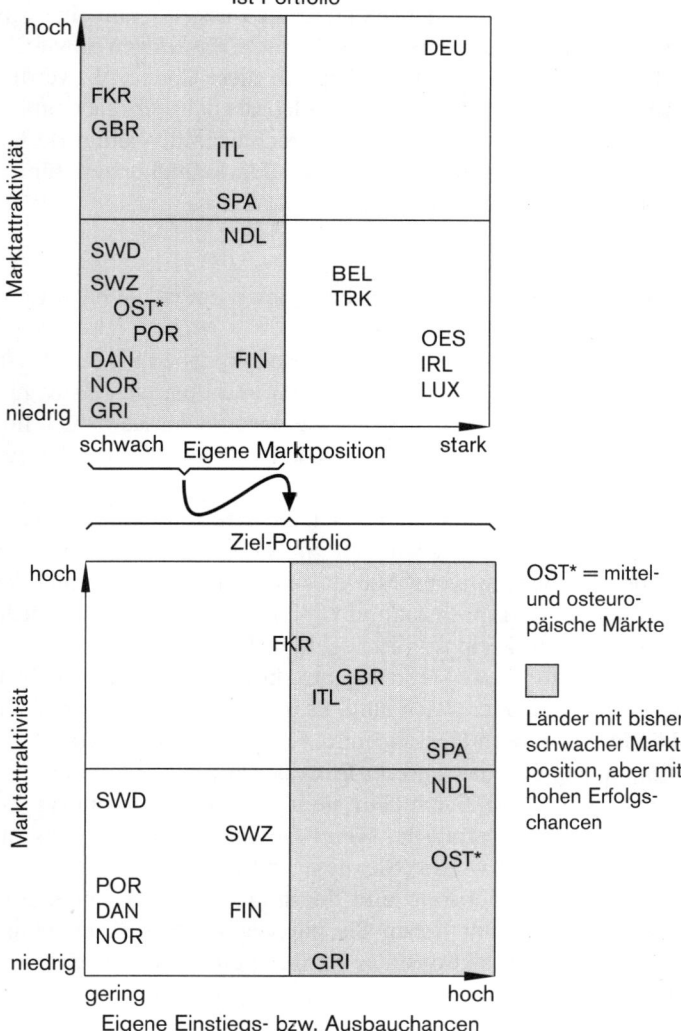

Ist-Portfolio

OST* = mittel- und osteuropäische Märkte

Länder mit bisher schwacher Marktposition, aber mit hohen Erfolgschancen

Ziel-Portfolio

Eigene Einstiegs- bzw. Ausbauchancen

367

(2) Im zweiten Schritt wählen Sie die Länder zu einer weiteren Segmentierung aus, in denen Sie derzeit noch eine schwache Position haben (Ist-Portfolio, linke Hälfte).

(3) Im dritten Schritt differenzieren Sie diese Länder im Zielportfolio nach guten und schlechten Erfolgsaussichten für eine künftige Bearbeitung. Eigene oder fremde Erfahrungen sowie Ihre Recherchen bilden die Grundlage für diese Chancenbewertung.

(4) Im vierten Schritt schließlich werden Sie dann für die chancenreichen Länder – im Zielportfolio rechte Hälfte – unter Berücksichtigung der Marktattraktivität ein Marketingkonzept für Einstieg oder Ausbau erstellen.

KFZ-Länder

Eine andere Form der strategischen Selektion ist die nach Kern-, Förder-, Ziel- und Mitnahmeländern.

Kernländer sind solche Auslandsmärkte, in denen Sie bereits eine mittlere bis starke Marktposition haben und über ein relativ gutes Geschäftsvolumen verfügen. Diese Länder sind das Kernstück Ihrer Auslandtätigkeit und müssen auf jeden Fall gehalten werden (vgl. Ist-Portfolio, rechte Hälfte).

Förderländer sind Länder, in denen Sie bereits tätig sind, aber mit noch geringem Geschäftsvolumen. Sie sind in der Regel attraktive und für Sie chancenreiche Märkte und genießen Ihre volle Aufmerksamkeit. Marktposition und Geschäftsvolumen sind auf jeden Fall auszubauen (Zielportfolio, rechte Hälfte).

Zielländer sind vom Markt her attraktiv. Ihr Engagement ist jedoch bescheiden oder gleich Null. Es ist aber Ihr erklärtes Ziel, diese Länder zu erobern (Zielportfolio, rechter oberer Quadrant).

Mitnahmeländer, das sind im Prinzip alle übrigen Länder, meist mit geringerer Attraktivität. Für sie gibt es keine besondere Einstiegs- oder Ausbaustrategie. Wenn Geschäfte ohne großen Aufwand möglich sind, werden Sie diese „mitnehmen".

Mit dem Länderportfolio und der strategischen Segmentierung von Auslandsmärkten haben Sie ein wertvolles Instrument und einen praktische Selektionsfilter für Ihre künftigen Marketingmaßnahmen.

Länderbonität / Länderrating

Die Kenntnis der Bonität bzw. des Risikos von Geschäftsbeziehungen mit einem Land ist eine wichtige Voraussetzung für den Erfolg. Risiken müssen daher erkannt, bewertet und entsprechende Handlungsalternativen erstellt werden. Für den Geschäftsaufbau (going international) oder Geschäftsausbau (being international) spielen z. B die Zahlungsfähigkeit und das Ausfallrisiko eines Landes, die politischen, rechtlichen und wirtschaftlichen Rahmenbedingungen eine entscheidende Rolle.

Eine Kennziffer für ein Länderrisiko ist der von verschiedenen Institutionen ermittelte Bonitätsindex eines Landes, z. B.

• **Der Euromoney Institutional Investor Index:** Ermittelt wird er seit 1974 von Euromoney Institutional Investor plc, London, und der Tochtergesellschaft Institutional Investor Inc., New York, durch eine Befragung von global tätigen Bankfachleuten und reicht von 0 bis 100 Punkte (best case). Daraus ergibt sich ein international anerkanntes Ranking von nahezu 200 Ländern.

• **Der BERI Index (Business Environment Risk Index)** wird seit 1966 von der Business Environment Risk Intelligence S.A., USA, ermittelt. Die BERI S.A. analysiert 140 Länder auf Risiken. Durchgeführt werden diese Analysen nach der Delphi-Methode von Experten aus verschiedenen Branchen, deren Einschätzungen von einem festen Gremium überprüft und als BERI Index festgesetzt werden. Der Index ist quasi eine Art Hitliste der Investmentfreundlichkeit in einem Land. Er wird leider nicht veröffentlicht, sondern muss gekauft werden. Den Bewertungen zugrunde liegt ein Punktesystem von 0 = nicht akzeptabel bis 4 = sehr gut. Der Gesamtbewertung eines Landes, der POR-Index (Profit Opportunity Recommendation), kann zwischen 0 und 100 schwanken und setzt sich aus der Summe von ORI-Index (Operational Risk Index aus 15 verschiedenen Kriterien), PRI-Index (Political Risk Index) und dem R-Faktor (Rückzahlungsfaktor) zusammen. Der eigentliche BERI-Index gibt das Ranking der untersuchten Länder wieder. Beispiele aus der aktuellen Liste von 2006: USA (75 Punkte), Schweiz (74), Belgien (73), Japan (72), Niederlande (66) Deutschland (61).

- **Der D&B Country Risk Indikator (www.dnb.com)** ist der Risiko-Index der Auskunftei Dun&Bradstreet. Im Wesentlichen versucht der Indikator, das Risiko auf der Basis landesweiter Faktoren so zusammenzufassen, dass über einen Zeitraum von zwei Jahren eine gewisse Vorhersagbarkeit bezüglich der Exportzahlungen und der Investmenterträge entsteht, was den aktuellen Wert dieses Indexes unterstreicht. Der Risk Indikator basiert auf vier primären Länderrisikokategorien: politische, wirtschaftliche, Handels- und externe Risiken eines Landes. Er ist in sieben Unterstufen, (DB1 = geringstes Risiko bis DB7 = höchstes Risiko) und weiter von a–d unterteilt, wobei die Kennzeichnung a) ein geringfügig niedrigeres Risiko darstellt als die Kennzeichnung b) usw., z. B. DB6d für ein risikoreiches Land. Darüber hinaus liefert D&B Länderberichte mit makroökonomischen Fakten und individuellen ausführlichen Risikobeschreibungen.

Die folgenden **Praxisbeispiele** aus der Regionalforschung Ausland sollen Ihnen praktische Anwendungen vermitteln.

(1) Deutsche Lebensmittel suchen einen neuen Absatzmarkt in Italien.

- **Ausgangslage und Problemstellung:** Das süddeutsche Unternehmen, das Lebensmittel mit nur begrenzter Haltbarkeit herstellt und bisher wenig exportiert hat, geht von der Überlegung aus, dass Lieferungen nach Norddeutschland einen größeren Weg zurücklegen müssen als z. B. nach Oberitalien. Vor dem Markteintritt will die Firma untersuchen lassen, ob und welche Eintrittsbarrieren auf dem italienischen Markt bestehen, ob die Produkte im Umfeld der Konkurrenzprodukte akzeptiert werden, wie die Kauf- und Verbrauchsgewohnheiten sind und wie die Distribution und die Einführungswerbung erfolgen sollen.

- **Vorgehensweise:** Im Rahmen einer Desk-Research wurden Daten über Markt- und Einfuhrvolumen, Marktwachstum, Verbraucherstruktur, Konkurrenzprodukte, Absatzwege usw. ermittelt. In der anschließenden Field-Research wurden im Rahmen einer strukturierten Befragung der Bekanntheitsgrad deutscher und einheimischer Produkte, Produktimage allgemein, Markenpräferenz, Einkaufsquellen, Preise, Werbung, Konsumgewohnheiten, Verpackung, Produktnamen etc. ermittelt.

    Ferner wurde in einem explorativen Geschmackstest in blinder und offener Versuchsanordnung mit ca. 100 Probanden – die sich nach Geschlecht, Alter und sozialer Schicht entsprechend der Verbraucherstruktur zusammensetzten – die geschmackliche Akzeptanz geprüft. Testmethoden dabei waren: Beobachtung und Beschreibung der Spontanreaktionen, Rangreihung der Kostproben, Polaritätenprofil, Kaufpräferenztest, Geschmackstest verschiedener Geschmacksrichtungen. Um die richtige Marketingstrategie zu finden, sollten in einem Distributionstest bei potenziellen Absatzmittlern außerdem Packungsgrößen, Preise und Handelsspannen, Marktstellung verschiedener Konkurrenzprodukte und vor allem die Chancen eines Newcomers überprüft werden.

- **Empfehlungen an das Management:** Das ausgezeichnete Abschneiden und die volle Akzeptanz der getesteten Produkte und Preise ließen ein möglichst rasches Einsteigen erfolgreich erscheinen. Geringfügige Änderungen in einigen Geschmacksrichtungen und der Packungsgröße wurden empfohlen. Lebensmittelrechtliche Fragen mussten vorab noch geklärt werden. Die enge Zusammenarbeit mit einer italienischen Verteilerorganisation schien für den Anfang den größeren Erfolg zu versprechen. Ebenso wurden vorbereitende und unterstützende werbliche Maßnahmen sowie entsprechende sales promotion beim Handel angeregt. Diese Ergebnisse fanden dann ihren Niederschlag in einem Umsatz-, Kosten- und Maßnahmenplan.

(2) Maschinenfabrik will den französischen Markt besser durchdringen.

- **Ausgangslage und Problemstellung:** Bisher wurden die Maschinen, die in handwerklichen und industriellen Betrieben der Nahrungsmittelbranche eingesetzt werden, über einen einzigen Wiederverkäufer abgesetzt. Das Geschäft stagnierte und sollte nun auf eine breitere Basis gestellt werden. Außerdem sollten diese Ergebnisse zu einer geschlossenen Marketingkonzeption führen.
- **Vorgehensweise:** Eine fundierte sekundärstatistische Nachfrageanalyse der mit den Maschinen hergestellten Nahrungsmittel sollte die künftigen Marktaussichten und evtl. Verbrauchsverschiebungen erkennen lassen. So wurden im Einzelnen untersucht: Pro-Kopf-Verbrauch in seiner mengen- und wertmäßigen Entwicklung, Struktur und Strukturwandel der Nahrungsmittelhersteller sowie ihre Sortimentsgestaltung, Substitution von Handwerks- durch Industriebetriebe. Die Befragung konzentrierte sich auf 14 Gespräche bei Verwendern, Wiederverkäufern, Herstellern dieser Maschinen vorwiegend im Pariser Raum und dem Industrieverband. Folgende Fragen sollten beantwortet werden: Art des Herstellungsverfahrens, eingesetzte Maschinenarten und -typen, Beurteilung nach Stärken und Schwächen der verwendeten Ma-

schinen, Kaufabsichten, Beurteilung des Kundendienstes, Bekanntheit und Beurteilung des eigenen Produktes, Konkurrenzsituation auf dem französischen Markt, Marktstellung und Bedeutung der Wiederverkäufer, um daraus evtl. neue Vertragspartner gewinnen zu können.

• **Empfehlungen:** Vorschläge zur Produktverbesserung, Anpassung des Preissystems an französische Marktgegebenheiten, Beibehaltung des Vertriebs über Wiederverkäufer, jedoch gezielte Zusammenarbeit mit mehreren regionalen Stützpunkthändlern in den wichtigsten Verbrauchszentren. Daneben Überprüfung eines Joint-venture mit einem französischen Hersteller und Ausbau des Direktgeschäftes im grenznahen Gebiet. Verbesserung der Beratung und des Kundendienstes durch den Einsatz eines eigenen Verkaufsförderers. Gezielte Propagierung eines Markenimages, verstärkte Präsenz auf Messen, verbessertes Prospektmaterial in französischer Sprache. Zusammenfassung dieser Empfehlungen in einem mit Kosten bewerteten Marketingplan für die nächsten fünf Jahre.

(3) Formteile für die metallverarbeitende Industrie sollen in Spanien gefertigt werden (statt wie bisher aus Deutschland exportiert).

• **Ausgangslage und Problemstellung:** Die deutsche Herstellerfirma hatte bislang ihre Produkte an nur zwei industrielle Großabnehmer geliefert und befand sich damit in einer abhängigen, recht einseitigen Marktposition. Eine Verbesserung war wegen des zu hohen Kostenniveaus kaum durch weitere Exportlieferungen zu erreichen. Eine Lösung deutete sich dadurch an, dass man durch Fertigung im Land das etwas niedrigere Lohnniveau in Spanien nutzen konnte. Für diese Entscheidung mussten jedoch ausreichende Basisinformationen beschafft werden.

• **Vorgehensweise:** Die notwendigen Marktdaten, wie z. B. derzeitiges und künftiges Bedarfsvolumen, Abnehmerstruktur, verwendete Typen, Preissituation, generelle Bereitschaft zur Zusammenarbeit mit deutschen Unternehmen, konnten nur auf primärstatistischem Wege durch eine Befragung von zwölf potenziellen Abnehmern in der Fahrzeug-, Elektro- und Büromaschinenindustrie in den drei Industriezentren – Madrid, Barcelona, Bilbao – ermittelt werden. Der differenzierte Bedarf in den einzelnen Branchen bereitete zunächst Schwierigkeiten bei der Bedarfserfassung. Über den spezifischen Verbrauch je Produkteinheit und die produzierte Menge dieser Produkte wurde dann auf das Gesamtvolumen geschlossen.

• **Empfehlungen:** Bei einem zu erwartenden Marktanteil von x % könnte die geplante Kapazität einer Fertigung in Spanien gut ausgelastet werden. Jedoch blieben noch eine Reihe vertriebspolitischer Fragen zu lösen. Unter anderem wurden auch bewertete Vorschläge für den Standort der Fabrik gemacht.

Marktforschung für Ihre Regionalpolitik im Inland und im Ausland

- Regional- oder Geoforschung im Inland bedeutet: sich fokussieren, regionale Schwerpunkte für die Marktbearbeitung finden, Schwachstellen erkennen und ausmerzen. Sie ist eine mikrogeografische Betrachtungsweise (Lupenperspektive), während die Regionalforschung Ausland den Blick erweitern und auf makrogeografische Zusammenhänge und einzelne Länder lenken soll (Streulinseneffekt).

Regional- oder Geoforschung im Inland

- Differenzierte Regionaldaten sind unerlässlich für regional anbietende Unternehmen und Organisationen, aber auch für Firmen, die zwar national tätig sind, aber einzelne Regionen besser steuern und ausschöpfen wollen.
- Zum Auffinden und Bewerten solcher Regionen gibt es eine Reihe von Potenzialgrößen und Kennziffern – standardisierte und unternehmensspezifische – mit vielfachem Nutzen und unbestreitbar praktischen Einsatzmöglichkeiten.
- Amtliche Regionaldaten sind vielfach vorhanden und bis auf Kreisebene, zum Teil auch bis auf Gemeinde- bzw. Wahlbezirksebene herab, verfügbar. Dies ist nicht verwunderlich, entstehen doch diese Daten in der jeweiligen regionalen Einheit.
- Bei Primärerhebungen hängt eine Regionalgliederung der Daten von der statistischen Masse pro Regionaleinheit und Ihren Bedürfnissen ab. Sehr oft genügen jedoch großräumige Zusammenfassungen, wie sie z. B. in den Nielsen-Gebieten und Ballungsräumen zum Ausdruck kommen.
- Regionaldaten können Sie entweder allein ermitteln oder sich dabei helfen lassen, was nicht selten der rationellere Weg ist.

Regional- oder Geoforschung Ausland

- Regionalforschung Ausland ist eine wichtige Entscheidungsgrundlage für den Einstieg in ausländische Märkte (going international) bzw. für den Ausbau bereits bestehender Auslandsgeschäfte (being international). Sie gibt Hinweise für das strategische und operative Vorgehen in den – z. B. nach Portfolio-Kriterien – ausgewählten Ländern.
- Bereiten Sie Ihr Auslandsengagement gut vor. Es gibt oft kostenfreie Informationen über die Märkte, Förderungsmaßnahmen usw. Die BfAI oder die Außenwirtschaftszentren der IHK's sind Quellen, an denen Sie nicht vorbei

können. Holen Sie sich aber auch Informationen vor Ort im Zielmarkt und lassen Sie Erfahrungen von befreundeten Unternehmen sprechen.

- Die Informationen sind gleicher Art wie im Inland, aber mit unterschiedlichem Inhalt; Anderes kommt hinzu, z. B. Währungsfragen, Eintrittsbarrieren, Länderrisiken, Mentalitäten und Lebensstile. Dank weltweitem Internet bieten gerade auch internationale Quellen schnellen und unkomplizierten Zugriff.

- Bei der Informationsbeschaffung können Sie mitunter über diese Hürden stolpern: Die Informationsquellen, vor allem im Zielmarkt, sind oft nicht so zugänglich wie im heimischen Markt. Internationale Daten leiden oft an der Vergleichbarkeit und erschweren damit die Auswertung. Bei der Gestaltung von internationalen Fragebogen müssen Sie zwar auf Harmonisierung der Inhalte achten, dabei aber unterschiedliche Mentalitäten, z. B. bei den Antwortvorgaben, nicht aus den Augen verlieren.

- Vorsicht vor allzu cleveren Informationsträgern, z. B. Vertretern, denen Sie meist auf Messen begegnen, vermeintlich die Branche im Zielland gut kennen und einen hohen Bedarf und Erfolge signalisieren. Sichern Sie sich zumindest durch eigene und neutrale Recherchen ab.

- Verlassen Sie sich nicht auf den Zufall, sondern gehen Sie Ihr Auslandsengagement gezielt und strategisch an. Auslandsgeschäfte sind keine „Lückenbüßer" für schlecht gehende Inlandsgeschäfte.

15. Werbeforschung: Was Sie wissen müssen, um eine bessere zielgerichtete Werbung und Verkaufsförderung mit weniger Streuverlusten zu betreiben

> Ich weiß, die Hälfte meiner Werbeausgaben
> sind hinausgeworfenes Geld.
> Ich weiß nur nicht – welche Hälfte
>
> *Henry Ford* zugeschrieben

- Wie bemisst man die Höhe eines Werbebudgets?
- Welche Werbemöglichkeiten hat ein mittelständisches Unternehmen – auch bei begrenztem Budget?
- Nach welchen Kriterien kann man Werbemittel und Werbeträger auswählen?
- Welche Wirkung erzielt man mit der Werbung, und wie lässt sich der Erfolg messen?

Werbe- und Mediaforschung ist Analyse und Bewertung der Marketingkommunikation. Die Werbeforschung muss dazu Daten und Informationen bereitstellen, die es Ihnen erlauben,

- ein optimales Werbeziel zu formulieren,
- eine effektive Auswahl von Kommunikationsmitteln und Werbeträgern zu treffen,
- die Kommunikationsmittel wirkungsvoll zu gestalten sowie
- den Erfolg Ihrer Maßnahmen zu messen.

Den Begriff Marketingkommunikation sollten Sie dabei weiter gefasst sehen (s. folgende Abb.). Denn es geht nicht nur

- um den Einsatz von Werbemedien (mediale Kommunikation, Unternehmens-Kommunikation), sondern ebenso
- um eine Kommunikation, die den direkten Umgang mit dem Produkt oder der Dienstleistung betrifft, also das Betrachten, Anfassen und Handhaben/Bedienen von Produkten (reale Kommunikation). Wer eine gute Gebrauchsanleitung gestalten kann, in der Bedienoberfläche, in den Ausmaßen oder im Design führend ist, hat den Erfolg fast schon in der Tasche.

Die vier Facetten der Marketing-Kommunikation

① Unternehmens-Kommunikation (Corporate Communication)

- **Allgemeines übergeordnetes Firmen-Erscheinungsbild (Corporate Design):** Firmenfarben, Schriftarten und -größen, Gestaltungsraster, Signet/Logo, Markenzeichen, Slogan, Firmenmelodie/-song, Fahne, Geschäftspapiere, Visitenkarten, Geschäftsbericht, Firmenschriften, Gebäude-, Büro-, Geschäftslayout (Erlebnisatmosphäre)
- **Allgemeiner Firmenauftritt in der Öffentlichkeit**

② Reale Kommunikation

- **mit direktem Produkt- und Anwendungsbezug:** Direkte Warenrepräsentation im Schaufenster, im Vorführ-/Präsentationsraum, Verkostung, Warenproben, Vorführgeräte, Referenzanlagen, Regalpflege/Merchandising, Product Placement
- **Produktdokumentation:** Datenblätter, Produktbeschreibungen, Broschüren, Montageanweisungen, Bedienungsanleitungen, Handbücher
- **Produktgestaltung/-design**
- **Verpackung**

③ Personale Kommunikation

- **Verkaufsgespräche:** im Außendienst, im Geschäft, auf der Messe, am Telefon
- **Messen und Ausstellungen:** Haus-/Hotelmessen, allgemeine Messen
- **Sonstige Veranstaltungen:** Betriebsbesichtigungen, Pressekonferenzen, Interviews, Vorträge, Symposien, Kundenkonferenzen, Anwendervereinigungen/Kundenclubs, Vertriebspartner-Konzepte, Key-Account-Programme
- **Schulungen:** Verkaufstechnik, Produktkenntnisse, sonstige Weiterbildung der eigenen Mitarbeiter/Kundenmitarbeiter
- **Beratung:** von Kunden und Interessenten
- **Beschwerdemanagement**
- **Weiterempfehlungen:** „Mundwerbung"

④ Mediale Kommunikation

- **Print:** Prospekte, Beilagen, Handzettel, Kataloge, Anzeigen in Anzeigenblättern, Zeitungen, Zeitschriften, Adress-/Telefonbüchern mit/ohne Coupon, Plakate; Hausinformationen, Kundenzeitschriften, Verkaufsförderungs-/Displaymaterial, Aussendungen (direct mailings), Pressemitteilungen, redaktionelle Firmen-/Produktbeiträge in Zeitungen/Zeitschriften
- **Elektronische/audiovisuelle Mittel:** Dia, Film, Videofilm, CD/DVD, Internet, Hörfunk, Fernsehspot, Multimedia
- **Sonstige Werbung/Verkaufsförderung:** Werbegeschenke, Leuchtwerbung, Verkehrsmittelwerbung, Gewinnspiele; Gemeinschaftsaktionen mit Kollegenfirmen, Absatzmittlern und anderen Kundengruppen; Kultur-, Sportförderung (Sponsoring), Markenlizenzierung

• Nicht zuletzt handelt es sich auch um die direkte Kommunikation von Mensch zu Mensch (personale Kommunikation). Jeder, der direkt mit dem Verkauf zu tun hat, sei es im Außendienst, am Telefon oder in einem Geschäft, kann sehr wohl die werbewirksame Bedeutung eines Verkaufsgesprächs einschätzen. Oder nehmen Sie die verkaufsfördernde Wirkung von Schulungen und Weiterbildungsmaßnahmen bei Ihren Kunden.

15.1 Bemessung des Werbebudgets

Ein Werbebudget umfasst die finanziellen Mittel, die für eine Kampagne oder in der Regel für ein Jahr aufgewendet werden. Um es gleich vorweg zu sagen: Es gibt keine allgemeingültige Formel für die „richtige" Höhe eines Werbebudgets. Trotzdem können Sie als Faustregel davon ausgehen, dass ein Werbebudget im Ø zwischen weniger als 1 % bis etwa 4 % vom Umsatz schwankt. Nur in der Konsumgüter- und Markenartikelindustrie können die Werbeausgaben auf bis zu 15 % vom Umsatz und mehr ansteigen. Beachten Sie auch, dass Sie im jeweiligen Budget neben

• den Fremdkosten für Konzeption, Gestaltung und Produktion der Werbemittel sowie für die Streuung über die Werbeträger (Mediakosten) und notwendige Leistungen, z. B. Honorare für Werbeberater und -agenturen,

• auch Ihre eigenen Kosten im Unternehmen, z. B. für Mitarbeiter und Verwaltung, erfassen.

Bei der Beurteilung eines Etats sollte eine wichtige Erkenntnis am Anfang stehen: Kosten für Werbung und Marketingkommunikation im Allgemeinen sind Investitionen in den Markt und sollten einen anderen Stellenwert haben als nur den von „lästigen" Ausgaben. Und sie müssen normalerweise vor dem Umsatz als Vorleistung darauf ausgegeben werden. Bei der Festlegung Ihres Werbebudgets können Sie von diesen Bemessungsgrundlagen ausgehen:

(1) Finanzorientierte Methode (all you can afford Methode): Was können Sie sich bei gegebenen Kosten im Unternehmen bzw. für ein zu bewerbendes Produkt „leisten"? Was bleibt übrig, wenn alle anderen Kosten abgezogen sind, welche Teile des Gewinns wollen Sie dafür spendieren? Die zur Verfügung stehenden Mittel sowie die Bereitschaft des Unternehmers, Werbegelder auszugeben, stehen im Mittelpunkt dieser Entscheidung. Vielfach stellt der Unternehmer nach dieser Methode einen bestimmten Geldbetrag für die Werbung bereit, z. B. indem er sich unter anderem an Erfahrungswerten der vergangenen Jahre orientiert. Diese Methode ist nicht gerade die Beste, da sie nicht zielorientiert vorgeht, wird aber in der Praxis vor allem in kleinen und mittleren Unternehmen häufig angewandt.

(2) Die Prozent-von-Methode: Das Werbebudget wird bemessen anhand eines Prozentsatzes, z. B.
• vom Vorjahresumsatz,
• vom geplanten Umsatz oder
• vom Gewinn oder Deckungsbeitrag (Vergangenheit oder geplant).

Erfahrungen aus der Vergangenheit sowie Orientierung an den Gepflogenheiten der Branche bilden sehr oft die Messlatte bei dieser Methode. Sofern sich diese Werte nur an der Vergangenheit orientieren, sind sie nicht zu empfehlen. Vielmehr sind Planumsatz und Plangewinn eine bessere Bezugsbasis.

(3) In Relation zum Marktanteil: Wichtig ist, dass bei dieser Bemessung die mögliche Steigerung des Marktanteils im Vordergrund steht und nicht so sehr der erreichte Marktanteil. Den Produkten mit echten Marktchancen und einem zu erwartenden Steigerungspotenzial sollten Sie bei der Mittelzuteilung den Vorzug geben. Das beste Beurteilungsraster hierbei ist ein Produktportfolio.

(4) Konkurrenzorientierte Methode: „So wie's die anderen machen" wird hier zur Richtschnur für den Etat. Man orientiert sich dabei an einzelnen Wettbewerbern und nicht an der gesamten Branche wie etwa bei Methode (2). Als Maßgröße dienen die Gepflogenheiten und Verhaltensweisen der Mitbewerber. Dabei können Sie sich entweder auf die Höhe des Gesamtetats (in Euro oder % vom Umsatz) oder auf die einzusetzenden Mittel und Werbeträger beziehen. Je nachdem, wie erfolgreich der Mitbewerber damit ist, kann dies ein richtungsweisender Ansatz und eine Benchmarkgröße sein oder nicht. Wie kommen Sie nun zu solchen Vergleichsgrößen?

- Entweder Sie beobachten das Werbeverhalten Ihrer Hauptwettbewerber selbst, was meistens nur sporadisch erfolgen kann, aber immerhin Anhaltspunkte auch über den Inhalt und die Argumentation liefert,
- oder Sie kaufen solche Informationen, was allerdings nicht ganz billig ist. Zum Beispiel beobachtet die Nielsen Media Research, Hamburg (www.nielsen-media.de) ausführlich und lückenlos die Werbung in den klassischen Medien (TV, Radio, Publikums- und Fachzeitschriften, Tageszeitungen, Plakat). Darüber hinaus enthält die Werbestatistik Daten für die Medien, die immer relevanter werden, wie z. B. Internet, Kino, Direct Mailings, At-Retail-Media, Transport Media. Auf Basis der geschalteten Werbemaßnahmen werden pro werbetreibende Firma die Bruttowerbekosten (Streukosten) – also ohne Abzug von Rabatten bei den Werbeträgern – nach Werbemittel und Werbeträger erfasst.
- Aber auch die später aufgeführten Markt-Media-Studien der Verlage und Arbeitsgemeinschaften bieten Hinweise auf die eingesetzten und branchenüblichen Werbemaßnahmen.

Vielfach können Sie auch Folgendes beobachten: Wenn Sie nicht das gleiche Werbeniveau wie Ihre Konkurrenten halten, verlieren Sie möglicherweise Marktanteile, oder Ihre Kunden glauben, es gehe Ihnen schlecht. Manchmal wird so auch das Fernbleiben von einer Messeveranstaltung gedeutet.

(5) Nach den Zielen, die durch die Werbung und die anderen Marketinginstrumente erreicht werden sollen: Bemessungsgrundlagen sind hier nicht nur Sachzwänge, wie bei den vorgenannten Methoden, sondern in erster Linie die Ziele, die Sie sich ad hoc gesetzt oder aus der aktuellen Situation heraus abgeleitet haben. Sie lassen sich vielmehr leiten von Ihren Hoffnungen auf die Zukunft und den Einflussfaktoren, die Märkte machen. Solche Ziele können z. B. sein:
- Halten der Umsatzbasis und der Marktanteile
- Umsatz- bzw. Marktanteilssteigerungen (s. auch Methode 3)
- Voranbringen von Innovationen, Einführen und Bekanntmachen neuer Produkte oder der Produktpositionierung
- Schaffung von Präferenzen und Alleinstellungsmerkmalen/USP

(= unique selling proposition) bei neuen und bestehenden Produkten

- Steigerung des Bekanntheitsgrades, der Sympathie und Verwendung von Produkten
- Veränderung von Meinungen, Vorstellungen (Image) und Einstellungen, z. B. zur Umweltverträglichkeit von Produkten
- Bekanntmachen der Firmenphilosophie, der Geschäftsgrundsätze oder des Firmenleitbildes
- Erschließung einer neuen Marktregion oder Zielgruppe.

Diese Methode, zur Etatbemessung die Ziele voranzustellen, ist die sinnvollste, effizienteste und am meisten angewandte, wie Befragungen von Unternehmen beweisen. Aber auch die finanzorientierte Methode (1) rangiert meist an zweiter Stelle, gefolgt von Prozent vom Umsatz bzw. Gewinn/Deckungsbeitrag (Methode 2) sowie in Relation zum Marktanteil (Methode 3).

Das Gesamtbudget wird in der Regel von unten nach oben (bottom up) ermittelt. Das heißt, die für ein Werbeziel aus der Erfahrung als notwendig erachteten Maßnahmen werden im Einzelnen kalkuliert und aufaddiert. Letztendlich können Sie diese Werbeausgaben ebenfalls in Relation zum Umsatz setzen und erhalten einen bestimmten Prozentsatz. Nur ist dieser nicht Auslöser, sondern Resultat Ihrer Überlegungen. Insbesondere bei Innovationen und Produkteinführungen wird dieser Prozentsatz höher ausfallen als bei einer Konsolidierungs- und Erhaltungswerbung.

Der Festlegung von Geschäfts- und Werbezielen sollte immer eine Analyse der Ist-Situation des Marktumfeldes vorausgehen, wie sie bisher ausführlich beschrieben wurde. Die Erkenntnisse stammen entweder aus vorhandenen Markt- und Mediaanalysen oder aus Beobachtungen und direkten Befragungen meist kleineren, nicht repräsentativen Umfangs.

15.2 Auswahl der Kommunikationsmittel

Nach Etatfestlegung bzw. Zielformulierung geht es nun darum, die den Zielen und Zielgruppen adäquaten Kommunikationsmittel auszuwählen. Zwei Fragestellungen stehen dabei im Vordergrund:
(1) Welche Kommunikationsmittel und Werbeträger stehen zur

Verfügung, und welche sind auch bei begrenztem Etat einsetzbar?

(2) Auf welche Kriterien können Sie bei der Auswahl und Bewertung von Kommunikationsmitteln zurückgreifen, was sind werbewirksame Faktoren?

Aus der Fülle der anwendbaren Kommunikationsmittel möchte ich drei wirkungsvolle Anregungen herausgreifen, die Ihnen zeigen sollen, dass erfolgreiche Werbung nicht immer die klassischen Wege gehen muss:

(1) Sichern Sie sich das gewinnbringendste Marketinginstrument: zufriedene und motivierte Kunden. Sie sind Ihre besten „Werbeträger". Und eine Weiterempfehlung aus dem Mund dieser Kunden ist immer noch die überzeugendste und zudem kostenlose Werbung.

(2) Überzeugen Sie zuerst die Meinungsführer der Branche von der Seriosität Ihrer Firma sowie der Qualität und dem Nutzen Ihrer Produkte und Dienstleistungen. „10 % manipulieren 90 %." Wenn es Ihnen also gelingt, die entscheidenden 10 % für sich zu gewinnen, wird dies indirekt auf alle Anderen positiv einwirken.

(3) Unterschätzen Sie nicht den Sammeltrieb mancher Zeitgenossen, die Anzeigen, Zeitungsausschnitte, Prospekte usw. sammeln. Nicht selten meldet sich dann so ein Interessent und beruft sich auf eine Werbung, die Sie schon längst vergessen haben (Carry-over-Effekt oder Langzeitwirkung).

Wie Werbeziele und Werbemittel zusammenpassen, sollen diese drei **Beispiele** verdeutlichen:

(1) **Kundenbindung/Produktnutzen verdeutlichen:** Druckschriften, Werbebriefe (mailings), Hausmitteilungen, Kundenzeitschriften, frühzeitige Produktankündigungen, Einladungen zu Messen und anderen Veranstaltungen, spezielle Serviceangebote, Treuerabatte, Anwendervereinigungen, Gemeinschaftsaktionen mit den Kunden usw.

(2) **Erhöhung des Bekanntheitsgrades**, Image/Vertrauen aufbauen: Anzeigenwerbung generell, Messeauftritte, Plakate, regionale Sendeanstalten (Hörfunk und Fernsehen), insbesondere für re-

gional anbietende Firmen im Handel und Dienstleistungsgewerbe, Verkehrsmittelwerbung, Leuchtwerbung usw.

(3) **Gewinnung von neuen Kunden**/Aufmerksamkeit gewinnen: Ähnlich wie bei Werbeziel 2; zusätzlich Beilagen/Prospekte, Anzeigen in Adress- und Handbüchern, Firmenbroschüren, PR-Auftritte, Presseberichte, sonstige Aktionen usw.

Und in allen Fällen eine gut gestaltete und aktuelle Internetpräsenz.

Diese Aufzählung ließe sich noch beliebig fortsetzen. Ein bisschen Nachdenken, mit Kollegen „brainstormen", Erfahrungen einsetzen, vorausdenken und nach draußen ins Umfeld und zur Konkurrenz schauen, hilft Ihnen sicherlich bei diesen Nachforschungen und Entscheidungen.

Um weitere Anhaltspunkte für den Kommunikationseinsatz zu finden, lassen wir wieder die Praxis sprechen, und zwar aus Sicht der Zielgruppen in den O-Märkten (Business-to-Business). Folgt man Befragungen bei Unternehmen in der Investitionsgüterindustrie so werden für die Einkaufsentscheidungen oft folgende Informationsquellen vorrangig genannt und sind damit auch für den Verkäufer wichtige Marketing- und Kommunikationsinstrumente:

• Messebesuche
• Gespräche mit Kundenberatern
• Besichtigung von Referenzanlagen
• Prospekte / Kataloge
• Gespräche mit Kollegen in der eigenen Firma bzw. mit Geschäftsfreunden
• Direct Mailings
• Anzeigen und redaktionelle Beiträge in Fachzeitschriften.

Eindeutig stehen die personale Kommunikation und die Kombination Mensch und Medien im Vordergrund der Informationsbeschaffung bzw. auf der Verkäuferseite die Marketingbemühungen.

Direkt adressierte Werbebriefe kommen generell gut weg. Über 90 % der Befragten gaben an, schon einmal auf Werbebriefe Prospekte oder Kataloge angefordert zu haben, allerdings nur etwa 60 % haben ihre Hemmschwelle überwunden und auch einen Außendienstberater eingeladen. Für die Mediennutzung ist außerdem zu unterscheiden, in welcher Phase der Entscheidungsfindung sich der Kunde befindet, z. B.

- Erstorientierung oder
- Anbieterauswahl oder
- Angebotsvergleich
- Finalentscheid.

Da Sie diese Situation nicht immer klar erkennen können, kommen Sie um einen kombinierten Medieneinsatz nicht herum. Dieser könnte z. B. vor allem in der Prioritätenfolge lauten: Druckschriften, Fachmesse, Fachzeitschriften.

Bei neuen Produkten sind redaktionelle Beiträge in Fachzeitschriften besonders geschätzt, da sie von neutraler Seite ausreichend und meist objektive Informationen bieten. Geht man dem Informationsverhalten von Konsumenten auf den Grund, so zeigen sich oft folgende Bevorzugungen in dieser Reihenfolge

- direkt im Geschäft oder im Schaufenster
- Anzeigen in Tageszeitungen und Anzeigenblättern, weniger in Zeitschriften
- Prospekte, Zeitungsbeilagen
- Gespräche mit Bekannten oder Freunden.

Und immer häufiger Orientierung im Internet (und Kauf übers Internet).

Außerdem:

- Testergebnisse in Zeitschriften oder im Fernsehen
- Versandhauskataloge, auch zur allgemeinen Orientierung
- Werbesendungen im Funk und Fernsehen

Bevor Sie nun z. B. eine Anzeige in einem Werbeträger erscheinen lassen oder einen Prospekt streuen, sollten Sie in Ihrem Unternehmen einen Filter vorschalten und einen „Pretest" mit eigenen Mitarbeitern – maximal fünf – durchführen. Als Anhaltspunkt und Checkliste kann Ihnen das folgende Beurteilungsraster dienen. Die Liste orientiert sich an den verschiedenen Stufen der Werbewirkung. Sie hilft Ihnen, das betreffende Werbemittel auf seine Wirkungskomponenten hin zu durchleuchten und letzten Endes besser zu machen. Anzustreben ist, dass jedes Kriterium mindestens die Punktzahl „4" erhält.

15. Werbeforschung

Checkliste zur Beurteilung von Werbemitteln

So könnte ein Beurteilungsraster für (gedruckte) Werbemittel aussehen
Werbemittel:
Zielgruppe:
Werbeziel:

Beachtung und Anmutung (spontane Bewertung erbeten)	trifft nicht zu (1)					trifft voll zu (6)

- Bildmotiv und Gestaltung (Blickfang) wecken hohe Aufmerksamkeit

1	2	3	4	5	6

- Gesamteindruck ist sympathisch

1	2	3	4	5	6

- Werblicher Auftritt ist eigenständig und unverwechselbar

1	2	3	4	5	6

- Bild ist attraktiv und aussagekräftig

1	2	3	4	5	6

- Headline ist interessant, passt zum Bild

1	2	3	4	5	6

- Widerspruch oder Ablehnung sind ausgeschlossen

1	2	3	4	5	6

Verständlichkeit

- Text ist lesefreundlich und verständlich, z. B. Schriftgröße und -art, kurze einfache Sätze, Zwischenüberschriften

1	2	3	4	5	6

- Layout ist übersichtlich, z. B. geordnet, wenige Elemente

1	2	3	4	5	6

- Lesegewohnheiten sind berücksichtigt

1	2	3	4	5	6

- Fehlinterpretationen sind ausgeschlossen

1	2	3	4	5	6

Nutzenversprechen

- Nutzenversprechen ist auch relevant für die Zielgruppe

1	2	3	4	5	6

- Nutzenversprechen weckt Interesse

1	2	3	4	5	6

- Nutzen ist aus Bild und Text klar ersichtlich

1	2	3	4	5	6

- Kundennutzen ist auch ein echter Wettbewerbsvorteil (USP)

1	2	3	4	5	6

Lerneffekt

- Inhalt ist einprägsam, knapp und verständlich und kann dadurch gut behalten werden

1	2	3	4	5	6

	trifft nicht zu (1)					trifft voll zu (6)

- Kernbotschaft kommt schnell und klar rüber

1	2	3	4	5	6

- Text passt zur Zielgruppe

1	2	3	4	5	6

- Auftritt ist glaubwürdig

1	2	3	4	5	6

- Umsetzung entspricht dem Firmen-erscheinungsbild und passt zu den anderen Marketinginstrumenten

1	2	3	4	5	6

Aufforderungscharakter

- Leser wird angeregt, sich mit dem Werbemittel auseinanderzusetzen

1	2	3	4	5	6

- Leser wird zum Handeln aufgefordert (Coupon, Informationsanforderung, Fax, E-Mail-Antwort)

1	2	3	4	5	6

- Adresse (auch Internetadresse) ist deutlich zu erkennen

1	2	3	4	5	6

- Gesamteindruck

1	2	3	4	5	6

Bleiben wir bei einzelnen **Wirkungskomponenten** in der Werbung. Nichts ist wohl schwieriger als eine klare Antwort auf die Frage, was eigentlich in der Werbung wirkt. Weil es eben auch so viele Faktoren gibt, die je nachdem, wie sie zusammen auftreten, mal so oder so wirken. Umfangreiche Literatur und Forschungsansätze beschäftigen sich mit dem Thema Werbewirkung, ohne eine eindeutige und klare Antwort auf diese Frage geben zu können. Um Werbemittel in ihrer Gestaltungsqualität zu testen, sind vor allem drei Verfahren gebräuchlich, bei denen z. B. die Erinnerung an ein geschaltetes Werbemittel oder die Resonanz auf ein Werbemittel vor oder nach der Streuung (Pre- und Posttest) überprüft wird. Sie können diese Tests sehr gut auch in eigener Regie durchführen, da Sie mit wenigen Versuchspersonen und z. T. aus den eigenen Reihen im Unternehmen zurechtkommen.

Beim **Erinnerungstest** (Recall- oder Impact-Test) sollen die Probanden angeben, an welche Werbemittel und Details z. B. einer Anzeige sie sich spontan (ungestützt = Impact-Test) erinnern können oder an welche sie sich erinnern können, nachdem ihnen die Anzeigen vorgelegt (gestützt = wiedererkannt) wurden oder sie sich bestimmte Werbespots angesehen haben. Beim gestützten Recall-Test werden z. B. unvollständige Anzeigen (ohne Marke) vorgelegt und nach der Marke gefragt. Höhere Erinnerungswerte werden gemessen, wenn die Werbung auffällt, beeindruckt und das Produkt bekannt ist.

Ebenfalls um Wiedererkennung eines Werbemittels geht es beim **Recognition-Test** (Starch-Test). Dem Probanden werden z. B. Storyboards bei Fernsehspots, Anzeigen oder redaktionelle Beiträge in einer eigens geschaffenen künstlichen Zeitschrift (Folder) vorgelegt und danach gefragt, ob er diese schon einmal gesehen und in welcher Intensität er die Botschaften und Inhalte gesehen/gelesen hat.

Beim **Resonanztest** geht es um inhaltliche Effizienz oder allgemein darum, herauszufinden, inwieweit ein bestimmtes Werbemittel aufgefallen und interessant ist und ob Produkt und Botschaft sympathisch wirken. Vor allem aber kommt es darauf an, ob die Werbung beim Betrachter auch einen Kaufanreiz auslöst. Zur Bewertung stehen im Vordergrund Gefallen, Kaufappeal, Wissensvermittlung, Kaufbereitschaft, Meinungsverbesserung, Involvement usw. – und nicht Reichweiten.

Diese Tests können sowohl als Pretest vor Schaltung oder als Posttest zur Erfolgskontrolle eingesetzt werden.

15.3 Auswahl der Werbeträger – Mediaselektion

Effiziente und Aufmerksamkeit schaffende Werbemittel zu gestalten und zu testen (Werbemittelforschung) ist die eine Sache. Das Werbemittel optimal in den Wahrnehmungsbereich der Umworbenen zu bringen ist die andere wichtige Aufgabe der Werbeforschung. Es gilt, in der Mediaselektion (Werbeträgerforschung) den Werbeträger auszusuchen, dem es gelingt, Ihre Zielgruppe am ehesten, effektiv, wirtschaftlich und zeitgerecht zu kontaktieren.

Erinnern wir uns an das Prinzip der Kommunikation, von einem Sender eine Botschaft an einen Empfänger zu schicken, bekannt auch unter „Laswell-Formel". Dabei ist es ganz wichtig, dass das Komunikationsmittel den „richtigen" Weg, den Werbeträger für den

Grundprinzip der Kommunikation

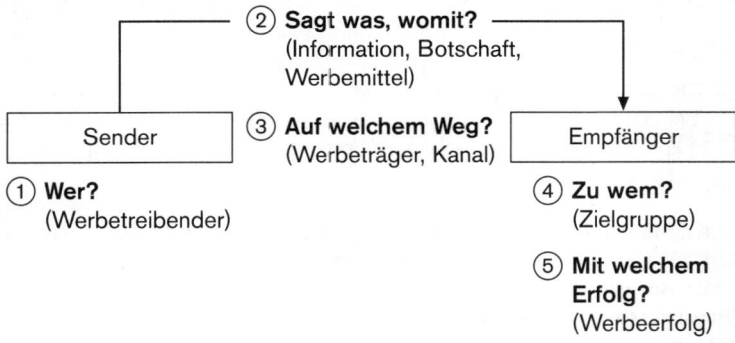

Transport, findet. Dies wiederum setzt voraus, dass Sie die Werbelandschaft kennen, d. h.

• Welche Werbeträger es überhaupt gibt und
• nach welchen Kriterien diese zu bewerten sind?

Wie kommen Sie an Mediadaten heran? – Auswahl von Informationsquellen für Mediadaten
Hier eine kleine Auswahl möglicher Quellen:

(1) Allgemeine Orientierungshilfen

• Sie fragen Ihre Kunden bzw. Interessenten, was in der Branche gelesen wird und welche Messen in der Regel besucht werden und wie man diese Werbeträger beurteilt.
• Sie fragen bei den Verbänden Ihrer Kunden nach.
• AUMA (Ausstellungs- und Messe-Ausschuss der Deutschen Wirtschaft; www.auma-messe.de), Köln, mit AUMA Messe-Guide Deutschland und International, mit Angaben zu den einzelnen Messen und der Struktur der Messebesucher sowie einem Messe-Nutzen-Check
• Stamm Leitfaden durch Presse und Werbung, Stamm Verlag, Essen (www.stamm.de), mit Informationen über sämtliche Medien und Redaktionen in Deutschland.
• Kroll-Pressetaschenbücher, Kroll-Verlag, Seefeld (www.kroll-verlag. com), mit 18 Branchen-Ausgaben.
• Media-Daten Verlag, Wiesbaden (www.media-daten.com) mit Handbüchern, CD- und Online-Angeboten sowie Tarifen und Studien
• Markt-Mediauntersuchungen der großen Verlage und Arbeitsgemeinschaften

- Media Planer des GWA (Gesamtverband der Kommunikationsagenturen; www.gwa.de) und FOCUS Media-Guide u. a. mit detaillierter Analyse einzelner Werbegattungen, umfangreichem Media-Lexikon sowie mit einer Aufstellung der Markt-Media-Studien (www.medialine.de)

(2) **Spezielle Mediadaten vom Medium**
Wenn Sie ein bestimmtes Medium ausgesucht haben, sollten Sie sich die
- spezifischen Mediadaten eines Werbeträgers von den Verlagen, Sendeanstalten usw. besorgen.

Wie können Sie Werbemittel und Werbeträger bewerten? – Beurteilungskriterien für die Auswahl vonWerbemitteln und Werbeträgern
Diese Auswahlkriterien stehen Ihnen zur Verfügung

Wirkungskomponenten
- Medium: redaktionelles Umfeld, Heft-/Anzeigenumfang, Image/Bekanntheit/Akzeptanz des Mediums, Zielgruppen, Standortqualität, z. B. bei Plakaten und Messen, Besucherfrequenz bei Messen und Kino
- Werbemittel
  - Print: Format, Farbe, Text/Schrift, Bild/Grafik, Layout, Slogan, Signet/Logo, Platzierung, Verteilung/Streuung
  - elektronisch: Spotlänge, Farbe, Ton, Sprache, Musik, Bewegung, Geschwindigkeit

Nutzung des Werbemittels
- beliebig oft, zu Hause, am Arbeitsplatz, außer Haus
- wiederholbar (täglich, wöchentlich, monatlich, jährlich je nach Erscheinungsweise, Dauer des Anschlags, der Messe, des Spots)

Reichweiten
- generell: Anzahl bzw. prozentualer Anteil der Personen (meist ab 14 Jahre), die von einem Werbeträger/Werbemittel erreicht werden
  - verkaufte Auflage mit Veränderungsrate zum Vorjahr, Auflagen-Struktur (Einzel-, Abo-, sonstiger Verkauf), möglichst IVW-geprüft (IVW = Informationsgemeinschaft zur Feststellung der Verbreitung von Werbeträgern e. V; www.ivw.de).
  - Leser pro Ausgabe (LpA), Leser pro Seite (LpS)
  - PageImpression (PI) Sichtkontrolle bei Online-Werbung
  - Adressenpotenzial bei Aussendungen, Messe-, Kinobesucher
  - Plakat: erinnerungswirksamer Werbemittelkontakt je Großfläche pro Stunde (G-Wert)
  - Seher, Hörer pro Tag bzw. pro ø halbe Stunde
- räumlich: geografisches Verbreitungsgebiet, Sendegebiet (lokal bis international)

- strukturell: Kontaktpersonen (Leser, Seher, Hörer, Besucher) nach den bekannten soziodemo- und psychografischen bzw. betrieblichen Segmentierungskriterien sowie die Affinität Ihrer Zielgruppen zu den Kontaktpersonen des Mediums

Selektionsmöglichkeiten der Medien
- zeitlich je nach Erscheinungsweise, Sendezeit, Veranstaltungszeit usw.
- regional, z. B. Belegung von Teilauflagen, lokale Streuung, z. B. nach Ortsteilen, Standort bei Plakat, Messen, Kino
- nach Zielgruppen, z. B. geringste Streuverluste bei Aussendungen und entsprechender Adressenselektion

Erfolgskontrolle
direkt messbar bis indirekt und begrenzt messbar, z. B. durch Befragung, Beobachtung, Aktion, Absatz-, Umsatz-, Gewinnsteigerung

Preise/Kosten
- Gesamtpreis (absolut): Einschaltpreise pro 1/1 Seite s/w bzw. 4farbig, pro mm bei Zeitungen usw., pro 30 s Sendezeit (stark abhängig von Tageszeit), pro Anschlagstelle, pro m² Standfläche, Gesamtkosten je Aussendung usw., Rabatte
- relativer Preis (potenziell)
  – 1 000er Auflagenpreis

$$(\text{Preis pro 1 000 verkaufte Auflage}) = \frac{\text{Seitenpreis}}{\text{verkaufte Auflage}} \times 1\,000$$

  – 1 000er Kontaktpreis (TKP)

$$\begin{array}{l}\text{(Preis pro 1 000 Leser,}\\ \text{Seher, Hörer, Besucher)}\end{array} = \frac{\text{Gesamtpreis}}{\text{Kontakte}} \times 1\,000$$

  – bei Zeitungen und Zeitschriften neuerdings auch Kosten pro 1 000 Seitenkontakte
  (gibt den Anzeigenwerbemittelkontakt wieder)

Zu den entscheidenden Auswahlkriterien für Werbeträger, wie sie von Unternehmen immer wieder in Umfragen genannt und bestätigt werden, zählen z. B.:
- verfügbares Budget
- absolute Reichweite, Zielgruppenanteil an der Gesamtreichweite, Reichweitenentwicklung
- Affinität Ihrer Zielgruppen zu den im Werbeträger angesprochenen Kontaktpersonen
- Tausenderpreis in der Zielgruppe
- überschaubare Preis-Rabatt-Politik der Medien

- Berücksichtigung von Platzierungswünschen sowie
- das Werbemittelumfeld (Zielgruppe, Qualität, Image).

Einen Blick hinter die Kulissen von Werbeträgeranalysen sowie Hinweise zur Beurteilung von Leistungsdaten, wie sie von den Medienbetreibern angeboten werden, gibt Ihnen die vom ZAW (Zentralverband der deutschen Werbewirtschaft, Berlin, www.zaw.de) herausgegebene Broschüre „ZAW-Rahmenschema für Werbeträgeranalysen". Das Schema bezieht sich auf den Inhalt, die methodische Anlage, die Form der Berichterstattung und die Dokumentation von Werbeträgeranalysen.

Markt- und Media-Analysen der Verlage und Arbeitsgemeinschaften von Medien, Agenturen und Werbetreibenden, wie sie in folgender Abb. aufgelistet sind, haben für die Werbeforschung in Deutschland erstrangige Bedeutung. Sie geben nicht nur Auskunft über Reichweiten, Kontaktstrukturen und Nutzungswahrscheinlichkeiten der Medien, sondern bieten auch eine Fülle von relevanten Marktdaten, wie z. B.

- Strukturdaten der Bevölkerung und ausgewählter Nutzergruppen (z. B. Verwender von Premium-Produkten, Führungskräfte/Entscheidungsträger in Wirtschaft und Verwaltung, Mediziner)
- Reichweiten, Leser-, Hörer- und Seherstrukturen in klassischen Werbeträgern und Online-Medien
- Informationsverhalten und Mediennutzung allgemein
- Kaufkraft und Markenstatus (Dreiklang: Bekanntheit, Sympathie, Verwendung)
- Konsumgewohnheiten (Marken-, Preisverhalten, Einkaufsorte)
- Konsumrelevante Einstellungen
- Ausstattung, Besitz, Verwender, Kauf-/Investitionsabsichten
- Einflussgrad bei betrieblichen Entscheidungen

Ein schier unerschöpflicher Fundus an Markt- und Mediadaten tut sich hier auf – größtenteils jedoch begrenzt auf Konsumgüter, aber auch langlebige Gebrauchsgüter in den privaten Haushalten sowie Dienstleistungen und Produkte aus dem Investiv-Bereich.

Weitere und detaillierte Angaben zu den Studien finden Sie bei FOCUS unter www.medialine.de; Stichwort Markt-Media-Studien oder direkt bei den Verlagen bzw. Herausgebern.

Die wichtigsten Markt-Mediauntersuchungen in Deutschland

Nr.	Kürzel	Titel	Herausgeber/Nutzungsrechte	Befragte Zielgruppe (Grundgesamtheit)
1	MA	Media-Analyse der AG.MA	Arbeitsgemeinschaft Media-Analyse e.V. www.agma-mmc.de	deutsche Wohnbevölkerung in Privathaushalten ab 14 Jahre
2	VA	Verbraucheranalyse	Bauer und Springer Verlag, Hamburg	wie bei (1) bzw. ab 12 Jahre (Jugendstudie) www.verbraucheranalyse.de
3	AWA	Allensbacher Markt-und Werbeträger-Analyse	Institut für Demoskopie (IfD), Allensbach www.ifd-allensbach.de	wie bei (1)
4	ACTA	Allensbacher Computer- und Telekommunikationsanalyse	wie bei (3)	deutsche Bevölkerung zwischen 14 und 64 Jahre
5	AFC	AWA „first class"	wie bei (3)	wie bei (1) aber im gesellschaftlich gehobenen Status
6	TdW	Typologie der Wünsche	Burda-Verlag www.tdwi.com	wie bei (1)
7	KA	Brigitte Kommunikations Analyse	Brigitte, Gruner + Jahr, Hamburg www.media.brigitte.de	deutschsprachige Frauen im Alter zwischen 14–64 Jahre

Nr.	Kürzel	Titel	Herausgeber/Nutzungsrechte	Befragte Zielgruppe (Grundgesamtheit)
8	LAE	Leseranalyse Entscheidungsträger in Wirtschaft und Verwaltung	GWA Gesamtverband Kommunikationsagenturen www.gwa.de	Entscheidungsträger • Leitende Angestellte • Selbstständige • Freie Berufe • Beamte
9	LA-Med	Leseranalyse medizinischer Fachzeitschriften	Arbeitsgemeinschaft LA-Med www.la-med.de	alle praktizierenden Ärzte, niedergelassene Allgemeinärzte und Internisten
10	CN	Communication Networks 11.0	Focus Magazin, Burda Media Research www.focus-magazin-verlag.de	deutschsprachige Bevölkerung zwischen 14 und 69 Jahre
11	VuMA	Verbrauchs- und Medienanalyse	Vermarkter von Werbezeiten in Radio und TV www.vuma.de	deutsche Bevölkerung ab 14 Jahre
12	KVA	Kids Verbraucheranalyse	Egmont Ehapa Verlag: www.ehapa-medien.de	deutschsprachige Kinder und Jugendliche im Alter von 6–13 Jahre
13	PMA	Plakat-Media-Analyse	Fachverband Außenwerbung (FAW)	seit 2002 in die MA (1) integriert

Die meisten dieser Studien werden jährlich aktualisiert und können kostenfrei bei den betreffenden Verlagen bzw. Herausgebern angefordert werden. Außerdem gibt es Spezialuntersuchungen, die sich auf bestimmte Produktmärkte beziehen, wie z. B. „Markenprofile" vom Stern (www.gujmedia.de), „Outfit" vom Spiegel Verlag (www.media.spiegel.de) usw.

15.4 Werbeerfolgsmessung

Bei durchgeführten Werbemaßnahmen sind diese Fragen zu klären:
- Was hat's gebracht, welchen Erfolg kann man verbuchen?
- Wie lässt sich überhaupt Erfolg messen, welche Messgrößen stehen für Wirkung und Erfolg?

Es ist außerordentlich schwierig, den Finalerfolg des Marketing – die Umsatzsteigerung oder die Vermeidung von Umsatzrückgang – allein der Werbung zuzuschreiben oder ihren Erfolgsanteil herauszufiltern. Sind doch am Kaufakt der Kunden letztlich alle vier Marketinginstrumente – der Marketingmix aus Produkt, Preis, Distribution und Kommunikation – gemeinsam beteiligt.

Zudem kommen noch verschiedene Umfeldfaktoren mit ins Spiel, wie die wirtschaftliche Gesamtlage, der Werbedruck der Konkurrenz, das Verhalten der Absatzmittler, Verbraucher und Anwender. Und warum soll dann z. B. bei Misserfolg die Werbung als alleiniger Prügelknabe herhalten und dafür verantwortlich zeichnen?

Viel eher können Wirkung und Erfolg der Werbung im Vorfeld des Kaufaktes an einzelnen Wirkungsfaktoren und -stufen beurteilt werden. Die schon über 100 Jahre alte AIDA aus Amerika (der Amerikaner Lewis hat die AIDA-Formel bereits 1898 geprägt) kann dabei auch heute noch hilfreich sein – ergänzt um eigene Interpretationen auf Seite 394.

Wie sehen es nun Manager aus der Praxis, wie sehr sich bestimmte Kriterien als Indikatoren des Werbeerfolgs eignen? (s. Seite 395).
Wirkung und Erfolg der Werbung lassen sich in erster Linie feststellen
- durch **Befragungen**, z. B. über Wahrnehmung, Erinnerung, Gefal-

AIDAS-Formel

Wirkungsstufe	Erfolgsziele	Was ist dabei messbar?
Attention	**Aufmerksamkeit erregen** Das Werbemittel und das Produkt müssen wahrgenommen und später auch erinnert werden. Produkt muss bekannt gemacht werden; Kontaktperson muss etwas lernen über Produktnutzen, es auch glauben und davon überzeugt sein.	gesehen/gehört gelesen erinnert **Bekanntheit** (ungestützt)
Interest	**Interesse wecken** Mit einer guten „A"-Basis sollte es auch gelingen, das Angebot sympathisch zu machen und erste Reaktionen auszulösen, z. B. Anforderung von Informationen, Anfragen, Vertreterbesuch. In dieser Stufe erfolgt erste Orientierung über vorhandene Produkte, Angebotsvergleich mit technischen und wirtschaftlichen Eigenschaften.	**Sympathie** („Leiden-Mögen") Einstellungen Interesse Rücklauf (Response)
Desire	**Drang, Wunsch verspüren** es haben wollen, Kaufwille auslösen, evtl. Widerstand aufgeben und Neues – nämlich unsere Produkte – ausprobieren (Änderung von Einstellungen und Kaufgewohnheiten) Kaufbereitschaft führt zur Anbieter-/Markenauswahl	Haltungsänderung Kaufwunsch **Kaufbereitschaft**
Action	**Aktion, Kaufvorgang auslösen** Bestellung abschicken, Kaufvertrag abschließen, kaufen, Finalentscheid	**Kauf** Umsätze Marktanteil

Sie sollten dies unbedingt noch ergänzen um ein „S"

Satisfaction	**Zufriedene Kunden schaffen** zum Wiederkauf anregen, zu Stammkunden machen und Mehrkauf veranlassen, Weiterempfehlung stimulieren, Markentreue aufbauen	**Wiederkauf** Stammkunde Markentreue Weiterempfehlung

Eignung von Messkriterien für den Werbeerfolg, Meinung der Praxis	Führt zur Beeinflussung von			
Kriterien für den Werbeerfolg	Auf-merk-samkeit	Kom-mun. leistung	Ein-stel-lung	Ver-hal-ten
Hauptkriterien				
• am spontanen (ungestützten) Be-kanntheitsgrad (weit weniger am gestützten Bekanntheitsgrad)	×			
• an der richtigen Nennung des Haupt-Produktversprechens (weit weniger an der Nennung weiterer Werbeversprechen)		×		
• an der Schaffung von Goodwill/Image			×	
Gefolgt werden diese drei Haupt-kriterien von der Messung				
• der Erinnerung/richtigen Erinnerung an die Werbung	×	×		
• der Zahl der Wiederkäufer				×
• der Zahl der Käufer oder der Ver-änderung des Umsatzes				×
• der Zahl der Erstkäufer/Probierer sowie			×	×
• des geäußerten Kaufinteresses und			×	
• der Veränderung des Marktanteils				×

Abgefragt wurden (bei Führungskräften aus Untrenehmen ab 500 Beschäftigten) insgesamt 12 Kriterien und ihr Eignungsgrad zur Erfolgsmessung nach den Abstufungen: sehr gut/gut/weniger gut/nicht geeignet.

Die obige Rangreihung erfolgte nach der Bewertung sehr gut und gut geeignet.
(Quelle: Handelsblatt)

len, Bekanntheit, Sympathie, Verwendung, Einstellungen und Verhalten, Kaufbereitschaft, kaufauslösende Faktoren nach dem Kauf usw.;

• durch **Beobachtung**, z. B. Frequenzmessungen auf Messen oder im Geschäft, Wettbewerber auf Messen und sonstigen Werbeaktivitäten;

• durch **Aktionen**, die ihren Niederschlag in den Verkaufsstatistiken finden, z. B. Rückläufe/Anforderungen von Informationsmaterial oder Vertreterbesuche, Anfragen, Aufforderungen zur Angebotsangabe, Zahl der Käufer (Erst-, Wiederkäufer), numerische und gewichtete Distribution im Handel, Umsätze, Marktanteil.

Wie sieht nun die Erfolgsmessung bei einzelnen Werbemaßnahmen aus? Als Grundsatz kann gelten: Je direkter die Werbung, desto besser kann auch Werbeerfolg gemessen und Streuverluste miniert werden.

Folgende **Praxisbeispiele** sollen Möglichkeiten aufzeigen:

(1) Coupon-/Antwortkarten-/Anfragenrückläufe bei Anzeigen, Mailings oder Online-Werbung

- **Beispiel für Antwortkartenrücklauf** bei Produkten der Bürokommunikation: Geschaltet wurden Anzeigen mit z. T. unterschiedlichen Anzeigenmotiven und mit 3–5maliger Wiederholung in allgemeinen Wirtschaftszeitschriften bzw. Branchenmagazinen. Auf die jeweilige Auflage bezogen, ergaben sich Responsewerte von 0,4 bis 2,8 % der verkauften Exemplare.

- **Beispiel für Mailings:** Hierbei können Sie mit folgenden Rücklaufquoten rechnen
  - für Informationsanforderungen 0 bis 5 % der Aussendungen
  - für direkte Bestellungen < 1 % bis 3 %, in Ausnahmefällen und bei besonderen Angeboten auch mal mehr.

Zur endgültigen Feststellung dieser Erfolgsgrößen sollten Sie mindestens vier Wochen nach Aussendung abwarten, da bis dahin etwa 80 % der möglichen Rückläufe eingetreten sind.

(2) Sonderform Kennziffernzeitschriften und Leserservice bei Kaufzeitschriften: Grundlage für die Erfolgsmessung sind die Leserkarten in der Zeitschrift. Auf diesen kreuzt der Leser die gewünschten Informationen an, und der Verlag gibt sie an Sie zur weiteren Bearbeitung. Der Vorteil dabei ist außerdem, dass Sie mit der Informationsanfrage in der Regel bereits eine Reihe von Strukturdaten des Interessenten, nämlich Branche, Betriebsgröße und Stellung im Unternehmen, erhalten.

(3) Messen und sonstige Veranstaltungen: Ein großes Augenmerk sollten Sie der Messeerfolgskontrolle widmen, können Sie doch daraus ableiten, ob sich künftig eine weitere Beteiligung lohnt. Bei der Frage, ob Sie überhaupt auf einer Messe ausstellen sollen, können Sie sich z. B. Informationen besorgen von Ihrem Verband, Ihren Kunden, Ihren Vorlieferanten, der AUMA bzw. der betreffenden Messegesellschaft, Ihrer Industrie- und Handelskammer sowie Ihren Kollegenfirmen.

Außer bei einer Ordermesse ist der Umsatz nicht die geeignete Größe, um eine Messebeteiligung zu beurteilen. Vielmehr gibt es bei Messen eine Reihe von zielführenden Richtzahlen, die den Erfolg widerspiegeln. Im Vordergrund stehen die Kontakte, die Struktur der Messe- und Standbesucher, ihre Meinungen sowie die Kosten der Veranstaltung (**Praxisbeispiel** für einen Messebericht s. S. 197).

Basis für Erkenntnisse und Erfahrungen aus dem Messeauftritt ist zunächst eine direkte und vollständige Erfassung der den Messestand besuchenden Personen (Vollerhebung). Eine Stichprobenerhebung zu bestimmten Fragestellungen, wie z. B. Beurteilung des Messestandes, der Produktpräsentationen, des Standpersonals, offene Wünsche usw., kann Ihnen darüber hinaus wertvolle Hinweise zum Erfolg und für Ihre weiteren Messeaktivitäten liefern. Zur Messeerfolgskontrolle gehören auch Auswertungen der Presseberichte über die Messe sowie eine Messebefragung und der Schlussbericht der Messegesellschaft, die Sie kostenlos erhalten.

Marktforschung für Ihre Kommunikationspolitik

- Bewerten Sie Ihre Ausgaben für Werbung als Investition in den Markt und nicht als unproduktiv und nutzlos. Betrachten Sie Werbung als einen „Verkäufer". So werden Sie eine andere Einstellung dazu finden.
- Ihr Werbebudget, Werbemittel und Medien richten Sie am besten an Ihren Zielen und Zielgruppen aus. Vor allem sprechen Sie die „Sprache" Ihrer Kunden, und Sie haben größere Chancen, erfolgreich zu sein.
- Beobachten Sie auf jeden Fall intensiv das Werbeverhalten Ihrer Mitbewerber und überlegen Sie, was Sie anders (oder besser) machen können. Vor allem erkennen Sie aus den Werbeaussagen und den Produktversprechen, mit welchen Argumenten Ihre Wettbewerber ins Feld ziehen und damit auch Ihre Kunden überzeugen möchten.
- Die Methoden der Werbeforschung sind vielfach die gleichen wie die der Marktforschung im Allgemeinen. Allerdings mit der Tendenz, dass qualitative Inhalte und kleine Stichproben vorherrschen, wenn man von den umfangreichen Mediauntersuchungen der Verlage einmal absieht.
- Für Ihre Außenwirkung ist es von entscheidender Bedeutung, wie Sie mit Ihrem Erscheinungsbild am Markt auftreten. Prüfen Sie, was zu Ihnen passt, und tun Sie nicht mehr, aber auch nicht weniger. Versäumen Sie es nicht, sich ab und zu im Markt bei Ihren Kunden und Interessenten zu erkundigen, was man von Ihnen hält und wie man Ihr Image einschätzt.
- Werbemittel sollten Sie vor ihrem Einsatz – wenn auch nur „quick and dirty" – bei Ihren Mitarbeitern oder anderen Leuten testen. Sie bekommen so ein Gespür dafür, ob Ihre Botschaft rüberkommt oder nicht. Aber: Stoppen Sie ausschweifende Diskussionen. Nichts wird lieber diskutiert als die Werbung.

- Am besten testen Sie Werbemittel auch im Feld, indem Sie einen Split in der Auflage oder beim Werbeträger vornehmen. Variieren Sie z.B. bei einer Aussendung die Gestaltung, das Anschreiben, die Argumentation, die Beilagen, dann können Sie feststellen, welcher Split besser ankommt und erfolgreicher ist. Oder Sie schalten die gleiche Anzeige in verschiedenen Zeitungen/Zeitschriften und vergleichen die Responsewerte.
- Gehen Sie in Ihrer Werbung auch mal ungewohnte Wege.
- Allerdings gibt es auch branchenübliche Wege, wie Kunden sich Ihre Informationen beschaffen. Richten Sie sich vor allem nach diesen.
- Bei der Mediaselektion helfen Ihnen Nachschlagewerke, die Verlage mit ihren Markt-Media-Studien, Organisationen, Werbeberater und Agenturen. Aber vor allem lassen Sie Ihre Kunden sprechen. Die müssen es ja schließlich wissen, wo sie am ehesten „anbeißen".
- Erfolgskriterien für den Werbeeinsatz sind die einzelnen Wirkungsstufen, wie sie z. B. in der AIDA-S-Formel zum Ausdruck kommen, und nicht so sehr der Umsatz. Dieser sollte als finale Erfolgsgröße für Ihren gesamten Marketingmix stehen.
- Die Messe ist der Ort, wo Ihre Kunden und die der anderen hingehen. Nutzen Sie diese Gelegenheit in vollen Zügen mit den Ihnen zur Verfügung stehenden Möglichkeiten und Mitteln. Prüfen Sie aber vorher, inwieweit eine solche Veranstaltung für Ihr Angebot geeignet ist und ob Sie dort auch wirklich Ihre Kunden und potenziellen Kunden treffen.

  Den Erfolg können Sie – wie bei keiner anderen Veranstaltung – anhand von Kontakten und am Messestand zu erhebenden Besucherdaten sehr gut messen. Aber legen Sie auch auf eine gute Organisation der Nachbearbeitung großen Wert.
- Eine Maßnahme, die einmal erfolgreich war, muss ein andermal nicht unbedingt zum gleichen oder vergleichbaren Erfolg führen. Umfeldbedingungen, Timing usw. können Ihnen dabei schon einmal einen Strich durch die Rechnung machen.
- Beachten Sie den Grundsatz: Werbung kostet Geld, keine Werbung kostet Umsatz.

Anhang

1. Gesamtübersicht Marktforschung (Grafische Synopse)

Merkmal	Ausprägung					
1 Stellung im Marketing	**Analytische Marketinginstrumente**	Strategische Marketinginstrumente				
		Produktpolitik	Preispolitik	Distributionspolitik	Kommunikationspolitik	
2 Produktionsfaktoren	1. Boden	2. Arbeit		3. Kapital	**4. Information**	
3 Marktbezug	Absatzmarktforschung			Beschaffungsmarktforschung		
	extern	intern		Güter	Arbeitskräfte	Finanzmittel
4 Dimensionen des Absatzmarktes	Umfeld (1)	Produkt (2)	Zielgruppen (3)	Wettbewerber (4)	Regionen (5)	Zeit (6)
zu (1) **Umfeld**	ökonomisch	ökologisch	Gesetze und Vorschriften	kulturell, gesellschaftlich		Stimmungsbarometer
zu (2) **Produkt**	Konsumgüter		Produktions- und Investitionsgüter		Dienstleistungen	
	Verbrauchs- und Gebrauchsgüter		RHB- (Roh-, Hilfs- und Betriebs-)Stoffe, Betriebsmittel, Immobilien		Handel, Banken, Versicherungen, usw.	
• Bedürfniskomplexe im Konsumgüterbereich	Wohnen / Energie	Ernährung	Verkehr	Persönliche Ausstattung u. Sonstiges	Bildung / Unterhaltung, Freizeit	Möbel, Haushaltsgeräte · Bekleidung, Schuhe · Gesundheits- und Körperpflege

Merkmal	Ausprägung				
	K-Markt	**O-Markt**			
zu (3) **Zielgruppen**	Konsumenten, Private Haushalte	Unternehmen	sonstige Organisationen	Öffentliche Haushalte	
Strukturmerkmale	demografische	soziografische	psychografische	verhaltensrelevante	
• K-Markt	Alter, Geschlecht, Region usw.	Beruf, Einkommen, Schulbildung usw.	Lifestyle, Einstellungen	Käufer/Nichtkäufer, Kaufvolumen, Kaufmotive	
• O-Markt	Art	Branche	Betriebsgröße	Standort/Region	Verhalten
zu (4) **Wettbewerber** • Marktformen	Monopol	Oligopol	Polypol		
• Wettbewerbertypen	Marktführer	Herausforderer	Mitläufer		
	Generalist vs. Spezialist	Nischenanbieter	Traditionalist	New Entry	
• Fünf Wettbewerbskräfte (Five Forces)	Wettbewerb(s)(-intensität) in der Branche	Neue, potenzielle Anbieter	Substitutionsprodukte/-technologien	Lieferanten(-macht), Vorwärtsintegration	Kunden(-macht), Vorwärtsintegration
• Marktanteilsmessung	absolut: Unternehmen/Marktvolumen	relativ: Unternehmen/größte Wettbewerber			
• Portfolioachsen	Marktattraktivität bzw. Marktwachstum	relativer Marktanteil bzw. relative Wettbewerbsstellung			

Merkmal	Ausprägung					
zu (5) Regionen	Inland				Ausland	
	Nielsen-gebiete/Bundesländer	Regierungsbezirke	Stadt-/Landkreise	Gemeinden, Gemeindebezirke	Erdteile · Wirtschaftsregionen	Länder
zu (6) Zeithorizont	Vergangenheit	Gegenwart	Zukunft (Prognose)			
			kurzfristig	mittelfristig	langfristig	
5 Anwendungsgebiete	Produkt-/Bedarfsforschung	Zielgruppen-/Kundenforschung	Konkurrenzforschung	Regionalforschung	Trendforschung	Werbeforschung
6 Erhebungsmethoden	Primärforschung (Field-Research)		Sekundärforschung (Desk-Research)			
7 Quellen der Sekundärforschung	Intern		Extern			

7 Quellen der Sekundärforschung

Intern:
– Rechnungswesen
– Vertriebsstatistik
– Besuchsberichte
– Persönliche Erfahrungen und Kenntnisse der Mitarbeiter
– Adressdateien

Extern:
– Amtliche Statistik,
– Verbände, IHK
– Banken, Institute
– Verlage, Wirtschaftspresse
– Adressverlage, -bücher
– Datenbanken, Internet
– Firmenberichte

8 Erhebungsmethoden der Primärforschung	Befragung (PAPI, CAPI, CATI, CAWI)			Tests			Beobachtung	
	persönlich/face-to-face	telefonisch	schriftlich (offline / online)	Studiotest	Labortest	Markttest	teilnehmende	nicht teilnehmende

9 Erhebungsumfang	Vollerhebung (im Sinne der Grundgesamtheit)	Teilerhebung/Teilgesamtheit (Stichprobe/Sample)

Ausprägung

Nr	Merkmal	Ausprägung
10	Stichprobenauswahlverfahren	**Zufallsstichproben:** Randomverfahren (= Adressen-Random) · Random-Route-Verfahren (= Standard-Random) — **Quotenstichproben:** proportional · disproportional · cut off — **Spezialstichpr.:** „typische" Auswahlverfahren
11	Formen der Primärerhebung	Exklusiv-Studie · Mehrthemen-befragung · Multiclient-Studie · Panel · Gruppendiskussion/Fokusgruppen Explorationen
12	Arten von Fragen	offene Fragen · geschlossene Fragen · eindimensional · mehrdimensional
13	Fragebogengestaltung	unstrukturiert (Gesprächsleitfaden) · teilstrukturiert · vollstrukturiert
14	Inhalt der Informationen	quantitative Fakten · qualitative Aussagen · Tatsachen/Fakten · Meinungen/Bewertungen · Einstellungen und Motive
15	Zeitl. Erstellung • Abstand • vorher/nachher	in periodischen Abständen (z.B. Panel) · in unregelmäßigen Abständen/einmalig (ad hoc-Studien) — Pre-Test · Post-Test
16	Durchführung	Eigenerhebung · Marktforschungsinstitut · Sonstige Organisationen
17	Bearbeitungsstufe	Informationsbeschaffung · Informationsaufbereitung · Informationsauswertung
18	Auswertung	einfache rechnerische Verfahren · mathematisch fundierte Verfahren — statistische Messgrößen (z.B. Häufigkeiten, Struktur-, div. Mittelwerte), Marketingkennziffern (z.B. Skalierungen, Indices, Marktanteile) · Korrelations-, Regressionsanalysen. Trendextrapolationen, multivariate Analyseverfahren (z.B. Conjointanalyse)
19	Darstellungsformen	Tabellen · Grafiken · textliche Interpretation

2. Nützliche Adressen für Marktforschung und Marketing

Ihre Aktivität:

- Sie gehen ins Internet, geben Ihren Suchbegriff in eine Metasuchmaschine oder gezielt in eine bekannte Suchmaschine ein und „googeln" sich durch die Dokumente, bis Sie auf verwertbare Informationen stoßen.
- Oder Sie haben bereits eine Internetadresse und besuchen die Website der betreffenden Firma/Organisation oder des Suchbegriffes.
- Informieren Sie sich dort, wie Ihnen anhand der angebotenen Dienste weitergeholfen werden kann. Dort finden Sie oft auch weitere wertvolle Links
- Nehmen Sie bei Bedarf Kontakt mit diesen Stellen auf. Manchmal gibt es noch mehr nützliche Informationen als auf der Homepage angegeben werden.
- Oder bestellen Sie gleich online die gewünschten Publikationen in gedruckter oder elektronischer Form, auch als Download sofort möglich.
- Die angeforderten Unterlagen erhalten Sie vielfach auch ohne Kostenberechnung. Manchmal benötigen Sie zur Recherche eine Benutzerkennung (username) und ein Passwort. Der Zugang ist dann allerdings oft kostenpflichtig, z. B. bei kommerziellen Datenbanken.

Amtliche Statistik

Statistisches Bundesamt, Wiesbaden
destatis.de

Statistische Ämter des Bundes und der Länder
statistik-portal.de

Statistiken der Gemeinden und Kreise
- Deutscher Städtetag, Spitzenverband aller kreisfreien und der meisten kreisangehörigen Städte: staedtetag.de bzw.
- Deutscher Landkreistag: kreise.de

• Statistische Ämter der Großstädte, über die jeweiligen Stadtverwaltungen

Bundesagentur für Außenwirtschaft

bfai.de und weiter über das Suchraster: Datenbank-Recherche (Länder und Märkte, Zoll, Recht, Ausschreibungen, Entwicklungsprojekte, Adressen, Geschäftskontakte) und Publikationen

Bundesministerien

z. B. Bundesministerium für Wirtschaft und Technologie: bmwi.de

Internationale Organisationen

• Europa-Portal: http://europa.eu
• Statistisches Amt der Europäischen Gemeinschaften: epp.eurostat.ec. europa.eu sowie: mygeo.info/statistiken
• OECD (Organisation for Economic Co-operation and Development): oecd.org
• Vereinte Nationen: unric.org bzw. www.un.org
• Weltbank: worldbank.org
• World Trade Organization: wto.org
• Internationale Handelskammr (International Chamber of Commerce): iccwbo.org
• Internationaler Währungsfond (IWF): imf.org

Verlage für Wirtschaftsinformationen

Heinrich Bauer Verlag

bauermedia.com für Studien (Branchenberichte, Markt-Media-Studien, Werbewirkung, Zielgruppen usw.)

Burda Verlag

burda-advertising.com für Studien, z. B. Markt- und Branchenanalysen, Typologie der Wünsche(TdW), Focus Medialine: medialine.de und weitere individuelle Serviceangebote

Gruner+Jahr Verlag

gujmedia.de mit umfangreichen Markt- und Mediauntersuchungen, z. B. Markenprofile (Stern), Kommunikationsanalyse (Brigitte: media. brigitte.de) usw.

Axel Springer Verlag

axelspringer.de und mediapilot.de mit Berichten aus den Branchen, zur Konjunktur, Forschungsberichte, Werbemarkt mit MDS (Mediaplanungs-Dialog-System) usw.

Vogel-Verlag
vogel.de mit den Services Marketing und Medien sowie Contentver-
marktung

Verlagsgruppe Handelsblatt
handelsblatt.com

Weitere aktuelle Wirtschaftspresse mit ihren Online-Diensten und Archiven
z. B. faz.net; sueddeutsche.de; welt.de; focus.de; spiegel.de usw.

Auskunfts- und Adressverzeichnisse/Business-Suchmaschinen

Verband Deutscher Auskunfts- und Verzeichnismedien e. V. (VDAV)
vdav.de mit Hinweisen Recherchemöglichkeiten in den angeschlosse-
nen Verzeichnismedien

Kompass GmbH
kompass.com mit 1,9 Mio. Firmenprofilen und Produkten führender
Unternehmen in 70 Ländern mit 54 000 klassifizierten Suchbegriffen für
Produkte und Dienstleistungen

Deutscher Direktmarketing Verband
ddv.de mit den Adressen ihrer Mitglieder und deren Dienstleistungen

Deutscher Adressbuchverlag für Wirtschaft und Verkehr GmbH
businessdeutschland.de, GelbeSeiten Business Deutschland ist ein na-
tionales Verzeichnis von Gelbe Seiten mit über 130 000 Unternehmen,
geordnet nach Branchen und Produktgruppen

Festland Verlag GmbH
oeckl.de und oeckl-online.de mit dem Taschenbuch des öffentlichen Lebens (Behörden, Verbänden, Stiftungen usw.) in Deutschland und Europa

Stamm Verlag GmbH
stamm.de, der STAMM Leitfaden durch Presse und Werbung ist das
Nachschlagewerk für Öffentlichkeit und Werbung von Unternehmen,
Agenturen und Organisationen

Verlagsgruppe Kroll-Verlag
kroll-verlag.com mit Presse-Taschenbücher in 18 Branchen-Fachausga-
ben

Wer liefert was? GmbH
wlw.de; Suchmaschine für Produkte und Dienstleistungen im B-to-B

mit 355 000 eingetragenen Unternehmen in Deutschland aus allen Branchen

Hoppenstedt GmbH & Co KG

hoppenstedt.com und firmendatenbank.de; Firmendatenbank mit Profilen von 225 000 großen und mittelständischen Unternehmen in Deutschland sowie rund 700 000 Ansprechpartnern aus dem Management und

hoppenstedt-verbaende.de mit der Publikation „Verbände, Behörden und Organisationen" mit 25 000 Profilen von Institutionen und 50 000 Ansprechpartnern aus der ersten Ebene

Seibt Industrie-Informationen

seibt.com mit einer Industrie-Datenbank zu verschiedenen ausgewählten Branchen

Eurédit S.A. mit „Europages"

europages.com; B-to-B Suchmaschine insbesondere für innereuropäische Geschäftsbeziehungen mit 600 000 Im- und Export-Unternehmen aus 35 europäischen Staaten

Thomas Publishing Company mit dem „Thomas Global Register"

trem.biz und thomas-global.de; Einkaufsführer mit über 700 000 Herstellern und Verteilern aus 28 Ländern, eingeteilt nach 11 000 Produkt- und Dienstleistungskategorien

TVG Telefon- und Verzeichnisverlag GmbH & Co. KG mit „Webadress"

webadress.de; Suchmaschine für gewerbliche E-Mail- und Internetadressen mit 700 000 redaktionell geprüften Einträgen von Unternehmen, Freiberuflern und Institutionen

Verlagsgruppe Sachon, BDI-Einkaufsführer „Die Deutsche Industrie"

diedeutscheindustrie.de; Datenbank mit etwa 36 000 Unternehmen aus der deutschen Investitionsgüterindustrie, sortiert nach 46 Branchen

Adressenverlage

Sie finden diese (in Deutschland 107 Adressenabieter) entweder unter den oben angegebenen Adressverzeichnissen oder unter dem Suchbegriff „Adressenverlage" in einer Suchmaschine, z. B. auch unter der Adresse way2business.de oder internet-verzeichnis.de. Die gewünschten Adressen erhalten Sie dann entweder in einer E-Mail, als CD-ROM, Liste oder Selbstklebe-Etiketten.

Messen und Ausstellungen

AUMA Ausstellungs- und Messe-Ausschuss der Deutschen Wirtschaft e. V.

auma-messen.de mit vielen Hinweisen und Statistiken zur deutschen und internationalen Messelandschaft (AUMA Messe Guide), Verzeichnis und Strukturdaten der Messen und Ausstellungen

Auskunfteien

Creditreform

Verband der Vereine Creditreform e.V.
creditreform.de mit umfassenden Dienstleistungen und Online-Recherchen auf den Kerngebieten Wirtschaftsinformationen und Forderungsmanagement; Auskünfte über ca. 3,6 Mio. Unternehmen und 46 Mio. Datensätze über Privatpersonen

Dun & Bradstreet GmbH

dnb.com bzw. dnbgermany.de; weltweit größte Wirtschaftsdatenbank mit mehr als 100 Mio. registrierten Unternehmen aus insgesamt 225 Ländern, davon 3,5 Mio. aktive Unternehmen in Deutschland, die meisten davon mit Bilanzen erfasst

Internet Datenbanken

Übersichten: internet-datenbanken.de mit vielen Links zu weiteren Datenbank-Übersichten, z. B. Deutsche Internetbibliothek (DIB), internetbibliothek.de mit Online-Angeboten aus der Wirtschaft und anderen Sachgebieten
Einzelne Datenbanken:
• Genios/German Business Information: genios.de
• Fachinformationszentrum Technik: fiz-technik.de
• Dialog Information Services und Datastar System: dialog.com und dialog.com/home/germany bzw. datastarweb.com
• Questel: questel-orbit.com

Marktforschungsunternehmen

Berufsverband Deutscher Markt- und Sozialforscher e.V.(BVM)

bvm.org mit der Publikation „BVM Handbuch" mit Profilen der Forschungsinstitute und einem Glossar der aktuellen Marktforschungsbegriffe (bvmnet.org) sowie Arbeitskreise, Standesregeln usw., jährliche Aktualisierung, inkl. der Online-Version des Handbuchs mit mehr als 500 Eintragungen.

Arbeitskreis Deutscher Markt- und Sozialforschungsinstitute e. V. (ADM)
adm-ev.de, die berufsständische Organisation der 64 eingetragenen Institute, die rund 80 % des Gesamtumsatzes der deutschen Marktforschung repräsentieren; u. a. Herausgeber von Richtlinien zur Marktforschung

Einzelne Marktforschungsinstitute
• GfK: gfk.com
• Nielsen: acnielsen.de – acnielsen.com
• EMNID: emnid.de
• Infratest: tns-infratest.com

Banken

z. B. Ihre Hausbank oder andere Institute für allgemeine Wirtschafts-, Konjunktur-, Länder- und Brancheninformationen

Industrie- und Handelskammern/Handwerkskammern

Deutscher Industrie- und Handelskammertag
dihk.de, die Dachorganisation der 81 deutschen IHKs

Industrie- und Handelskammern
ihk.de mit einem Verzeichnis der deutschen IHKs, die rund 3,6 Mio. gewerbliche Unternehmen als gesetzliche Mitglieder vertreten

Handwerkskammern
Zentralverband des deutschen Handwerks: zdh.de

Auslandshandelskammern
ahk.de mit den Vertretungen in mehr als 80 Ländern und rund 120 AHKs, Delegiertenbüros und Repräsentanzen der deutschen Wirtschaft, die meist bilateral organisiert sind

Außenwirtschaftszentren/Außenwirtschaftsportale
Allgemeines Außenwirtschaftsportal der Bundesministerien, Bundesländer, Verbände/Kammern usw.: ixpos.de.
Hamburg: aussenwirtschaftszentrum.de;
Außenwirtschaftsportal Bayern: auwi-bayern.de

Suchmaschinen

Meta-Suchmaschinen (suchen Begriffe in mehreren Suchmaschinen gleichzeitig)

- metager.de und metager2.de ein Service des Regionalen Rechenzentrums für Niedersachsen (RRZN) der Universität Hannover, speziell für den deutschsprachigen Raum
  dino-online.de oder webkatalog.dino-online.de mit weiteren Links zu Meta- und anderen Suchmaschinen
- ub.uni-konstanz.de, Bibliothek der Universität Konstanz mit Links zu mehreren Datenbanken
- metacrawler.com, die international bekannteste (und älteste) Meta-Suchmaschine, entwickelt vom Science Department der Universität of Washington
- metasuchmaschinen.net
- reggaeman.net mit Links zu Suchmaschinen und Medien

Einzel-Suchmaschinen
- google.de oder google.com
- yahoo.com bzw. yahoo.de
- Microsoft: msn.com
- timewarner.com
- ask.com (liefert Antworten in ganzen Sätzen)
- a9.com (ein Projekt von amazon.com)
- mooter.com (fast Ergebnisse nach Themengebieten zusammen)
- vivisimo.com (ähnliches Konzept wie mooter)
- lycos.com
- altavista.com
- fireball.de
  sowie die oben erwähnten spezialisierten Business Suchmaschinen für Adressen

Internet-Adressen und Inhalte wurden mit größter Sorgfalt recherchiert. Doch beachten Sie, auch diese Adressen und deren Inhalte können sich ändern.

3. Literaturverzeichnis

Fachbücher und Fachaufsätze

Backhaus, K.; Erichson, B.; Plinke ,W., Multivariate Analysemethoden, Berlin 2006

Berekoven, L./Eckert, W.; Ellenrieder P., Marktforschung, Methodische Grundlagen und praktische Anwendung, 10. Auflage, Wiesbaden 2006

BVM Handbuch Marktforschungsunternehmen, Berlin, erscheint jährlich neu, mit einem Glossar der wichtigsten Marktforschungsbegriffe (bvm.org)

Diller, H.(Hrsg), Vahlens Großes Marketing-Lexikon, 2. Auflage, München 2001

Fischer, G., Strategische Konkurrenzanalyse, in: Handbuch Strategisches Marketing 1984, S. 103 ff

Hammann, P./Erichson, B., Marktforschung, Stuttgart 2006

Hüttner, M./Schwarting, U., Grundzüge der Marktforschung, München 2002

Kastin, K. S., Gemeinsam forschen, getrennt vermarkten, in: Absatzwirtschaft, 11/1984, Düsseldorf

Kastin, K. S., Internationale Marktforschung, in: Handbuch Marktforschungspraxis, Hrsg. W. Pepels, Düsseldorf 2008

Kastin, K. S., Marktforschung im Business to Business, in Business to Business Marketing, Hrsg. W. Pepels, Düsseldorf 2008

Kastin, K. S., Mit Informationen den After Sales Service optimieren in After Sales Service, Hrsg. W. Pepels, Düsseldorf 2007 (Hier kann mein Beitrag als pdf heruntergeladen werden (19 €) http://62.8.198.34/s/WebObjects/s.woa/wa/i/0001880)

Konrad, K., Mündliche und schriftliche Befragung, Landau 2005

Mayer, H. O., Interview und schriftliche Befragung, München 2003

Pepels, W., Lexikon der Marktforschung, München 1997

Pepels, W. (Hrsg), Handbuch Marktforschungspraxis, Düsseldorf 2008

Tscheulin, D. K./Helmig, B., Gabler Lexikon Marktforschung, Wiesbaden 2004

Weis, H. Ch.; Steinmetz, P., Marktforschung, Modernes Marketing für Studium und Praxis, Ludwigshafen 2005

Welker, M./Werner, A./Scholz J., Online-Research Markt- und Sozialforschung mit dem Internet, Heidelberg 2005

Hinweis: Bei Google finden Sie unter dem Begriff „Marktforschung"
162 000 Eintragungen. Amazon weist 2 379 Bücher zu diesem Thema
aus, teilweise mit Rezensionen der Leser.

Dieses Buch steht dort unter „Beste Ergebnisse" gegenwärtig an 7. Stelle.

Für eine schnelle und kurze Information über Marketing- und Marktforschungsbegriffe können Sie auch diese Internetseiten besuchen:

- medialine.de (Media- und weitere Lexika von FOCUS)
- marketing-lexikon-online.de
- nhi2.de
- das Marktforschungsglossar beim BVM: bvm-net.de/glossar
- und natürlich auch das Online-Lexikon Wikipedia: wikipedia.de

4. Fachzeitschriften mit Brancheninformationen und Studien

Verlagsgruppe Handelsblatt, Düsseldorf (handelsblatt.com) mit der Zeitschrift
- Absatzwirtschaft; absatzwirtschaft.de sowie
- der Firmendatenbank firmenwissen.de

Europa-Fachpresse-Verlag, München (efv.de) mit den Zeitschriften
- Werben & Verkaufen: wuv.de
- Der Kontakter: kontakter.de
- media & marketing: mediaundmarkeing.de
- marketing journal: marketing-journal.de

Verlagsgruppe Deutscher Fachverlag, Frankfurt/Main (dfv.de) mit den Zeitschriften
- Horizont: horizont.net
- Planung & Analyse, Zeitschrift für Marktforschung: planung-analyse.de mit p&a Handbuch der Marktforschungsunternehmen und einer Plattform für Unternehmens-Marktforscher (PUMA)

Beck Verlag München (rsw.beck.de) mit der Zeitschrift
Marketing – Zeitschrift für Forschung und Praxis; marketing-jrm.de (Journal of Research and Management)

Research & Results, Magazin für Media-, Markt- und Werbeforschung, München (research-results.de) unter anderem auch Veranstalter der ersten Marktforschungsmesse (2006) in Deutschland markt forschungsmesse.de, konzipiert nach dem Vorbild der SEMO (Salon des Etudes Marketing, Média et Opinion) in Paris; salon-semo.com

Kress Verlag, Heidelberg, Kress Report, der aktuelle Report für die Medien-, Werbe- und Kommunikationsbranche auch als tagesaktuelle Brancheninformation im Internet; kress.de

Schriften zur Methode:
- ZA-Informationen: Herausgeber Zentralarchiv für Empirische Sozialforschung, Universität zu Köln; gesis.org/za
- ZUMA Informationen: Herausgeber Zentrum für Umfragen, Methoden und Analysen, Mannheim; gesis.org/zuma

Sonstige Internet Adressen mit Informationen und Hinweisen auf

Diplomarbeiten und Studienarbeiten mit fachbezogenen Themen zum Ankauf
- business-wissen.de
- diplom.de
- diplomarbeiten24.de

Ferner erhalten Sie **Hinweise**
- zu Studienarbeiten auch unter dem betreffenden Suchbegriff in den Suchmaschinen sowie
- zu E-Books: amazon.de mit zum Teil branchen- oder firmenbezogenen Inhalten

Sachverzeichnis

Buchanzeigen

Starthilfen für Unternehmer

Füser
Ratgeber Existenzgründung

1000 Ideen und Checklisten zum Erfolg.
Eine Fülle von Anregungen für unternehmerisch denkende Praktiker.

2. Aufl. 2004. 490 S. €
€ 13,–. dtv 50828

Bonnemeier
Praxisratgeber Existenzgründung

Erfolgreich starten und auf Kurs bleiben.
Konkrete Handlungsempfehlungen für alle Phasen der Existenzgründung und die erste Zeit danach.

2. Aufl. 2008. 702 S. €
€ 17,50. dtv 50874

Schaub/Reiserer
Ich mache mich selbstständig

Hürden nehmen · Chancen nutzen.
Ein umfassender Überblick über die öffentlich-rechtlichen und privatrechtlichen Rahmenbedingungen für den Schritt in die Selbstständigkeit.

6. Aufl. 2008. 563 S. §
€ 17,–. dtv 5236
Neu im Juni 2008

Hammer
Soll ich mich selbständig machen?

Chancen und Risiken bei der Neugründung, Geschäftsübernahme oder Beteiligung, Standortwahl, Finanzierung, Recht, Marketing und Controlling.

4. Aufl. 2005. 252 S. €
€ 9,50. dtv 5853

Wörle
Selbstständig ohne Meisterbrief

Was Handwerkskammern gern verschweigen.
Alles über den Eintrag in die Handwerksrolle ohne Brief sowie über die legalen Tätigkeitsmöglichkeiten.

1. Auf. 2008. Rd. 300 S. §
Ca. € 14,50. dtv 50673
In Vorbereitung für Sommer 2008 →

Waldner/Wölfel
So gründe und führe ich eine GmbH

Vorteile nutzen · Risiken vermeiden.
Haftungsbeschränkung, Gründungsvoraussetzungen, Vertragsgestaltung, Geschäftsführer, Gesellschafterversammlung, Liquidation, Steuer- und Kostenrecht.

8. Aufl. 2005. 239 S. §
€ 9,50. dtv 5278

Grimm
Existenzgründung in den USA

Standort · Rechtsform · Finanzierung · Personal.

1. Aufl. 1999. 360 S. €
€ 15,29. dtv 50826

Geigenberger
Risikokapital für Unternehmensgründer
Der Weg zum Venture Capital.
Venture-Capital-Finanzierung Schritt für Schritt von der Anfrage bis zum Exit.

2. Aufl. 2006. 252 S. €
€ 14,50. dtv 50832

Waldner/Wölfel
GbR · OHG · KG
Gründen · Betreiben · Beenden.
Gesellschaft des bürgerlichen Rechts, Offene Handelsgesellschaft, Kommanditgesellschaft, GmbH & Co. KG. Vertragsgestaltung, Geschäftsführung und Vertretung, Haftung, Liquidation, Steuer- und Kostenrecht.

7. Aufl. 2006. 240 S. §
€ 9,50. dtv 5294

Ek/von Hoyenberg
Aktiengesellschaften
Gründung · Leitung · Börsengang.
Ratgeber für alle, die eine AG gründen, sich an einer bestehenden AG beteiligen, als Vorstand eine AG leiten oder ein Aufsichtsratsmandat übernehmen möchten.

2. Aufl. 2006. 275 S. §
€ 12,50. dtv 5684

Sattler
Unternehmerisch denken lernen
Das Denken in Strategie, Liquidität, Erfolg und Risiko. Wie sichern Unternehmen unmittelbar ihre Existenz? Woran erkennt man erfolgreiche Unternehmen? Was muss man wissen, um langfristig Erfolg zu haben?

2. Aufl. 2003. 217 S. €
€ 10,-. dtv 50819

Wiester
Die GmbH in der Unternehmenskrise
Lösungswege für den Geschäftsführer.
Ein fundierter Überblick über alle relevanten Handlungs- und Sanierungsoptionen, Pflichten und Haftungsrisiken.

1. Aufl. 2007. 335 S. §
€ 15,-. dtv 50638

Ek/von Hoyenberg
Unternehmenskauf und -verkauf
Grundlagen · Gestaltung · Haftung · Steuer- und Arbeitsrecht · Übernahmen.

1. Aufl. 2007. 288 S. §
€ 14,50. dtv 50646

Ottersbach
Der Businessplan

Praxisbeispiele für Unternehmensgründer und Unternehmer.
Funktion, Inhalt und Darstellungsform eines Businessplans werden anhand zahlreicher Beispiele erläutert.

1. Aufl. 2007. 256 S. €
€ 10,–. dtv 50875

Jossé
Balanced Scorecard

Ziele und Strategien messbar umsetzen.
Das Konzept, das unternehmerische Vision nicht nur in Strategien transferiert, sondern auch konkrete Ziele und Maßnahmen schlüssig abzuleiten hilft.

1. Aufl. 2005. 329 S. €
€ 12,50. dtv 50870

Böttges-Papendorf/Weiler
So führe ich mein Unternehmen sicher

Erfolgreiches Management im Mittelstand.

1. Aufl. 2005. 198 S. €
€ 9,50. dtv 50891

Girlich/Maier/Steindl
Steuerwissen für Existenzgründer

Praktische Tipps zu Steuern, Recht und Sozialversicherung.
Die Autoren zeigen Gefahren und Tücken des komplizierten Steuerrechts auf und helfen mit verständlichen Anregungen, Beispielen und Checklisten, häufige Fehler in der Startphase zu vermeiden.

4. Aufl. 2007. 335 S. €
€ 14,–. dtv 50831

Buchhaltung, Rechnungswesen, Controlling

Herrling/Mathes
Der Buchführungsratgeber

Grundlagen und Beispiele.
Dieser Band vermittelt die Grundlagen in anschaulicher Form, anhand konkreter Beispiele werden auch komplexe Buchungen verständlich erklärt.
Schritt für Schritt vom Controlling über Beschaffungs-, Umsatzsteuer-, Wechsel- und Personalkostenbuchungen bis hin zu den notwendigen Jahresabschlussarbeiten.
Mit Übungsaufgaben und Lösungen.

5. Aufl. 2006. 419 S. €
€ 12,50. dtv 5836

Zeichenerklärung: § *Rechtsberater* € *Wirtschaftsberater*

und Verlustrechnung,
Bilanzanalyse, Bilanzpolitik.

7. Aufl. 2006. 439 S.   €
€ 11,–. dtv 5827

Schultz
**Basiswissen
Rechnungswesen**

Buchführung, Bilanzierung,
Kostenrechnung, Control-
ling. Grundlagen der Unternehmensführung.
Dieser Überblick über das
gesamte betriebliche Rechnungswesen zeigt mit Bei-
spielen und Übersichten
die Verzahnung von Buch-
führung, Bilanzierung,
Kostenrechnung und
Controlling.

5. Aufl. 2008. 298 S.   €
€ 10,–. dtv 50815
Erscheint im April 2008

Scheffler
**Lexikon der
Rechnungslegung**

Buchführung, Finanzierung,
Jahres- und Konzern-
abschluss nach HGB und
IFRS.
Dieses Lexikon ist Nach-
schlagewerk und Ratgeber
für alle Fragen zur Dar-
stellung und Beurteilung
der Vermögens-, Finanz-
und Ertragslage von Unternehmen und Konzernen.

2. Aufl. 2007. 502 S.   €
€ 15,–. dtv 50814

Jossé
**Basiswissen
Kostenrechnung**

Kostenarten, Kostenstellen,
Kostenträger, Kostenmana-
gement.
Die bewährten Systeme der
Kostenrechnung.

5. Aufl. 2008. 266 S.   €
€ 10,–. dtv 50811

Tanski
**Internationale Rechnungs-
legungsstandards**

IFRS/IAS Schritt für Schritt.
Viele Beispiele und grafische
Übersichten machen das
Verständnis der IAS (Inter-
national Accounting Stan-
dards) leicht und zeigen die
markanten Unterschiede zur
HGB-Bilanzierung.

2. Aufl. 2005. 393 S.   €
€ 14,–. dtv 50852

Scheffler
Bilanzen richtig lesen

Rechnungslegung nach HGB
und IAS/IFRS.
Bilanz, Bewertung, Gewinn-

Beimler/Maier
**Ratgeber
Betriebsprüfung**

Praktische Tipps zu Ablauf,
Schwerpunkten und Prü-
fungsmethoden.

1. Aufl. 2008. Rd. 250 S.   €
Ca. € 14,–. dtv 50909
In Vorbereitung

Füser/Gleißner

Rating-Lexikon

800 Stichwörter mit
Fakten und Checklisten
rund um Basel II.

1. Aufl. 2005. 567 S.   €
€ 17,50. dtv 50882

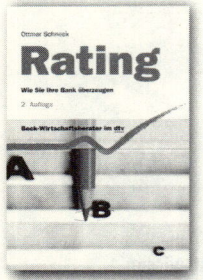

Schneck

Rating

Wie Sie Ihre Bank über-
zeugen.
Wie läuft ein Rating ab,
welche Kriterien sind maßgeblich, und wie kann man
sich als Unternehmen
darauf vorbereiten?
Mit Beispielen, Fällen und
Anwendungsberichten.

2. Aufl. 2008. 258 S.   €
€ 12,–. dtv 50871
Neu im Mai 2008

Witt

Controlling-Lexikon

Von ABC-Analyse bis
Zwischenbericht.

1. Aufl. 2002. 907 S.   €
€ 24,–. dtv 50851

Jossé

Basiswissen Controlling

Instrumente für die Praxis.

1. Aufl. 2008. Rd. 280 S.   €
Ca. € 10,–. dtv 50907
In Vorbereitung für
Sommer 2008

Horváth & Partners

Das Controllingkonzept

Der Weg zu einem wir-
kungsvollen Controlling-
system.
Wie setzt man Controlling in
die Praxis um? Arbeits-
schritte und Fallbeispiele.

6. Aufl. 2006. 362 S.   €
€ 12,–. dtv 5812

Rittershofer

Wirtschafts-Lexikon

Über 4000 Stichwörter für
Studium und Praxis.

3. Aufl. 2005. 1214 S.   €
€ 20,–. dtv 50844

Schneck

**Lexikon der
Betriebswirtschaft**

3500 grundlegende und
aktuelle Begriffe für
Studium und Beruf.

7. Aufl. 2007. 1104 S.   €
€ 19,50. dtv 5810

Zeichenerklärung: § Rechtsberater € Wirtschaftsberater

Schultz

Basiswissen Betriebswirtschaft

Management, Finanzen, Produktion, Marketing. Das Buch bietet einen Überblick über die gesamte Betriebswirtschaft und ist gleichermaßen Nachschlagewerk wie Handbuch für Studium und Praxis.

3. Aufl. 2008. 329 S. €
€ 10,–. dtv 50863
Neu im Mai 2008

Schäfer

Management & Marketing Dictionary

Englisch – Deutsch /
Deutsch – Englisch.
26 000 Stichwörter.

3. Aufl. 2004. 768 S. €
€ 19,50. dtv 50887

Hörner

Marketing im Internet

Der neue Band bietet eine Fülle von Tipps und Anregungen und unterstützt sowohl Unternehmer und Marketing-Mitarbeiter wie auch Freiberufler optimal im Online-Marketing.

1. Aufl. 2006. 308 S. €
€ 10,–. dtv 50895

Becker

Das Marketingkonzept

Zielstrebig zum Markterfolg! Die notwendigen Schritte für schlüssige Marketingkonzepte, systematisch und mit Fallbeispielen.

3. Aufl. 2005. 292 S. €
€ 10,-. dtv 50806

Neumann/Nagel

Professionelles Direktmarketing

Das Praxisbuch mit Online-Marketing.

2. Aufl. 2007. 361 S. €
€ 14,–. dtv 5886

Pepels

Marketing-Lexikon

Über 3000 grundlegende und aktuelle Begriffe für Studium und Beruf.

2. Aufl. 2002. 969 S. €
€ 22,–. dtv 5884

Becker
Lexikon des Personalmanagements

Über 1000 Begriffe zu Instrumenten, Methoden und rechtlichen Grundlagen betrieblicher Personalarbeit.

2. Aufl. 2002. 677 S.   €
€ 19,–. dtv 5872

Röthlingshöfer
Mundpropaganda-Marketing

Was Unternehmen wirklich erfolgreich macht.
Alles über die Grundlagen, das aktuelle Wissen mit Erfolgsbeispielen, Checklisten und praxisnahen Tipps.

1. Aufl. 2008. 217 S.   €
€ 10,–. dtv 50914

Füser
Modernes Management

Business Reengineering, Benchmarking, Wertorientiertes Management und viele andere Methoden.

4. Aufl. 2007. 266 S.   €
€ 12,–. dtv 50809

Wissmeier
Marketing mit kleinem Budget

Der Praxisratgeber für Selbstständige, kleine und mittlere Unternehmen: Marktinformationen, Marktstrategien, Marketing-Instrumente, Marketing-Mix, Marketingbudget, Marketingplan, Erfolgskontrolle, Erfolgsfaktoren.

1. Aufl. 2008. Rd. 200 S.   €
Ca. € 10,–. dtv 50908
In Vorbereitung für Sommer 2008

Kleine-Doepke/Standop/Wirth
Management-Basiswissen

Konzepte und Methoden zur Unternehmenssteuerung.

3. Aufl. 2006. 323 S.   €
€ 14,–. dtv 5861

Diller
Vahlens Großes Marketinglexikon

2 Bände im Schuber.

2. Aufl. 2003. 1966 S.   €
€ 49,–. dtv 50861

Zeichenerklärung: § *Rechtsberater* € *Wirtschaftsberater*

Bruhn
Kundenorientierung

Bausteine für ein exzellentes Customer Relationship Management (CRM).
Innovationsmanagement, Qualitätsmanagement, Servicemanagement, Kundenbindungsmanagement, Beschwerdemanagement, Integrierte Kommunikation sowie Internes Marketing.

3. Aufl. 2007. 421 S. €
€ 15,–. dtv 50808

Schelle
Projekte zum Erfolg führen

Projektmanagement systematisch und kompakt.
Systematisches Projektmanagement führt zu hoher Termin- und Kostentreue und zum sicheren Erreichen des geplanten Ergebnisses.
Es lohnt sich nicht nur in der Großindustrie und bei großen Vorhaben, sondern kann auch in der mittelständischen Wirtschaft und bei kleinen Projekten gewinnbringend angewandt werden.
Der Ratgeber bietet eine übersichtliche und gut verständliche Einführung.

5. Aufl. 2007. 339 S. €
€ 12,–. dtv 5888

Röthlingshöfer
Werbung mit kleinem Budget

Der Ratgeber für Existenzgründer, kleine und mittlere Unternehmen.
Ganz ohne Werbedeutsch zeigt der Ratgeber, was man für erfolgreiche Werbung braucht.

1. Aufl. 2004. 255 S. €
€ 10,–. dtv 50876

Hoffmann/Schoper/ Fitzsimons
Internationales Projektmanagement

Interkulturelle Zusammenarbeit in der Praxis.
Kommunikation und Information, Führung im Projekt, Entscheidungsfindung, Konflikt-, Risiko- und Lieferantenmanagement, Projektorganisation und -steuerung u.v.m.

1. Aufl. 2004. 375 S. €
€ 14,–. dtv 50883

Hofstede/Hofstede
Lokales Denken, globales Handeln

Interkulturelle Zusammenarbeit und globales Management.
Wer international tätig ist, muss wissen, wie er mit kulturellen Unterschieden umgeht. Wertvolle Hinweise in diesem Standardwerk helfen, andere besser zu verstehen und selbst besser verstanden zu werden.

3. Aufl. 2006. 571 S. €
€ 19,50. dtv 50807

Pepels
Lexikon der Marktforschung

Über 1000 Begriffe zur Informationsgewinnung im Marketing.

1. Aufl. 1997. 358 S.   €
€ 12,73. dtv 50803

Rota/Fuchs
Lexikon Public Relations

500 Begriffe zu Öffentlichkeitsarbeit, Markt- und Unternehmenskommunikation.

1. Aufl. 2007. 502 S.   €
€ 17,50. dtv 50898

Bölke
Presserecht für Journalisten

Freiheit und Grenzen der Wort- und Bildberichterstattung.
Was ist Journalisten erlaubt und was verboten?
Mit Auswertung von Gerichtsurteilen, Tipps zur Fehlervermeidung und zur Schadensbegrenzung sowie einer Checkliste für eine einwandfreie Verdachtsberichterstattung.

1. Aufl. 2005. 265 S.   §
€ 12,50. dtv 50627

Kastin
Marktforschung mit einfachen Mitteln

Daten und Informationen beschaffen, auswerten und interpretieren.

3. Aufl. 2008. 437 S.   €
€ 19,90. dtv 5846
Neu im September 2008

Rota
Public Relations und Medienarbeit

Effektive Öffentlichkeitsarbeit der Unternehmen im Informationszeitalter.

3. Aufl. 2002. 360 S.   €
€ 12,50. dtv 5814

Hermanni
Medienmanagement

Grundlagen und Praxis für Film, Hörfunk, Internet, Multimedia und Print.

1. Aufl. 2007. 316 S.   €
€ 15,–. dtv 50902

Aberle/Baumert
Öffentlichkeitsarbeit

Ein Ratgeber für Klein- und Mittelunternehmen.
Praktische Hilfe, wie gerade kleinere Unternehmen einen erfolgreichen Auftritt in der Öffentlichkeit und Presse schaffen.
Mit vielen Checklisten.

1. Aufl. 2002. 210 S.   €
€ 10,–. dtv 50857

Pauli
Leitfaden für die Pressearbeit

Anregungen · Beispiele · Checklisten.
Das Buch beschreibt, mit welchem Konzept man erfolgreiche Pressearbeit betreibt und welche Tipps und Trends man kennen muss, um Fehler zu vermeiden.

3. Aufl. 2004. 217 S.   €
€ 9,50. dtv 5868

MAGISCH REISEN

Mit dem Herzen die Welt erleben
und zu sich selbst finden

Erholungsreisen, Bildungsreisen, Abenteuerreisen – es gibt viele unterschiedliche Wünsche und Erwartungen rund ums Reisen. In einer Zeit des Umbruchs, in der fast jedes Ziel auf unserem Erdball Reisenden zugänglich ist, in der es kaum noch geographisch weiße Flecken gibt, kann Reisen jedoch einen neuen Sinn gewinnen. Die Faszination der Begegnung mit anderen Ländern, Menschen und Kulturen liegt nicht mehr nur im vordergründigen Erleben der Exotik des Andersseins, sondern darin, was wir über uns selbst und über unser gemeinsames menschliches, kulturelles, religiöses Erbe erfahren. **MAGISCH REISEN** ist die Aufforderung zum Reisen in fremde Länder, als blicke man in einen Spiegel der eigenen Seele.

Die Idee für die Reihe **MAGISCH REISEN** stammt vom bekannten Fachbuchautor, Astrologen, Mythenforscher, Journalisten und Dramaturgen Bernd A. Mertz. Er, der Goldmann Verlag und der Herausgeber legen eine in sich geschlossene Reihe vor, die allerdings der Einzigartigkeit von Land, Themenkreis und Autor/in immer individuellen Spielraum öffnet.

MAGISCH REISEN, das heißt anders reisen: Orte der Kraft und heilige Stätten erleben, Göttern und Heiligen, Urgestalten und Heroen begegnen und die Welt der Mythen und Märchen, der Sagen und Fabeln betreten.

MAGISCH REISEN heißt auch anders lesen: mit Verstand und Herz, mit Gefühl und Seele in Geschichte und Geschichten, in Stimmungen und Landschaften, in geistige Botschaften und heilige Energien eintauchen, äußere Reisen zu inneren Erfahrungen machen, im Geiste in ferne Gefilde entschweben, ohne den Fuß vor die Türe zu setzen.

MAGISCH REISEN möchte die Leser/innen dazu inspirieren, das Leben als die magische Reise zum eigenen Sinn zu erfahren, auf deren Wegstrecke die äußeren Reisen in immer wieder neue Winkel unserer alten Mutter Erde auch immer wieder neue Anstöße zur bewußten Lebensreise sind.

Der Herausgeber

Wulfing von Rohr